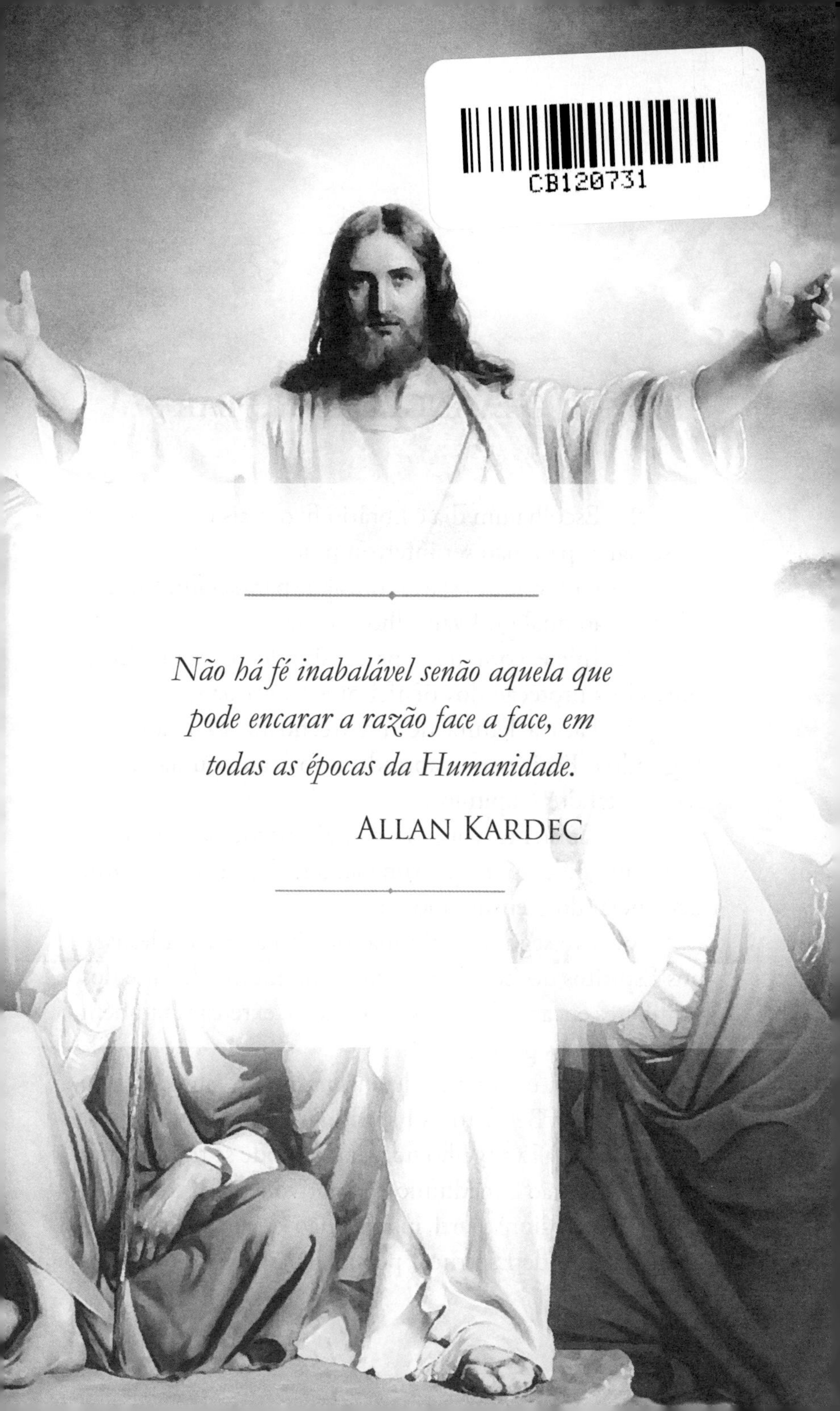

Não há fé inabalável senão aquela que pode encarar a razão face a face, em todas as épocas da Humanidade.

ALLAN KARDEC

Roteiro para
O EVANGELHO NO LAR

1. Escolha um dia e horário fixo mais conveniente da semana, para não ser interrompido;

2. Coloque uma jarra com água para ser fluidificada e bebida ao final do Evangelho no Lar;

3. Inicie com uma prece simples e espontânea, rogando a proteção dos Benfeitores Espirituais;

4. Faça a leitura de um trecho de O Evangelho Segundo o Espiritismo, abrindo-o ao acaso, ou na ordem sequencial dos Capítulos;

5. Comente com os demais participantes sobre o assunto lido, por aproximadamente quinze minutos, evidenciando o ensino moral;

6. Em seguida faça uma rogativa a Deus, a Jesus, e aos Espíritos do Bem, em favor da harmonia do lar e dos familiares encarnados e desencarnados, extensiva também à paz entre os povos;

7. Faça uma prece de encerramento, agradecendo o amparo dos Benfeitores Espirituais;

Obs.: O Evangelho no Lar não pode se transformar numa reunião mediúnica, motivo pelo qual os eventuais médiuns participantes não deverão permitir a manifestação de Espíritos, pois, para isso, existem locais apropriados.

ALLAN KARDEC

O EVANGELHO SEGUNDO O ESPIRITISMO

EDIÇÃO FÁCIL LEITURA

ide

Título do original:
"L'ÉVANGILE SELON LE SPIRITISME"
Troisième Édition
Revue, Corrigée et Modifiée.

1ª edição - dezembro/2002
20ª reimpressão - fevereiro/2023

Conselho Editorial:
Doralice Scanavini Volk
Wilson Frungilo Júnior

Tradução:
Salvador Gentile

Revisão:
Elias Barbosa

Produção e Coordenação:
Jairo Lorenzeti

Revisão de texto:
Mariana Frungilo Paraluppi

Capa:
César França de Oliveira

Diagramação:
Maria Isabel Estéfano Rissi

Parceiro de distribuição:
Instituto Beneficente Boa Nova
Fone: (17) 3531-4444
www.boanova.net
boanova@boanova.net

INSTITUTO DE DIFUSÃO ESPÍRITA - IDE
Av. Otto Barreto, 967
CEP 13602-060 - Araras/SP - Brasil
Fone (19) 3543-2400
CNPJ 44.220.101/0001-43
Inscrição Estadual 182.010.405.118
www.ideeditora.com.br
editorial@ideeditora.com.br

FICHA CATALOGRÁFICA

(Preparada na Editora)

Kardec, Allan, 1804-1869.

K27e O Evangelho Segundo o Espiritismo / Allan Kardec; tradução de Salvador Gentile, revisão de Elias Barbosa. Araras, SP, IDE, 1ª edição, 2002.

p. 448

ISBN 85-7341-296-8

1. Espiritismo I. Gentile, Salvador, 1927- II. Barbosa, Elias, 1934-2011 III. Título.

CDD -133.9
-133.91
-226

Índices para catálogo sistemático:
1. Espiritismo 133.9
2. Espíritos: Comunicações mediúnicas: Espiritismo 133.91
3. Evangelho 226

O EVANGELHO SEGUNDO O ESPIRITISMO

SUMÁRIO

PREFÁCIO

Os Espíritos do Senhor, que são as virtudes dos céus, como um imenso exército que se movimenta desde que dele recebeu o comando, espalham-se sobre toda a superfície da Terra; semelhantes às estrelas cadentes, vêm iluminar o caminho e abrir os olhos aos cegos.

Eu vos digo, em verdade, são chegados os tempos em que todas as coisas devem ser restabelecidas em seu sentido verdadeiro para dissipar as trevas, confundir os orgulhosos e glorificar os justos.

As grandes vozes do céu ressoam como o som da trombeta, e os coros dos anjos se reúnem. Homens, nós vos convidamos ao concerto divino; que vossas mãos tomem a lira; que vossas vozes se unam e que num hino sagrado se estendam e vibrem de uma extremidade a outra do Universo.

Homens, irmãos a quem amamos, estamos junto de vós; amai-vos também uns aos outros e dizei do fundo do vosso coração, fazendo as vontades do Pai que está no céu: "Senhor! Senhor!" e podereis entrar no reino dos céus.

O Espírito de Verdade

NOTA. – A instrução acima, transmitida por via mediúnica, resume a uma só vez o verdadeiro caráter do Espiritismo e o objetivo desta obra; por isso, ela está colocada aqui como prefácio.

INTRODUÇÃO

I - OBJETIVO DESTA OBRA

Podem dividir-se as matérias contidas nos Evangelhos em cinco partes: *os atos comuns da vida do Cristo, os milagres, as profecias, as palavras que serviram para o estabelecimento dos dogmas da Igreja e o ensinamento moral.* Se as quatro primeiras partes foram objeto de controvérsias, a última se manteve inatacável. Diante desse código divino, a própria incredulidade se inclina; é o terreno onde todos os cultos podem se reencontrar, a bandeira sob a qual todos podem se abrigar, quaisquer que sejam suas crenças, porque jamais foi objeto de disputas religiosas, sempre e por toda parte levantadas pelas questões de dogma; aliás, discutindo-as, as seitas encontrariam aí sua própria condenação, porque a maioria está mais interessada na parte mística do que na parte moral, que exige a reforma de si mesmo. Para os homens, em particular, é uma regra de conduta abrangendo todas as circunstâncias da vida, privada ou pública, o princípio de todas as relações sociais fundadas sobre a mais rigorosa justiça; é, enfim, e acima de tudo, o caminho infalível da felicidade esperada, um canto do véu levantado sobre a vida futura. É esta parte o objeto exclusivo desta obra.

Todo o mundo admira a moral evangélica; cada um lhe proclama a sublimidade e a necessidade, mas muitos o fazem confiantes, sobre o que dela ouviram dizer ou sobre a fé originada de algumas máximas que se tornaram proverbiais, mas poucos a conhecem a fundo, menos ainda a compreendem e sabem deduzir suas consequências. A razão disso está, em grande parte, na dificuldade que apresenta a leitura do Evangelho, ininteligível para a maioria. A forma alegórica, o misticismo intencional da linguagem, fazem com que a maioria o leia por desencargo de consciência e por dever, como leem as preces sem compreendê-las, quer dizer, infrutiferamente. Os preceitos de moral disseminados aqui e ali, confundidos na massa de outras narrações, passam desapercebidos; torna-se, então, impossível compreender-lhe o conjunto e fazê-lo objeto de leitura e de meditação em separado.

Foram feitos, é verdade, tratados de moral evangélica, mas a adaptação ao estilo literário moderno lhe rouba a ingenuidade primitiva, que lhes dá, ao mesmo tempo, o encanto e a autenticidade. Ocorre o mesmo com as máximas isoladas, reduzidas à sua mais simples expressão proverbial; não são mais, então, que aforismos que perdem uma parte do seu valor e do seu interesse, pela ausência dos acessórios e das circunstâncias nas quais foram dadas.

Para evitar esses inconvenientes, reunimos nesta obra os artigos que podem constituir, propriamente falando, um código de moral universal, sem distinção de culto. Nas citações, conservamos tudo o que era útil ao desenvolvimento do pensamento, não eliminando senão as coisas estranhas ao assunto. Por outro lado, respeitamos escrupulosamente a tradução original de Sacy, assim como a divisão por versículos. Mas em lugar de prender-nos a uma ordem cronológica impossível e sem vantagem real em semelhante assunto, as máximas foram agrupadas e classificadas metodicamente segundo sua natureza, de maneira que elas se deduzam, tanto quanto possível, umas das outras. A chamada dos números de ordem dos capítulos e dos versículos permite recorrer à classificação vulgar, julgando-se oportuno.

Não haveria aí senão um trabalho material que, por si só, não teria sido senão de uma utilidade secundária; o essencial era pô-lo ao alcance de todos, pela explicação das passagens obscuras e o desenvolvimento de todas as consequências, tendo em vista a aplicação às diferentes posições da vida. Foi o que tentamos fazer com a ajuda dos bons Espíritos que nos assistem.

Muitos pontos do Evangelho, da Bíblia e dos autores sagrados em geral não são inteligíveis, muitos mesmo não parecem irracionais, senão pela falta de uma chave para compreender-lhes o verdadeiro sentido; essa chave está inteiramente no Espiritismo, como já se convenceram aqueles que o estudaram seriamente, e como ainda o reconhecerão melhor mais tarde. O Espiritismo se encontra por toda parte na Antiguidade e em todas as épocas da Humanidade; por toda parte, encontram-se seus vestígios nos escritos, nas crenças e sobre os monumentos; é por isso que, se ele abre horizontes novos para o futuro, derrama luz não menos viva sobre os mistérios do passado.

Como complemento de cada preceito, ajuntamos algumas instruções escolhidas entre as que foram ditadas pelos Espíritos, em diversos países, e por intermédio de diferentes médiuns. Se essas instruções tivessem saído de uma fonte única, elas teriam podido sofrer uma influência pessoal ou do meio, ao passo que a diversidade de origens prova que os Espíritos dão seus ensinamentos por toda parte, e que não há ninguém privilegiado a esse respeito (1).

Esta obra é para uso de todos; cada um nela pode achar os meios de conformar sua conduta à moral do Cristo. Os espíritas nela encontrarão, por outro lado, as aplicações que lhes concernem mais especialmente. Graças às comunicações estabelecidas,

---

(1) – Poderíamos, sem dúvida, dar, sobre cada assunto, um maior número de comunicações obtidas numa multidão de outras cidades e centros espíritas, além das que citamos, mas quisemos, antes de tudo, evitar a monotonia das repetições inúteis e limitar nossa escolha às que, pelo fundo e pela forma, entrassem mais especialmente no quadro desta obra, reservando para as publicações ulteriores aquelas que não puderam achar lugar aqui. (continua no rodapé da página seguinte)

de hoje em diante, de um modo permanente, entre os homens e o mundo invisível, a lei evangélica, ensinada a todas as nações pelos próprios Espíritos, não será mais letra morta, porque cada um a compreenderá e será incessantemente solicitado em praticá-la pelos conselhos dos seus guias espirituais. As instruções dos Espíritos são verdadeiramente as *vozes do céu* que vêm esclarecer os homens e convidá-los *à prática do Evangelho.*

II - AUTORIDADE DA DOUTRINA ESPÍRITA

CONTROLE UNIVERSAL DO ENSINAMENTO DOS ESPÍRITOS

Se a Doutrina Espírita fosse uma concepção puramente humana, ela não teria por garantia senão as luzes daquele que a tivesse concebido; ora, ninguém neste mundo teria a pretensão fundada de possuir só para si a verdade absoluta. Se os Espíritos que a revelaram tivessem se manifestado a um único homem, nada lhe garantiria a origem, porque seria preciso crer sobre a palavra de quem dissesse ter recebido seus ensinamentos. Admitindo uma perfeita sinceridade da sua parte, quando muito, poderia convencer as pessoas do seu meio; poderia ter seus seguidores, mas não chegaria jamais a reunir a todos.

Deus quis que a nova revelação chegasse aos homens por uma via mais rápida e mais autêntica e, por isso, encarregou os Espíritos de irem levá-la de um polo a outro, manifestando-se

Quanto aos médiuns, abstivemo-nos de nomeá-los; para a maioria, não foram designados a seu pedido e, por conseguinte, não convinha fazer exceções. Aliás, os nomes dos médiuns não teriam acrescentado nenhum valor à obra dos Espíritos; não seria, pois, senão uma satisfação do amor-próprio, à qual os médiuns verdadeiramente sérios não se prendem de modo algum, pois compreendem que seu papel, sendo puramente passivo, o valor das comunicações não realça em nada seu mérito pessoal e que seria pueril se envaidecer de um trabalho de inteligência ao qual não se presta senão um concurso mecânico.

por toda parte, sem dar a ninguém o privilégio exclusivo de ouvir sua palavra. Um homem pode ser enganado, pode enganar a si mesmo, mas isso não ocorreria quando milhões veem e ouvem a mesma coisa: é uma garantia para cada um e para todos. Aliás, pode-se fazer desaparecer um homem, mas não se pode fazer desaparecerem as massas; podem-se queimar os livros, mas não se podem queimar os Espíritos; ora, queimem-se todos os livros, e a fonte da doutrina não seria, por isso, menos inesgotável, pelo fato mesmo de que ela não está na Terra, mas surge de toda parte, e cada um a pode haurir. Na falta dos homens para propagá-la, haverá sempre os Espíritos, que alcançam todo o mundo e que ninguém pode atingir.

São, pois, os próprios Espíritos, em realidade, que fazem a propaganda, com a ajuda dos inumeráveis médiuns que eles suscitam de todos os lados. Se não tivesse havido senão um intérprete único, por mais favorecido que fosse, o Espiritismo seria mal conhecido; o próprio intérprete, a qualquer classe que pertencesse, teria sido objeto de prevenções da parte de muitas pessoas; todas as nações não o teriam aceitado, ao passo que os Espíritos, comunicando-se por toda a parte, a todos os povos, a todas as seitas e a todos os partidos, são aceitos por todos. O Espiritismo não tem nacionalidade, está fora de todos os cultos particulares e não foi imposto por nenhuma classe social, uma vez que cada um pode receber instruções de seus parentes e de seus amigos de além-túmulo. Era preciso que fosse assim para que se pudessem chamar todos os homens à fraternidade; se não tivesse se colocado sobre um terreno neutro, ele teria mantido as dissensões ao invés de apaziguá-las.

Esta universalidade no ensinamento dos Espíritos faz a força do Espiritismo e é também a causa da sua propagação tão rápida; ao passo que a voz de um único homem, mesmo com o socorro da imprensa, empregaria séculos antes de chegar ao ouvido de todos, eis que milhares de vozes se fazem ouvir simultaneamente sobre todos os pontos da Terra, para proclamar os mesmos princípios e transmiti-los aos mais ignorantes e aos mais sábios a fim de que ninguém seja deserdado. É uma vantagem da qual não gozou nenhuma das doutrinas que surgiram até hoje. Se, pois, o Espiritismo é uma verdade, ele não teme nem a má vontade dos homens, nem as revoluções morais, nem as comoções físicas do globo, porque nenhuma dessas coisas pode atingir os Espíritos.

Mas esta não é a única vantagem que resulta dessa posição excepcional; o Espiritismo aí encontra uma garantia poderosa contra os cismas que poderiam suscitar, seja pela ambição de alguns, seja pelas contradições de certos Espíritos. Essas contradições são, seguramente, um escolho, mas que levam em si o remédio ao lado do mal.

Sabe-se que os Espíritos, em consequência da diferença que existe em suas capacidades, estão longe de, individualmente, estarem na posse de toda a verdade; que não é dado a todos penetrarem certos mistérios; que seu saber é proporcional à sua depuração; que os Espíritos vulgares não sabem mais que os homens e menos que certos homens; que há entre eles, como entre estes últimos, presunçosos e pseudossábios que creem saber o que não sabem, e sistemáticos que tomam suas ideias pela verdade; enfim, que os Espíritos de ordem mais elevada, aqueles que estão completamente desmaterializados, são os únicos despojados das ideias e preconceitos terrestres; mas se sabe também que os Espíritos enganadores não têm escrúpulos em se abrigarem sob nomes que tomam emprestado, para fazerem aceitar suas utopias. Disso resulta que, para tudo o que está fora do ensinamento exclusivamente moral, as revelações, que cada um pode obter, têm um caráter individual, sem autenticidade; que elas devem ser consideradas como opiniões pessoais de tal ou tal Espírito, e que haveria imprudência em aceitá-las e promulgá-las levianamente como verdades absolutas.

O primeiro controle é, sem contradita, o da razão, ao qual é preciso submeter, sem exceção, tudo o que vem dos Espíritos; toda teoria em manifesta contradição com o bom senso, com uma lógica rigorosa e com os dados positivos que se possui, mesmo que esteja assinada com respeitável nome, deve ser rejeitada. Mas esse controle é incompleto em muitos casos, em consequência da insuficiência de luzes de certas pessoas, e da tendência de muitos em tomar seu próprio julgamento por único árbitro da verdade. Em semelhante caso, que fazem os homens que não têm, em si mesmos, uma confiança absoluta? Eles tomam o conselho de maior número, e a opinião da maioria é seu guia. Assim, deve ser com respeito ao ensinamento dos Espíritos, que nos fornecem, eles mesmos, os meios de controle.

A concordância no ensinamento dos Espíritos é, pois, o melhor controle, mas é preciso ainda que ela ocorra em certas condições. A menos segura de todas é quando o próprio médium interroga vários Espíritos sobre um ponto duvidoso; é bem evidente que, se está sob o império de uma obsessão ou se relaciona com um Espírito enganador, esse Espírito pode lhe dizer a mesma coisa sob nomes diferentes. Não há uma garantia suficiente na conformidade que se pode obter pelos médiuns de um único centro, porque eles podem sofrer a mesma influência.

A garantia única, séria, do ensinamento dos Espíritos está na concordância que existe entre as revelações feitas, espontaneamente, por intermédio de um grande número de médiuns, estranhos uns aos outros, e em diversos lugares.

Concebe-se que não se trata aqui de comunicações relativas a interesses secundários, mas das que se prendem aos próprios princípios da doutrina. A experiência prova que, quando um princípio novo deve receber sua solução, ele é ensinado espontaneamente sobre diferentes pontos ao mesmo tempo e de maneira idêntica, se não quanto à forma, pelo menos quanto ao fundo. Se, pois, apraz a um Espírito formular um sistema excêntrico, baseado sobre suas próprias ideias e fora da verdade, pode-se estar certo que esse sistema ficará *circunscrito* e cairá diante da unanimidade das instruções dadas por toda parte, alhures, como já se tem disso vários exemplos. Foi esta unanimidade que fez cair todos os sistemas parciais que despontaram na origem do Espiritismo, quando cada um explicava os fenômenos à sua maneira, e antes que se conhecessem as leis que regem as relações do mundo visível e do mundo invisível.

Tal é a base sobre a qual nos apoiamos quando formulamos um princípio da doutrina; não é porque está de acordo com as nossas ideias que o damos como verdadeiro; não nos colocamos, de modo algum, como árbitro supremo da verdade e não dizemos a ninguém: "crede em tal coisa, porque nós vo-la dizemos". Nossa opinião não é, aos nossos próprios olhos, senão uma opinião pessoal que pode ser justa ou falsa, porque não somos mais infalíveis que um outro. Não é porque um princípio nos é ensinado que ele é para nós a verdade, mas porque recebeu a sanção da concordância.

Na nossa posição, recebendo as comunicações de perto de mil centros espíritas sérios, disseminados sobre os diversos pontos do globo, estamos em condições de ver os princípios sobre os quais essa concordância se estabelece; é esta observação que nos tem guiado até hoje e é, igualmente, a que nos guiará nos novos campos a que o Espiritismo está chamado a explorar. É assim que, estudando atentamente as comunicações chegadas de diversas partes, tanto da França como do exterior, reconhecemos, na natureza toda especial das revelações, que há tendência para entrar em um novo caminho, e que é chegado o momento de dar um passo à frente. Essas revelações, por vezes feitas com palavras veladas, frequentemente, passaram desapercebidas para muitos daqueles que as obtiveram; muitos outros acreditaram tê-las com exclusividade. Tomadas isoladamente, para nós, seriam sem valor; só a coincidência lhes dá gravidade; depois, quando é chegado o momento de liberá-las à luz da publicidade, cada um, então, lembra-se de ter recebido instruções no mesmo sentido. É este o movimento geral que observamos, que estudamos, com a assistência dos nossos guias espirituais e que nos ajuda a julgar da oportunidade para fazermos uma coisa ou dela nos abstermos.

Este controle universal é uma garantia para a unidade futura do Espiritismo e anulará todas as teorias contraditórias. É nele que, no futuro, procurar-se-á o critério da verdade. O que fez o sucesso da doutrina formulada em *O Livro dos Espíritos* e em *O Livro dos Médiuns* foi que, por toda parte, cada um pôde receber, diretamente dos Espíritos, a confirmação do que eles contêm. Se, de todas as partes, os Espíritos tivessem vindo contradizê-los, esses livros teriam, depois de tanto tempo, suportado a sorte de todas as concepções fantásticas. O próprio apoio da imprensa não os teria salvo do naufrágio, ao passo que, privados desse apoio, não tiveram um caminho menos rápido, porque tiveram o apoio dos Espíritos, cuja boa vontade compensou, em muito, a má vontade dos homens. Assim o será com todas as ideias emanadas dos Espíritos ou de homens que não puderem suportar a prova deste controle, do qual ninguém pode contestar o poder.

Suponhamos, pois, que alegrasse a certos Espíritos ditar, sob um título qualquer, um livro em sentido contrário; suponhamos mesmo que, numa intenção hostil e com objetivo de desacreditar a doutrina, a malevolência suscitasse comunicações apócrifas; que influência poderiam ter esses escritos se são desmentidos, de todos os lados, pelos Espíritos? É da adesão destes últimos que seria preciso se assegurar, antes de lançar um sistema em seu nome. Do sistema de um só ao de todos, há a distância da unidade ao infinito. Que podem mesmo todos os argumentos dos detratores sobre a opinião das massas, quando milhões de vozes amigas, partidas do espaço, vêm de todos os cantos do Universo, e no seio de cada família os atacam vivamente? A experiência, sob esse aspecto, já não confirmou a teoria? Em que se tornaram todas essas publicações que deviam, supostamente, aniquilar o Espiritismo? Qual aquela que apenas lhe deteve a marcha? Até hoje, não se tinha encarado a questão sob este ponto de vista, um dos mais graves, sem contradita; cada um contou consigo mesmo, mas sem contar com os Espíritos.

O princípio da concordância é ainda uma garantia contra as alterações que as seitas poderiam infligir ao Espiritismo porque gostariam de se apoderar dele em seu proveito e acomodá-lo à sua maneira. Quem tentasse desviá-lo do seu objetivo providencial, fracassaria, pela simples razão de que os Espíritos, pela universalidade de seu ensinamento, farão cair toda modificação que se afaste da verdade.

Resulta de tudo isso uma verdade capital: é que quem quisesse se colocar contra a corrente de ideias, estabelecidas e sancionadas, poderia causar uma pequena perturbação local e momentânea, mas jamais dominar o conjunto, mesmo no presente, e ainda menos no futuro.

Disso resulta mais: que as instruções dadas pelos Espíritos sobre os pontos da doutrina ainda não elucidados, não seriam lei, porquanto ficariam isoladas; que elas não devem, por conseguinte, ser aceitas senão com todas as reservas e a título de informação.

Daí a necessidade de se ter, na sua publicação, a maior prudência, e, no caso em que se acreditasse dever publicá-las, importaria não as apresentar senão como opiniões individuais, mais ou menos prováveis, mas tendo, em todos os casos, necessidade de confirmação. É esta confirmação que se precisa alcançar antes de se apresentar um princípio como verdade absoluta, se não se quer ser acusado de leviandade ou de credulidade irrefletida.

Os Espíritos superiores procedem nas suas revelações com

uma extrema sabedoria; eles não abordam as grandes questões da doutrina senão gradualmente, à medida que a inteligência está apta a compreender verdades de uma ordem mais elevada, e que as circunstâncias são propícias para a emissão de uma ideia nova. É por isso que, desde o princípio, eles não disseram tudo e não disseram tudo ainda hoje, não cedendo jamais à impaciência de pessoas apressadas que querem colher os frutos antes de amadurecidos. Seria, pois, supérfluo querer antecipar o tempo assinalado para cada coisa pela Providência, porque, então, os Espíritos verdadeiramente sérios recusariam positivamente seu concurso; mas os Espíritos levianos, pouco incomodando-se com a verdade, respondem a tudo; é por essa razão que, sobre todas as questões prematuras, há sempre respostas contraditórias.

Os princípios acima não são o resultado de uma teoria pessoal, mas a consequência inevitável das condições nas quais os Espíritos se manifestam. É evidente que, se um Espírito diz uma coisa de um lado, enquanto que milhões de Espíritos dizem o contrário alhures, a presunção da verdade não pode estar com aquele que está só ou quase só na sua opinião; ora, pretender ter razão sozinho contra todos, seria tão ilógico da parte de um Espírito, como da parte dos homens. Os Espíritos, verdadeiramente sábios, se não se sentem suficientemente esclarecidos sobre uma questão, não a decidem *jamais* de um modo absoluto; eles declaram não tratá-la senão sob seu ponto de vista e aconselham esperar sua confirmação.

Por grande, bela e justa que seja uma ideia, é impossível que ela reúna, desde o princípio, todas as opiniões. Os conflitos que dela resultam são a consequência inevitável do movimento que se opera; são mesmo necessários para melhor fazer ressaltar a verdade e é útil que eles ocorram no princípio para que as ideias falsas sejam mais prontamente desgastadas. Os espíritas que nisso concebessem alguns temores devem estar, pois, tranquilizados.

Todas as pretensões isoladas cairão, pela força das coisas, diante do grande e poderoso critério do controle universal.

Não é à opinião de um homem que se deverá aliar, mas à voz unânime dos Espíritos; não é um homem, *não mais nós que um outro,* que fundará a ortodoxia espírita; não é, tampouco, um Espírito vindo se impor a quem quer que seja; é a universalidade dos Espíritos comunicando-se sobre toda a Terra por ordem de Deus; aí está o caráter essencial da doutrina espírita, sua força e sua autoridade. Deus quis que sua lei fosse assentada sobre uma base inabalável, por isso, não a fez, repousar sobre a cabeça frágil de um único homem.

É diante desse poderoso areópago, que não conhece nem os conciliábulos, nem as rivalidades invejosas, nem as seitas, nem as nações, que virão se quebrar todas as oposições, todas as ambições, todas as pretensões à supremacia individual; *que nós mesmos nos destruiríamos se quiséssemos substituir esses decretos soberanos pelas nossas próprias ideias;* só ele decidirá todas as questões litigiosas, fará calar as dissidências e dará razão, ou não, a quem de direito. Diante desse imponente acordo de todas *as vozes do céu,* que pode a opinião de um homem ou de um Espírito? Menos que a gota d'água que se confunde no oceano, menos que a voz da criança, abafada pela tempestade.

A opinião universal, eis, pois, o juiz supremo, aquele que pronuncia em última instância; ela se forma de todas as opiniões individuais; se uma delas é verdadeira, não tem senão seu peso relativo na balança; se é falsa, não pode se impor sobre todas as outras. Nesse imenso concurso, as individualidades se apagam, e está aí um novo revés para o orgulho humano.

Esse conjunto harmonioso já se desenha; ora, este século não passará sem que resplandeça com todo o seu brilho, de maneira a dissipar todas as incertezas, porque, até lá, vozes poderosas terão recebido missão de se fazerem ouvir para reunir os homens sob a mesma bandeira, desde que o campo esteja suficientemente lavrado. À espera disso, aquele que flutuasse entre dois sistemas opostos poderia observar em que sentido se forma a opinião geral: é o indício certo do sentido no qual se pronuncia a maioria dos Espíritos sobre os diversos pontos onde eles se comuniquem; é um sinal não menos certo daquele dos dois sistemas que dominará.

III - NOTÍCIAS HISTÓRICAS

Para bem compreender certas passagens dos Evangelhos, é necessário conhecer o valor de várias palavras que nele são empregadas com frequência e que caracterizam o estado dos costumes e da sociedade judaica dessa época. Essas palavras, não tendo para nós o mesmo sentido, frequentemente foram mal interpretadas e, por isso mesmo, deixaram uma espécie de incerteza. A compreensão do seu significado explica, por outro lado, o sentido verdadeiro de certas máximas que parecem estranhas à primeira vista.

SAMARITANOS. Depois do cisma das dez tribos, Samaria se tornou a capital do reino dissidente de Israel. Destruída e reconstruída por várias vezes, ela foi, sob os Romanos, a sede da Samaria, uma das quatro divisões da Palestina. Herodes, dito o Grande, embelezou-a com suntuosos monumentos, e, para agradar Augusto, deu-lhe o nome de *Augusta,* em grego *Sébaste.*

Os Samaritanos estiveram, quase sempre, em guerra com os reis de Judá; uma aversão profunda, datando da separação, perpetuou-se entre os dois povos, que afastavam todas as relações recíprocas. Os Samaritanos, para tornar a cisão mais profunda e não ter que ir a Jerusalém na celebração das festas religiosas, construíram um templo particular e adotaram certas reformas. Eles não admitiam senão o Pentateuco contendo a lei de Moisés, rejeitando todos os livros que lhe foram anexados depois. Seus livros sagrados eram escritos em caracteres hebreus da mais alta antiguidade. Aos olhos dos Judeus ortodoxos, eles eram heréticos e, por isso mesmo, desprezados, anatematizados e perseguidos. O antagonismo das duas nações tinha, pois, por único princípio, a divergência das opiniões religiosas, embora suas crenças tivessem a mesma origem; eram os *Protestantes* daquela época.

Encontram-se ainda hoje, Samaritanos em algumas regiões do Levante, particularmente, em Naplouse e Jaffa. Eles observam a lei de Moisés com mais rigor que os outros Judeus, e não contraem aliança senão entre eles.

NAZARENOS. Nome dado, na antiga lei, aos Judeus que faziam voto, seja pela vida, seja por um tempo, de conservar uma pureza perfeita. Eles se obrigavam à castidade, à abstinência de álcool e à conservação da sua cabeleira. Sansão, Samuel e João Batista eram Nazarenos.

Mais tarde, os Judeus deram esse nome aos primeiros cristãos por alusão a Jesus de Nazaré.

Este foi também o nome de uma seita herética dos primeiros séculos da era cristã que, da mesma forma que os Ebionitas, dos quais ela adotava certos princípios, misturava as práticas do Mosaísmo com os dogmas cristãos. Essa seita desapareceu no quarto século.

PUBLICANOS. Assim chamavam-se, na antiga Roma, os cavaleiros arrematantes das taxas públicas, encarregados do recolhimento dos impostos e das rendas de toda natureza, seja na própria Roma, seja em outras partes do Império. Eles eram análogos aos arrematantes de impostos gerais do antigo regime na França, e tais como existem ainda em certas regiões. Os riscos que eles corriam, faziam fechar os olhos sobre as riquezas que, frequentemente, adquiriam, e que, em muitos, eram o produto de exações e de benefícios escandalosos. O nome de publicano se estendeu, mais tarde, a todos aqueles que tinham a administração do dinheiro público e aos agentes subalternos. Hoje, esta palavra se toma em mau sentido para designar os financistas e agentes de negócios pouco escrupulosos; diz-se algumas vezes: "Ávido como um publicano; rico como um publicano", para uma fortuna de origem desonesta.

Da dominação romana, foi o imposto o que os Judeus aceitaram mais dificilmente e o que lhes causava maior irritação, dando origem a várias revoltas e transformando-se numa questão religiosa, porque o olhavam como contrário à lei. Formou-se mesmo um partido poderoso à frente do qual estava um certo Judas, dito o Gaulonita, que tinha por princípio a recusa do imposto. Os Judeus tinham, pois, horror ao imposto e, por consequência, a todos aqueles que estavam encarregados de recebê-lo; daí sua aversão pelos publicanos de todas as categorias, entre os quais poderiam se encontrar pessoas muito estimáveis, mas que, devido à sua função, eram desprezadas, assim como aqueles que com eles conviviam e que eram confundidos na mesma reprovação. Os Judeus mais importantes acreditavam comprometer-se tendo com eles relações de intimidade.

Os PORTAGEIROS eram os cobradores de baixa categoria, encarregados principalmente da arrecadação dos direitos à entrada nas cidades. Suas funções correspondiam aproximadamente às dos guardas alfandegários e dos recebedores de barreira; eles sofriam a mesma reprovação aplicada aos publicanos em geral. É por essa razão que, no Evangelho, encontra-se, frequentemente, o nome de *publicano* unido ao de *gente de má vida;* essa qualificação não implicava na de debochados e de pessoas de honra duvidosa; era um termo de desprezo, sinônimo de *pessoas de má companhia,* indignas de conviverem com *pessoas de bem.*

FARISEUS (do Hebreu *Parasch,* divisão, separação). A tradição formava uma parte importante da teologia judaica; ela consistia na coletânea das interpretações sucessivas dadas sobre o sentido das Escrituras e que se tornavam artigos de dogma. Era, entre os doutores, objeto de intermináveis discussões, o mais frequentemente sobre simples questões de palavras ou de forma, no gênero das disputas teológicas e das sutilezas da escolástica da Idade Média; daí nascerem diferentes seitas que pretendiam ter, cada uma, o monopólio da verdade e, como acontece quase sempre, detestando-se cordialmente umas às outras.

Entre essas seitas, a mais influente era a dos *Fariseus,* que teve por chefe Hillel, doutor, judeu nascido na Babilônia, fundador de uma escola célebre onde se ensinava que a fé não era devida senão às Escrituras. Sua origem remonta aos anos 180 ou 200 antes de Jesus Cristo. Os Fariseus foram perseguidos em diversas épocas, notadamente sob Hircânio, soberano pontífice e rei dos Judeus, Aristóbulo e Alexandre, rei da Síria; entretanto, este último tendo lhes restituído suas honras e seus bens, eles recuperaram seu poder, que conservaram até a *ruína de Jerusalém,* no ano 70 da era cristã, época na qual seu nome desapareceu em consequência da dispersão dos Judeus.

Os Fariseus tomavam parte ativa nas controvérsias religiosas. Servis observadores das práticas exteriores do culto e das cerimônias, cheios de um zelo ardente de proselitismo, inimigos dos inovadores, eles afetavam uma grande severidade de princípios; mas, sob as aparências de uma devoção meticulosa, escondiam costumes dissolutos, muito orgulho e, acima de tudo, uma paixão excessiva de dominação. A religião era, para eles, antes um meio de subir do que o objeto de uma fé sincera. Eles não tinham senão as aparências e a ostentação da virtude; mas, com isso, exerciam uma grande influência sobre o povo, aos olhos do qual passavam por santos personagens; por isso, eram muito poderosos em Jerusalém.

Acreditavam, ou pelo menos faziam profissão de crer, na Providência, na imortalidade da alma, na eternidade das penas e na ressurreição dos mortos. (Cap. IV, nº 4.) Jesus, que estimava, antes de tudo, a simplicidade e as qualidades de coração, que preferia na lei *o espírito que vivifica à letra que mata,* aplicou-se, durante toda a sua missão, a desmascarar-lhes a hipocrisia e, por conseguinte, fez deles inimigos obstinados; por isso, aliaram-se aos príncipes dos sacerdotes para amotinar o povo contra ele e fazê-lo perecer.

ESCRIBAS. Nome dado, no princípio, aos secretários dos reis de Judá, e a certos intendentes dos exércitos Judeus; mais tarde, esta designação foi aplicada especialmente aos doutores que ensinavam a lei de Moisés e a interpretavam ao povo. Eles faziam causa comum com os Fariseus, dos quais partilhavam os princípios e a antipatia contra os inovadores; por isso, Jesus os confunde na mesma reprovação.

SINAGOGA (do grego Sunagogue, assembleia, congregação). Não havia na Judeia senão um único templo, o de Salomão, em Jerusalém, onde se celebravam as grandes cerimônias do culto. Os Judeus para aí seguiam, todos os anos, em peregrinação, para as principais festas, tais como as da Páscoa, da Dedicação e dos Tabernáculos. Foi nessas ocasiões que, para lá, Jesus fez várias viagens. As outras cidades não tinham templos, mas sinagogas, edifícios onde os Judeus se reuniam aos sábados para fazer preces públicas sob a direção dos Anciãos, dos escribas ou doutores da lei; faziam-se aí também, leituras tiradas dos livros sagrados que eram explicadas e comentadas; cada um podia nelas tomar parte e, por isso, Jesus, sem ser sacerdote, ensinava nas sinagogas nos dias de sábado.

Depois da ruína de Jerusalém e da dispersão dos Judeus, as sinagogas, nas cidades que eles habitavam, serviam-lhes de templos para a celebração do culto.

SADUCEUS. Seita judia que se formou por volta do ano 248 AC; assim chamada em razão de *Sadoc,* seu fundador. Os

Saduceus não acreditavam nem na imortalidade da alma, nem na ressurreição, nem nos bons e maus anjos. Entretanto, eles acreditavam em Deus, mas não esperando nada depois da morte, não o servindo senão com o objetivo de recompensas temporais, ao que, segundo eles, limitava-se sua providência; também a satisfação dos sentidos era, a seus olhos, o objetivo essencial da vida. Quanto às Escrituras, eles se prendiam ao texto da lei antiga, não admitindo nem a tradição, nem nenhuma interpretação; colocavam as boas obras e a execução pura e simples da lei, acima das práticas exteriores do culto. Eram, como se vê, os materialistas, os deístas e os sensualistas da época. Esta seita era pouco numerosa, mas contava com personalidades importantes, e se tornou um partido político constantemente em oposição aos Fariseus.

ESSÊNIOS ou ESSEUS, seita judia fundada por volta do ano 150 a.C., ao tempo dos Macabeus, e cujos membros, que habitavam espécies de monastérios, formavam entre eles uma espécie de associação moral e religiosa. Distinguiam-se pelos costumes brandos e virtudes austeras, ensinavam o amor a Deus e ao próximo, a imortalidade da alma, e acreditavam na ressurreição. Viviam no celibato, condenavam a servidão e a guerra, tinham seus bens em comum e se entregavam à agricultura. Em oposição aos Saduceus sensuais que negavam a imortalidade, aos Fariseus rígidos para as práticas exteriores, e nos quais a virtude não era senão aparente, eles não tomavam nenhuma parte nas querelas que dividiam essas duas seitas. Seu gênero de vida se aproximava ao dos primeiros cristãos, e os princípios de moral que professavam fizeram algumas pessoas pensarem que Jesus fez parte dessa seita antes do início de sua missão pública. O que é certo, é que ele deve tê-la conhecido, mas nada prova que a ela se filiou, e tudo o que se escreveu a este respeito é hipotético (1).

---

(1) **A morte de Jesus,** supostamente escrita por um irmão essênio, é um livro completamente apócrifo, escrito com o objetivo de servir a uma opinião e que encerra, em si mesmo, a prova da sua origem moderna.

TERAPEUTAS (do grego *thérapeutaï* de *thérapeueïn,* servir, cuidar; quer dizer, servidores de Deus ou curandeiros); sectários judeus contemporâneos do Cristo, estabelecidos principalmente em Alexandria, no Egito. Tinham uma grande semelhança com os Essênios, dos quais professavam os princípios; como estes últimos, eles se entregavam à prática de todas as virtudes. Sua alimentação era de uma extrema frugalidade; devotados ao celibato, à contemplação e à vida solitária, formavam uma verdadeira ordem religiosa. Fílon, filósofo judeu platônico de Alexandria, foi o primeiro que falou dos Terapeutas; considerou-os uma seita do judaísmo. Eusébio, São Jerônimo e outros Pais da Igreja pensavam que eram cristãos. Fossem judeus ou cristãos, é evidente que, da mesma forma que os Essênios, eles formam o traço de união entre o judaísmo e o Cristianismo.

IV - SÓCRATES E PLATÃO, PRECURSORES DA IDEIA CRISTÃ E DO ESPIRITISMO

Do fato de que Jesus deve ter conhecido a seita dos Essênios, seria errado concluir que dela hauriu sua doutrina, e que, se tivesse vivido em outro meio, teria professado outros princípios. As grandes ideias não surgem nunca subitamente; as que têm por base a verdade, têm sempre seus precursores que lhes preparam parcialmente os caminhos; depois, quando os tempos são chegados, Deus envia um homem com a missão de resumir, coordenar e completar esses elementos esparsos, e formar-lhes um corpo; deste modo, a ideia não chegando bruscamente, encontra Espíritos plenamente dispostos a aceitá-la. Assim ocorreu com a ideia cristã, que foi pressentida vários séculos antes de Jesus e dos Essênios, e da qual Sócrates e Platão foram os principais precursores.

Sócrates, da mesma forma que o Cristo, nada escreveu, ou pelo menos não deixou nenhum escrito; como ele, morreu a morte dos criminosos, vítima do fanatismo, por ter atacado as crenças tradicionais e colocado a virtude real acima da hipocrisia e do simulacro das formas, numa palavra, por ter combatido os preconceitos religiosos. Como Jesus, foi acusado pelos Fariseus de corromper o povo pelos seus ensinamentos, também, como ele, foi acusado pelos Fariseus do seu tempo, porque os houve em todas as épocas, de corromper a juventude, proclamando o dogma da unicidade de Deus, da imortalidade da alma e da vida futura. Da mesma forma, ainda que não conhecemos a doutrina de Jesus senão pelos escritos dos seus discípulos, não conhecemos a de Sócrates senão pelos escritos do seu discípulo Platão. Cremos útil resumir aqui os seus pontos principais para mostrar sua concordância com os princípios do Cristianismo.

Àqueles que considerassem esse paralelo como uma profanação e pretendessem que não poderia haver paridade entre a doutrina de um pagão e a do Cristo, responderemos que a doutrina de Sócrates não era pagã, uma vez que tinha por objetivo combater o paganismo; que a doutrina de Jesus, mais completa e mais depurada que a de Sócrates, nada tem a perder com a comparação; que a grandeza da missão divina do Cristo, com isso, não seria diminuída; que, aliás, está na História, que não pode ser abafada. O homem atingiu um ponto em que a luz irradia, por si mesma, de sob o alqueire; ele está maduro para encará-la; tanto pior para aqueles que não ousam abrir os olhos. O tempo é chegado de examinar as coisas amplamente e do alto, e não mais pelo ponto de vista mesquinho e estreito dos interesses de seitas e de castas.

Estas citações provarão, por outro lado, que, se Sócrates e Platão pressentiram a ideia cristã, encontram-se igualmente em suas doutrinas os princípios fundamentais do Espiritismo.

RESUMO DA DOUTRINA DE SÓCRATES E DE PLATÃO

I – O homem é uma alma encarnada. *Antes da sua encarnação, ela existia unida aos tipos primordiais, às ideias do verdadeiro, do bem e do belo; deles se separa em se encarnando e,* recordando seu passado, *está mais ou menos atormentada pelo desejo de a eles retornar.*

Não se pode enunciar mais claramente a distinção e a independência do princípio inteligente e do princípio material; por outro lado, é a doutrina da preexistência da alma, da vaga intuição que ela conserva de um outro mundo ao qual aspira, de sua sobrevivência ao corpo, de sua saída do mundo espiritual para se encarnar, e de sua reentrada no mesmo mundo depois da morte; é, enfim, o germe da doutrina dos Anjos decaídos.

II – A alma se extravia e se perturba quando se serve do corpo para considerar qualquer objeto; tem vertigens como se estivesse ébria, porque se liga a coisas que são, por sua natureza, sujeitas a mudanças; ao passo que, quando contempla sua própria essência, ela se dirige para o que é puro, eterno, imortal e, sendo da mesma natureza, fica aí ligada tanto tempo quanto o possa; então seus descaminhos cessam, porque está unida ao que é imutável, e esse estado da alma é o que se chama a sabedoria.

Assim, também se ilude o homem que considera as coisas de baixo, terra a terra, do ponto de vista material; para apreciá-las com justeza, é preciso vê-las de cima, quer dizer, do ponto de vista espiritual. O verdadeiro sábio, pois, deve, de alguma sorte, isolar a alma do corpo para ver com os olhos do Espírito. É o que ensina o Espiritismo. (Cap. I I, nº 5.)

III – Enquanto tenhamos nosso corpo, e a alma se encontre mergulhada nessa corrupção, jamais possuiremos o objeto dos nossos desejos: a verdade. Com efeito, o corpo nos suscita mil obstáculos pela necessidade que temos de cuidá-lo; ademais, ele nos enche de desejos, de apetites, de temores, de mil quimeras e de mil tolices, de maneira que, com ele, é impossível ser sábio um instante. Mas, se não é possível nada conhecer com pureza, enquanto a alma está unida ao corpo, é preciso de duas coisas uma: ou que não se conheça jamais a verdade ou que se venha a conhecê-la depois da morte. Livres da loucura do corpo, então, conversaremos, é de esperar-se, com homens igualmente livres, e conheceremos, por nós mesmos, a essência das coisas. Por isso, os verdadeiros filósofos se exercitam para morrer, e a morte não lhes parece de nenhum modo temível. (O Céu e o Inferno, 1ª parte, cap. II; 2ª parte, cap. I).

Eis aí o princípio das faculdades da alma obscurecidas por intermédio dos órgãos corporais e da expansão dessas faculdades depois da morte. Mas não se trata aqui senão de almas de elite já depuradas; não ocorre o mesmo com as almas impuras.

IV – A alma impura, nesse estado, está entorpecida e é arrebatada de novo para o mundo visível pelo horror daquilo que é invisível e imaterial; ela erra, então, diz-se, ao redor dos mausoléus e dos túmulos, perto dos quais viu, por vezes, fantasmas tenebrosos, como devem ser as imagens das almas que deixaram o corpo sem estar inteiramente puras, e que retêm alguma coisa da forma material, o que faz com que o olhar possa percebê-las. Essas não são as almas dos bons, mas dos maus, que são forçadas a errarem nesses lugares, onde carregam o castigo da sua primeira vida, e onde continuam a errar, até que os apetites inerentes à forma material, que se deram, conduzam-nas a um corpo; e, então, elas retomam, sem dúvida, os mesmos costumes que, durante sua primeira vida, foram o objeto de suas predileções.

Não só o princípio da reencarnação está aí claramente exposto, mas o estado das almas que estão ainda sob o império da matéria, está descrito tal como o Espiritismo o mostra nas evocações. Há mais: está dito que a reencarnação num corpo material é uma consequência da impureza da alma, enquanto que as almas purificadas estão livres dela. O Espiritismo não diz outra coisa; acrescenta, apenas, que a alma que tomou boas resoluções na erraticidade e que tem conhecimentos adquiridos, leva, em renascendo, menos defeitos, mais de virtudes, e mais de ideias intuitivas que não tivera em sua precedente existência; e que, assim, cada existência marca para ela um progresso intelectual e moral. (*O Céu e o Inferno,* 2ª parte: Exemplos).

*V – Depois da nossa morte, o gênio (*daimon, *demônio) que nos fora designado durante nossa vida, conduz-nos para um lugar onde se reúnem todos aqueles que devem ser conduzidos ao Hades, para aí serem julgados. As almas, depois de terem permanecido no Hades o tempo necessário, são reconduzidas a esta vida* em numerosos e longos períodos.

É a doutrina dos Anjos guardiães ou Espíritos protetores, e das reencarnações sucessivas, depois de intervalos mais ou menos longos de erraticidade.

VI – Os demônios enchem o espaço que separa o céu da Terra; são o laço que une o Grande Todo consigo mesmo. A divindade não entrando jamais em comunicação direta com o homem, é por intermédio dos demônios que os deuses se relacionam e conversam com ele, seja durante a vigília, seja durante o sono.

A palavra *daimon,* que deu origem a *demônio,* não era tomada no mau sentido na antiguidade, como entre os modernos; não se dizia exclusivamente dos seres malfazejos, mas de todos os Espíritos em geral, entre os quais se distinguiam os Espíritos superiores, chamados *deuses,* e os Espíritos menos elevados, ou demônios propriamente ditos, que se comunicavam diretamente com os homens. O Espiritismo diz também que os Espíritos povoam o espaço; que Deus não se comunica com os homens senão por intermédio dos Espíritos puros encarregados de transmitirem suas vontades; que os Espíritos se comunicam com eles durante a vigília e durante o sono. Substituí a palavra *demônio* pela palavra *Espírito* e tereis a Doutrina Espírita; colocai a palavra anjo e tereis a Doutrina Cristã.

VII – A preocupação constante do filósofo (tal como o compreendiam Sócrates e Platão) é de tomar o maior cuidado com a alma, menos por esta vida, que não é senão um instante, do que em vista da eternidade. Se a alma é imortal, não é mais sábio viver com vistas à eternidade?

O Cristianismo e o Espiritismo ensinam a mesma coisa.

VIII – Se a alma é imaterial, depois desta vida, ela deve seguir para um mundo igualmente invisível e imaterial, da mesma forma que o corpo, em se decompondo, retorna à matéria. Importa somente distinguir bem a alma pura, verdadeiramente imaterial, que se nutre, como Deus, de ciências e de pensamentos, da alma mais ou menos *manchada de impurezas materiais que a impedem de se elevar até o divino e a retêm nos lugares de sua morada terrestre.*

Sócrates e Platão, como se vê, compreendiam perfeitamente os diferentes graus de desmaterialização da alma; eles insistem sobre a diferença de situação que resulta para ela sua pureza *maior ou menor.* O que eles diziam por intuição, o Espiritismo o prova por numerosos exemplos que coloca sob nossos olhos. (*O Céu e o Inferno,* 2ª parte).

IX – Se a morte fosse a dissolução total do homem, seria um grande lucro para os maus, depois da sua morte, estarem livres, ao mesmo tempo, de seus corpos, de sua alma e dos seus vícios. Aquele que ornou sua alma, não de um enfeite estranho, mas do que lhe é próprio, só este poderá esperar tranquilamente a hora da sua partida para o outro mundo.

Em outros termos, é dizer que o materialismo, que proclama o nada depois da morte, seria a anulação de toda responsabilidade moral ulterior e, por consequência, um excitante ao mal; que o mal tem tudo a ganhar com o nada: que só o homem que se despojou de seus vícios e se enriqueceu de virtudes pode esperar tranquilamente o despertar na outra vida. O Espiritismo nos mostra, pelos exemplos que coloca diariamente sob nossos olhos, quanto é penosa, para o mau, a passagem de uma vida para a outra e a entrada na vida futura. (*O Céu e o Inferno,* 2ª parte, cap. I).

X – O corpo conserva os vestígios bem marcados dos cuidados que com ele se tomou, ou dos acidentes que experimentou; ocorre o mesmo com a alma. Quando ela está despojada do corpo, carrega os traços evidentes do seu caráter, de suas afeições e as marcas que cada ato da sua vida lhe deixou. Assim, a maior infelicidade que possa atingir o homem, é a de ir para o outro mundo com uma alma carregada de crimes. Tu vês, Callicles, que nem tu, nem Pólus, nem Górgias, não saberíeis provar que se deve levar uma outra vida que nos será útil quando estivermos lá embaixo. De tantas opiniões diversas, a única que permanece inabalável é a de que vale mais receber que cometer uma injustiça *e que, antes de todas as coisas, deve-se aplicar, não em parecer homem de bem, mas a sê-lo. (Diálogos de Sócrates com seus discípulos, na sua prisão).*

Aqui, encontra-se este outro ponto capital, confirmado hoje pela experiência de que a alma não depurada conserva as ideias, as tendências, o caráter e as paixões que tinha sobre a Terra. Esta máxima: *vale mais receber que cometer uma injustiça,* não é toda cristã? É o mesmo pensamento que Jesus exprime por esta figura: "Se alguém vos bate sobre uma face, estendei-lhe ainda a outra". (Cap. XII, nº 7, 8).

XI – De duas coisas uma: ou a morte é uma destruição absoluta, ou ela é a passagem de uma alma para um outro lugar. Se tudo deve se exterminar, a morte será como uma dessas raras noites que passamos sem sonho e sem nenhuma consciência de nós mesmos. Mas se a morte não é senão uma mudança de morada, a passagem para um lugar onde os mortos devem se reunir, que felicidade nele reencontrar aqueles a quem se conheceu! Meu maior prazer seria o de examinar, de perto, os habitantes dessa morada, e de aí distinguir, como aqui, aqueles que são sábios daqueles que creem sê-lo e não o são. Mas é hora de nos deixarmos, eu para morrer, vós para viver. (Sócrates a seus juízes).

Segundo Sócrates, os homens que viveram sobre a Terra, reencontram-se depois da morte e se reconhecem. O Espiritismo no-los mostra continuando as relações que tiveram, de tal sorte que a morte não é nem uma interrupção, nem uma cessação da vida, mas uma transformação, sem solução de continuidade.

Tivessem Sócrates e Platão conhecido os ensinamentos que o Cristo daria quinhentos anos mais tarde, e os que os Espíritos dão atualmente, não haveriam de falar de outra forma. Nisso não há nada que deve surpreender, se se considera que as grandes verdades são eternas, e que os Espíritos avançados as deveram conhecer antes de virem sobre a Terra, para onde as trouxeram; que Sócrates, Platão e os grandes filósofos de seu tempo puderam estar, mais tarde, entre aqueles que secundaram o Cristo na sua divina missão, e que foram escolhidos precisamente porque tinham, mais que os outros, a compreensão de seus sublimes ensinamentos; que eles podem, enfim, hoje, fazer parte da plêiade de Espíritos encarregados de virem ensinar aos homens as mesmas verdades.

XII – Não é preciso nunca retribuir injustiça por injustiça, nem fazer mal a ninguém, qualquer seja o mal que se nos tenha feito. *Poucas pessoas, entretanto, admitirão este princípio, e as pessoas que estão divididas não devem senão se desprezar umas às outras.*

Não está aí o princípio da caridade, que nos ensina a não retribuir o mal com o mal, e a perdoar aos inimigos?

XIII – É pelos frutos que se reconhece a árvore. É preciso qua-

lificar cada ação segundo o que ela produz: chamá-la má quando dela provém o mal, boa quando dela nasce o bem.

Esta máxima: "É pelos frutos que se reconhece a árvore" se encontra textualmente repetida várias vezes no Evangelho.

XIV – A riqueza é um grande perigo. Todo homem que ama a riqueza não ama nem a si, nem o que está em si, mas a uma coisa que lhe é ainda mais estranha que aquela que está em si. (Cap. XVI).

XV – As mais belas orações e os mais belos sacrifícios agradam menos a Divindade que uma alma virtuosa que se esforça por assemelhar-se a ela. Seria uma coisa grave se os deuses tivessem mais consideração para com as nossas oferendas que pela nossa alma; por esse meio, os mais culpáveis poderiam se lhes tornarem favoráveis. Mas não, não há de verdadeiramente justo e sábio senão aqueles que, por suas palavras e pelos seus atos, desempenhem-se do que devem aos deuses e aos homens. (Cap. X, 7, 8).

XVI – Chamo homem vicioso a esse amante vulgar que ama o corpo antes que a alma. O amor está por toda parte na Natureza, que nos convida a exercitar nossa inteligência; é encontrado até nos movimentos dos astros. É o amor que orna a Natureza de seus ricos tapetes; ele se enfeita e fixa sua morada lá onde encontra flores e perfumes. É ainda o amor que dá a paz aos homens, a calma ao mar, o silêncio aos ventos e o sono à dor.

O amor, que deve unir os homens por um laço fraternal, é uma consequência dessa teoria de Platão sobre o amor universal como lei natural. Sócrates, tendo dito que "o amor não é um deus nem um mortal, mas um grande demônio", quer dizer, um grande Espírito presidindo ao amor universal, esta afirmação lhe foi sobretudo imputada como crime.

XVII – A virtude não se pode ensinar; ela vem por um dom de Deus àqueles que a possuem.

É aproximadamente a doutrina cristã sobre a graça; mas, se a virtude é um dom de Deus, é um favor, que se pode pedir, porque ela não é concedida a todo o mundo; por outro lado, se é um dom, ela é sem mérito para aquele que a possui. O Espiritismo é mais explícito; ele diz que aquele que possui a virtude a adquire por seus esforços em existências sucessivas, em se despojando, pouco a pouco, das suas imperfeições. A graça é a força da qual Deus favorece todo homem de boa vontade, para se despojar do mal e para fazer o bem.

XVIII – É uma disposição natural, a cada um de nós, aperceber-se bem menos dos nossos defeitos que dos de outrem.

O Evangelho diz: "Vedes o argueiro no olho do vosso vizinho, e não vedes a trave que está no vosso". (Cap. X, 9, 10).

XIX – Se os médicos fracassam na maioria das doenças, é que tratam o corpo sem a alma, *e que, o todo não estando em bom estado, é impossível que a parte se porte bem.*

O Espiritismo dá a chave das relações que existem entre a alma e o corpo e prova que há reação incessante de uma sobre o outro. Ele abre, assim, um novo caminho à ciência e, em lhe mostrando a verdadeira causa de certas doenças, dá-lhe os meios de combatê-las. Quando ela se inteirar da ação do elemento espiritual na economia, fracassará menos frequentemente.

XX – Todos os homens, a começar desde a infância, fazem muito mais mal do que bem.

Estas palavras de Sócrates tocam a grave questão da predominância do mal sobre a Terra, questão insolúvel sem o conhecimento da pluralidade dos mundos e da destinação da Terra, onde não habita senão uma pequena fração da Humanidade. Só o Espiritismo lhe dá a solução, que está desenvolvida adiante nos capítulos II, III e V.

XXI – Há sabedoria em não crer saber aquilo que tu não sabes.

Isto vai endereçado às pessoas que criticam aquilo de que, frequentemente, não sabem a primeira palavra. Platão completa esse pensamento de Sócrates, dizendo: "Experimentemos primeiro torná-los, se isso é possível, mais honestos em palavras; se não, *não nos preocupemos com eles,* e não procuremos senão a verdade. Esforcemo-nos em nos instruir, mas *não nos injuriemos".* É assim que devem agir os Espíritas com respeito aos seus contraditores, de boa ou má fé. Revivesse Platão hoje, encontraria as coisas aproximadamente como no seu tempo e poderia ter a mesma linguagem. Sócrates também encontraria pessoas para se escarnecerem de sua crença nos Espíritos, e tratá-lo de louco, assim como a seu discípulo Platão.

Foi por ter professado esses princípios que Sócrates foi primeiro ridicularizado, depois acusado de impiedade e condenado a beber cicuta; tanto isso é certo que as grandes verdades novas, levantando contra si os interesses e os preconceitos que machucam, não podem se estabelecer sem luta e sem fazer mártires.

CAPÍTULO 1

EU NÃO VIM DESTRUIR A LEI

AS TRÊS REVELAÇÕES: MOISÉS; CRISTO; O ESPIRITISMO – ALIANÇA DA CIÊNCIA E DA RELIGIÃO.

INSTRUÇÕES DOS ESPÍRITOS:
A ERA NOVA.

1. *Não penseis que vim destruir a lei ou os profetas; eu não vim destruí-los, mas dar-lhes cumprimento; porque eu vos digo, em verdade, que o céu e a Terra não passarão antes que tudo o que está na lei seja cumprido perfeitamente, até um único jota e um só ponto. (São Mateus, cap. V, v. 17, 18).*

MOISÉS

2. Há duas partes distintas na lei mosaica: a lei de Deus, promulgada sobre o monte Sinai, e a lei civil ou disciplinar, estabelecida por Moisés; uma é invariável; a outra, apropriada aos costumes e ao caráter do povo, modifica-se com o tempo.

A lei de Deus está formulada nos dez mandamentos seguintes:

I – Eu sou o Senhor, vosso Deus, que vos tirei do Egito, da casa de servidão. Não tereis outros deuses estrangeiros diante de mim. Não fareis imagem talhada, nem nenhuma figura de tudo o que está no alto, no céu, e embaixo, na Terra, nem de tudo o que está nas águas sob a Terra. Não os adorareis, nem lhes rendereis culto soberano.

II - Não tomeis em vão o nome do Senhor vosso Deus.

III - Lembrai-vos de santificar o dia de Sábado.

IV - Honrai o vosso pai e a vossa mãe, a fim de viverdes longo tempo na Terra, que o Senhor vosso Deus vos dará.

V - Não matareis.

VI - Não cometereis adultério.

VII - Não furtareis.

VIII - Não prestareis falso testemunho contra o vosso próximo.

IX - Não desejareis a mulher do vosso próximo.

X - Não desejareis a casa do vosso próximo, nem seu servidor, nem sua serva, nem seu boi, nem seu asno, nem nenhuma de todas as coisas que lhe pertencem.

Esta lei é de todos os tempos e de todos os países e tem, por isso mesmo, um caráter divino. Todas as outras são leis estabelecidas por Moisés, obrigado a manter, pelo temor, um povo naturalmente turbulento e indisciplinado, no qual tinha que combater os abusos enraizados e os preconceitos hauridos na servidão do Egito. Para dar autoridade às suas leis, ele deveu atribuir-lhes origem divina, assim como o fizeram todos os legisladores de povos primitivos; a autoridade do homem deveria se apoiar sobre a autoridade de Deus; mas só a ideia de um Deus terrível poderia impressionar homens ignorantes, nos quais o senso moral e o sentimento de uma delicada justiça eram ainda pouco desenvolvidos. É bem evidente que aquele que tinha colocado em seus mandamentos: "Tu não matarás; tu não farás mal ao teu próximo", não poderia se contradizer, fazendo delas um dever de extermínio. As leis mosaicas, propriamente ditas, tinham, pois, um caráter essencialmente transitório.

CRISTO

3. Jesus não veio destruir a lei, quer dizer, a lei de Deus; ele veio cumpri-la, quer dizer, desenvolvê-la, dar-lhe seu verdadeiro sentido, e apropriá-la ao grau de adiantamento dos homens; por isso, encontra-se nessa lei o princípio dos deveres para com Deus e para com o próximo, que constituem a base de sua doutrina. Quanto às leis de Moisés, propriamente ditas, ao contrário, ele as modificou profundamente, seja no fundo, seja na forma; combateu constantemente o abuso das práticas exteriores e as falsas interpretações, e não poderia fazê-las sofrer uma reforma mais radical do que as reduzindo a estas palavras: "Amar a Deus acima de todas as coisas, e ao próximo como a si mesmo", e dizendo: *está aí toda a lei e os profetas.*

Por estas palavras: "O céu e a terra não passarão antes que tudo seja cumprido até um único jota", Jesus quis dizer que seria preciso que a Lei de Deus recebesse seu cumprimento, quer dizer, fosse praticada sobre toda a Terra, em toda a sua pureza, com todos os seus desenvolvimentos e todas as suas consequências; porque de que serviria ter estabelecido essa lei, se ela devesse permanecer privilégio de alguns homens ou mesmo de um único povo? Todos os homens, sendo filhos de Deus, são, sem distinção, o objeto da mesma solicitude.

4. Mas o papel de Jesus não foi simplesmente o de um legislador moralista, sem outra autoridade que a sua palavra; ele veio cumprir as profecias que haviam anunciado sua vinda; sua autoridade decorria da natureza excepcional de seu Espírito e de sua missão divina; veio ensinar aos homens que a verdadeira vida não está sobre a Terra, mas no reino dos céus; ensinar-lhes o caminho que para lá conduz, os meios de reconciliar-se com Deus, e os prevenir sobre a marcha das coisas futuras para o cumprimento dos destinos humanos. Entretanto, não disse tudo e, sobre muitos pontos, limitou-se a depositar o germe de verdades que ele próprio declara não poderem ser ainda compreendidas; falou de tudo, mas em termos mais ou menos explícitos; para compreender o sentido oculto de certas palavras, seria preciso que novas ideias e novos conhecimentos viessem dar-lhes a chave, e essas ideias não poderiam vir antes de um certo grau de maturidade do espírito humano. A Ciência deveria contribuir poderosamente para a eclosão e o desenvolvimento das ideias; seria preciso, pois, dar à Ciência o tempo de progredir.

O ESPIRITISMO

5. O *Espiritismo* é a nova ciência que vem revelar aos homens, por provas irrecusáveis, a existência e a natureza do mundo espiritual e suas relações com o mundo corporal; ele no-lo mostra, não mais como uma coisa sobrenatural, mas, ao contrário, como uma das forças vivas e incessantemente ativas da Natureza, como a fonte de uma multidão de fenômenos incompreendidos, até então atirados, por essa razão, ao domínio do fantástico e do maravilhoso. É a essas relações que o Cristo faz alusão, em muitas circunstâncias, e é, por isso, que muitas coisas que ele disse permaneceram ininteligíveis ou foram falsamente interpretadas. O Espiritismo é a chave com a ajuda da qual tudo se explica com facilidade.

6. A lei do Antigo Testamento está personificada em Moisés; a do Novo Testamento está personificada no Cristo; o Espiritismo é a terceira revelação da lei de Deus, mas não está personificada em nenhum indivíduo, porque ele é o produto de ensinamento dado, não por um homem, mas pelos Espíritos, que são *as vozes do céu,* sobre todos os pontos da Terra, e por uma multidão inumerável de intermediários: é, de alguma sorte, um ser coletivo compreendendo o conjunto dos seres do mundo espiritual, vindo cada um trazer aos homens o tributo das suas luzes para fazê-los conhecer esse mundo e a sorte que nele os espera.

7. Da mesma forma que o Cristo disse: "Eu não vim destruir a lei, mas dar-lhe cumprimento", o Espiritismo diz igualmente: "Eu não vim destruir a lei cristã, mas cumpri-la". Ele não ensina nada de contrário ao que o Cristo ensinou, mas desenvolve, completa e explica, em termos claros para todo o mundo, o que não foi dito senão sob a forma alegórica; vem cumprir, nos tempos preditos, o que o Cristo anunciou, e preparar o cumprimento das coisas futuras. É, pois, obra do Cristo que o preside, como igualmente anunciou, a regeneração que se opera, e prepara o reino de Deus sobre a Terra.

ALIANÇA DA CIÊNCIA E DA RELIGIÃO

8. A Ciência e a Religião são as duas alavancas da inteligência humana; uma revela as leis do mundo material, e a outra, as leis do mundo moral; *mas umas e outras, tendo o mesmo princípio que é Deus,* não podem se contradizer; se elas são a negação uma da outra, uma necessariamente é errada e a outra certa, porque Deus não pode querer destruir sua própria obra. A incompatibilidade que se acreditava ver entre essas duas ordens de ideias, prende-se a um defeito de observação e a muito de exclusivismo de uma parte e da outra; daí um conflito de onde nasceram a incredulidade e a intolerância.

Os tempos são chegados em que os ensinamentos do Cristo devem receber seu complemento; em que o véu, lançado propositadamente sobre algumas partes desse ensinamento, deve ser levantado; em que a Ciência, deixando de ser exclusivamente materialista, deve inteirar-se do elemento espiritual, e em que a Religião, cessando de menosprezar as leis orgânicas e imutáveis da matéria, essas duas forças, apoiando-se uma sobre a outra, e andando juntas, se prestarão um mútuo apoio. Então a Religião, não recebendo mais o desmentido da Ciência, adquirirá uma força inabalável, porque estará de acordo com a razão, e não se lhe poderá opor a irresistível lógica dos fatos.

A Ciência e a Religião não puderam se entender até hoje, porque, cada uma examinando as coisas sob seu ponto de vista exclusivo, repeliam-se mutuamente. Seria preciso alguma coisa para preencher o vazio que as separava, um traço de união que as aproximasse; esse traço de união está no conhecimento das leis que regem o mundo espiritual e suas relações com o mundo corporal, leis tão imutáveis como as que regem o movimento dos astros e a existência dos seres. Essas relações, uma vez constatadas pela experiência, uma luz nova se fez: a fé se dirigiu à razão, a razão não encontrou nada de ilógico na fé, e o materialismo foi vencido. Mas nisso, como em todas as coisas, há pessoas que permanecem para trás, até que sejam arrastadas pelo movimento geral que as esmagará se quiserem resistir-lhe em lugar de a ele se abandonarem. É toda uma revolução moral que se opera neste momento e trabalha os espíritos; depois de elaborada durante mais de dezoito séculos, ela se aproxima do seu cumprimento e vai marcar uma era nova na Humanidade. As consequências dessa revolução são fáceis de prever e devem trazer, nas relações sociais, inevitáveis modificações, às quais não está no poder de ninguém se opor, porque estão nos desígnios de Deus e resultam da lei do progresso, que é uma lei de Deus.

INSTRUÇÕES DOS ESPÍRITOS

A ERA NOVA

UM ESPÍRITO ISRAELITA, Mulhouse, 1861

9. Deus é único, e Moisés, o Espírito que Deus enviou em missão para o fazer conhecer, não somente aos Hebreus, mas ainda aos povos pagãos. O povo hebreu foi o instrumento de que Deus se serviu para fazer sua revelação por Moisés e pelos profetas, e as vicissitudes desse povo eram destinadas a impressionar os olhos e fazer cair o véu que escondia a divindade aos homens.

Os mandamentos de Deus, dados por Moisés, trazem o germe da mais ampla moral cristã; os comentários da Bíblia lhe limitavam o sentido, porque, postos em prática em toda a sua pureza, ela não teria sido, então, compreendida; mas nem por isso, os dez mandamentos de Deus deixaram de permanecer como o frontispício brilhante, como o farol que deveria iluminar a Humanidade no caminho que haveria de percorrer.

A moral ensinada por Moisés era apropriada ao estado de adiantamento no qual se encontravam os povos que ela foi chamada a regenerar, e esses povos, semisselvagens quanto ao aperfeiçoamento de sua alma, não teriam compreendido que se pode adorar a Deus de outro modo que pelos holocaustos, nem que se precisasse perdoar a um inimigo. Sua inteligência, notável do ponto de vista da matéria, e mesmo sob o das artes e das ciências, era muito atrasada em moralidade, e não se teriam convertido sob o império de uma religião inteiramente espiritual; era-lhes preciso uma representação semimaterial, tal qual lhe oferecia, então, a religião hebraica. Assim, os holocaustos falavam aos seus sentidos, enquanto que a ideia de Deus falava ao seu espírito.

O Cristo foi o iniciador da moral mais pura e mais sublime: a moral evangélico-cristã que deve renovar o mundo, aproximar os homens e torná-los irmãos; que deve fazer jorrar, de todos os corações humanos, a caridade e o amor ao próximo, e criar, entre todos os homens, uma solidariedade comum; de uma moral, enfim, que deve transformar a Terra e dela fazer uma morada para os Espíritos superiores àqueles que a habitam hoje. É a lei do progresso, à qual a Natureza está submetida, que se cumpre, e o Espiritismo é a alavanca da qual Deus se serve para fazer avançar a Humanidade.

São chegados os tempos em que as ideias morais devem se desenvolver para cumprir os progressos que estão nos desígnios de Deus; elas devem seguir o mesmo caminho que as ideias de liberdade percorreram e que delas eram precursoras. Mas não é preciso crer que esse desenvolvimento se fará sem lutas; não, elas têm necessidade, para atingir a maturidade, de abalos e de discussões, a fim de que atraiam a atenção das massas; uma vez fixada a atenção, a beleza e a santidade da moral impressionarão os espíritos, e eles se interessarão por uma ciência que lhes dá a chave da vida futura e lhes abre as portas da felicidade eterna. Foi Moisés quem abriu o caminho; Jesus continuou a obra, e o Espiritismo a arrematará.

FÉNELON, POITIERS, 1861.

10. Um dia, Deus, na sua caridade inesgotável, permitiu ao homem ver a verdade dissipar as trevas; esse dia foi o advento do Cristo. Depois da luz viva, as trevas voltaram; o mundo, depois das alternativas de verdade e de obscuridade, perdeu-se de novo. Então, à semelhança dos profetas do Antigo Testamento, os Espíritos se põem a falar e a advertir-vos: o mundo foi abalado em suas bases; o raio estourará; sede firmes!

O Espiritismo é de ordem divina, uma vez que repousa sobre as próprias leis da Natureza, e crede que tudo o que é de ordem divina tem um objetivo grande e útil. Vosso mundo se perdia, a ciência, desenvolvida às expensas do que é de ordem moral, em tudo conduzindo-vos ao bem-estar material, revertia em proveito do espírito das trevas. Vós o sabeis, cristãos, o coração e o amor devem caminhar unidos à ciência. O reino do Cristo, após dezoito séculos, e malgrado o sangue de tantos mártires, ainda não chegou. Cristãos, tornai ao Mestre que quer vos salvar. Tudo é fácil àquele que crê e que ama; o amor o enche de uma alegria inefável. Sim, meus filhos, o mundo está abalado; os bons Espíritos vo-lo dizem sempre; curvai-vos sob o sopro precursor da tempestade, a fim de não serdes derrubados; quer dizer, preparai-vos, e não vos assemelheis às virgens estouvadas que foram apanhadas de surpresa à chegada do esposo.

A revolução que se prepara é antes moral que material; os grandes Espíritos, mensageiros divinos, insuflam a fé, para que todos vós, obreiros esclarecidos e ardentes, façais ouvir vossa humilde voz; porque vós sois o grão de areia, mas sem grãos de areia não haveria montanhas. Assim, pois, que estas palavras: "nós somos pequenos", não tenha mais sentido para vós. A cada um sua missão, a cada um seu trabalho. A formiga não constrói o edifício da sua república e os animálculos imperceptíveis não erguem os continentes? A nova cruzada começou; apóstolos da paz universal e não de uma guerra, São Bernardos modernos, olhai e marchai em frente: a lei dos mundos é a lei do progresso.

ERASTO, DISCÍPULO DE SÃO PAULO, PARIS, 1863.

11. Santo Agostinho é um dos maiores divulgadores do Espiritismo; ele se manifesta quase que por toda parte; a razão disso encontramos na vida desse grande filósofo cristão, que pertence a essa vigorosa falange dos Pais da Igreja, aos quais a cristandade deve seus mais sólidos alicerces. Como muitos, foi arrancado ao paganismo, dizemos melhor, à impiedade mais profunda, pelo esplendor da verdade. Quando, em meio aos seus excessos, sentiu em sua alma essa vibração estranha que o chamava para si mesmo, e lhe fez compreender que a felicidade estava alhures e não nos prazeres enervantes e fugidios; quando, enfim, sobre sua estrada de Damasco também ouviu a voz santa exclamar-lhe: Saulo, Saulo, por que me persegues? ele exclamou: Meu Deus! Meu Deus! Perdoai-me, eu creio, eu sou cristão! Depois, então, tornou-se um dos mais firmes sustentáculos do Evangelho. Podem-se ler, nas confissões notáveis que nos deixou esse eminente Espírito, as palavras, ao mesmo tempo, características e proféticas, que pronunciou depois de ter perdido Santa Mônica: *"Eu estou persuadido de que minha mãe voltará a visitar-me e dar-me conselhos, revelando-me o que nos espera na vida futura."* Que ensinamento nessas palavras, e que previsão brilhante da futura doutrina! É por isso que, hoje, vendo chegada a hora para a divulgação da verdade que ele havia pressentido outrora, fez-se dela o ardente propagador, e se multiplica, por assim dizer, para responder a todos aqueles que o chamam.

NOTA: Santo Agostinho vem, pois, destruir aquilo que edificou? seguramente que não; mas, como tantos outros, ele vê com os olhos do espírito o que não via como homem; sua alma liberta entrevê novas claridades e compreende o que não compreendia antes; novas ideias lhe revelaram o verdadeiro sentido de certas palavras; sobre a Terra, julgava as coisas segundo os conhecimentos que possuía, mas, quando uma nova luz se fez para ele, pôde julgá-las mais judiciosamente. Foi assim que mudou de ideia sobre sua crença concernente aos Espíritos íncubos e súcubos, sobre o anátema que havia lançado contra a teoria dos antípodas. Agora que o Cristianismo lhe aparece em toda a sua pureza, pode ele, sobre certos pontos, pensar diferentemente do que quando vivo, sem deixar de ser o apóstolo cristão. Pode, sem renegar sua fé, fazer-se o propagador do Espiritismo, porque nele vê o cumprimento das coisas preditas. Proclamando-o, hoje, não faz senão nos conduzir a uma interpretação mais sã e mais lógica dos textos. Assim ocorre com outros Espíritos que se encontram em posição análoga.

CAPÍTULO 2

MEU REINO NÃO É DESTE MUNDO

A vida futura – A realeza de Jesus – O ponto de vista

Instruções dos Espíritos:

uma realeza terrestre

1. *Pilatos, tornando a entrar, pois, no palácio e, tendo feito vir Jesus, disse-lhe: Sois o rei dos Judeus? Jesus lhe respondeu:* Meu reino não é deste mundo. *Se meu reino fosse deste mundo, minhas gentes teriam combatido para impedir-me de cair nas mãos dos Judeus; mas meu reino não é aqui. Pilatos, então, disse-lhe: Sois, pois, rei? Jesus lhe replicou: Vós o dissestes; eu sou rei; eu não nasci e nem vim a este mundo senão para testemunhar a verdade; qualquer que pertença à verdade escuta minha voz. (São João, cap. XVIII, v. 33, 36, 37).*

A VIDA FUTURA

2. Por essas palavras, Jesus designa claramente a *vida futura,* que ele apresenta, em todas as circunstâncias, como o termo para onde tende a Humanidade e, como sendo o objeto das principais preocupações do homem sobre a Terra, todas as suas máximas se dirigem a esse grande princípio. Sem a vida futura, com efeito, a maior parte dos seus preceitos de moral não teria nenhuma razão de ser; por isso, aqueles que não creem na vida futura, imaginando que ele não fala senão da vida presente, não os compreendem ou os acham pueris.

Esse dogma pode, pois, ser considerado como o ponto central do ensinamento do Cristo; por isso, está colocado como um dos primeiros nesta obra, porque deve ser o alvo de todos os homens; só ele pode justificar as anomalias da vida terrestre e concordar com a justiça de Deus.

3. Os Judeus não tinham senão ideias muito incertas quanto à vida futura; acreditavam nos anjos, que consideravam como os seres privilegiados da Criação, mas não sabiam que os homens pudessem vir a ser, um dia, anjos e partilhar sua felicidade. Segundo eles, a observação das leis de Deus era recompensada pelos bens da Terra, pela supremacia da sua nação, pelas vitórias sobre seus inimigos; as calamidades públicas e as derrotas eram o castigo de sua desobediência. Moisés, sobre isso, não poderia dizer mais a um povo pastor, ignorante, que devia ser tocado, antes de tudo, pelas coisas deste mundo. Mais tarde, Jesus veio lhes revelar que há um outro mundo onde a justiça de Deus segue seu curso; é esse mundo que ele promete àqueles que observam os mandamentos de Deus, e onde os bons encontrarão sua recompensa; esse mundo é o seu reino; é aí que ele está em toda a sua glória, e para onde vai retornar ao deixar a Terra.

Entretanto, Jesus, conformando seu ensinamento ao estado dos homens da sua época, não acreditou dever lhes dar uma luz completa, que os teria ofuscado sem esclarecê-los, porque não o teriam compreendido; ele se limitou a colocar, de alguma sorte, a vida futura em princípio, como uma lei natural à qual ninguém pode escapar. Todo cristão crê, pois, forçosamente, na vida futura; mas a ideia que muitos fazem dela é vaga, incompleta, e, por isso mesmo, falsa em vários pontos; para um grande número, não é senão uma crença sem certeza absoluta; daí as dúvidas e mesmo a incredulidade.

O Espiritismo veio completar, nesse ponto como em muitos outros, o ensinamento do Cristo, quando os homens estavam amadurecidos para compreenderem a verdade. Com o Espiritismo, a vida futura não é mais um simples artigo de fé, uma hipótese; é uma realidade material demonstrada pelos fatos, porque são as testemunhas oculares que vêm descrevê-la em todas as suas fases e em todas as suas peripécias, de tal sorte que, não somente a dúvida não é mais possível, mas a inteligência mais vulgar pode fazer ideia do seu verdadeiro aspecto, como se imaginasse um país do qual se leu uma descrição detalhada. Ora, essa descrição da vida futura é tão circunstanciada, as condições de existência feliz ou infeliz daqueles que aí se encontram são tão racionais, que podemos dizer, apesar disso, que ela não pode ser de outra forma, e que está lá a verdadeira justiça de Deus.

A REALEZA DE JESUS

4. O reino de Jesus não é deste mundo, é o que cada um compreende; mas sobre a Terra, não terá também uma realeza? O título de rei não implica sempre no exercício de um poder temporal; ele é dado por um consentimento unânime àquele que seu gênio coloca em primeiro plano em uma ordem de ideias quaisquer, que domina seu século e influi sobre o progresso da Humanidade. É nesse sentido que se diz: o rei ou o príncipe dos filósofos, dos artistas, dos poetas, dos escritores, etc. Essa realeza, nascida do mérito pessoal, consagrada pela posteridade, não tem, frequentemente, uma preponderância maior do que a daquele que leva o diadema? Ela é imperecível, enquanto que a outra é o jogo das vicissitudes; ela é sempre abençoada pelas gerações futuras, enquanto que a outra, por vezes, é amaldiçoada. A realeza terrestre acaba com a vida; a realeza moral governa ainda, e sobretudo, depois da morte. A esse título, Jesus não é um rei mais poderoso que muitos potentados? Foi, pois, com razão, que disse a Pilatos: Eu sou rei, mas meu reino não é deste mundo.

O PONTO DE VISTA

5. A ideia clara e precisa que se faz da vida futura dá uma fé inabalável no futuro, e essa fé tem consequências imensas sobre a moralização dos homens, quando muda completamente *o ponto de vista sob o qual eles examinam a vida terrestre.* Para aquele que se coloca, pelo pensamento, na vida espiritual que, para ele, é indefinida, a vida corporal não é mais que uma passagem, uma curta estação num país ingrato. As vicissitudes e as tribulações da vida não são mais que incidentes que recebe com paciência, porque sabe que não são senão de curta duração, e devem ser seguidos de um estado mais feliz; a morte nada mais tem de apavorante, e não é mais a porta do nada, mas a da libertação que abre, ao exilado, a entrada de uma morada de felicidade e de paz. Sabendo que está em um lugar temporário, e não definitivo, recebe as inquietações da vida com mais indiferença, e disso resulta, para ele, uma calma de espírito que lhe atenua a amargura.

Pela simples dúvida sobre a vida futura, o homem dirige todos os seus pensamentos sobre a vida terrestre; incerto do futuro, dá tudo ao presente; não entrevendo bens mais preciosos que os da Terra, ele é como a criança que não vê nada além dos seus brinquedos; para obtê-los não há nada que não faça; a perda do menor dos seus bens é uma tristeza pungente; uma decepção, uma esperança frustrada, uma ambição não satisfeita, uma injustiça de que é vítima, o orgulho ou a vaidade feridos são igualmente tormentos que fazem da sua vida uma angústia perpétua, *dando-se, assim, voluntariamente, uma verdadeira tortura de todos os instantes.* Tomando seu ponto de vista da vida terrestre, no centro da qual está colocado, tudo toma, ao seu redor, proporções vastas; o mal que o atinge como o bem que compete aos outros, tudo adquire, aos seus olhos, uma grande importância. Ocorre o mesmo com aquele que está no interior de uma cidade, onde tudo parece grande: os homens de projeção, como os monumentos; mas, que se transporte para sobre uma montanha e, homens e coisas, vão lhe parecer bem pequenos.

Assim ocorre com aquele que encara a vida terrestre sob o ponto de vista da vida futura: a Humanidade, como as estrelas do firmamento, perde-se na imensidão; ele se apercebe, então, que grandes e pequenos estão confundidos como as formigas sobre um torrão de terra; que proletários e potentados são do mesmo talhe, e lamenta esses homens efêmeros que se dão tanta inquietação para conquistar um lugar que os eleve tão pouco e que devem manter por tão pouco tempo. É assim que a importância atribuída aos bens terrestres está sempre na razão inversa da fé na vida futura.

6. Se todo o mundo pensasse desse modo, dir-se-á, ninguém se ocupando mais com as coisas da Terra, tudo periclitará. Não; o homem procura instintivamente seu bem estar e, mesmo com a certeza de não estar senão, por pouco tempo, num lugar, ainda quer aí estar melhor ou o menos mal possível ; não há ninguém que, achando um espinho sob sua mão, não o tire para não ser picado. Ora, a procura de bem-estar força o homem a melhorar todas as coisas, possuído que está do instinto do progresso e da conservação, que está nas leis da Natureza. Ele trabalha, pois, por necessidade, por gosto e por dever, e nisso cumpre os desígnios da Providência que o colocou sobre a Terra para esse fim. Somente aquele que considera o futuro, não atribui ao presente senão uma importância relativa, e se consola facilmente com seus fracassos pensando na destinação que o espera.

Deus não condena, pois, os prazeres terrestres, mas o abuso desses prazeres em prejuízo das coisas da alma; é ainda contra esse abuso que estão prevenidos aqueles que se aplicam estas palavras de Jesus: *"Meu reino não é deste mundo."*

Aquele que se identifica com a vida futura é semelhante a

um homem rico que perde uma pequena soma sem com isso se perturbar; aquele que concentra seus pensamentos sobre a vida terrestre é como um homem pobre que perde tudo o que possui e se desespera.

7. O Espiritismo expande o pensamento e lhe abre novos horizontes; em lugar dessa visão estreita e mesquinha que o concentra sobre a vida presente, que faz do instante que passa sobre a Terra a única e frágil base do futuro eterno, ele mostra que essa vida não é senão um elo no conjunto harmonioso e grandioso da obra do Criador; mostra a solidariedade que liga todas as existências do mesmo ser, todos os seres de um mesmo mundo, e os seres de todos os mundos; dá, assim, uma base e uma razão de ser à fraternidade universal, enquanto que a doutrina da criação da alma, no momento do nascimento de cada corpo, torna todos os seres estranhos uns aos outros. Essa solidariedade das partes de um mesmo todo explica o que é inexplicável, se considerar-se apenas uma parte. É esse conjunto que, ao tempo do Cristo, os homens não teriam compreendido e, por isso, ele reservou o conhecimento para outros tempos.

INSTRUÇÕES DOS ESPÍRITOS

UMA REALEZA TERRESTRE

UMA RAINHA DE FRANÇA, HAVRE, 1863.

8. Quem melhor do que eu poderá compreender a verdade destas palavras de Nosso Senhor: Meu reino não é deste mundo? O orgulho me perdeu sobre a Terra; quem, pois, compreenderia a insignificância dos reinos deste mundo, se eu não o compreendesse? Que carreguei comigo da minha realeza terrestre? Nada, absolutamente nada e, como para tornar a lição mais terrível, ela não me seguiu até o túmulo! Rainha eu fui entre os homens, rainha eu acreditava entrar no reino dos céus. Que desilusão! Que humilhação, quando, em lugar de ser ali recebida como soberana, vi acima de mim, mas bem acima, homens que eu acreditava bem pequenos e que desprezei, porque não eram de um sangue nobre! Oh! então eu compreendi a esterilidade das honras e das grandezas que se procura com tanta avidez sobre a Terra!

Para se preparar um lugar neste reino, é preciso a abnegação, a humildade, a caridade em toda a sua prática celeste, a benevolência para com todos; não se vos pergunta o que fostes, que posição ocupastes, mas o bem que haveis feito, as lágrimas que enxugastes.

Oh, Jesus! disseste que teu reino não era deste mundo, porque é preciso sofrer para alcançar o céu, e os degraus do trono não nos aproximam dele; são os caminhos mais penosos da vida que a ele conduzem; procurai, pois, seu caminho, através das sarças e dos espinhos, e não entre as flores.

Os homens correm atrás dos bens terrestres, como se os devessem guardar para sempre; mas aqui não há mais ilusões; eles se apercebem logo de que não agarraram senão uma sombra e negligenciaram os únicos bens sólidos e duráveis, os únicos que lhes são de proveito na morada celeste, os únicos que podem a ela dar-lhes acesso.

Tende piedade daqueles que não ganharam o reino dos céus; ajudai-os com as vossas preces, porque a prece aproxima o homem do Altíssimo, é o traço de união entre o céu e a Terra; não o esqueçais.

CAPÍTULO 3

HÁ MUITAS MORADAS NA CASA DE MEU PAI

Diferentes estados da alma na erraticidade – Diferentes categorias de mundos habitados – Destinação da Terra. Causa das misérias terrestres

Instruções dos Espíritos:

Mundos superiores e mundos inferiores – Mundos de expiação e de provas – Mundos regeneradores – Progressão dos mundos

1. *Que vosso coração não se turbe. Crede em Deus, crede também em mim.* Há muitas moradas na casa de meu Pai; *se assim não fosse, eu já vos teria dito, porque eu me vou para vos preparar o lugar e depois que eu tenha ido e que vos tenha preparado o lugar, eu voltarei e vos retomarei para mim, a fim de que lá onde eu estiver aí estejais também. (São João, cap. XIV, v. 1, 2, 3).*

DIFERENTES ESTADOS DA ALMA NA ERRATICIDADE

2. A casa do Pai é o Universo; as diferentes moradas são os mundos que circulam no espaço infinito e oferecem, aos Espíritos encarnados, moradas apropriadas ao seu adiantamento.

Independentemente da diversidade dos mundos, essas palavras podem também ser entendidas como o estado feliz ou infeliz do Espírito na erraticidade. Segundo ele seja mais ou menos depurado e desligado dos laços materiais, o meio em que se encontra, o aspecto das coisas, as sensações que experimenta, as percepções que possui, variam ao infinito; enquanto que uns não podem se distanciar da esfera em que viveram, outros se elevam e percorrem o espaço e os mundos; enquanto certos Espíritos culpados erram nas trevas, os felizes gozam de uma claridade resplandecente e do sublime espetáculo do infinito; enquanto, enfim, que o mau, atormentado de remorsos e de lamentações, frequentemente só, sem consolação, separado dos objetos da sua afeição, geme sob o constrangimento dos sofrimentos morais, o justo, reunido àqueles que ama, goza as doçuras de uma indizível felicidade. Lá também há, pois, várias moradas, embora não sejam nem circunscritas nem localizadas.

DIFERENTES CATEGORIAS DE MUNDOS HABITADOS

3. Do ensinamento dado pelos Espíritos, resulta que os diversos mundos estão em condições muito diferentes uns dos outros quanto ao grau de adiantamento ou de inferioridade de seus habitantes. Entre eles, há os que seus habitantes são ainda inferiores aos da Terra, física e moralmente; outros estão no mesmo grau, e outros lhes são mais ou menos superiores em todos os aspectos. Nos mundos inferiores, a existência é toda material, as paixões reinam soberanamente, e a vida moral é quase nula. À medida que esta se desenvolve, a influência da matéria diminui, de tal sorte que, nos mundos mais avançados, a vida, por assim dizer, é toda espiritual.

4. Nos mundos intermediários, há mistura do bem e do mal, predominância de um ou de outro, segundo o grau de adiantamento. Embora não possa ser feita, dos diversos mundos, uma classificação absoluta, pode-se, todavia, em razão de seu estado e de sua destinação, baseando-se nas diferenças mais acentuadas, dividi-los de um modo geral, como se segue: os mundos primitivos, destinados às primeiras encarnações da alma humana; os mundos de expiação e de provas, onde o mal domina; os mundos regeneradores, onde as almas que ainda têm o que expiar haurem novas forças, repousando das fadigas da luta; os mundos felizes, onde o bem se sobrepõe ao mal; os mundos celestes ou divinos, morada dos Espíritos depurados, onde o bem reina inteiramente. A Terra pertence à categoria dos mundos de expiação e de provas, e é, por isso, que o homem nela é alvo de tantas misérias.

5. Os Espíritos encarnados sobre um mundo, a ele não estão ligados indefinidamente, e não cumprem nele todas as fases progressivas que devem percorrer para atingirem a perfeição. Quando atingiram sobre um mundo o grau de adiantamento que ele comporta, passam para um mundo mais avançado, e, assim, sucessivamente até que tenham atingido o estado de Espíritos puros. São, igualmente, estações em cada uma das quais encontram elementos de progresso, proporcionais ao seu adiantamento. É, para eles, uma recompensa passar para um mundo de ordem mais elevada como é um castigo prolongarem sua demora em um mundo infeliz ou serem relegados para um mundo mais infeliz ainda que aquele que são forçados a deixar quando são obstinados no mal.

DESTINAÇÃO DA TERRA. CAUSA DAS MISÉRIAS HUMANAS

6. Espanta-se em encontrar sobre a Terra tanta maldade e más paixões, tantas misérias e enfermidades de toda sorte, e se conclui disso que a espécie humana é uma triste coisa. Esse julgamento provém do ponto de vista limitado em que se está colocado e que dá uma ideia falsa do conjunto. É preciso considerar que, sobre a Terra, não se vê a Humanidade, mas apenas uma pequena fração dela. Com efeito, a espécie humana compreende todos os seres dotados de razão, que povoam os inumeráveis mundos do Universo; ora, o que é a população da Terra, perto da população total desses mundos? Bem menos que a de um lugarejo em relação à de um grande império. A situação material e moral da Humanidade terrestre nada mais tem que espante, inteirando-se da destinação da Terra e da natureza daqueles que a habitam.

7. Far-se-ia dos habitantes de uma grande cidade uma ideia muito falsa, se fossem julgados pela população de bairros ínfimos e sórdidos. Num hospital não se veem senão doentes e estropiados; numa prisão de forçados veem-se todas as torpezas, todos os vícios reunidos; em regiões insalubres, a maior parte dos habitantes são pálidos, fracos e sofredores. Pois bem, que se figure a Terra como sendo um subúrbio, um hospital, uma penitenciária, uma região malsã, porque ela é, ao mesmo tempo, tudo isso, e se compreenderá por que as aflições sobrepujam as alegrias, pois não se enviam a um hospital as pessoas sadias, nem às casas de correção aqueles que não fizeram o mal; e nem os hospitais, nem as casas de correção são lugares de prazeres.

Ora, da mesma forma que, numa cidade, toda a população não está nos hospitais ou nas prisões, toda a Humanidade não está sobre a Terra; como se sai do hospital quando se está curado, e da prisão quando se cumpre o tempo, o homem deixa a Terra por mundos mais felizes quando está curado das suas enfermidades morais.

INSTRUÇÕES DOS ESPÍRITOS

MUNDOS INFERIORES E MUNDOS SUPERIORES

RESUMO DO ENSINAMENTO DE TODOS OS ESPÍRITOS SUPERIORES.

8. A qualificação de mundos inferiores e de mundos superiores é antes relativa do que absoluta; tal mundo é inferior ou superior em relação àqueles que estão acima ou abaixo dele na escala progressiva.

Tomando a Terra como ponto de comparação, pode-se fazer uma ideia do estado de um mundo inferior, supondo nele o homem no grau das raças selvagens, ou de nações bárbaras que ainda se encontram em sua superfície e que são os restos do seu estado primitivo. Nos mais atrasados, os seres que os habitam são, de alguma sorte, rudimentares: eles têm a forma humana, mas sem nenhuma beleza; seus instintos não são temperados por nenhum sentimento de delicadeza ou de benevolência, nem pelas noções do justo e do injusto; só a força bruta faz a lei. Sem indústria, sem invenções, despendem a vida na conquista da sua nutrição. Entretanto, Deus não abandona nenhuma das suas criaturas; no fundo das trevas da inteligência, jaz, latente, a vaga intuição de um Ser Supremo, mais ou menos desenvolvida. Esse instinto basta para torná-los superiores, uns aos outros, e preparar sua eclosão para uma vida mais completa; porque não são seres degradados, mas crianças que crescem. (*)

Entre esses graus inferiores e os mais elevados há inumeráveis escalões, e nos Espíritos puros, desmaterializados e resplandecentes de glória, tem-se dificuldade em reconhecer aqueles

(*) Vide Nota Explicativa da Editora no final do livro.

que animaram esses seres primitivos, da mesma forma que, no homem adulto, tem-se dificuldade em reconhecer o embrião.

9. Nos mundos que atingiram um grau superior, as condições da vida moral e material são bem outras que as de sobre a Terra. A forma do corpo é sempre, como por toda parte, a forma humana, mas embelezada, aperfeiçoada e, sobretudo, purificada. O corpo nada tem da materialidade terrestre, e não está, por conseguinte, sujeito nem às necessidades, nem às doenças, nem às deteriorações que engendram a predominância da matéria; os sentidos, mais delicados, têm percepções que a grosseria dos órgãos sufoca neste mundo; a leveza específica dos corpos torna a locomoção rápida e fácil; em lugar de arrastar-se penosamente sobre o solo, ele desliza, por assim dizer, na superfície; ou plana na atmosfera sem outro esforço senão o da vontade, à maneira pela qual se representam os anjos, ou pela qual os Antigos imaginavam os manes nos Campos Elíseos. Os homens conservam, à vontade, os traços de suas migrações passadas e aparecem aos seus amigos tal como os conheceram, mas iluminados por uma luz divina, transfigurados pelas impressões interiores, que são sempre elevadas. Em lugar de rostos pálidos, devastados pelos sofrimentos e pelas paixões, a inteligência e a vida irradiam esse clarão que os pintores traduziram pelo nimbo ou auréola dos santos.

A pouca resistência que a matéria oferece aos Espíritos já muito avançados, torna o desenvolvimento dos corpos mais rápido e a infância curta ou quase nula; a vida, isenta de inquietações e de angústias, é proporcionalmente muito mais longa que sobre a Terra. Em princípio, a longevidade é proporcional ao grau de adiantamento dos mundos. A morte não tem nada dos horrores da decomposição; longe de ser um objeto de pavor, ela é considerada como uma transformação feliz, porque a dúvida sobre o futuro não existe. Durante a vida, não estando a alma encerrada na matéria compacta, irradia e goza de uma lucidez que a coloca num estado quase permanente de emancipação e permite a livre transmissão do pensamento.

10. Nesses mundos felizes, as relações de povo a povo, sempre amigáveis, jamais são perturbadas pela ambição de dominar seu vizinho, nem pela guerra que lhe é consequência. Não há nem senhores, nem escravos, nem privilégios de nascimento; só a superioridade moral e inteligente estabelece a diferença das condições e dá a supremacia. A autoridade é sempre respeitada, porque não é dada senão a quem tem mérito e que a exerce sempre com justiça. *O homem não procura se elevar acima do homem, mas acima de si mesmo, aperfeiçoando-se.* Seu objetivo é chegar à classe dos Espíritos puros, e esse desejo incessante não é um tormento, mas uma nobre ambição que o faz estudar com ardor para chegar a igualá-los. Todos os sentimentos ternos e elevados da natureza humana se encontram aumentados e purificados; os ódios, os ciúmes mesquinhos, as baixas cobiças da inveja são ali desconhecidas; um laço de amor e de fraternidade une todos os homens; os mais fortes ajudam os mais fracos. Eles possuem mais, ou menos, segundo tenham mais, ou menos, adquirido pela sua inteligência, mas ninguém sofre por falta do necessário, porque ninguém está em expiação; numa palavra, ali o mal não existe.

11. Em vosso mundo, tendes necessidade do mal para sentir o bem, da noite para admirar a luz, da doença para apreciar a saúde; nos mundos superiores, esses contrastes não são necessários; a eterna luz, a eterna beleza, a eterna serenidade da alma, proporcionam uma eterna alegria que não são perturbadas nem pelas angústias da vida material, nem pelo contato dos maus, que ali não têm acesso.

Eis o que o espírito humano tem mais dificuldade em compreender; ele foi engenhoso para pintar os tormentos do inferno, e não pôde jamais representar os gozos do céu; e por que isso? Porque, sendo inferior, não suportou senão penas e misérias, e não entreviu as claridades celestes; não pode falar daquilo que não conhece; mas, à medida que se eleva e se depura, o horizonte se ilumina, e ele compreende o bem que tem diante de si, como compreendeu o mal que ficou atrás de si.

12. Entretanto, esses mundos afortunados não são mundos privilegiados, porque Deus não é parcial para com nenhum de seus filhos; ele dá a todos os mesmos direitos e as mesmas facilidades para atingi-los; faz com que todos partam do mesmo ponto e não dota a ninguém mais do que aos outros; as primeiras posições são acessíveis a todos: cabe-lhes conquistá-las pelo trabalho, alcançá-las o mais cedo possível, ou arrastar-se durante séculos e séculos nas classes baixas da Humanidade.

MUNDOS DE EXPIAÇÕES E DE PROVAS

SANTO AGOSTINHO, Paris, 1862.

13. Que vos direi dos mundos de expiação que vós já não saibais, uma vez que vos basta considerar a Terra que habitais? A superioridade da inteligência, num grande número dos seus habitantes, indica que ela não é um mundo primitivo, destinado à encarnação de Espíritos apenas saídos das mãos do Criador. As qualidades inatas que trazem consigo são a prova de que já viveram, e que realizaram certo progresso; mas também os vícios numerosos, aos quais são inclinados, são indícios de uma grande imperfeição moral; por isso, Deus os colocou numa Terra ingrata, para aí expiarem suas faltas pelo trabalho penoso e pelas misérias da vida, até que tenham mérito de irem para um mundo mais feliz.

14. Entretanto, todos os Espíritos encarnados sobre a

Terra não são para aí enviados em expiação. As raças que chamais selvagens são Espíritos apenas saídos da infância, e que aí estão, por assim dizer, em educação, e se desenvolvem ao contato de Espíritos mais avançados. Vêm, em seguida, as raças semicivilizadas, formadas desses mesmos Espíritos em progresso. Estão aí, de alguma sorte, as raças indígenas da Terra, que cresceram, pouco a pouco, depois de longos períodos seculares, e das quais algumas puderam atingir o aperfeiçoamento intelectual de povos mais esclarecidos. (*)

Os Espíritos em expiação aí são, se assim se pode exprimir, estrangeiros; eles já viveram sobre outros mundos, de onde foram excluídos em razão da sua obstinação no mal, e porque eram uma causa de perturbação para os bons; foram relegados, por um tempo, entre os Espíritos mais atrasados e que têm por missão fazer avançar, porque trouxeram consigo sua inteligência desenvolvida e o germe dos conhecimentos adquiridos; por isso, os Espíritos punidos se encontram entre as raças mais inteligentes; são aquelas também para as quais as misérias da vida têm mais amargura, porque há nelas mais sensibilidade, e sentem mais o choque que as raças primitivas, cujo senso moral é mais obtuso.

15. A Terra fornece, pois, um dos tipos de mundos expiatórios, cujas variedades são infinitas, mas que têm por caráter comum servir de lugar de exílio aos Espíritos rebeldes à lei de Deus. Aí esses Espíritos têm que lutar, ao mesmo tempo, contra a perversidade dos homens e contra a inclemência da Natureza, duplo e penoso trabalho que desenvolve, a uma só vez, as qualidades do coração e as da inteligência. É assim que Deus, em sua bondade, faz reverter o próprio castigo em proveito do progresso do Espírito.

(*) Vide Nota Explicativa da Editora no final do livro.

MUNDOS REGENERADORES

SANTO AGOSTINHO, Paris, 1862.

16. Entre essas estrelas que cintilam na abóboda azulada, quantos mundos há, como o vosso, designados pelo Senhor para a expiação e a prova! Mas há também mais miseráveis e melhores, como os há transitórios que se podem chamar de regeneradores. Cada turbilhão planetário, correndo no espaço ao redor de um foco comum, arrasta consigo seus mundos primitivos de exílio, de prova, de regeneração e de felicidade. Já vos falaram desses mundos onde a alma nascente é colocada, quando ignorante ainda do bem e do mal, pode caminhar para Deus, senhora de si mesma, na posse do seu livre-arbítrio; já vos foi dito de que imensas faculdades a alma está dotada para fazer o bem; mas, ah! existem as que sucumbem, e Deus, não querendo seu aniquilamento, permite-lhes ir para esses mundos onde, de encarnação em encarnação, elas se depuram, regeneram-se, e se tornarão dignas da glória que lhes estava reservada.

17. Os mundos regeneradores servem de transição entre os mundos de expiação e os mundos felizes; a alma que se arrepende, neles encontra a calma e o repouso, acabando de depurar-se. Sem dúvida, nesses mundos, o homem está ainda sujeito às leis que regem a matéria; a Humanidade experimenta as vossas sensações e os vossos desejos, mas está livre das paixões desordenadas das quais sois escravos; neles, não mais de orgulho que faz calar o coração, de inveja que o tortura, de ódio que o sufoca; a palavra amor está escrita sobre todas as frontes; uma perfeita equidade regula as relações sociais; todos se revelando a Deus, e tentando ir a ele, seguindo suas leis.

Neles, todavia, não está ainda a felicidade perfeita, mas a aurora da felicidade. O homem aí é ainda carne e, por isso mesmo, sujeito às vicissitudes de que não estão isentos senão os seres completamente desmaterializados; há ainda provas a suportar, mas que não têm as pungentes angústias da expiação. Comparados à Terra, esses mundos são muito felizes, e muitos de vós ficariam satisfeitos em aí se deterem, porque é a calma depois da tempestade, a convalescença depois de uma cruel moléstia; mas o homem, menos absorvido pelas coisas materiais, entrevê, melhor que vós, o futuro; ele compreende que há outras alegrias que o Senhor promete para aqueles que delas se tornem dignos quando a morte tiver ceifado de novo seus corpos para dar-lhes a verdadeira vida. É então que a alma liberta planará sobre todos os horizontes; não mais os sentidos materiais e grosseiros, mas os sentidos de um perispírito puro e celeste, aspirando as emanações do próprio Deus sob os perfumes do amor e da caridade que se espalham do seu seio.

18. Mas, ah! Nesses mundos, o homem é ainda falível, e o Espírito do mal não perdeu, ali, completamente seu império. Não avançar é recuar e, se não está firme no caminho do bem, pode voltar a cair nos mundos de expiação, onde o esperam novas e mais terríveis provas.

Contemplai, pois, essa abóboda azulada, à noite, à hora do repouso e da prece, e nessas esferas inumeráveis que brilham sobre vossas cabeças, perguntai-vos as que conduzem a Deus e pedi-lhe que um mundo regenerador vos abra seu seio depois da expiação da Terra.

PROGRESSÃO DOS MUNDOS

SANTO AGOSTINHO, PARIS, 1862.

19. O progresso é uma das leis da Natureza; todos os seres da Criação, animados e inanimados, a ele estão submetidos pela bondade de Deus, que quer que tudo engrandeça e prospere. A própria destruição, que parece aos homens o termo das coisas, não é senão um meio de atingir, pela transformação, um estado mais perfeito, porque tudo morre para renascer, e coisa alguma se torna em nada.

Ao mesmo tempo que os seres vivos progridem moralmente, os mundos que eles habitam progridem materialmente. Quem pudesse seguir um mundo nas suas diversas fases, desde o instante em que se aglomeraram os primeiros átomos que serviram à sua constituição, vê-lo-ia percorrer uma escala incessantemente progressiva, mas por graus insensíveis a cada geração, e oferecer aos seus habitantes uma morada mais agradável, à medida que estes avançam, eles mesmos, na senda do progresso. Assim, caminham paralelamente o progresso do homem, o dos animais, seus auxiliares, dos vegetais e da habitação, porque nada é estacionário na Natureza. Quanto esta ideia é grande e digna da majestade do Criador! e, ao contrário, quanto é pequena e indigna do seu poder aquela que concentra sua solicitude e sua providência, sobre o imperceptível grão de areia da Terra e restringe a Humanidade a alguns homens que a habitam!

A Terra, seguindo essa lei, esteve material e moralmente num estado inferior ao que está hoje, e atingirá, sob esse duplo aspecto, um grau mais avançado. Ela atingiu um dos seus períodos de transformação, em que, de mundo expiatório, tornar-se-á mundo regenerador; então, os homens serão felizes, porque a lei de Deus nela reinará.

CAPÍTULO 4

NINGUÉM PODE VER O REINO DE DEUS SE NÃO NASCER DE NOVO

Ressurreição e reencarnação – Laços de família fortalecidos pela reencarnação e quebrados pela unicidade da existência

Instruções dos Espíritos:

Limite da encarnação – Necessidade da encarnação – A encarnação é um castigo?

1. *Jesus, tendo vindo para os lados de Cesareia de Felipe, interrogou seus discípulos e lhes disse: que dizem os homens quanto ao Filho do Homem? Quem dizem que eu sou? Eles lhe responderam: Alguns dizem que sois João Batista, outros Elias, outros Jeremias ou algum dos profetas. Jesus lhes disse: E vós outros, quem dizeis que eu sou? Simão Pedro, tomando a palavra, disse-lhe: Vós sois o Cristo, o Filho de Deus vivo. Jesus lhe respondeu: Sois bem-aventurado, Simão, filho de Jonas, porque não foi nem a carne, nem o sangue que vos revelaram isso, mas meu Pai que está nos céus. (São Mateus, cap. XVI, v. 13 a 17; São Marcos, cap. VIII, v. 27 a 30).*

2. *Entretanto, Herodes, o Tetrarca, ouvindo falar de tudo o que Jesus fazia, seu espírito estava em suspenso – porque uns diziam que João ressuscitara de entre os mortos, outros que Elias apareceu, e outros que um dos antigos profetas ressuscitara. – Então, Herodes disse: Eu fiz cortar a cabeça a João, mas quem é este de quem ouvi falar tão grandes coisas? E ele tinha vontade de vê-lo (São Marcos, cap. VI, v. 14 e 15; São Lucas, cap. IX, v. 7, 8 e 9).*

3. *(Após a transfiguração). Seus discípulos o interrogaram, dizendo: Por que, pois, os escribas dizem que é preciso que Elias venha antes? Mas Jesus lhes respondeu: É verdade que Elias deve vir e restabelecer todas as coisas; mas eu vos declaro que Elias já veio, e não o conheceram, mas o trataram como lhes aprouve. É, assim, que eles farão sofrer o Filho do Homem. Então, seus discípulos compreenderam que era de João Batista que lhes havia falado. (São Mateus, cap. XVII, v. de 10 a 13; São Marcos, cap. IX, v. 11, 12, e 13).*

RESSURREIÇÃO E REENCARNAÇÃO

4. A reencarnação fazia parte dos dogmas judaicos sob o nome de *ressurreição;* só os Saduceus, que pensavam que tudo acabava com a morte, não acreditavam nela. As ideias dos Judeus sobre esse ponto, como sobre muitos outros, não estavam claramente definidas, porque não tinham senão noções vagas e incompletas sobre a alma e sua ligação com o corpo. Eles acreditavam que um homem que viveu, podia reviver, sem se inteirarem com precisão da maneira pela qual o fato podia ocorrer; designavam pela palavra *ressurreição* o que o Espiritismo, mais judiciosamente, chama *reencarnação.* Com efeito, a *ressurreição* supõe o retorno à vida do corpo que morreu, o que a Ciência demonstra ser materialmente impossível, sobretudo quando os elementos desse corpo estão, desde há muito, dispersos e absorvidos. A *reencarnação* é o retorno da alma, ou Espírito, à vida corporal, mas em um outro corpo novamente formado para ela, e que nada tem de comum com o antigo. A palavra *ressurreição* poderia, assim, aplicar-se a Lázaro, mas não a Elias nem aos outros profetas. Se, pois, segundo sua crença, João Batista era Elias, o corpo de João não podia ser o de Elias, uma vez que se tinha visto João criança, e se conheciam seu pai e sua mãe. João podia, pois, ser Elias *reencarnado,* mas não *ressuscitado.*

5. *Ora, havia um homem, entre os Fariseus, chamado Nicodemos, senador dos Judeus, que foi à noite encontrar Jesus e lhe disse: Mestre, sabemos que viestes da parte de Deus para instruir-nos como um doutor; porque ninguém poderia fazer os milagres que fazeis, se Deus não estivesse com ele.*

Jesus lhe respondeu: Em verdade, em verdade vos digo: Ninguém pode ver o reino de Deus se não nascer de novo.

Nicodemos lhe disse: Como pode nascer um homem que já está velho? Pode ele entrar no ventre de sua mãe, para nascer uma segunda vez?

Jesus lhe respondeu: Em verdade, em verdade vos digo: Se um homem não renascer da água e do Espírito, não pode entrar no reino de Deus. O que é nascido da carne é carne, e o que é nascido do Espírito é Espírito. Não vos espanteis do que eu vos disse, que é preciso que nasçais de novo. O Espírito sopra onde quer, e ouvis sua voz, mas não sabeis de onde ele vem e para onde ele vai. Ocorre o mesmo com todo homem que é nascido do Espírito.

Nicodemos lhe respondeu: Como isso pode se dar? Jesus lhe disse: Que! sois mestre em Israel e ignorais essas coisas? Em verdade, em verdade vos digo que não dizemos senão o que sabemos e que não testemunhamos senão o que vimos; e, entretanto, vós não recebeis nosso testemunho. Mas se não me credes quando vos falo das coisas da Terra, como me crereis quando vos falar das coisas do céu? (São João, cap. III, v. de 1 a 12).

6. O pensamento de que João Batista era Elias e que os profetas poderiam reviver sobre a Terra se encontra em muitas passagens dos Evangelhos, notadamente nas relatadas acima (nºs. 1, 2 e 3). Se essa crença tivesse sido um erro, Jesus não teria deixado de combatê-la, como combateu tantas outras; longe disso, ele a sancionou com toda a sua autoridade e a colocou como princípio e como uma condição necessária, quando disse: *Ninguém pode ver o reino dos céus se não nascer de novo;* e insiste, ajuntando: *Não vos espanteis do que eu vos disse, que É PRECISO que nasçais de novo.*

7. Estas palavras: "*Se um homem não renasce da água e do Espírito*", foram interpretadas no sentido da regeneração pela água do batismo; mas o texto primitivo trazia simplesmente: *Não renasce da água e do Espírito,* ao passo que, em certas traduções, *a do Espírito* se substituiu: *do Santo-Espírito,* o que não responde mais ao mesmo pensamento. Esse ponto capital ressalta dos primeiros comentários feitos sobre o Evangelho, assim como será um dia constatado sem equívoco possível. (1)

8. Para compreender o sentido verdadeiro dessas palavras, é preciso igualmente reportar-se à significação da palavra *água* que não era empregada na sua acepção própria.

Os conhecimentos dos antigos, sobre as ciências físicas, eram muito imperfeitos, pois acreditavam que a Terra tinha saído das águas e, por isso, consideravam a *água* como o elemento gerador absoluto; é assim que na Gênese está dito: "o Espírito de Deus era levado sobre as águas; flutuava na superfície das águas; que o firmamento seja feito no meio das águas; que as águas que estão abaixo do céu se reúnam em um só lugar, e que o elemento árido apareça; que as águas *produzam* os animais vivos que nadem na água e os pássaros que voem sobre a terra e sob o firmamento."

Segundo essa crença, a água se tornara o símbolo da natureza material, como o Espírito era o da natureza inteligente. Estas palavras: "Se o homem não renasce da água e do Espírito, ou em água e em Espírito", significam, pois: "Se o homem não renasce com seu corpo e sua alma." Neste sentido, é que foram compreendidas no princípio.

Essa interpretação, aliás, está justificada por estas outras

---

(1) A tradução de Osterwald está conforme o texto primitivo; ela traz: **não renasce da água e do Espírito;** a de Sacy diz: **do Santo-Espírito;** a de Lamennais: **do Espírito-Santo.**

palavras: *o que é nascido da carne é carne, e o que é nascido do Espírito é Espírito.* Jesus faz aqui uma distinção positiva entre o Espírito e o corpo. *O que é nascido da carne é carne,* indica claramente que *só* o corpo procede do corpo, e que o Espírito é independente do corpo.

9. *O Espírito sopra onde quer; ouvis sua voz, mas não sabeis nem de onde ele vem, nem para onde ele vai,* pode se entender como o *Espírito de Deus,* que dá a vida a quem ele quer, ou a *alma do homem;* nesta última acepção, "vós não sabeis de onde ele vem, nem para onde ele vai" significa que não se conhece o que ele foi, nem o que o Espírito será. Se o Espírito, ou alma, fosse criado ao mesmo tempo que o corpo, saber-se-ia de onde veio, uma vez que se conheceria seu começo. Como quer que seja, essa passagem é a consagração do princípio da preexistência da alma e, por conseguinte, da pluralidade das existências.

10. *Ora, desde o tempo de João Batista até o presente, o reino dos Céus é tomado pela violência, e são os violentos que o obtêm; porque, até João, todos os Profetas assim também como a lei, profetizaram; e se quereis compreender o que vos disse,* é ele mesmo, o Elias, que deve vir. *Ouça aquele que tem ouvidos para ouvir. (São Mateus, cap. XI, v. de 12 a 15).*

11. Se o princípio da reencarnação, expresso em São João, podia, a rigor, ser interpretado num sentido puramente místico, não podia suceder o mesmo nesta passagem de São Mateus, que é inequívoca: *é ELE MESMO, o Elias, que deve vir;* não há, aí, nem figura, nem alegoria: é uma afirmação positiva. "Desde o tempo de João Batista até o presente, o reino dos céus é tomado pela violência." Que significam essas palavras, uma vez que João Batista vivia ainda naquele momento? Jesus as explica, dizendo: "Se quereis compreender o que vos disse, é ele mesmo, o Elias, que deve vir". Ora, João não sendo outro senão Elias, Jesus faz alusão ao tempo em que João vivia sob o nome de Elias. "Até o presente, o reino dos céus é tomado pela violência", é uma outra alusão à violência da lei mosaica que ordenava o extermínio dos infiéis para ganhar a Terra Prometida, Paraíso dos Hebreus, enquanto que, segundo a nova lei, o céu se ganha pela caridade e pela doçura.

Depois ele ajunta: *Ouça quem tem ouvidos para ouvir.* Estas palavras, tão frequentemente repetidas por Jesus, dizem claramente que todo o mundo não estava em condições de compreender certas verdades.

12. *Aqueles do vosso povo que se tenham feito morrer, viverão de novo; aqueles que estavam mortos ao redor de mim, ressuscitarão. Despertai do vosso sono e cantai os louvores de Deus, vós que habitais na poeira; porque o orvalho que cai sobre vós é um orvalho de luz, e porque arruinareis a terra e o reino dos gigantes. (Isaías, cap. XXVI, v. 19).*

13. Esta passagem de Isaías também é bem explícita: "Aqueles do vosso povo que se tenham feito morrer *viverão de novo*". Se o profeta pretendesse falar da vida espiritual, se quisesse dizer que aqueles que se tenham feito morrer não estavam mortos em Espírito, ele teria dito: *vivem ainda* e não *viverão de novo.* No sentido espiritual, essas palavras seriam um contrassenso uma vez que implicariam uma interrupção na vida da alma. No sentido de *regeneração moral,* elas seriam a negação das penas eternas, uma vez que estabelecem, em princípio, que *todos aqueles que estão mortos, reviverão.*

14. *Mas quando o homem está morto* uma vez, *que seu corpo, separado do seu espírito, está consumido, em que se torna ele? O homem, estando morto* uma vez, *poderia* reviver de novo? *Nessa guerra, em que me encontro, todos os dias da minha vida, espero que minha transformação chegue. (Job, cap. XIV, v. 10, 14. Tradução de Le Maistre de Sacy).*

Quando o homem morre, perde toda a sua força e expira; depois, onde está ele? Se o homem morre, reviverá? *Esperarei todos os dias do meu combate, até aquele em que me chegue alguma transformação? (Idem. Tradução protestante de Osterwald).*

Quando o homem está morto, ele vive sempre; terminando os dias de minha existência terrestre, *esperarei, porque a ela voltarei de novo. (Idem. Versão da Igreja grega).*

15. O princípio da pluralidade das existências está claramente expresso nessas três versões. Não se pode supor que Job tenha querido falar da regeneração pela água do batismo que, certamente, ele não conhecia. "O homem estando morto *uma vez,* poderia *reviver de novo?* A ideia de morrer uma vez e reviver, implica na de morrer e de reviver várias vezes. A versão da Igreja grega é ainda mais explícita, se isso é possível. "Terminando os dias de minha *existência terrestre,* esperarei, porque *a ela retornarei*", quer dizer, eu tornarei à existência terrestre. Isso é tão claro, como se alguém dissesse: "Eu saio da minha casa, mas a ela retornarei."

"Nessa guerra em que me encontro, todos os dias da minha vida, espero que minha transformação chegue." Job, evidentemente, quer falar da luta que sustenta contra as misérias da vida; ele espera sua transformação, quer dizer, resigna-se. Na versão grega, *eu esperarei,* parece antes aplicar-se à nova existência: "Quando minha existência terrestre findar-se, eu *esperarei,* porque a ela retornarei"; Job parece se colocar, depois da sua morte, no intervalo que separa uma existência da outra, e diz que ali ele esperará seu retorno.

16. Não é, pois, duvidoso que, sob o nome de *ressurreição,* o princípio da reencarnação era uma das crenças fundamentais dos Judeus; que ele foi confirmado por Jesus e pelos profetas de maneira formal; de onde se segue que negar a reencarnação, é negar as palavras do Cristo. Essas palavras constituirão, um dia, autoridade sobre esse ponto, como sobre muitos outros, quando forem meditadas sem preconceitos.

17. Mas a essa autoridade, do ponto de vista religioso, vem se acrescentar, do ponto de vista filosófico, a das provas que resultam da observação dos fatos; quando se quer remontar dos efeitos à causa, a reencarnação aparece como uma necessidade absoluta, como uma condição inerente à Humanidade, numa palavra, como uma lei natural; ela se revela por seus resultados, de um modo, pode-se dizer, material, como o motor escondido se revela pelo movimento; só ela pode dizer ao homem *de onde ele vem, para onde vai, porque está sobre a Terra,* e justificar todas as anomalias e todas as injustiças aparentes que a vida apresenta. (1)

Sem o princípio da preexistência da alma e da pluralidade das existências, a maior parte das máximas do Evangelho são ininteligíveis, por isso, deram lugar a interpretações tão contraditórias; este princípio é a chave que lhe deve restituir seu verdadeiro sentido.

OS LAÇOS DE FAMÍLIA FORTALECIDOS PELA REENCARNAÇÃO E QUEBRADOS PELA UNICIDADE DA EXISTÊNCIA

18. Os laços de família não são destruídos pela reencarnação, como pensam certas pessoas; ao contrário, eles são fortalecidos e se estreitam; é o princípio oposto que os destrói.

Os Espíritos formam, no espaço, grupos ou famílias unidos pela afeição, pela simpatia e semelhança de inclinações; esses Espíritos, felizes por estarem juntos, procuram-se; a encar-

(1) Ver, para o estudo do dogma da reencarnação, **O Livro dos Espíritos,** cap. IV e V; **O que é o Espiritismo?,** cap. II, por Allan Kardec; **a Pluralidade das existências,** por Pezzani.

nação não os separa senão momentaneamente, porque, depois da sua reentrada na erraticidade, reencontram-se, como amigos ao retorno de uma viagem. Frequentemente mesmo, eles se seguem na encarnação, onde se reúnem numa mesma família ou num mesmo círculo, trabalhando em conjunto para seu mútuo adiantamento. Se uns estão encarnados e outros não o estejam, por isso não estão menos unidos pelo pensamento; os que estão livres velam sobre os que estão cativos, os mais avançados procuram fazer progredir os retardatários. Depois de cada existência, deram um passo no caminho da perfeição; cada vez menos ligados à matéria, sua afeição é mais viva, pelo fato mesmo de ser mais depurada, não perturbada mais pelo egoísmo, nem pelas nuvens das paixões. Eles podem, pois, assim percorrer um número ilimitado de existências corporais, sem que nenhum prejuízo afete sua mútua afeição.

Entenda-se que se trata aqui da afeição real de alma a alma, a única que sobrevive à destruição do corpo, porque os seres que não se unem neste mundo senão pelos sentidos, não têm nenhum motivo para se procurarem no mundo dos Espíritos. Não há de duráveis senão as afeições espirituais; as afeições carnais se extinguem com a causa que as fez nascer; ora, essa causa não existe mais no mundo dos Espíritos, enquanto que a alma existe sempre. Quanto às pessoas unidas pelo único móvel do interesse, elas não estão realmente em nada unidas uma à outra: a morte as separa sobre a Terra e no céu.

19. A união e a afeição que existem entre os parentes são indício da simpatia anterior que os aproximou; também se diz, falando de uma pessoa cujo caráter, gostos e inclinações não têm nenhuma semelhança com os de seus parentes, que ela não é da família. Dizendo isso, enuncia-se maior verdade do que se crê. Deus permite, nas famílias, essas encarnações de Espíritos antipáticos ou estranhos, com o duplo objetivo de servir de prova para alguns e de meio de adiantamento para outros. Os maus se melhoram, pouco a pouco, ao contato dos bons e pelos cuidados que deles recebem; seu caráter se abranda, seus costumes se depuram e suas antipatias se apagam; é assim que se estabelece a fusão entre as diferentes categorias de Espíritos, como ocorre na Terra, entre as raças e os povos.(*)

20. O temor do aumento indefinido da parentela, em consequência da reencarnação, é um temor egoísta, que prova não se sentir um amor bastante amplo para transportá-lo sobre um grande número de pessoas. Um pai que tem vários filhos, ama-os, pois, menos que se tivesse apenas um? Mas que os egoístas se tranquilizem, pois esse temor não tem fundamento. Do fato de um homem ter tido dez reencarnações, não se segue que ele encontrará, no mundo dos Espíritos, dez pais, dez mães, dez mulheres e um número proporcional de filhos e de novos parentes; ele aí não reencontrará sempre senão os mesmos objetos da sua afeição, que lhe foram ligados sobre a Terra, sob títulos diferentes ou, talvez, pelo mesmo título.

21. Vejamos agora as consequências da doutrina da não reencarnação. Essa doutrina anula, necessariamente, a preexistência da alma; as almas sendo criadas ao mesmo tempo que o corpo, não existe entre elas nenhum laço anterior; são completamente estranhas umas às outras; o pai é estranho ao seu filho; a filiação das famílias se encontra, assim, reduzida unicamente à filiação corporal, sem nenhum laço espiritual. Não há, pois, nenhum motivo para se glorificar de ter tido por ancestrais tais ou tais personagens ilustres. Com a reencarnação, ancestrais e descendentes podem ter se conhecido, vivido juntos, amado-se e se encontrarem reunidos mais tarde para estreitar seus laços simpáticos.

22. Isso quanto ao passado. Quanto ao futuro, segundo um dos dogmas fundamentais que decorrem da não reencarna-

(*) Vide Nota Explicativa da Editora no final do livro.

ção, o destino das almas é irrevogavelmente fixado depois de uma única existência; a fixação definitiva do destino implica a cessação de todo progresso, pois se há algum progresso não há mais destino definitivo; segundo tenham bem ou mal vivido, elas vão imediatamente, para a morada dos bem-aventurados ou para o inferno eterno; *são assim, imediatamente separadas para sempre, e sem esperança de jamais se aproximarem,* de tal sorte que pais, mães e filhos, maridos e mulheres, irmãos, irmãs, amigos, não estão jamais certos de se reverem; é a ruptura mais absoluta dos laços de família.

Com a reencarnação e o progresso, que lhe é consequência, todos aqueles que se amaram, reencontram-se sobre a Terra e no espaço, e gravitam juntos para chegar a Deus. Os que falham no caminho, retardam seu adiantamento e sua felicidade. Mas não está perdida toda a esperança; ajudados, encorajados e sustentados por aqueles que os amam, sairão um dia do lamaçal em que estão mergulhados. Com a reencarnação, enfim, há solidariedade perpétua entre os encarnados e os desencarnados, com o estreitamento dos laços afetivos.

23. Em resumo, quatro alternativas se apresentam ao homem para seu futuro de além-túmulo: primeira, o nada, de acordo com a doutrina materialista; segunda, a absorção no todo universal, de acordo com a doutrina panteísta; terceira, a individualidade com a fixação definitiva da sua sorte, segundo a doutrina da Igreja; e, quarta, a individualidade com progresso indefinido, segundo a Doutrina Espírita. De acordo com as duas primeiras, os laços de família se rompem depois da morte e não há nenhuma esperança de reencontro; com a terceira, há a chance de se rever, contanto que se esteja no mesmo meio, esse meio pode ser tanto o inferno como o paraíso; com a pluralidade das existências, que é inseparável da progressão gradual, há a certeza na continuidade das relações entre aqueles que se amaram, e está aí o que constitui a verdadeira família.

INSTRUÇÕES DOS ESPÍRITOS

LIMITES DA ENCARNAÇÃO

SÃO LUÍS, Paris, 1859.

24. *Quais são os limites da encarnação?*

A encarnação não tem, propriamente falando, limites nitidamente traçados, se se entende por isso o envoltório que constitui o corpo do Espírito, já que a materialidade desse envoltório diminui à medida que o Espírito se purifica. Em certos mundos mais avançados que a Terra, ele já é menos compacto, menos pesado e menos grosseiro e, por conseguinte, menos sujeito às vicissitudes; num grau mais elevado é diáfano e quase fluídico; de grau em grau ele se desmaterializa e acaba por confundir-se com o perispírito. Segundo o mundo a que o Espírito é chamado a viver, este toma o envoltório apropriado à natureza desse mundo.

O próprio perispírito suporta transformações sucessivas; ele se eteriza, cada vez mais, até a depuração completa, que constitui os Espíritos puros. Se mundos especiais são destinados, como estações, aos Espíritos mais avançados, estes não estão ligados ali como nos mundos inferiores; o estado de desligamento em que se encontram lhes permite se transportarem por toda parte em que os chamam as missões que lhes são confiadas.

Se se considera a encarnação sob o ponto de vista material, como ocorre sobre a Terra, pode-se dizer que ela é limitada aos mundos inferiores; depende do Espírito, por conseguinte, dela livrar-se, mais ou menos rapidamente, trabalhando pela sua depuração.

Deve-se considerar também que, no estado errante, quer dizer, nos intervalos das existências corporais, a situação do Espírito está em relação com a natureza do mundo ao qual se liga pelo seu grau de adiantamento; que, assim, na erraticidade, ele é mais ou menos feliz, livre e esclarecido, segundo seja mais ou menos desmaterializado.

NECESSIDADE DA ENCARNAÇÃO

SÃO LUÍS, PARIS, 1859.

25. *A encarnação é uma punição, e não há senão Espíritos culpados que a ela estejam obrigados?*

A passagem dos Espíritos pela vida corporal é necessária para que possam cumprir, com a ajuda de uma ação material, os desígnios cuja execução Deus lhes confiou; ela é necessária a eles mesmos, porque a atividade que são obrigados a desempenhar ajuda o desenvolvimento da sua inteligência. Deus, sendo soberanamente justo, deve considerar igualmente a todos os seus filhos; é por isso que dá a todos o mesmo ponto de partida, a mesma aptidão, *as mesmas obrigações a cumprir e a mesma liberdade de agir;* todo privilégio seria uma preferência, e toda preferência, uma injustiça. Mas a encarnação não é, para todos os Espíritos, senão um estado transitório; é uma tarefa que Deus lhes impõe, na sua entrada na vida, como primeira prova do uso que farão do seu livre-arbítrio. Aqueles que cumprem essa tarefa com zelo, vencem rapidamente, e menos penosamente, seus primeiros degraus da iniciação, e gozam mais cedo os frutos dos seus trabalhos. Aqueles, ao contrário, que fazem mau uso da liberdade que Deus lhes concede, retardam seu adiantamento; é assim que, por sua obstinação, podem prolongar indefinidamente a necessidade de se reencarnar, e é, então, que a encarnação se torna um castigo.

26. *Nota.* Uma comparação vulgar fará compreender melhor esta diferença. O estudante não alcança os graus da ciência senão depois de ter percorrido a série de classes que a ela conduz. Essas classes, qualquer que seja o trabalho que exijam, são um meio de atingir o fim, e não uma punição. O estudante laborioso abrevia a caminhada, e nela encontra menos espinhos; ocorre de outro modo para aquele cuja negligência e preguiça obrigam a recomeçar certas classes. Não é o trabalho da classe que é uma punição, mas a obrigação de recomeçar o mesmo trabalho.

Assim ocorre com o homem sobre a Terra. Para o Espírito do selvagem, que está quase no início da vida espiritual, a encarnação é um meio para desenvolver sua inteligência, mas para o homem esclarecido, no qual o senso moral está amplamente desenvolvido, e que é obrigado a recomeçar as etapas de uma vida corporal plena de angústias, enquanto que poderia já ter alcançado o objetivo, é um castigo pela necessidade em que se encontra de prolongar sua demora nos mundos inferiores e infelizes. Aquele, ao contrário, que trabalha ativamente pelo seu progresso moral, pode não somente abreviar a duração da encarnação material, mas vencer, de uma só vez, os degraus intermediários que o separam dos mundos superiores.

Os Espíritos não poderiam se encarnar senão uma vez sobre o mesmo globo e cumprir suas diferentes existências em esferas diferentes? Essa opinião só seria admissível se todos os homens estivessem, sobre a Terra, no mesmo nível intelectual e moral. As diferenças que existem entre eles, desde o selvagem ao homem civilizado, mostram os degraus que são chamados a vencer. A encarnação, aliás, deve ter um fim útil; ora, qual seria o das encarnações efêmeras de crianças que morrem em tenra idade? Elas teriam sofrido sem proveito para elas e para os outros: Deus, cujas leis são soberanamente sábias, não faz nada de inútil. Pela reencarnação sobre o mesmo globo, quis que os mesmos Espíritos, encontrando-se de novo em contato, tivessem ocasião de reparar os seus erros recíprocos; em razão das suas relações anteriores, ele quis, por outro lado, assentar os laços de família sobre uma base espiritual, e apoiar sobre uma lei natural os princípios de solidariedade, de fraternidade e de igualdade.

CAPÍTULO 5

BEM-AVENTURADOS OS AFLITOS

Justiça das aflições – Causas atuais das aflições – Causas anteriores das aflições – Esquecimento do passado – Motivos de resignação – O suicídio e a loucura.

Instruções dos Espíritos:

Bem e mal sofrer – O mal e o remédio – A felicidade não é deste mundo – Perda de pessoas amadas. Mortes prematuras – Se fosse um homem de bem teria morrido – Os tormentos voluntários – A infelicidade real – A melancolia – Provas voluntárias – O verdadeiro cilício – Deve-se pôr termo às provas do próximo? – É permitido abreviar a vida de um doente que sofre sem esperança de cura? – Sacrifício da própria vida – Proveito dos sofrimentos para outrem

1. *Bem-aventurados os que choram, porque serão consolados. Bem-aventurados os que têm fome e sede de justiça, porque serão saciados. Bem-aventurados os que sofrem perseguição pela justiça, porque o reino dos céus é para eles. (São Mateus, cap. V, v. 4, 6, e 10).*

2. *Vós sois bem-aventurados, vós que sois pobres, porque o reino dos céus é para vós. Vós sois bem-aventurados, vós que agora tendes fome, porque sereis saciados. Vós sois felizes, vós que agora chorais, porque rireis. (São Lucas, cap. VI, v. 20, 21).*

Mas, ai de vós, ricos! porque tendes vossa consolação neste

mundo. Ai de vós que estais saciados, porque tereis fome. Ai de vós que rides agora, porque sereis reduzidos ao pranto e às lágrimas. (São Lucas, cap. VI, v. 24 e 25).

JUSTIÇA DAS AFLIÇÕES

3. As compensações que Jesus promete aos aflitos da Terra não podem ocorrer senão na vida futura; sem a certeza do futuro, essas máximas seriam um contrassenso, bem mais, seriam um engodo. Mesmo com essa certeza, compreende-se dificilmente a utilidade de sofrer para ser feliz. É, diz-se, para ter mais mérito. Mas, então, pergunta-se, por que uns sofrem mais do que os outros? Por que uns nascem na miséria e outros na opulência, sem nada terem feito para justificar essa posição? Por que para uns nada dá certo, enquanto que para outros tudo parece sorrir? Mas o que se compreende menos ainda é ver os bens e os males tão desigualmente repartidos entre o vício e a virtude; ver os homens virtuosos sofrerem ao lado dos maus que prosperam. A fé no futuro pode consolar e levar à paciência, mas não explica essas anomalias que parecem desmentir a justiça de Deus.

Entretanto, desde que se admita Deus, não se pode concebê-lo sem perfeições infinitas; ele deve ser todo poder, todo justiça, todo bondade, sem o que não seria Deus. Se Deus é soberanamente bom e justo, não pode agir por capricho, nem com parcialidade. *As vicissitudes da vida têm, pois, uma causa e, uma vez que Deus é justo, essa causa deve ser justa.* Eis do que cada um deve se compenetrar bem. Deus colocou os homens sobre o caminho dessa causa pelos ensinamentos de Jesus e, hoje, julgando-os bastante maduros para compreendê-la, a revelou inteiramente pelo *Espiritismo,* quer dizer, pela *voz dos Espíritos.*

CAUSAS ATUAIS DAS AFLIÇÕES

4. As vicissitudes da vida são de duas espécies, ou, se assim se quer, têm duas fontes bem diferentes que importa distinguir: umas têm sua causa na vida presente, outras fora dela.

Remontando à fonte dos males terrestres, se reconhecerá que muitos são a consequência natural do caráter e da conduta daqueles que os suportam.

Quantos homens tombam por suas próprias faltas! Quantos são vítimas de sua imprevidência, de seu orgulho e de sua ambição!

Quantas pessoas arruinadas por falta de ordem, de perseverança, por má conduta e por não terem limitado seus desejos!

Quantas uniões infelizes porque são de interesse calculado ou de vaidade, com as quais o coração nada tem!

Quantas dissensões e querelas funestas se teria podido evitar com mais moderação e menos suscetibilidade.

Quantos males e enfermidades são a consequência da intemperança e dos excessos de todos os gêneros!

Quantos pais são infelizes com seus filhos, porque não combateram suas más tendências no princípio! Por fraqueza ou indiferença, deixaram se desenvolver neles os germes do orgulho, do egoísmo e da tola vaidade que secam o coração; depois, mais tarde, recolhendo o que semearam, espantam-se e se afligem pela sua falta de respeito e ingratidão.

Que todos aqueles que são atingidos no coração pelas vicissitudes e decepções da vida, interroguem friamente sua consciência; que remontem progressivamente à fonte dos males que os afligem, e verão se, o mais frequentemente, não podem dizer:

Se eu tivesse, ou não tivesse, feito tal coisa eu não estaria em tal situação.

A quem, pois, culpar de todas as suas aflições senão a si mesmo? O homem é, assim, num grande número de casos, o artífice dos seus próprios infortúnios; mas, ao invés de o reconhecer, ele acha mais simples, menos humilhante para a sua vaidade, acusar a sorte, a Providência, a chance desfavorável, sua má estrela, enquanto que sua má estrela está na sua incúria.

Os males dessa natureza formam, seguramente, um notável contingente nas vicissitudes da vida; o homem os evitará quando trabalhar para seu aprimoramento moral, tanto quanto para o seu aprimoramento intelectual.

5. A lei humana alcança certas faltas e as pune; o condenado pode, pois, dizer-se que suporta a consequência do que fez; mas a lei não alcança e não pode alcançar todas as faltas; ela atinge, mais especialmente, aquelas que prejudicam a sociedade, e não aquelas que não prejudicam senão aqueles que as cometem. Mas Deus quer o progresso de todas as suas criaturas; por isso, ele não deixa impune nenhum desvio do caminho reto; não há uma só falta, por pequena que seja, uma só infração à sua lei, que não tenha consequências forçadas e inevitáveis mais ou menos tristes; de onde se segue que, nas pequenas, como nas grandes coisas, o homem é sempre punido pelo que pecou. Os sofrimentos que lhe são a consequência, são para ele uma advertência de que errou; eles lhe dão a experiência, fazendo-o sentir a diferença entre o bem e o mal, e a necessidade de melhorar-se, para evitar, no futuro, o que lhe foi uma fonte de desgostos; sem isso, não teria nenhum motivo para se emendar, e, confiando na impunidade, retardaria seu adiantamento e, por conseguinte, sua felicidade futura.

Mas a experiência, algumas vezes, vem um pouco tarde;

quando a vida foi dissipada e perturbada, as forças desgastadas, e quando o mal não tem mais remédio, então, o homem se põe a dizer: Se no início da vida eu soubesse o que sei agora, quantas faltas teria evitado; *se fosse recomeçar,* eu faria tudo de outro modo; mas não há mais tempo! Como o obreiro preguiçoso, diz: Eu perdi minha jornada, ele também se diz: Eu perdi minha vida; mas da mesma forma que para o obreiro o Sol se ergue, no dia seguinte, e uma nova jornada começa, permitindo-lhe reparar o tempo perdido, para ele também, depois da noite do túmulo, brilhará o sol de uma nova vida, na qual poderá aproveitar a experiência do passado e suas boas resoluções para o futuro.

CAUSAS ANTERIORES DAS AFLIÇÕES

6. Mas, se há males dos quais o homem é a causa primeira nesta vida, há outros, pelo menos na aparência, que lhe são completamente estranhos, e que parecem atingi-lo como por fatalidade. Tal é, por exemplo, a perda de seres queridos e a de arrimos de família; tais são, ainda, os acidentes que nenhuma providência poderia impedir; os reveses de fortuna que frustram todas as medidas de prudência; os flagelos naturais e as enfermidades de nascimento, sobretudo aquelas que tiram aos infelizes os meios de ganhar sua vida pelo trabalho, como as deformidades, a idiotia, o cretinismo, etc.

Aqueles que nascem em semelhantes condições, seguramente, nada fizeram nesta vida para merecer uma sorte tão triste, sem compensação, que não podiam evitar, impotentes para mudarem por si mesmos, e que os coloca à mercê da comiseração pública. Por que, pois, seres tão infelizes, ao passo que ao seu lado, sob o mesmo teto, na mesma família, outros são favorecidos sob todos os aspectos?

Que dizer, enfim, dessas crianças que morrem em tenra idade e não conheceram da vida senão o sofrimento? Problemas que nenhuma filosofia pôde ainda resolver, anomalias que nenhuma religião pôde justificar, e que seriam a negação da bondade, da justiça e da providência de Deus, na hipótese de ser a alma criada ao mesmo tempo que o corpo, e sua sorte estar irrevogavelmente fixada após uma estada de alguns instantes na Terra. Que fizeram, essas almas que acabam de sair das mãos do Criador, para suportar tantas misérias neste mundo e merecerem, no futuro, uma recompensa, ou uma punição qualquer, quando não puderam fazer nem o bem nem o mal?

Entretanto, em virtude do axioma de que *todo efeito tem uma causa,* essas misérias são efeitos que devem ter uma causa e, desde que se admita um Deus justo, essa causa deve ser justa. Ora, a causa precedendo sempre o efeito, uma vez que não está na vida atual, deve ser anterior a ela, quer dizer, pertencer a uma existência precedente. Por outro lado, Deus não podendo punir pelo bem que se fez, nem pelo mal que não se fez, se somos punidos, é porque fizemos o mal; se não fizemos o mal nesta vida, o fizemos numa outra. É uma alternativa da qual é impossível escapar, e na qual a lógica diz de que lado está a justiça de Deus.

O homem, pois, não é sempre punido, ou completamente punido na sua existência presente, mas não escapa jamais às consequências de suas faltas. A prosperidade do mau não é senão momentânea, e se ele não expia hoje, expiará amanhã, ao passo que aquele que sofre, está expiando seu passado. A infelicidade que, à primeira vista, parece imerecida tem, pois, sua razão de ser, e aquele que sofre pode sempre dizer: "Perdoai-me, Senhor, porque pequei."

7. Os sofrimentos por causas anteriores são, frequentemente, como os das faltas atuais, a consequência natural da falta cometida; quer dizer, por uma justiça distributiva rigorosa, o

homem suporta o que fez os outros suportarem; se foi duro e desumano, ele poderá ser, a seu turno, tratado duramente e com desumanidade; se foi orgulhoso, poderá nascer em uma condição humilhante; se foi avarento, egoísta, ou se fez mau uso da sua fortuna, poderá ser privado do necessário; se foi mau filho, poderá sofrer com os próprios filhos, etc.

Assim se explicam, pela pluralidade das existências, e pela destinação da Terra como mundo expiatório, as anomalias que apresenta a repartição da felicidade e da infelicidade entre os bons e os maus neste mundo. Essa anomalia não existe em aparência senão porque considerada sob o ponto de vista presente; mas se se eleva, pelo pensamento, de maneira a abranger uma série de existências, ver-se-á que cada um recebe a parte que merece, sem prejuízo da que lhe é dada no mundo dos Espíritos, e que a justiça de Deus jamais é interrompida.

O homem não deve jamais perder de vista que está sobre um mundo inferior, onde não é mantido senão pelas suas imperfeições. A cada vicissitude, deve dizer-se que se pertencesse a um mundo mais elevado, isso não ocorreria, e que depende dele não mais retornar a este mundo, trabalhando pelo seu aperfeiçoamento.

8. As tribulações da vida podem ser impostas aos Espíritos endurecidos ou muito ignorantes, para fazerem uma escolha com conhecimento de causa, mas são livremente escolhidas e aceitas pelos Espíritos *arrependidos,* que querem reparar o mal que fizeram e tentar fazer melhor. Tal é aquele que, tendo feito mal sua tarefa, pede para recomeçá-la a fim de não perder o benefício do seu trabalho. Essas tribulações, pois, são, ao mesmo tempo, expiações pelo passado que elas punem e provas para o futuro, que elas preparam. Rendamos graças a Deus que, na sua bondade, concede ao homem a faculdade da reparação e não o condena irrevogavelmente pela primeira falta.

9. Entretanto, não seria preciso crer que todo sofrimento suportado neste mundo seja, necessariamente, o indício de uma falta determinada; são, frequentemente, simples provas escolhidas pelo Espírito para acabar sua depuração e apressar seu adiantamento. Assim, a expiação serve sempre de prova, mas a prova não é sempre uma expiação; mas provas ou expiações são sempre sinais de uma inferioridade relativa, porque o que é perfeito não tem mais necessidade de ser provado. Um Espírito pode, pois, ter adquirido um certo grau de elevação, mas, querendo avançar ainda, solicita uma missão, uma tarefa a cumprir, da qual será tanto mais recompensado se sai vitorioso, quanto a luta tenha sido mais penosa. Tais são, mais especialmente, essas pessoas de instintos naturalmente bons, de alma elevada, de nobres sentimentos inatos que parecem não ter trazido nada de mau de sua precedente existência, e que suportam, com uma resignação toda cristã, as maiores dores, pedindo a Deus para as suportar sem lamentações. Podem-se, ao contrário, considerar como expiações as aflições que excitam as queixas e compelem o homem à revolta contra Deus.

O sofrimento que não excita lamentações pode, sem dúvida, ser uma expiação, mas é o indício de que ele foi antes escolhido voluntariamente do que imposto, e a prova de uma forte resolução, o que é um sinal de progresso.

10. Os Espíritos não podem aspirar à felicidade perfeita senão quando são puros; toda mancha lhes interdita a entrada nos mundos felizes. Tais são os passageiros de um navio atingido pela peste, aos quais a entrada de uma cidade é interditada até que estejam purificados. É nas suas diversas existências corporais que os Espíritos se despojam, pouco a pouco, de suas imperfeições. As provas da vida adiantam, quando bem suportadas; como expiações, elas apagam as faltas e purificam; é o remédio que limpa a chaga e cura o enfermo; quanto mais grave é o mal, mais o remédio deve ser enérgico. Aquele, pois, que sofre muito, deve dizer-se que tem muito a expiar, e regozijar-se de ser logo curado; depende dele, pela sua resignação, tornar esse sofrimento proveitoso, e de não lhe perder os frutos pelas lamentações, sem o que estaria por recomeçar.

ESQUECIMENTO DO PASSADO

11. É em vão que se objeta o esquecimento como um obstáculo no sentido de que se possa aproveitar a experiência das existências anteriores. Se Deus julgou conveniente lançar um véu sobre o passado, é porque isso devia ser útil. Com efeito, essa lembrança teria graves inconvenientes; poderia, em certos casos, humilhar-nos estranhamente ou exaltar o nosso orgulho e, por isso mesmo, entravar o nosso livre-arbítrio; em todos os casos, traria uma perturbação inevitável nas relações sociais.

O Espírito renasce, frequentemente, no mesmo meio em que viveu e se acha em relação com as mesmas pessoas, a fim de reparar o mal que lhes fez. Se reconhecesse nelas as que odiou, talvez seu ódio se revelasse; em todos os casos, seria humilhado diante daqueles que houvesse ofendido.

Deus nos deu, para nosso adiantamento, justamente o que nos é necessário e pode nos bastar: a voz da consciência e nossas tendências instintivas, e nos tira o que poderia nos prejudicar.

Ao nascer, o homem traz o que adquiriu; nasce como se fez; cada existência é para ele um novo ponto de partida. Pouco lhe importa saber o que foi; ele é punido porque fez o mal e suas tendências más atuais são indício do que resta nele a corrigir, sendo nisso que deve concentrar sua atenção, porque do que está completamente corrigido não lhe resta nenhum traço. As boas resoluções que tomou são a voz da consciência que o adverte do que é bem ou mal e lhe dá a força para resistir às más tentações.

De resto, esse esquecimento não ocorre senão durante a vida corporal. Reentrando na vida espiritual, o Espírito retoma as lembranças do passado; isso não é, pois, senão uma interrupção momentânea, como a que ocorre na vida terrestre durante o sono, e que não impede de lembrar, no dia seguinte, o que se fez na véspera e nos dias precedentes.

Não é apenas depois da morte que o Espírito recobra as lembranças do passado; pode-se dizer que não as perde jamais, porque a experiência prova que na encarnação, durante o sono do corpo, quando goza de uma certa liberdade, o Espírito tem consciência de seus atos anteriores; ele sabe por que sofre, e que sofre justamente; a lembrança não se apaga senão durante a vida exterior de relação. Mas, à falta de uma lembrança precisa, que poderia lhe ser penosa e prejudicar suas relações sociais, ele haure novas forças nesses instantes de emancipação da alma, se sabe aproveitá-los.

MOTIVOS DE RESIGNAÇÃO

12. Por estas palavras: *Bem-aventurados os aflitos, porque serão consolados,* Jesus indica, ao mesmo tempo, a compensação que espera aqueles que sofrem, e a resignação que faz abençoar o sofrimento como o prelúdio da cura.

Essas palavras podem, ainda, ser traduzidas assim: Deveis considerar-vos felizes por sofrer, porque as vossas dores neste mundo são a dívida das vossas faltas passadas, e essas dores, suportadas pacientemente sobre a Terra, vos poupam séculos de sofrimento na vida futura. Deveis, pois, estar felizes porque Deus transformou vossa dívida, permitindo pagá-la presentemente, o que vos assegura a tranquilidade para o futuro.

O homem que sofre é semelhante a um devedor que deve uma grande quantia, a quem diz o seu credor: "Se me pagardes hoje mesmo a centésima parte da dívida, eu vos darei quitação de todo o resto, e sereis livre; se não o fizerdes, eu vos perseguirei até que tenhais pago o último centavo." (*) O devedor não seria mais venturoso, suportando toda sorte de privações para liberar-se, pagando somente a centésima parte do que deve? Ao invés de se lamentar do seu credor, não lhe agradeceria?

Tal é o sentido destas palavras: "Bem-aventurados os aflitos, porque serão consolados"; são felizes porque se quitam e, depois de se quitarem, estarão livres. Mas se, quitando-se inteiramente de um lado, endivida-se de outro, não se alcançará jamais a libertação. Ora, cada nova falta aumenta a dívida, porque não há uma só, qualquer que seja, que não arraste consigo sua punição forçada, inevitável, que se não for hoje, será amanhã, se não for nesta vida, será na outra. Entre essas faltas, é preciso colocar, em primeiro plano, a falta de submissão à vontade de Deus, pois, quem murmura nas aflições, e não as aceita com resignação e como uma coisa que se deve merecer, quem acusa a Deus de injustiça, contrai uma nova dívida que faz perder o benefício que se poderia retirar do sofrimento; por isso, seria preciso recomeçar, absolutamente, como se, a um credor que vos atormenta, pagásseis prestações tomando-lhe, a cada vez, um novo empréstimo.

À sua entrada no mundo dos Espíritos, o homem está ainda como o obreiro que se apresenta no dia do pagamento. A uns o senhor dirá: "Eis o prêmio dos vossos dias de trabalho"; a outros, aos felizes da Terra, àqueles que tenham vivido na ociosidade, que colocaram sua felicidade na satisfação do amor-próprio

---

(*) No original, "la dernière obole". **Óbolo:** moeda da Grécia antiga. (N. do R.).

e dos prazeres mundanos, ele dirá: "A vós nada cabe, porque recebestes vosso salário na Terra. Ide e recomeçai a vossa tarefa."

13. O homem pode abrandar ou aumentar a amargura das suas provas pela maneira que encara a vida terrestre. Ele sofre tanto mais quanto veja mais longa a duração do sofrimento; ora, aquele que se coloca no ponto de vista da vida espiritual, abarca de um golpe de vista a vida corporal; ele a vê como um ponto no infinito, compreende-lhe a brevidade, e se diz que esse momento penoso passará bem depressa; a certeza de um futuro próximo mais feliz o sustenta e o encoraja, e ao invés de se lamentar, agradece ao céu pelas dores que o fazem avançar. Para aquele, ao contrário, que não vê senão a vida corporal, esta lhe parece interminável, e a dor pesa sobre ele com todo o seu peso. O resultado dessa maneira de encarar a vida é diminuir a importância das coisas deste mundo, de levar o homem a moderar seus desejos, a contentar-se com sua posição sem invejar a dos outros, de atenuar a impressão moral dos reveses e das decepções que experimenta; ele haure nisso uma calma e uma resignação tão úteis à saúde do corpo como à da alma, ao passo que pela inveja, ciúme e ambição, tortura-se voluntariamente, e aumenta, assim, as misérias e as angústias de sua curta existência.

O SUICÍDIO E A LOUCURA

14. A calma e a resignação, hauridas na maneira de encarar a vida terrestre e na fé no futuro, dão ao espírito uma serenidade que é o melhor preservativo contra a *loucura e o suicídio.* Com efeito, é certo que a maioria dos casos de loucura são devidos à comoção produzida pelas vicissitudes que o homem não tem força de suportar; se, pois, pela maneira que o Espiritismo o faz encarar as coisas deste mundo, ele recebe com indiferença, com alegria mesmo, os reveses e as decepções que o desesperariam em outras circunstâncias, é evidente que essa força, que o coloca acima dos acontecimentos, preserva sua razão dos abalos que, sem ela, sacudiriam-no.

15. Ocorre o mesmo com o suicídio; excluídos aqueles que se efetuam no estado de embriaguez e de loucura, e que podemos chamar inconscientes, é certo que, quaisquer que sejam os motivos particulares, têm sempre por causa um descontentamento; ora, aquele que está certo de não ser infeliz senão por um dia, e de serem melhores os dias seguintes, tem facilmente paciência; ele só se desespera se não vê termo para seus sofrimentos. Que é, pois, a vida humana em relação à eternidade, senão bem menos que um dia? Mas para aquele que não crê na eternidade, que crê que tudo nele se acaba com a vida, se está oprimido pelo desgosto e pelo infortúnio, não vê seu termo senão na morte; não esperando nada, acha muito natural, muito lógico mesmo, abreviar suas misérias pelo suicídio.

16. A incredulidade, a simples dúvida sobre o futuro, as ideias materialistas, numa palavra, são os maiores *excitantes ao suicídio:* elas dão a *covardia moral* . Quando se veem homens de ciência se apoiarem sobre a autoridade do seu saber para procurarem provar aos seus ouvintes, ou aos seus leitores, que eles nada têm a esperar depois da morte, não os conduzem a essa consequência de que, se são infelizes, nada têm melhor a fazer do que se matar? Que lhes poderiam dizer para disso desviá-los? Que compensação poderiam lhes oferecer? Que esperança poderiam lhes dar? Nenhuma coisa senão o nada. De onde é preciso concluir que se o nada é o único remédio heroico, a única perspectiva, mais vale nele cair imediatamente que mais tarde e, assim, sofrer por menos tempo.

A propagação das ideias materialistas é, pois, o veneno que inocula em um grande número de pessoas o pensamento do suicídio, e aqueles que se fazem seus apóstolos assumem sobre si uma terrível responsabilidade. Com o Espiritismo, não sendo mais permitida a dúvida, o aspecto da vida muda; o crente sabe que a vida se prolonga indefinidamente além do túmulo, mas em outras condições; daí a paciência e a resignação que o afastam naturalmente do pensamento do suicídio; daí, numa palavra, a *coragem moral.*

17. O Espiritismo tem, ainda, sob esse aspecto, um outro resultado também positivo, e, talvez, mais determinante. Ele nos mostra os próprios suicidas vindo revelar sua posição infeliz, e provar que ninguém viola impunemente a lei de Deus, que proíbe ao homem abreviar sua vida. Há entre os suicidas aqueles cujo sofrimento, por não ser senão temporário ao invés de eterno, não é menos terrível, e de natureza a dar o que pensar a qualquer que fosse tentado a partir daqui antes da ordem de Deus. O espírita tem, pois, para contrabalançar a ideia do suicídio, vários motivos: a *certeza* de uma vida futura, na qual ele *sabe* que será tanto mais feliz quanto tenha sido mais infeliz e mais resignado na Terra; a *certeza* de que abreviando sua vida, alcança um resultado justamente contrário ao que esperava; que se livra de um mal para chegar a um pior, mais longo e mais terrível; que se engana se crê, em se matando, ir mais depressa para o céu; que o suicídio é um obstáculo para que ele se reúna, no outro mundo, aos objetos das suas afeições, que esperava ali reencontrar; de onde a consequência de que o suicídio, não lhe dando senão decepções, está contra os seus próprios interesses. Igualmente o número dos suicídios impedidos pelo Espiritismo é considerável, e pode-se disso concluir que, quando todo mundo for espírita, não haverá mais suicídios conscientes. Comparando-se, pois, os resultados das doutrinas materialista e espírita, sob o único ponto de vista do suicídio, vemos que a lógica de uma a ele conduz, enquanto que a lógica da outra dele desvia, o que está confirmado pela experiência.

INSTRUÇÕES DOS ESPÍRITOS

BEM E MAL SOFRER

LACORDAIRE, HAVRE, 1863.

18. Quando o Cristo disse: "Bem-aventurados os aflitos, que deles é o reino dos céus", não se referia àqueles que sofrem em geral, porque todos aqueles que estão neste mundo sofrem, estejam sobre o trono ou sobre a palha; mas, ah! poucos sofrem bem; poucos compreendem que somente as provas bem suportadas podem conduzi-los ao reino de Deus. O desencorajamento é uma falta; Deus vos recusa consolações, porque vos falta coragem. A prece é um sustentáculo para a alma, porém, ela não basta: é preciso que esteja apoiada sobre uma fé viva na bondade de Deus. Frequentemente, ele vos disse que não colocava fardos pesados em ombros fracos; o fardo é proporcional às forças, como a recompensa será proporcional à resignação e à coragem; maior será a recompensa quanto a aflição não seja penosa; mas essa recompensa é preciso merecê-la, e é por isso que a vida está cheia de tribulações.

O militar que não é enviado ao campo de batalha não fica contente, porque o repouso da retaguarda no acampamento não lhe proporciona promoção; sede, pois, como o militar e não desejeis um repouso em que o vosso corpo se enfraqueceria e a vossa alma se entorpeceria. Ficai satisfeitos quando Deus vos envia à luta. Essa luta não é o fogo da batalha, mas as amarguras da vida, onde é preciso, algumas vezes, mais coragem do que num combate sangrento, porque aquele que ficaria firme diante do inimigo, se dobrará sob o constrangimento de uma pena moral. O homem não é recompensado por essa espécie de coragem, mas Deus lhe reserva louros e um lugar glorioso. Quando vos atinge um motivo de inquietação ou de contrariedade, esforçai-

-vos por superá-lo e, quando chegardes a dominar os ímpetos da impaciência, da cólera ou do desespero, dizei-vos com justa satisfação: "Eu fui o mais forte."

Bem-aventurados os aflitos pode, pois, ser traduzido assim: bem-aventurados aqueles que têm oportunidades de provarem sua fé, sua firmeza, sua perseverança e sua submissão à vontade de Deus, porque terão em cêntuplo a alegria que lhes falta na Terra, e depois do trabalho virá o repouso.

O MAL E O REMÉDIO

SANTO AGOSTINHO, PARIS, 1863.

19. Vossa Terra é, pois, um lugar de alegria, um paraíso de delícias? A voz do profeta não ressoa mais aos vossos ouvidos? Ele não apregoou que haveria pranto e ranger de dentes para aqueles que nascessem nesse vale de dores? Vós que viestes aí viver, esperai pois lágrimas cruciantes e penas amargas, e mais as vossas dores sejam agudas e profundas, olhai o céu e bendizei o Senhor por ter querido vos experimentar!... Ó homens! não reconhecereis, pois, o poder do vosso mestre senão quando ele tiver curado as chagas do vosso corpo e coroado os vossos dias de beatitude e de alegria? Não reconhecereis, pois, seu amor senão quando ele vos tiver adornado o vosso corpo com todas as glórias, e lhe tiver restituído seu brilho e sua brancura? Imitai aquele que vos foi dado como exemplo; chegado ao último degrau da abjeção e da miséria, estendido sobre o lixo, disse a Deus: "Senhor, conheci todas as alegrias da opulência e me reduzistes à miséria mais profunda; obrigado, obrigado meu Deus, por querer bem experimentar vosso servo!" Até quando vossos olhares se deterão nos horizontes marcados pela morte? Quando vossa alma desejará, enfim, se soltar além dos limites de um túmulo? Mas se devêsseis chorar e sofrer toda uma vida, que seria isso ao lado da eternidade de glória reservada àquele que tiver suportado a prova com fé, amor e resignação? Procurai, pois, consolações aos vossos males no futuro que Deus vos prepara, e a causa deles no passado; e vós, que sofreis mais, considerai-vos os bem-aventurados da Terra.

No estado de desencarnados, quando planáveis no espaço, escolhestes vossa prova, porque vos acreditastes bastante fortes para suportá-la; por que reclamar nessa hora? Vós que pedistes a fortuna e a glória, era para sustentar a luta da tentação e vencê-la. Vós que pedistes lutar de corpo e alma contra o mal moral e físico, é porque sabíeis que quanto mais a prova seria dura, tanto mais a vitória seria gloriosa, e que se dela saísseis triunfantes, devesse vossa carne ser lançada sobre um monturo, em sua morte, ela deixaria escapar uma alma brilhante de brancura e tornada pura pelo batismo da expiação e do sofrimento.

Que remédio, pois, recomendar àqueles que estão atacados de obsessões cruéis e de males cruciantes? Um só é infalível: a fé, o olhar para o céu. Se no acesso dos vossos mais cruéis sofrimentos, a vossa voz cantar ao Senhor, o anjo à vossa cabeceira, de sua mão vos mostrará o sinal de salvação e o lugar que deveis ocupar um dia... É a fé o remédio certo do sofrimento; ela mostra sempre os horizontes do infinito, diante dos quais se apagam os poucos dias sombrios do presente. Não nos pergunteis mais, pois, qual remédio é preciso empregar para curar tal úlcera ou tal chaga, tal tentação ou tal prova; recordai que aquele que crê é forte pelo remédio da fé, e aquele que duvida um segundo da sua eficácia, é logo punido, porque experimenta no mesmo instante as pungentes angústias da aflição.

O Senhor marcou com seu selo todos aqueles que creem nele. Cristo vos disse que com a fé transportam-se as montanhas, e eu vos digo que aquele que sofre e tiver a fé por sustentáculo, será colocado sob sua égide e não sofrerá mais; os momentos das mais fortes dores serão para ele as primeiras notas de alegria da eternidade. Sua alma se desprenderá de tal forma de seu corpo que, enquanto este se contorcer sob as convulsões, ela planará nas regiões celestes cantando com os anjos os hinos de reconhecimento e de glória ao Senhor.

Felizes aqueles que sofrem e que choram! que suas almas se alegrem porque serão abençoadas por Deus.

A FELICIDADE NÃO É DESTE MUNDO

FRANÇOIS – NICOLAS – MADELEINE,
CARDEAL **MORLOT,** PARIS, 1863.

20. Não sou feliz! A felicidade não foi feita para mim! exclama geralmente o homem em todas as posições sociais. Isso, meus caros filhos, prova melhor do que todos os raciocínios possíveis a verdade desta máxima do Eclesiastes: "A felicidade não é deste mundo." Com efeito, nem a fortuna, nem o poder, nem mesmo a juventude florescente, são as condições essenciais da felicidade; digo mais: nem mesmo a reunião dessas três condições tão desejadas, uma vez que se ouvem sem cessar, no meio das classes mais privilegiadas, pessoas de todas as idades se lamentarem amargamente da sua condição de ser.

Diante de tal resultado, é inconcebível que as classes laboriosas e militantes invejem com tanta cobiça a posição daqueles a quem a fortuna parece ter favorecido. Neste mundo, qualquer coisa que se faça, cada um tem a sua parte de trabalho e de miséria, seu quinhão de sofrimento e de decepções. De onde é fácil chegar à conclusão de que a Terra é um lugar de provas e de expiações.

Assim, pois, aqueles que pregam ser a Terra a única morada do homem, e que só nela, e numa só existência, lhe é permitido atingir o mais alto grau das felicidades que a sua natureza comporta, iludem-se e enganam aqueles que os escutam, já que está demonstrado, por uma experiência arquissecular, que este globo não encerra senão excepcionalmente as condições necessárias à felicidade completa do indivíduo.

Em tese geral, pode-se afirmar que a felicidade é uma utopia, na busca da qual as gerações se lançam sucessivamente sem poder jamais alcançá-la; porque se o homem sábio é uma raridade neste mundo, o homem absolutamente feliz nele se encontra menos.

Aquilo em que consiste a felicidade sobre a Terra é uma coisa tão efêmera para aquele que não age sabiamente que, por um ano, um mês, uma semana de completa satisfação, todo o resto se escoa numa sequência de amarguras e decepções; e notai, meus caros filhos, que falo aqui dos felizes da Terra, daqueles que são invejados pelas multidões.

Consequentemente, se a morada terrestre está destinada às provas e à expiação, é preciso admitir que existem alhures moradas mais favoráveis onde o Espírito do homem, ainda aprisionado numa carne material, possui em sua plenitude os prazeres ligados à vida humana. Por isso, Deus semeou, no vosso turbilhão, esses belos planetas superiores para os quais os vossos esforços e as vossas tendências vos farão gravitar um dia, quando estiverdes suficientemente purificados e aperfeiçoados.

Todavia, não deduzais de minhas palavras que a Terra esteja dedicada para sempre a uma destinação penitenciária; não, certamente! porque dos progressos realizados, podeis deduzir facilmente os progressos futuros, e dos melhoramentos sociais conquistados, novos e mais fecundos melhoramentos. Tal é a tarefa imensa que deve realizar a nova doutrina que os Espíritos vos revelaram.

Assim, pois, meus caros filhos, que uma santa emulação vos anime, e que cada um dentre vós despoje energicamente o homem velho. Deveis tudo à divulgação deste Espiritismo que já começou a vossa própria regeneração. É um dever fazer vossos irmãos participarem dos raios da luz sagrada. À obra, pois, meus bem-amados filhos! Que nesta reunião solene, todos os vossos corações aspirem a este objetivo grandioso de preparar, às novas gerações, um mundo em que a felicidade não será mais uma palavra vã.

PERDA DE PESSOAS AMADAS. MORTES PREMATURAS

SANSON, antigo membro da
Sociedade Espírita de Paris, 1863.

21. Quando a morte vem ceifar nas vossas famílias, levando sem moderação as pessoas jovens ao invés das velhas, dizeis frequentemente: Deus não é justo, uma vez que sacrifica esse que é forte e pleno de futuro, para conservar aqueles que viveram longos anos plenos de decepções; uma vez que leva aqueles que são úteis e deixa aqueles que não servem mais para nada; uma vez que parte o coração de uma mãe privando-a da inocente criatura que fazia toda a sua alegria.

Humanos, é nisto que tendes necessidade de vos elevar acima do terra a terra da vida, para compreenderdes que o bem, frequentemente, está onde credes ver o mal, a sábia previdência aí onde credes ver a cega fatalidade do destino. Por que medir a justiça divina pelo valor da vossa? Podeis pensar que o senhor dos mundos queira, por um simples capricho, vos infligir penas cruéis? Nada se faz sem um objetivo inteligente e, qualquer que seja ao que se chegue, cada coisa tem sua razão de ser. Se perscrutásseis melhor todas as dores que vos atingem, nelas encontraríeis sempre a razão divina, razão regeneradora, e vossos miseráveis interesses seriam uma consideração secundária que relegaríeis ao último plano.

Crede-me, a morte é preferível, para a encarnação de vinte anos, a esses desregramentos vergonhosos que desolam as famílias honradas, partem o coração de uma mãe, e fazem, antes do tempo, branquear os cabelos dos pais. A morte prematura, frequentemente, é um grande benefício que Deus concede àquele que se vai, e que se encontra, assim, preservado das misérias da vida, ou das seduções que teriam podido arrastá-lo à sua perdição. Aquele que morre na flor da idade, não é vítima da fatalidade, mas Deus julga que lhe é útil não permanecer por mais tempo na Terra.

É uma horrível infelicidade, dizeis, que uma vida tão plena de esperanças seja tão cedo cortada! De quais esperanças quereis falar? das da Terra, onde aquele que dela se vai teria podido brilhar, construir seu caminho e sua fortuna? Sempre essa visão estreita que não pode se elevar acima da matéria. Sabeis qual seria a sorte dessa vida tão plena de esperanças segundo vós? Quem vos diz que ela não poderia ser cheia de amarguras? Contais, pois, por nada as esperanças da vida futura, já que preferis as da vida efêmera que arrastais sobre a Terra? Pensais, pois, que vale mais ter uma posição entre os homens que entre os Espíritos bem-aventurados?

Regozijai-vos ao invés de vos lamentar, quando apraz a Deus retirar um de seus filhos deste vale de misérias. Não há egoísmo em desejar que ele aí permanecesse para sofrer convosco? Ah! essa dor se concebe naquele que não tem fé, e que vê na morte uma separação eterna; mas vós, espíritas, sabeis que a alma vive melhor desembaraçada de seu envoltório corporal; mães, sabeis que vossos filhos bem-amados estão perto de vós;

sim, bem perto; seus corpos fluídicos vos cercam, seus pensamentos vos protegem, vossa lembrança os embriaga de alegria; mas também vossas dores desarrazoadas os afligem, porque elas denotam uma falta de fé e são uma revolta contra a vontade de Deus.

Vós que compreendeis a vida espiritual, escutai as pulsações de vosso coração chamando esses entes bem-amados, e se pedirdes a Deus para os abençoar, sentireis em vós essas poderosas consolações que secam as lágrimas, essas aspirações maravilhosas que vos mostrarão o futuro prometido pelo soberano Senhor.

SE FOSSE UM HOMEM DE BEM TERIA MORRIDO

FÉNELON, Sens, 1861.

22. Dizeis, frequentemente, falando de um homem mau que escapa de um perigo: *se fosse um homem de bem teria morrido.* Pois bem, dizendo isso, estais com a verdade porque, efetivamente, ocorre que, muitas vezes, Deus dá a um Espírito jovem, ainda nos caminhos do progresso, uma prova mais longa que a um bom que receberá, em recompensa do seu mérito, o favor de que sua prova seja tão curta quanto possível. Assim, pois, quando vos servis desse axioma, não duvideis que blasfemais.

Se morre um homem de bem, cuja casa ao lado seja a de um homem mau, apressai-vos em dizer: *gostaria mais que este se fosse.* Estais grandemente errados, porque aquele que parte terminou sua tarefa, e aquele que fica talvez não a tenha começado. Por que quereríeis, pois, que o mau não tivesse tempo de a acabar, e que o outro permanecesse preso à gleba terrestre? Que diríeis de um prisioneiro que tivesse cumprido sua pena, e que se retivesse na prisão, enquanto que se desse a liberdade àquele que a ela não tinha direito? Ficai sabendo, pois, que a verdadeira liberdade está na libertação dos laços do corpo, e que enquanto estiverdes sobre a Terra, estais em cativeiro.

Habituai-vos a não censurar o que não podeis compreender e crede que Deus é justo em todas as coisas e, frequentemente, o que vos parece um mal é um bem, mas vossas faculdades são tão limitadas que o conjunto do grande todo escapa aos vossos sentidos obtusos. Esforçai-vos por sair, pelo pensamento, da vossa esfera estreita e, à medida que vos elevardes, a importância da vida material diminuirá aos vossos olhos, porque ela não se vos apresentará senão como um incidente na duração infinita da vossa existência espiritual, a única existência verdadeira.

OS TORMENTOS VOLUNTÁRIOS

FÉNELON, LIÃO, 1860.

23. O homem está incessantemente em busca da felicidade que lhe escapa sem cessar, porque a felicidade sem mescla não existe na Terra. Entretanto, malgrado as vicissitudes que formam o cortejo inevitável desta vida, poderia pelo menos gozar de uma felicidade relativa, mas ele a procura nas coisas perecíveis e sujeitas às mesmas vicissitudes, quer dizer, nos prazeres materiais, ao invés de a procurar nos prazeres da alma, que são um antegozo dos prazeres celestes, imperecíveis; em lugar de procurar a *paz do coração,* única felicidade real deste mundo, é ávido de tudo aquilo que pode agitá-lo e perturbá-lo; e, coisa singular, parece criar propositadamente tormentos que não cabe senão a ele evitar.

Haverá maiores tormentos que aqueles causados pela inveja e o ciúme? Para o invejoso e o ciumento não há repouso; estão perpetuamente em febre; o que eles não têm e o que os outros possuem lhes causam insônia; os sucessos dos seus rivais lhes dão vertigem; sua emulação não se exerce senão para eclipsar seus vizinhos, toda sua alegria está em excitar nos insensatos, como eles, a cólera do ciúme de que estão possuídos. Pobres insensatos, com efeito, que não sonham que talvez amanhã lhes será preciso deixar todas essas futilidades cuja cobiça envenena sua vida! Não é a eles que se aplicam estas palavras: "Bem-aventurados os aflitos, porque serão consolados", porque seus cuidados não são daqueles que têm compensação no céu.

De quantos tormentos, ao contrário, poupa-se aquele que sabe se contentar com o que tem, que vê sem inveja o que não tem, que não procura parecer mais do que é. Ele está sempre rico porque, se olha abaixo de si, em lugar de olhar acima, verá sempre pessoas que têm menos ainda; é calmo, porque não cria para si necessidades quiméricas, e a calma, no meio das tempestades da vida, não será felicidade?

A INFELICIDADE REAL

DELPHINE DE GIRARDIN, PARIS, 1861.

24. Todo o mundo fala da infelicidade, todo mundo a experimentou e crê conhecer seu caráter múltiplo. Venho vos dizer que quase todos se enganam, e que a infelicidade real não é tudo aquilo que os homens, quer dizer os infelizes, a supõem. Eles a veem na miséria, no fogão sem lume, no credor ameaçador, no berço vazio do anjo que sorria, nas lágrimas, no féretro que se acompanha de cabeça descoberta e de coração partido, na angústia da traição, na nudez do orgulhoso que gostaria de se cobrir de púrpura e que esconde com dificuldade sua nudez sob os farrapos da vaidade; a tudo isso, e a outras coisas ainda, se chama de infelicidade na linguagem humana. Sim, é a infelicidade para aqueles que não veem senão o presente; mas a verdadeira infelicidade está nas consequências de uma coisa, mais do que na própria coisa. Dizei-me se o acontecimento mais feliz para o momento, mas que tem consequências funestas, não é em realidade mais infeliz que aquele que causa primeiro uma viva contrariedade, e acaba por resultar no bem? Dizei-me se a tempestade que quebra vossas árvores, mas saneia o ar dissipando os miasmas insalubres que causariam a morte, não é antes uma felicidade do que uma infelicidade.

Para julgar uma coisa é preciso, pois, ver-lhe as consequências; é assim que, para apreciar o que é realmente feliz ou infeliz para o homem, é preciso se transportar além desta vida, porque é lá que as consequências se fazem sentir; ora, tudo o que se chama infelicidade segundo sua curta visão, cessa com a vida e encontra sua compensação na vida futura.

Vou vos revelar a infelicidade sob uma nova forma, sob a forma bela e florida que acolheis e desejais com todas as forças das vossas almas equivocadas. A infelicidade é a alegria, é o prazer, é a fama, é a agitação vã, é a louca satisfação da vaidade, que fazem calar a consciência, que comprimem a ação do pensamento, que atordoam o homem sobre seu futuro; a infelicidade é o ópio do esquecimento que reclamais ardentemente.

Esperai, vós que chorais! tremei, vós que rides, porque vosso corpo está satisfeito! Não se engana a Deus; não se esquiva do destino; e as provas, credoras mais implacáveis que a matilha excitada pela miséria, espreitam vosso repouso ilusório para mergulhar-vos de repente na agonia da verdadeira infelicidade, daquela que surpreende a alma enfraquecida pela indiferença e pelo egoísmo.

Que o Espiritismo vos esclareça, pois, e recoloque, em sua verdadeira luz, a verdade e o erro, tão estranhamente desfigurados pela vossa cegueira! Então, agireis como bravos soldados que, longe de fugirem do perigo, preferem as lutas dos combates temerários à paz que não pode dar nem glória, nem progresso. Que importa ao soldado perder no tumulto suas armas, sua bagagem e seus uniformes, contanto que dele saia vencedor e com glória! Que importa àquele que tem fé no futuro deixar sobre o campo de batalha da vida sua fortuna e seu manto de carne, contanto que sua alma entre, radiosa, no reino celeste?

A MELANCOLIA

FRANÇOIS DE GENÈVE, BORDÉUS.

25. Sabeis por que uma vaga tristeza se apodera por vezes dos vossos corações e vos faz achar a vida tão amarga? É o vosso Espírito que aspira à felicidade e à liberdade e que, preso ao corpo que lhe serve de prisão, extenua-se em vãos esforços para dele sair. Mas, vendo que são inúteis, cai no desencorajamento, e o corpo, suportando sua influência, a languidez, o abatimento e uma espécie de apatia se apoderam de vós, e vos achais infelizes.

Crede-me, resisti com energia a essas impressões que enfraquecem vossa vontade. Essas aspirações para uma vida melhor são inatas no espírito de todos os homens, mas não as procureis neste mundo; e, atualmente, quando Deus vos envia seus Espíritos para vos instruírem sobre a felicidade que vos reserva, esperai pacientemente o anjo da libertação que deve vos ajudar a romper os laços que mantêm vosso Espírito cativo. Lembrai-vos de que tendes a cumprir, durante vossa prova na Terra, uma missão de que não suspeitais, seja em vos devotando à vossa família, seja cumprindo os diversos deveres que Deus vos confiou. E se no curso dessa prova e desempenhando vossa tarefa, vedes os cuidados, as inquietações, os desgostos se precipitarem sobre vós, sede fortes e corajosos para os suportar. Afrontai-os francamente; eles são de curta duração e devem vos conduzir para perto dos amigos que chorais, que se regozijarão com a vossa chegada entre eles e vos estenderão os braços para vos conduzir a um lugar onde os desgostos da Terra não têm acesso.

PROVAS VOLUNTÁRIAS. O VERDADEIRO CILÍCIO

UM ANJO GUARDIÃO, Paris, 1863.

26. Perguntais se é permitido abrandar as vossas próprias provas; essa questão leva a esta: é permitido àquele que se afoga procurar se salvar? àquele que tem um espinho cravado o retirar? àquele que está doente chamar um médico? As provas têm por objetivo exercitar a inteligência, assim como a paciência e a resignação; um homem pode nascer numa posição penosa e difícil, precisamente para obrigá-lo a procurar os meios de vencer as dificuldades. O mérito consiste em suportar sem lamentação as consequências dos males que não se podem evitar, em perseverar na luta, em não se desesperar se não for bem sucedido, mas não num desleixo que seria preguiça mais que virtude.

Essa questão conduz naturalmente a uma outra. Uma vez que Jesus disse: "Bem-aventurados os aflitos", há mérito em procurar as aflições, agravando as próprias provas por sofrimentos voluntários? A isso responderei muito claramente: sim, há um grande mérito quando os sofrimentos e as privações têm por objetivo o bem do próximo, porque é a caridade pelo sacrifício; não, quando não têm por objetivo senão a si mesmo, porque resulta do egoísmo por fanatismo.

Há aqui uma grande distinção a fazer; para vós, pessoalmente, contentai-vos com as provas que Deus vos envia, e não aumenteis sua carga, às vezes, tão pesada; aceitá-las sem lamentações e com fé, é tudo o que ele vos pede. Não enfraqueçais vosso corpo com privações inúteis e mortificações sem objetivo, porque tendes necessidade de todas as vossas forças para cumprir a vossa missão de trabalho na Terra. Torturar voluntariamente e martirizar vosso corpo é contravenção à lei de Deus, que vos dá o meio de sustentá-lo e fortificá-lo; enfraquecê-lo sem necessidade é um verdadeiro suicídio. Usai, mas não abuseis: tal é a lei; o abuso das melhores coisas traz sua punição nas consequências inevitáveis.

Outra coisa é o sofrimento que se impõe para alívio do próximo. Se suportais o frio e a fome para aquecer e alimentar aquele que disso tem necessidade, e se o vosso corpo com isso sofre, eis o sacrifício que é abençoado por Deus. Vós que deixais vossos aposentos perfumados para ir à mansarda infecta levar a consolação; vós que manchais vossas mãos delicadas cuidando de chagas; vós que vos privais do sono para velar à cabeceira de um doente que não é senão vosso irmão em Deus; vós, enfim, que usais vossa saúde na prática de boas obras, eis vosso cilício, verdadeiro cilício de bênção, porque as alegrias do mundo não secaram vosso coração; não adormecestes no seio das volúpias destruidoras da fortuna, mas vos fizestes anjos consoladores dos pobres deserdados.

Mas vós, que vos retirais do mundo para evitar suas seduções e viver no isolamento, qual a vossa utilidade na Terra? onde está vossa coragem nas provas, uma vez que fugis da luta e desertais do combate? Se quereis um cilício, aplicai-o sobre vossa alma e não sobre vosso corpo; mortificai vosso espírito e não vossa carne; fustigai vosso orgulho; recebei as humilhações sem lamentar-vos; pisai vosso amor-próprio; resisti contra a dor da injúria e da calúnia, mais pungente que a dor corporal. Eis o verdadeiro cilício, cujas feridas vos serão contadas, porque elas atestarão vossa coragem e vossa submissão à vontade de Deus.

BERNARDIN, ESPÍRITO PROTETOR, BORDÉUS, 1863.

27. *Deve-se pôr termo às provas do próximo quando se pode ou é preciso, por respeito aos desígnios de Deus, deixá-las seguir seu curso?*

Dissemos e repetimos, frequentemente, que estais sobre esta Terra de expiação para rematar vossas provas e que tudo aquilo que vos sucede é uma consequência de vossas existências anteriores, o ônus da dívida que tendes a pagar. Mas esse pensamento provoca, em certas pessoas, reflexões que é necessário deter, porque poderiam ter consequências funestas.

Alguns pensam que, desde o momento que se está sobre a Terra para expiar, é preciso que as provas tenham seu curso. Há mesmo os que querem até crer que não somente é preciso nada fazer para as atenuar, mas que é preciso, ao contrário, contribuir para torná-las mais proveitosas, tornando-as mais vivas. É um grande erro. Sim, vossas provas devem seguir o curso que Deus lhes traçou, mas conheceis esse curso? Sabeis até que ponto elas devem ir, e se vosso Pai misericordioso, não disse ao sofrimento deste ou daquele dos vossos irmãos: "Tu não irás mais longe"? Sabeis se sua providência vos escolheu não como instrumento de suplício para agravar os sofrimentos do culpado, mas como o bálsamo de consolação que deve cicatrizar as feridas que sua justiça tinha aberto? Não digais, pois, quando virdes um de vossos irmãos atingido: é a justiça de Deus, é preciso que ela tenha seu curso; mas dizei, ao contrário: Vejamos que meios nosso Pai misericordioso colocou ao meu alcance para abrandar o sofrimento de meu irmão. Vejamos se minhas consolações morais, meu apoio material, meus conselhos, não poderão ajudá-lo a vencer essa prova com mais força, paciência e resignação. Vejamos mesmo se Deus não colocou em minhas mãos o meio de fazer cessar esse sofrimento; se não me foi dado, como prova também, como expiação talvez, deter o mal e substituí-lo pela paz.

Ajudai-vos sempre, pois, em vossas provas respectivas, e não vos considereis jamais instrumentos de tortura; esse pensamento deve revoltar todo homem de coração, sobretudo, ao espírita, porque o espírita, melhor que todos os outros, deve entender a extensão infinita da bondade de Deus. O espírita deve pensar que sua vida inteira deve ser um ato de amor e de devotamento; que qualquer coisa que faça para contrariar as decisões do Senhor, sua justiça terá seu curso. Ele pode, pois, sem medo, fazer todos os esforços para abrandar a amargura da expiação, mas é só Deus que pode detê-la ou prolongá-la segundo julgue necessário.

Não haveria um grande orgulho da parte do homem, em se crer no direito de revolver por assim dizer, a arma na ferida? de aumentar a dose de veneno no peito daquele que sofre, sob o pretexto de que tal é sua expiação? Oh! considerai-vos sempre como um instrumento escolhido para fazê-la cessar. Resumamos assim: estais todos na Terra para expiar; mas todos, sem exceção, deveis empregar todos os vossos esforços para abrandar a expiação de vossos irmãos, segundo a lei de amor e de caridade.

SÃO LUÍS, Paris, 1860.

28. *Um homem está agonizante, vítima de cruéis sofrimentos; sabe-se que seu estado é desesperador; é permitido poupar-lhe alguns instantes de angústia, apressando-lhe o fim?*

Quem, pois, vos daria o direito de prejulgar os desígnios de Deus? Não pode ele conduzir um homem à borda do fosso para daí o retirar, a fim de fazê-lo retornar a si mesmo e de o conduzir a outros pensamentos? Em qualquer extremo que esteja um moribundo, ninguém pode dizer com certeza que sua última hora chegou. A Ciência jamais se enganou em suas previsões?

Sei muito bem que há casos aos quais se pode considerar, com razão, como desesperadores; mas se não há nenhuma esperança fundada de um retorno definitivo à vida e à saúde, não existem inumeráveis exemplos em que, no momento de dar o último suspiro, o doente se reanima e recobra suas faculdades por alguns instantes? Pois bem! essa hora de graça que lhe é concedida, pode ser para ele da maior importância, porque ignorais as reflexões que poderia fazer seu Espírito nas convulsões da agonia, e quantos tormentos pode lhe poupar um relâmpago de arrependimento.

O materialista, que não vê senão o corpo e não considera a alma, não pode compreender essas coisas; mas o espírita, que sabe o que se passa além do túmulo, conhece o valor do último pensamento. Abrandai os últimos sofrimentos quanto esteja em vós; mas guardai-vos de abreviar a vida, não fosse senão de um minuto, porque esse minuto pode poupar muitas lágrimas no futuro.

SÃO LUÍS, PARIS, 1860.

29. *Aquele que está desgostoso da vida, mas não quer suicidar-se, é culpável em procurar a morte sobre um campo de batalha, com o pensamento de torná-la útil?*

Que o homem se mate ou se faça matar, o objetivo é sempre de abreviar a sua vida e, por conseguinte, há suicídio de intenção se não de fato. O pensamento de que sua morte servirá para alguma coisa é ilusório; não é senão um pretexto para colorir sua ação e excusá-lo aos seus próprios olhos; se ele tinha seriamente o desejo de servir seu país, procuraria viver, defendendo-o em tudo, e não morrer, porque uma vez morto não lhe serve mais para nada. O verdadeiro devotamento consiste em não temer a morte quando se trata de ser útil, em enfrentar o perigo, a fazer por antecipação e sem pesar o sacrifício de sua vida se isso é necessário; mas a *intenção premeditada* de procurar a morte, expondo-se a um perigo, mesmo para prestar serviço, anula o mérito da ação.

SÃO LUÍS, PARIS, 1860.

30. *Um homem se expõe a um perigo iminente para salvar a vida de um dos seus semelhantes, sabendo de antemão que ele mesmo sucumbirá; isso pode ser considerado um suicídio?*

Do momento em que não há intenção de procurar a morte, não há suicídio, mas devotamento e abnegação, embora a certeza de perecer. Mas quem pode ter essa certeza? Quem disse que a Providência não reserva um meio inesperado de salvação no momento mais crítico? Não pode ela salvar mesmo aquele que estiver na boca de um canhão? Frequentemente, pode ela querer prolongar a prova da resignação até seu último limite, quando uma circunstância inesperada desvia o golpe fatal.

SÃO LUÍS, PARIS, 1860.

31. *Aqueles que aceitam seus sofrimentos com resignação, por submissão à vontade de Deus e com vistas à sua felicidade futura, não trabalham senão para si mesmos, e podem tornar seus sofrimentos proveitosos aos outros?*

Esses sofrimentos podem ser proveitosos a outrem, material e moralmente. Materialmente, se, pelo trabalho, as privações e os sacrifícios que se impõem contribuem para o bem-estar material do próximo; moralmente, pelo exemplo que dão de sua submissão à vontade de Deus. Esse exemplo do poder da fé espírita pode estimular os infelizes à resignação, salvá-los do desespero e de suas funestas consequências para o futuro.

CAPÍTULO 6

O CRISTO CONSOLADOR

O jugo leve – Consolador prometido

Instruções dos Espíritos:

Advento do Espírito de Verdade

O JUGO LEVE

1. *Vinde a mim, todos vós que sofreis e que estais sobrecarregados, e eu vos aliviarei. Tomai meu jugo sobre vós, e aprendei de mim que sou brando e humilde de coração, e encontrareis o repouso de vossas almas; porque meu jugo é suave e meu fardo é leve. (São Mateus, cap. XI, v. 28, 29 e 30).*

2. Todos os sofrimentos: misérias, decepções, dores físicas, perda de seres queridos, encontram sua consolação na fé no futuro, na confiança na justiça de Deus, que o Cristo veio ensinar aos homens. Sobre aquele, ao contrário, que não espera nada depois desta vida ou que duvida simplesmente, as aflições se abatem com todo seu peso, e nenhuma esperança vem suavizar-lhe a amargura. Eis o que levou Jesus a dizer: Vinde a mim, todos vós que estais fatigados e eu vos aliviarei.

Entretanto, Jesus coloca uma condição à sua assistência e à felicidade que promete aos aflitos; essa condição está na lei que ensina; seu jugo é a observação dessa lei, mas esse jugo é leve e essa lei é suave, uma vez que impõem, por dever, o amor e a caridade.

CONSOLADOR PROMETIDO

3. *Se vós me amais, guardai meus mandamentos; e eu pedirei a meu Pai, e ele vos enviará um outro consolador, a fim de que permaneça eternamente convosco:* o Espírito de Verdade *que o mundo não pode receber, porque não o vê e não o conhece. Mas quanto a vós, conhecê-lo-eis porque permanecerá convosco e estará em vós. Mas o consolador, que é o Santo Espírito, que meu Pai enviará em meu nome, ensinar-vos-á todas as coisas e vos fará relembrar de tudo aquilo que eu vos tenha dito. (São João, cap. XIV, v. 15, 16, 17 e 26).*

4. Jesus promete um outro consolador: *O Espírito de Verdade,* que o mundo não conhece ainda, porque não está maduro para compreendê-lo, que o Pai enviará para ensinar todas as coisas e para fazer recordar aquilo que o Cristo disse. Se, pois, o Espírito de Verdade deve vir mais tarde ensinar todas as coisas, é que o Cristo não disse tudo; se ele vem fazer recordar aquilo que o Cristo disse, é porque isso foi esquecido ou mal compreendido.

O Espiritismo vem, no tempo marcado, cumprir a promessa do Cristo: o Espírito de Verdade preside à sua instituição, chama os homens à observância da lei e ensina todas as coisas em fazendo compreender o que o Cristo não disse senão por parábolas. O Cristo disse: "Que ouçam os que têm ouvidos para ouvir"; o Espiritismo vem abrir os olhos e os ouvidos, porque fala sem figuras e sem alegorias; ele ergue o véu deixado propositadamente sobre certos mistérios, vem, enfim, trazer uma suprema consolação aos deserdados da Terra e a todos aqueles que sofrem, dando uma causa justa e um fim útil a todas as dores.

O Cristo disse: "Bem-aventurados os aflitos, porque serão consolados"; mas de que forma se achar feliz sofrendo, não sabendo por que se sofre? O Espiritismo lhe mostra a causa nas existências anteriores e na destinação da Terra, onde o homem expia seu passado; mostra-lhe o objetivo naquilo em que os sofrimentos são como crises salutares que conduzem à cura e são a depuração que assegura a felicidade nas existências futuras. O homem compreende que mereceu sofrer e acha o sofrimento justo; sabe que esse sofrimento ajuda o seu progresso, e o aceita sem lamentar, como o obreiro aceita o trabalho que deve lhe valer seu salário. O Espiritismo lhe dá uma fé inabalável no futuro, e a dúvida pungente não mais se abate sobre sua alma; fazendo-o ver do alto, a importância das vicissitudes terrestres se perde no vasto e esplêndido horizonte que ele descortina, e a perspectiva da felicidade que o espera lhe dá a paciência, a resignação e a coragem de ir até o fim do caminho.

Assim o Espiritismo realiza o que Jesus disse do consolador prometido: conhecimento das coisas, que faz o homem saber de onde vem, para onde vai e porque está na Terra; chamamento aos verdadeiros princípios da lei de Deus, e consolação pela fé e pela esperança.

INSTRUÇÕES DOS ESPÍRITOS

ADVENTO DO ESPÍRITO DE VERDADE

O ESPÍRITO DE VERDADE, Paris, 1860.

5. Venho, como antigamente entre os filhos transviados de Israel, trazer a verdade e dissipar as trevas. Escutai-me. O Espiritismo, como antigamente minha palavra, deve lembrar aos incrédulos que acima deles reina a verdade imutável: o Deus bom, o Deus grande que faz germinar a planta e eleva as ondas. Revelei a Doutrina divina e, como um ceifeiro, reuni em feixes o bem esparso na Humanidade e disse: Vinde a mim, todos vós que sofreis!

Mas os homens ingratos se desviaram do caminho reto e largo que conduz ao reino de meu Pai, e estão perdidos nos ásperos e estreitos caminhos da impiedade. Meu Pai não quer aniquilar a raça humana; quer que, ajudando-vos uns aos outros, mortos e vivos, quer dizer, mortos segundo a carne, porque a morte não existe, vos socorrais e que, não mais a voz dos profetas e dos apóstolos, mas a voz daqueles que não estão mais na Terra, se faça ouvir para vos proclamar: Orai e crede! porque a morte é a ressurreição, e a vida é a prova escolhida durante a qual vossas virtudes cultivadas devem crescer e se desenvolver como o cedro.

Homens fracos, que compreendeis as trevas de vossas inteligências, não afasteis o facho que a clemência divina coloca entre vossas mãos para iluminar vosso caminho e conduzir-vos, filhos perdidos, ao regaço de vosso Pai.

Estou muito tocado de compaixão pelas vossas misérias, pela vossa imensa fraqueza, para não estender mão segura aos infelizes transviados que, vendo o céu, tombam no abismo do erro. Crede, amai, meditai as coisas que vos são reveladas; não mistureis o joio ao bom grão, as utopias às verdades.

Espíritas! amai-vos, eis o primeiro ensinamento; instruí-vos, eis o segundo. Todas as verdades se encontram no Cristianismo; os erros que nele se enraizaram são de origem humana, e eis que, além do túmulo, que acreditáveis o nada, vozes vos clamam: Irmãos! nada perece; Jesus Cristo é o vencedor do mal, sede os vencedores da impiedade.

O ESPÍRITO DE VERDADE, Paris, 1861.

6. Venho ensinar e consolar os pobres deserdados; venho

lhes dizer que elevem sua resignação ao nível de suas provas; que chorem, porque a dor foi sagrada no jardim das Oliveiras; mas que esperem, porque os anjos consoladores virão enxugar suas lágrimas.

Obreiros, traçai vosso sulco; recomeçai, no dia seguinte, a rude jornada da véspera; o labor de vossas mãos fornece o pão terrestre ao vosso corpo, mas vossas almas não estão esquecidas; e eu, divino jardineiro, cultivo-as no silêncio de vossos pensamentos; quando a hora do repouso tiver soado, quando a trama dos vossos dias escapar de vossas mãos e, quando vossos olhos se fecharem à luz, sentireis surgir e germinar em vós minha preciosa semente. Nada está perdido no reino de nosso Pai, e vossos suores, vossas misérias, formam o tesouro que deve vos tornar ricos nas esferas superiores, onde a luz substitui as trevas e onde o mais desnudo de vós todos será, talvez, o mais resplandecente.

Em verdade, digo-vos: aqueles que carregam seus fardos e que assistem seus irmãos são meus bem-amados; instruí-vos na preciosa doutrina que dissipa o erro das revoltas, e que vos ensina o objetivo sublime da prova humana. Como o vento varre a poeira, que o sopro dos Espíritos dissipe os vossos ciúmes contra os ricos do mundo que, frequentemente, são muito miseráveis, porque suas provas são mais perigosas que as vossas. Eu estou convosco, e meu apóstolo vos ensina. Bebei da fonte viva do amor e preparai-vos, cativos da vida, para vos lançar um dia livres e alegres no seio d'Aquele que vos criou fracos para tornar-vos perfectíveis, e que quer que vós mesmos trabalheis vossa maleável argila, a fim de serdes os artífices de vossa imortalidade.

O ESPÍRITO DE VERDADE, BORDÉUS, 1861.

7. Sou o grande médico das almas e venho vos trazer o remédio que deve curá-las; os fracos, os sofredores e os doentes

são meus filhos prediletos e venho salvá-los. Vinde, pois, a mim, todos vós que sofreis e que estais sobrecarregados e sereis aliviados e consolados; não procureis alhures a força e a consolação, porque o mundo não as pode dar. Deus fez, aos vossos corações, um apelo supremo pelo Espiritismo: escutai-o. Que a impiedade, a mentira, o erro, a incredulidade, sejam extirpados de vossas almas doloridas; são esses os monstros que se saciam de vosso sangue mais puro, e que vos ferem quase sempre mortalmente. Que no futuro, humildes e submissos ao Criador, pratiqueis sua divina lei. Amai e orai; sede dóceis aos Espíritos do Senhor; invocai-o do fundo do coração e, então, ele vos enviará seu filho bem-amado para instruir-vos e dizer -vos estas boas palavras: Eis-me aqui; venho a vós porque me chamastes.

O ESPÍRITO DE VERDADE, Havre, 1863.

8. Deus consola os humildes e dá a força aos aflitos que lha pedem. Seu poder cobre a Terra e, por toda parte, ao lado de uma lágrima coloca ele um bálsamo que consola. O devotamento e a abnegação são uma prece contínua e encerram um ensinamento profundo; a sabedoria humana reside nessas duas palavras. Possam todos os Espíritos sofredores compreender essa verdade, ao invés de reclamar contra as dores, os sofrimentos morais que são, neste mundo, o vosso quinhão. Tomai, pois, por divisa estas duas palavras: *devotamento e abnegação,* e sereis fortes, porque elas resumem todos os deveres que vos impõem a caridade e a humildade. O sentimento do dever cumprido vos dará o repouso do Espírito e a resignação. O coração bate melhor, a alma se asserena e o corpo não tem mais desfalecimento, porque o corpo sofre tanto mais quanto o espírito está mais profundamente atingido.

CAPÍTULO 7

BEM-AVENTURADOS OS POBRES DE ESPÍRITO

O que é preciso entender por pobres de espírito – Todo aquele que se eleva, será rebaixado – Mistérios ocultos aos sábios e aos prudentes

Instruções dos Espíritos:

O orgulho e a humildade – Missão do homem inteligente na Terra.

O QUE É PRECISO ENTENDER POR POBRES DE ESPÍRITO

1. *Bem-aventurados os pobres de espírito, porque deles é o reino dos céus. (São Mateus, cap. V. v. 3).*

2. A incredulidade se divertiu com esta máxima: *Bem-aventurados os pobres de espírito,* como com outras coisas, sem a compreender. Por pobres de espírito, Jesus não entende os homens desprovidos de inteligência, mas os humildes: ele disse que o reino dos céus é deles e não dos orgulhosos.

Os homens de ciência e de espírito, segundo o mundo, têm geralmente tão alta consideração de si mesmos e de sua superioridade, que olham as coisas divinas como indignas de sua atenção; seus olhares, concentrados sobre sua pessoa, não podem se elevar até Deus. Essa tendência a se crer acima de tudo não os leva senão, muito frequentemente, a negar o que, estando-lhes acima, poderia rebaixá-los, e a negar mesmo a Divindade ou, se consentem, em admiti-la, contestam-lhe um dos seus mais belos atributos: sua ação providencial sobre as coisas deste mundo, persuadidos de que só eles bastam para bem governá-lo. Tomando sua inteligência por medida da inteligência universal e se julgando aptos a tudo compreender, não podem crer na possibilidade daquilo que não compreendem; quando pronunciaram seu julgamento, têm-no por inapelável.

Se se recusam a admitir o mundo invisível e um poder extra-humano, não é, entretanto, porque isso esteja acima de sua capacidade, mas porque seu orgulho se revolta com a ideia de uma coisa acima da qual não podem se colocar, e que os faria descer de seu pedestal. Por isso, eles não têm senão sorrisos de desdém por tudo o que não é do mundo visível e tangível; eles se atribuem muito de espírito e de ciência para crerem nessas coisas, segundo eles, boas para as pessoas *simples,* tendo aqueles que as levam a sério por *pobres de espírito.*

Entretanto, o que quer que digam, lhes será preciso entrar, como os outros, nesse mundo invisível que ridicularizam, quando seus olhos serão abertos e reconhecerão seu erro. Mas Deus, que é justo, não pode receber na mesma categoria aquele que menosprezou seu poder e aquele que se submeteu humildemente às suas leis, nem os igualar.

Em dizendo que o reino dos céus é para os simples, Jesus quer dizer que ninguém é nele admitido sem a *simplicidade de coração e humildade de espírito;* que o ignorante que possui essas qualidades será preferido ao sábio que crê mais em si que em Deus. Em todas as circunstâncias, ele coloca a humildade no plano das virtudes que nos aproximam de Deus, e o orgulho entre os vícios que nos distanciam dele; e isso por uma razão muito natural, de vez que a humildade é um ato de submissão a Deus, enquanto que o orgulho é uma revolta contra ele. Mais vale, pois, para a felicidade do homem, ser *pobre em espírito,* no sentido do mundo, e rico em qualidades morais.

TODO AQUELE QUE SE ELEVA SERÁ REBAIXADO

3. *Nesse mesmo tempo, os discípulos se aproximaram de Jesus e lhe disseram: Quem é o maior no reino dos céus? Jesus, tendo chamado uma criança, colocou-a no meio deles e lhes disse: eu vos digo em verdade que se vós não vos converterdes, e se não vos tornardes como crianças, não entrareis no reino dos céus.* Todo aquele, pois, que se humilhar e se tornar pequeno como esta criança será o maior no reino dos céus, *e todo aquele que recebe em meu nome uma criança, tal como acabo de dizer, é a mim que recebe. (São Mateus, cap. XVIII, v. 1 a 5).*

4. *Então, a mãe dos filhos de Zebedeu se aproximou dele com seus dois filhos e o adorou, testemunhando-lhe que queria perguntar-lhe alguma coisa. Ele lhe disse: Que quereis? Ordenai, disse-lhe ela, que meus dois filhos que aqui estão tenham assento em vosso reino, um à vossa direita e outro à vossa esquerda. Mas Jesus lhe respondeu: Vós não sabeis o que pedis; podeis beber o cálice que vou beber? Eles lhe disseram: Nós o podemos. Ele lhes respondeu: É verdade que bebereis o cálice que eu vou beber; mas quanto a estar sentado à minha direita ou à minha esquerda não cabe a mim vos conceder, mas isso será para aqueles que meu Pai tenha preparado. Os outros dez apóstolos, tendo ouvido isso, encheram-se de indignação contra os dois irmãos. Jesus, tendo-os chamado para si, disse-lhes: Vós sabeis que os príncipes das nações as dominam, e que os grandes as tratam com império. Não deve ser o mesmo entre vós; mas* aquele que quiser se tornar o maior, seja vosso servidor; e aquele que quiser ser o primeiro dentre vós, seja vosso escravo; *como o Filho do homem não veio para ser servido, mas para servir e dar sua vida pela redenção de muitos. (São Mateus, cap. XX, v. 20 a 28).*

5. *Jesus entrou, num dia de sábado, na casa de um dos principais Fariseus, para aí tomar sua refeição, e aqueles que lá estavam o observaram. Então, considerando como os convidados escolhiam os primeiros lugares, ele lhes propôs esta parábola, dizendo: Quando fordes convidados para bodas, não tomeis nelas o primeiro lugar, temendo que se encontre entre os convidados uma pessoa mais considerada que vós, e que aquele que vos tiver convidado não venha vos dizer: Dai vosso lugar a este, e que, então, estejais diminuídos em vos dirigir com vergonha ao último lugar. Mas, quando fordes convidados, ide vos colocar no último lugar, a fim de que, quando aquele que vos tiver convidado vier, vos diga: Meu amigo, subi mais alto. E então isso será um motivo de glória diante daqueles que estarão à mesa convosco,* porque todo aquele que se eleva, será rebaixado, e todo aquele que se rebaixa, será elevado. *(São Lucas, cap. XIV, v. 1 e de 7 a 11).*

6. Essas máximas são a consequência do princípio de humildade que Jesus não cessa de colocar como condição essencial da felicidade prometida aos eleitos do Senhor, e que formulou por estas palavras: "Bem-aventurados os pobres de espírito, porque deles é o reino dos céus." Ele toma uma criança como modelo da simplicidade de coração e diz: Será o maior no reino dos céus, quem se humilhar e *se fizer pequeno como uma criança;* quer dizer, quem não tiver nenhuma pretensão de superioridade ou de infalibilidade.

O mesmo pensamento fundamental se encontra nesta outra máxima: *"Que aquele que quiser se tornar o maior, seja vosso servidor"*, e nesta: *"Todo aquele que se rebaixa, será elevado, e todo aquele que se eleva, será rebaixado."*

O Espiritismo vem sancionar a teoria pelo exemplo, em nos mostrando grandes no mundo dos Espíritos, aqueles que eram pequenos na Terra, e frequentemente, bem pequenos aqueles que nela eram os maiores e os mais poderosos. É que os primeiros levaram, em morrendo, aquilo que, unicamente, faz a verdadeira grandeza no céu e não se perde: as virtudes; enquanto que os outros deveram deixar o que fazia sua grandeza na Terra, e não se leva: a fortuna, os títulos, a glória, o nascimento; não tendo nenhuma outra coisa, eles chegam no outro mundo desprovidos de tudo como náufragos que tudo perderam, até suas vestes; não conservaram senão o orgulho que torna sua nova posição mais humilhante, porque veem acima deles, e resplandecentes de glória, aqueles que espezinharam na Terra.

O Espiritismo nos mostra uma outra aplicação desse princípio nas encarnações sucessivas, onde aqueles que foram os mais elevados numa existência, são rebaixados à última posição numa existência seguinte, se foram dominados pelo orgulho e pela ambição. Não procureis, pois, o primeiro lugar na Terra, nem vos colocar acima dos outros, se não quereis ser obrigados a descer; procurai, ao contrário, o mais humilde e o mais modesto, porque Deus saberá vos dar um lugar mais elevado no céu, se o merecerdes.

MISTÉRIOS OCULTOS AOS SÁBIOS E AOS PRUDENTES

7. *Então Jesus disse estas palavras: Eu vos rendo glória, meu Pai, Senhor do céu e da Terra, por haverdes ocultado essas coisas aos sábios e aos prudentes e por havê-las revelado aos simples e aos pequenos. (São Mateus, cap. XI, v. 25).*

8. Pode parecer singular que Jesus renda graças a Deus por ter revelado essas coisas *aos mais simples e aos pequenos,* que são os pobres de espírito, e de tê-las ocultado *aos sábios e aos prudentes,* mais aptos, em aparência, a compreendê-las. É preciso entender, porém, pelos primeiros, os *humildes* que se humilham diante de Deus, e não se creem superiores a todo o mundo; e, pelos segundos, os *orgulhosos,* envaidecidos de sua ciência mundana, que se creem prudentes porque negam, tratando Deus de igual para igual quando não o negam; porque na antiguidade, *prudente* era sinônimo de sábio, por isso Deus lhes deixa a procura dos segredos da Terra e revela os do céu aos mais simples e aos humildes, que se inclinam diante dele.

9. Ocorre o mesmo hoje com as grandes verdades reveladas pelo Espiritismo. Certos incrédulos se espantam de que os Espíritos façam tão poucos esforços para convencê-los; é que estes últimos se ocupam daqueles que procuram a luz de boa-fé e com humildade, de preferência àqueles que creem possuir toda a luz e parecem pensar que Deus deveria estar muito feliz em conduzi-los para si, provando-lhes que existe.

O poder de Deus brilha nas pequenas como nas grandes coisas; ele não coloca a luz sob o alqueire, uma vez que a derrama com abundância por toda parte; cegos, pois, aqueles que não a veem. *Deus não quer lhes abrir os olhos à força, uma vez que lhes apraz tê-los fechados.* Sua vez virá, mas é preciso primeiro que sintam as angústias das trevas e *reconheçam Deus, e não o acaso, na mão que atinge seu orgulho.* Ele emprega para vencer a incredulidade, os meios que lhe convêm segundo os indivíduos; não cabe ao incrédulo prescrever-lhe o que deve fazer, e dizer-lhe: Se quereis me convencer, é preciso para isso escolher esta ou aquela maneira, tal momento antes que um outro, porque esse momento está na minha conveniência.

Que os incrédulos não se espantem, pois, se Deus e os Espíritos que são os agentes da sua vontade, não se submetem às suas exigências. Que se perguntem o que diriam se o último de seus servidores quisesse se impor a eles. Deus impõe suas condições e não se sujeita às deles; escuta com bondade aqueles que a ele se dirigem com humildade, e não àqueles que se creem mais do que ele.

10. Deus, dir-se-á, não poderia atingi-los pessoalmente com sinais manifestos em presença dos quais o incrédulo mais endurecido deveria se inclinar? Sem dúvida, ele o poderia, mas então, onde estaria seu mérito, e, aliás de que isso serviria? Não são vistos, todos os dias, negarem-se à evidência e mesmo dizerem: Se eu visse não creria, porque *sei* que é impossível? Se eles se recusam em reconhecer a verdade é porque seu espírito não está ainda maduro para compreendê-la, nem seu coração para senti-la. *O orgulho é a catarata que obscurece sua vista;* de que serve apresentar a luz a um cego? É preciso, pois, primeiro curar a causa do mal e, como médico hábil, corrige primeiramente o orgulho. Ele não abandona, pois, seus filhos perdidos; sabe que, cedo ou tarde, seus olhos se abrirão, mas quer que isso seja por sua própria vontade, e, então, vencidos pelos tormentos da incredulidade, lançar-se-ão por si mesmos nos seus braços e, como o filho pródigo, lhe pedirão graça!

INSTRUÇÕES DOS ESPÍRITOS

O ORGULHO E A HUMILDADE

LACORDAIRE, CONSTANTINA, 1863.

11. Que a paz do Senhor seja convosco, meus caros amigos! Venho até vós para vos encorajar a seguir o bom caminho.

Aos pobres Espíritos que, antigamente, habitavam a Terra, Deus dá a missão de vir vos esclarecer. Bendito seja pela graça que nos concede em poder ajudar o vosso adiantamento. Que o Espírito Santo me ilumine e me ajude a tornar minha palavra compreensível e que me conceda pô-la ao alcance de todos. Todos vós encarnados, que estais na dificuldade e procurais a luz, que a vontade de Deus me ajude para fazê-la brilhar aos vossos olhos!

A humildade é uma virtude bem esquecida entre vós; os grandes exemplos que vos foram dados são bem pouco seguidos e, todavia, sem a humildade, podeis ser caridosos para com o vosso próximo? Oh! não, porque esse sentimento nivela os homens; diz-lhes que são irmãos, que devem se entreajudarem e os conduz ao bem. Sem a humildade vos adornais de virtudes que não tendes, como se trouxésseis um vestuário para esconder as deformidades de vosso corpo. Recordai Aquele que nos salva; recordai sua humildade que o fez tão grande, e o colocou acima de todos os profetas.

O orgulho é o terrível adversário da humildade. Se o Cristo prometia o reino dos céus aos mais pobres, foi porque os grandes da Terra imaginam que os títulos e as riquezas são recompensas dadas ao seu mérito, e que sua essência é mais pura que a do pobre; eles creem que lhes são devidos e, por isso, quando Deus lhos retira, acusam-no de injustiça. Oh! irrisão e cegueira! Deus vos distingue pelos corpos? O envoltório do pobre não é o mesmo que o do rico? O Criador fez duas espécies de homens? Tudo o que Deus fez é grande e sábio; não lhe atribuais nunca as ideias que nascem nos vossos cérebros orgulhosos.

Ó rico! Enquanto dormes sob teus tetos dourados, ao abrigo do frio, não sabes que milhares de teus irmãos, iguais a ti, estão estirados sobre a palha? O infeliz que sofre de fome não é teu igual? A essas palavras teu orgulho se revolta, bem o sei; consentirás em dar-lhe a esmola, mas a apertar-lhe a mão, fraternalmente, jamais! "Que! dizes, eu, descendente de um sangue nobre, grande da Terra, seria igual a esse miserável esfarrapado? Vã utopia de supostos filósofos! Se fôssemos iguais, por que Deus o teria colocado tão baixo e eu tão alto?" É verdade que vosso vestuário não se assemelha em quase nada; mas dele despojados ambos, que diferença haveria entre vós? A nobreza do sangue, dirás; mas a química não encontrou diferença entre o sangue do nobre e o do plebeu, entre o do senhor e o do escravo. Quem te diz que, tu também, não foste miserável e infeliz como ele? Que não pediste esmola? Que não a pedirás um dia àquele que desprezas hoje? As riquezas são eternas? elas não se acabam com esse corpo, envoltório perecível do teu Espírito? Oh! volta-te humildemente sobre ti mesmo! Lança, enfim, os olhos sobre a realidade das coisas deste mundo, sobre o que faz a grandeza e a inferioridade no outro; lembra que a morte não te poupará mais que a um outro; que os títulos não te preservarão dela; que ela pode te atingir amanhã, hoje, numa hora; e se tu te escondes no teu orgulho, oh! então eu te lastimo, porque serás digno de piedade!

Orgulhosos! que éreis antes de serdes nobres e poderosos? Talvez estivésseis mais baixo que o último de vossos criados. Curvai, pois, vossas frontes altivas, que Deus pode rebaixar no momento em que mais alto as elevardes. Todos os homens são iguais na balança divina e só as virtudes os distinguem aos olhos de Deus. Todos os Espíritos são de uma mesma essência, e todos os corpos são modelados com igual massa; vossos títulos e vossos nomes não os mudam em nada; ficam no túmulo, e não são eles que dão a felicidade prometida aos eleitos; a caridade e a humildade são seus títulos de nobreza.

Pobre criatura! és mãe, teus filhos sofrem; têm frio e fome; vais, curvada sob o peso da tua cruz, humilhar-te para lhes conseguir um pedaço de pão. Oh! eu me inclino diante de ti; quanto és nobremente santa e grande aos meus olhos! Espera e ora; a felicidade ainda não é desse mundo. Aos pobres e oprimidos que nele confiam, Deus dá o reino dos céus.

E tu, jovem donzela, pobre criança devotada ao trabalho, às privações, por que esses tristes pensamentos? por que chorar? Que teu olhar se eleve, piedoso e sereno até Deus: aos passarinhos ele dá alimento; tem confiança nele e ele não te abandonará. O ruído das festas, dos prazeres do mundo fazem bater teu coração; gostarias também de ornar tua cabeça de flores e misturar-te aos felizes da Terra; disseste que poderias, como essas mulheres que vês passar, extravagantes e risonhas, ser rica também. Oh! cala-te, criança! Se soubesses quantas lágrimas e dores sem nome estão escondidas sob esses vestidos bordados, quantos soluços abafados sob o ruído dessa orquestra alegre, preferirias teu humilde retiro e tua pobreza. Permanece pura aos olhos de Deus, se não queres que teu anjo guardião volte para ele, rosto escondido sob suas asas brancas, e te deixe com teus remorsos, sem guia, sem sustentáculo, neste mundo onde estarás perdida, aguardando sejas punida no outro.

E vós todos os que sofreis injustiças dos homens, sede indulgentes para com as faltas de vossos irmãos, em vos dizendo que, vós mesmos, não estais isentos de censura: isso é caridade, mas é também humildade. Se sofreis calúnia, curvai a fronte sob essa prova. Que vos importam as calúnias do mundo? Se vossa conduta é pura, Deus não pode vos compensar? Suportar com coragem as humilhações dos homens é ser humilde e reconhecer que só Deus é grande e poderoso.

Oh! meu Deus, será preciso que o Cristo venha uma segunda vez sobre esta Terra para ensinar aos homens tuas leis que eles esquecem? Deverá ele ainda enxotar os vendilhões do templo que mancham tua casa, que não é senão um lugar de prece? E quem sabe? Ó homens! se Deus vos concedesse essa graça, talvez o renegaríeis como outrora; vós o chamaríeis blasfemador, porque ele humilharia o orgulho dos Fariseus modernos; talvez o faríeis recomeçar o caminho do Gólgota.

Quando Moisés foi, sobre o monte Sinai, receber os mandamentos de Deus, o povo de Israel, entregue a si mesmo, abandonou o verdadeiro Deus; homens e mulheres deram seu ouro e suas joias para um ídolo que adorassem. Homens civilizados, fazeis como eles: o Cristo vos deixou sua doutrina, vos deu exemplos de todas as virtudes, e abandonastes exemplos e preceitos; cada um de vós, com as suas paixões, fizestes um Deus ao vosso gosto; segundo uns, terrível e sanguinário, segundo outros, descuidado dos interesses do mundo; o Deus que fizestes é ainda o bezerro de ouro que cada um apropria aos seus gostos e às suas ideias.

Despertai, meus irmãos, meus amigos; que a voz dos Espíritos atinja os vossos corações; sede generosos e caridosos sem ostentação, quer dizer, fazei o bem com humildade; que cada um destrua, pouco a pouco, os altares erguidos ao orgulho. Numa palavra, sede verdadeiros cristãos, e tereis o reino da verdade. Não duvideis mais da bondade de Deus, quando dela vos dá tantas provas. Viemos preparar os caminhos para o cumprimento das profecias. Quando o Senhor vos der uma manifestação mais radiosa de sua clemência, que o enviado celeste não encontre mais em vós senão uma grande família; que vossos corações brandos e humildes sejam dignos de ouvirem a palavra divina que ele virá vos trazer; que o eleito não encontre sobre seu caminho senão as palmas depositadas pelo vosso retorno ao bem, à caridade, à fraternidade, e então vosso mundo se tornará o paraíso terrestre. Mas se permanecerdes insensíveis à voz dos Espíritos enviados para depurar, renovar vossa sociedade civilizada, rica em ciência e, todavia, tão pobre em bons sentimentos, ah! não vos restará mais senão chorar e gemer sobre vossa sorte. Mas não, não será assim; retornai a Deus, vosso pai, e então nós todos, que houvermos servido ao cumprimento da sua vontade, entoaremos o cântico de ação de graças, para agradecer ao Senhor por sua inesgotável bondade, e para glorificá-lo em todos os séculos dos séculos. Assim seja.

ADOLFO, BISPO DE ARGEL, MARMANDE, 1862.

12. Homens, por que lamentais as calamidades que vós

mesmos amontoastes sobre as vossas cabeças? Menosprezastes a santa e divina moral do Cristo, não vos espanteis, pois, que a taça da iniquidade tenha transbordado de todas as partes.

A inquietação se torna geral; a quem inculpá-la senão a vós que procurais incessantemente esmagar-vos uns aos outros? Não podeis ser felizes sem benevolência mútua, e como a benevolência pode existir com o orgulho? O orgulho, eis a fonte de todos os vossos males; dedicai-vos, pois, a destruí-lo, se não quiserdes perpetuar suas funestas consequências. Um só meio se vos oferece para isso, mas este meio é infalível: tomar por regra invariável de vossa conduta a lei do Cristo, lei que tendes repelido ou falseado na sua interpretação.

Por que tendes em tão grande estima aquilo que brilha e encanta aos olhos, antes daquilo que toca o coração? Por que o vício da opulência é o objeto de vossas adulações, quando não tendes senão um olhar de desdém para o verdadeiro mérito na obscuridade? Que um rico debochado, perdido de corpo e alma, apresente-se em qualquer parte e todas as portas lhe são abertas, todos os olhares são para ele, enquanto que mal se digna conceder um cumprimento de proteção ao homem de bem que vive de seu trabalho. Quando a consideração que se concede às pessoas é medida pelo peso do ouro que possuem, ou pelo nome que ostentam, que interesse podem elas ter de se corrigirem de seus defeitos?

Ocorreria diversamente se o vício dourado fosse fustigado pela opinião pública como o vício em andrajos; mas o orgulho é indulgente para com tudo o que o lisonjeia. Século de cupidez e de dinheiro, dizeis. Sem dúvida, mas por que deixastes as necessidades materiais se sobressaírem sobre o bom senso e a razão? Por que cada um quer se elevar acima do seu irmão? Hoje, a sociedade sofre disso as consequências.

Não esqueçais que um tal estado de coisas é sempre um

sinal de decadência moral. Quando o orgulho atinge os últimos limites, é indício de uma queda próxima, porque Deus pune sempre os soberbos. Se os deixa, algumas vezes, subir, é para lhes dar tempo de refletirem e de se emendarem sob os golpes que, de tempo em tempo, ele dá em seu orgulho para adverti-los; mas, ao invés de se humilharem, revoltam-se; então, quando a medida está cheia, ele os abate inteiramente e a sua queda é tanto mais terrível quanto tenham subido mais alto.

Pobre raça humana, cujo egoísmo corrompeu todos os caminhos, retoma coragem, entretanto; em sua misericórdia infinita, Deus te envia um poderoso remédio para teus males, um socorro inesperado na tua aflição. Abre os olhos à luz: eis as almas daqueles que não estão mais na Terra que vêm te chamar aos teus verdadeiros deveres; elas te dirão, com a autoridade da experiência, quanto as vaidades e as grandezas de tua passageira existência são pouca coisa perto da eternidade; elas te dirão que lá é o maior quem foi o mais humilde entre os pequenos deste mundo; que aquele que mais amou seus irmãos é também aquele que será mais amado no céu; que os poderosos da Terra, se abusaram de sua autoridade, serão reduzidos a obedecer aos seus servidores; que a caridade e a humildade, enfim, estas duas irmãs que se dão as mãos, são os títulos mais eficazes para se obter graça diante do Eterno.

MISSÃO DO HOMEM INTELIGENTE NA TERRA

FERDINANDO, ESPÍRITO PROTETOR, BORDÉUS, 1862.

13. Não vos orgulheis do que sabeis, porque esse saber tem limites bem estreitos no mundo em que habitais. Mas suponho que sejais uma dessas sumidades inteligentes desse globo e não tendes nenhum direito para disso vos envaidecerdes. Se

Deus, em seus desígnios, vos fez nascer num meio onde pudestes desenvolver a vossa inteligência, é que ele quer que dela useis para o bem de todos; porque é uma missão que vos dá, colocando em vossas mãos o instrumento com a ajuda do qual podeis desenvolver, a vosso turno, as inteligências retardatárias e conduzi-las a Deus. A natureza do instrumento não indica o uso que dele se deve fazer? A enxada que o jardineiro coloca entre as mãos de seu operário não lhe mostra que ele deve cavar? E que diríeis se esse operário, ao invés de trabalhar, levantasse a enxada para com ela atingir seu patrão? Diríeis que é horrível e que ele merece ser expulso. Pois bem, não ocorre o mesmo com aquele que se serve de sua inteligência para destruir a ideia de Deus e da Providência entre seus irmãos? Não ergue contra seu senhor a enxada que lhe foi dada para roçar o terreno? Tem ele o direito ao salário prometido e não merece, ao contrário, ser expulso do jardim? E o será, não duvideis disso e arrastará existências miseráveis e cheias de humilhações até que se curve diante d'Aquele a quem tudo deve.

A inteligência é rica de méritos para o futuro, mas com a condição de ser bem empregada; se todos os homens dotados se servissem dela segundo os desígnios de Deus, a tarefa dos Espíritos seria fácil para fazer a Humanidade avançar; infelizmente, muitos fazem dela um instrumento de orgulho e de perdição para si mesmos. O homem abusa da inteligência como de todas as outras faculdades e, entretanto, não lhe faltam lições para adverti-lo de que uma poderosa mão pode lhe retirar aquilo que ela mesma lhe deu.

CAPÍTULO 8

BEM-AVENTURADOS AQUELES QUE TÊM PURO O CORAÇÃO

DEIXAI VIR A MIM AS CRIANCINHAS – PECADO POR PENSAMENTOS. ADULTÉRIO – VERDADEIRA PUREZA. MÃOS NÃO LAVADAS. – ESCÂNDALOS. SE VOSSA MÃO É UM MOTIVO DE ESCÂNDALO, CORTAI-A

INSTRUÇÕES DOS ESPÍRITOS:
DEIXAI VIR A MIM AS CRIANCINHAS – BEM-AVENTURADOS AQUELES QUE TÊM OS OLHOS FECHADOS

DEIXAI VIR A MIM AS CRIANCINHAS

1. *Bem-aventurados aqueles que têm puro o coração, porque verão a Deus. (São Mateus, cap. V, v. 8).*

2. *Apresentaram-lhe, então, criancinhas, a fim de que ele as tocasse; e como seus discípulos afastassem com palavras rudes aqueles que as apresentavam, Jesus, vendo isso, zangou-se e lhes disse:* Deixai vir a mim as criancinhas, *e não as impeçais, porque o reino dos céus é para aqueles que se lhes assemelham. Eu vos digo em verdade, todo aquele que não receber o reino de Deus como uma criança, nele não entrará. E as tendo abraçado, as abençoou, impondo-lhes as mãos. (São Marcos, cap. X, v. de 13 a 16).*

3. A pureza do coração é inseparável da simplicidade e da humildade e exclui todo pensamento de egoísmo e de orgulho; por isso, Jesus toma a infância por emblema dessa pureza, como a tomou para o da humildade.

Esta comparação poderia não parecer justa, considerando-se que o Espírito da criança pode ser muito velho e que traz, em renascendo, para a vida corporal, as imperfeições das quais não se despojou nas suas existências precedentes; só um Espírito que atingiu a perfeição poderia nos dar um modelo da verdadeira pureza. Contudo, ela é exata do ponto de vista da vida presente, porque a criancinha, não tendo ainda podido manifestar nenhuma tendência perversa, oferece-nos a imagem da inocência e da candura. Também Jesus não diz de um modo absoluto que o reino de Deus é *para elas, mas para aqueles que se lhes assemelham.*

4. Uma vez que o Espírito da criança já viveu, por que não se mostra ele, desde o nascimento, tal qual é? Tudo é sábio nas obras de Deus. A criança tem necessidade de cuidados delicados, que só a ternura materna pode lhe dar, e essa ternura cresce com a fraqueza e a ingenuidade da criança. Para uma mãe, seu filho é sempre um anjo, e precisaria que assim fosse para cativar a sua solicitude; ela não teria para com ele o mesmo desprendimento se, ao invés da graça ingênua, encontrasse nele, sob os traços infantis, um caráter viril e as ideias de um adulto, e ainda menos se conhecesse o seu passado.

Seria preciso, aliás, que a atividade do princípio inteligente fosse proporcional à fraqueza do corpo, que não poderia resistir a uma atividade muito grande do Espírito, assim como se vê entre as crianças muito precoces. É por isso que, desde a proximidade da encarnação, entrando o Espírito em perturbação, perde, pouco a pouco, a consciência de si mesmo; ele, durante um certo período, permanece numa espécie de sono durante o qual todas as suas faculdades se conservam em estado latente. Esse estado transitório é necessário para dar ao Espírito um novo ponto de partida, e fazê-lo esquecer, em sua nova existência terrestre, as coisas que poderiam entravá-la. Seu passado, entretanto, reage sobre ele, que renasce para a vida maior, mais forte moral e intelectualmente, sustentado e secundado pela intuição que conserva da experiência adquirida.

A partir do nascimento, suas ideias retomam gradualmente impulso à medida que se desenvolvem os órgãos; de onde pode-se dizer que, durante os primeiros anos, o Espírito é verdadeiramente criança, porque as ideias que formam o fundo do seu caráter estão ainda adormecidas. Durante o tempo em que seus instintos dormitam, ele é mais flexível e, por isso mesmo, mais acessível às impressões que podem modificar sua natureza e fazê-lo progredir, o que torna mais fácil a tarefa imposta aos pais.

O Espírito reveste, pois, por um tempo, a túnica da inocência, e Jesus está com a verdade quando, malgrado a anterioridade da alma, toma a criança por emblema da pureza e da simplicidade.

PECADO POR PENSAMENTO. ADULTÉRIO

5. *Aprendestes o que foi dito aos Antigos: Não cometereis adultério. Mas eu vos digo que todo aquele que tiver olhado uma mulher com um mau desejo por ela, já cometeu adultério com ela, em seu coração. (São Mateus, cap. V, v. 27 e 28).*

6. A palavra *adultério* não deve ser entendida aqui no sentido exclusivo de sua acepção própria, mas em sentido mais geral; Jesus frequentemente a empregou por extensão para designar o mal, o pecado e todo mau pensamento, como, por exemplo, nesta passagem: "Porque se alguém se envergonhar de mim e de minhas palavras, entre esta raça *adúltera e pecadora,* o Filho do homem se envergonhará também dele quando vier acompanhado dos santos anjos na glória de seu Pai." (São Marcos, cap. VIII, v. 38). (*)

(*) Vide Nota Explicativa da Editora no final do livro.

A verdadeira pureza não está somente nos atos, mas também no pensamento, porque aquele que tem o coração puro não pensa mesmo no mal; foi isso que Jesus quis dizer: ele condena o pecado, mesmo em pensamento, porque é um sinal de impureza.

7. Esse princípio conduz naturalmente a esta questão: *Sofrem-se as consequências de um pensamento mau, não seguido de efeito?*

Há aqui uma importante distinção a se fazer. À medida que a alma, empenhada no mau caminho, avança na vida espiritual, esclarece-se e se despoja, pouco a pouco, de suas imperfeições, segundo a maior ou menor boa vontade que emprega em virtude do seu livre-arbítrio. Todo mau pensamento, pois, resulta da imperfeição da alma, mas de acordo com o desejo que concebeu de se depurar, mesmo esse mau pensamento se torna para ela uma ocasião de adiantamento, porque o repele com energia; é o indício de uma mancha que se esforça por apagar, e não cederá se se apresentar ocasião para satisfazer um mau desejo e, depois que tiver resistido, sentir-se-á mais forte e alegre com a sua vitória.

Aquela, ao contrário, que não tomou boas resoluções, procura a ocasião para o ato mau, e se não o realiza, não é por efeito da sua vontade, mas porque lhe falta oportunidade; ela é, pois, tão culpada como se o cometesse.

Em resumo, na pessoa que não concebe mesmo o pensamento do mal, o progresso está realizado; naquela a quem vem esse pensamento, mas o repele, o progresso está em vias de cumprir-se; naquela, enfim, que tem esse pensamento e nele se compraz, o mal está ainda com toda a sua força; numa, o trabalho está feito; na outra, está por fazer. Deus, que é justo, considera todas essas diferenças na responsabilidade dos atos e dos pensamentos do homem.

VERDADEIRA PUREZA. MÃOS NÃO LAVADAS

8. *Então, os escribas e fariseus que tinham vindo de Jerusalém, aproximaram-se de Jesus e lhe disseram: Por que vossos discípulos violam a tradição dos Antigos? pois eles não lavam as mãos quando tomam suas refeições.*

Mas Jesus lhes respondeu: Por que vós mesmos violais o mandamento de Deus para seguir a vossa tradição? pois Deus fez este mandamento: Honrai vosso pai e vossa mãe; e este outro: Que aquele que disser palavras injuriosas ao seu pai ou à sua mãe, seja punido de morte. Mas vós outros vos dizeis: Todo aquele que tiver dito ao seu pai ou à sua mãe: Toda oferenda que faço a Deus vos é útil, satisfaz à lei – ainda que depois disso não honre nem assista seu pai ou sua mãe; e, assim, tornastes inútil o mandamento de Deus por vossa tradição.

Hipócritas, Isaías bem profetizou de vós quando disse: Este povo me honra com os lábios, mas seu coração está longe de mim; e é em vão que me honram ensinando máximas e ordenações humanas.

Depois, tendo chamado o povo, ele lhe disse: Escutai e compreendei bem isto: Não é o que entra na boca que enlameia o homem, mas o que sai da boca do homem. O que sai da boca parte do coração e é o que torna o homem impuro, porque é do coração que partem os maus pensamentos, os homicídios, os adultérios, as fornicações, os furtos, os falsos testemunhos, as blasfêmias e as maledicências; estão aí as coisas que tornam o homem impuro; mas comer sem ter lavado as mãos não é o que torna um homem impuro.

Então, seus discípulos, aproximando-lhe dele, disseram-lhe: Sabeis que os Fariseus, tendo ouvido o que acabais de dizer, disso se escandalizaram? Mas ele lhes respondeu: Toda planta que meu Pai celestial não plantou será arrancada. Deixai-os; são cegos que conduzem cegos; se um cego conduz um outro, ambos caem no fosso. (São Mateus, cap. XV, v. de 1 a 20).

9. *Enquanto ele falava, um Fariseu lhe pediu que jantasse em sua casa; e Jesus, para lá, dirigindo-se, colocou-se à mesa. O Fariseu começou, então, a dizer para si mesmo: Por que não lavou as mãos antes do jantar? Mas o Senhor lhe disse: Vós outros, Fariseus, tendes grande cuidado em limpar o exterior do copo e do prato, mas o interior de vossos corações está cheio de rapinas e de iniquidades. Insensatos que sois! Aquele que fez o exterior não fez também o interior? (São Lucas, cap. XI, v. 37 a 40).*

10. Os judeus haviam negligenciado os verdadeiros mandamentos de Deus, para se apegarem à prática dos regulamentos estabelecidos pelos homens e dos quais os observadores rígidos faziam casos de consciência; o fundo, muito simples, acabara por desaparecer sob a complicação da forma. Como era mais fácil observar os atos exteriores do que se reformar moralmente, *lavar as mãos do que limpar seu coração,* os homens se iludiram e se acreditaram quites para com Deus, porque se conformavam com essas práticas, permanecendo como eram, porque se lhes ensinava que Deus não pedia mais do que isso. Por isso, o profeta disse: *É em vão que este povo me honra com os lábios, ensinando máximas e ordenações humanas.*

Ocorreu o mesmo com a doutrina moral do Cristo, que acabou por ser colocada em segundo plano, o que fez muitos cristãos crerem, a exemplo dos antigos Judeus, sua salvação mais assegurada pelas práticas exteriores do que pelas da moral. É a essas adições, feitas pelos homens à lei de Deus, que Jesus fez alusão, quando disse: *Toda planta que meu Pai celestial não plantou, será arrancada.*

O objetivo da religião é conduzir o homem a Deus; ora, o homem não chega a Deus senão quando está perfeito; portanto, toda religião que não torna o homem melhor, não atinge seu objetivo; aquela sobre a qual se crê poder apoiar para fazer o mal, ou é falsa ou falseada em seu princípio. Tal é o resultado de todas aquelas em que a forma se impõe sobre o fundo. A crença na eficácia dos sinais exteriores é nula, se não impede que se cometam homicídios, adultérios, espoliações, calúnias e de fazer mal ao próximo, o que quer que seja. Ela faz supersticiosos, hipócritas e fanáticos, mas não faz homens de bem.

Não basta, pois, ter as aparências da pureza, é preciso, antes de tudo, ter a pureza do coração.

ESCÂNDALOS. SE VOSSA MÃO É UM MOTIVO DE ESCÂNDALO, CORTAI-A

11. *Ai do mundo por causa dos escândalos; porque é necessário que venham escândalos; mas ai do homem por quem o escândalo venha.*

Se alguém escandalizar um desses pequenos que creem em mim, seria melhor para ele que se lhe pendurasse ao pescoço uma dessas mós, que um asno gira, e que o lançassem no fundo do mar.

Tende muito cuidado em não desprezar nenhum destes pequenos; eu vos declaro que, no céu, seus anjos veem sem cessar a face de meu Pai que está nos céus, porque o Filho do homem veio salvar o que estava perdido.

Se vossa mão ou vosso pé vos é um motivo de escândalo, cortai-os e os atirai longe de vós; é bem melhor para vós que entreis na vida não tendo senão um pé ou uma só mão, do que terdes dois e serdes lançados no fogo eterno. E se vosso olho vos é motivo de escândalo, arrancai-o e o lançai longe de vós; é melhor para vós que entreis na vida não tendo senão um olho, que terdes os dois e serdes precipitados no fogo do inferno. (São Mateus, cap. XVIII, v. de 6 a 11. – Cap. V, v. 29 e 30).

12. No sentido vulgar, *escândalo* se diz de toda ação que choca com a moral ou a decência de um modo ostensivo. O escândalo não está na ação em si mesma, mas no reflexo que ela pode ter. A palavra escândalo implica sempre a ideia de uma certa explosão de comentários. Muitas pessoas se contentam em evitar o *escândalo,* porque com isso sofreria seu orgulho e sua consideração diminuiria entre os homens; contanto que suas torpezas sejam ignoradas, isso lhes basta, e sua consciência está tranquila. São elas, segundo as palavras de Jesus: "sepulcros brancos por fora, mas cheios de podridão por dentro; vasos limpos por fora, sujos por dentro".

No sentido evangélico, a acepção da palavra escândalo, tão frequentemente empregada, é sempre mais geral e, por isso, não se lhe compreende a acepção em certos casos. Não é mais somente o que ofende a consciência de outrem, é tudo o que resulta dos vícios e das imperfeições dos homens, toda reação má de indivíduo para indivíduo, com ou sem repercussão. O escândalo, neste caso, *é o resultado efetivo do mal moral.*

13. *É preciso que haja escândalo no mundo,* disse Jesus, porque os homens, sendo imperfeitos sobre a Terra, são inclinados a fazerem o mal, e as más árvores dão maus frutos. É preciso, pois, entender, por estas palavras, que o mal é uma consequência da imperfeição dos homens, e não que haja para eles obrigação para praticá-lo.

14. *É necessário que o escândalo venha,* porque estando os homens em expiação sobre a Terra, punem a si mesmos pelo contato com seus vícios, dos quais são as primeiras vítimas, acabando por compreender seus inconvenientes. Quando estiverem cansados de sofrer no mal, procurarão o remédio no bem. A reação desses vícios serve, pois, ao mesmo tempo, de castigo para uns e de provas para outros; é assim que Deus faz emergir o bem do mal, e os próprios homens utilizam as coisas más ou mais vis.

15. Se assim é, dir-se-á, o mal é necessário e durará sempre, porque se ele viesse a desaparecer, Deus estaria privado de um poderoso meio de castigar os culpados; portanto, é inútil procurar melhorar os homens. Mas se não houvesse mais culpados, não haveria mais necessidade de castigos. Suponhamos a Humanidade transformada em homens de bem, ninguém procuraria fazer o mal ao próximo e todos seriam felizes, porque seriam bons. Tal é o estado dos mundos avançados, de onde o mal foi excluído; tal será o da Terra quando tiver progredido suficientemente. Mas enquanto que certos mundos avançam, outros se formam, povoados de Espíritos primitivos e que servem, por outro lado, de habitação, de exílio e de lugar expiatório para os Espíritos imperfeitos, rebeldes, obstinados no mal e que são rejeitados nos mundos que se tornaram felizes.

16. *Mas ai daquele por quem o escândalo venha;* quer dizer, o mal sendo sempre o mal, aquele que inconscientemente serviu de instrumento para a justiça divina, cujos maus instintos foram utilizados, não fez, por isso, menos mal e deve ser punido. É assim que, por exemplo, um filho ingrato é uma punição ou uma prova para o pai que o suporta, porque esse pai, talvez, tenha sido um mau filho que fez sofrer a seu pai e que sofre a pena de talião; mas o filho disso não é mais desculpável e deverá ser castigado, a seu turno, em seus próprios filhos ou de uma outra maneira.

17. *Se vossa mão é uma causa de escândalo, cortai-a;* figura enérgica que seria absurdo tomar ao pé da letra, e que significa simplesmente que é preciso destruir em si toda causa de escândalo, isto é, de mal; extirpar de seu coração todo sentimento impuro e toda fonte viciosa; quer dizer ainda que valeria mais para um homem ter tido a mão cortada, do que essa mão lhe ter servido de instrumento para uma ação má; estar privado da vista, do que se seus olhos lhe tivessem dado maus pensamentos. Jesus nada disse de absurdo para todo aquele que apreende o sentido alegórico e profundo de suas palavras; mas muitas coisas não podem ser compreendidas sem a chave que delas nos dá o Espiritismo.

INSTRUÇÕES DOS ESPÍRITOS

DEIXAI VIR A MIM AS CRIANCINHAS

JOÃO, o Evangelista, Paris, 1863.

18. O Cristo disse: "Deixai vir a mim as criancinhas". Essas palavras, profundas em sua simplicidade, não implicavam o simples chamamento das crianças, mas o das almas que gravitam nos círculos inferiores, onde a infelicidade ignora a esperança. Jesus chamava a si a infância intelectual da criatura formada: os fracos, os escravos, os viciosos; ele nada podia ensinar à infância física, sujeita à matéria, submetida ao jugo do instinto, e não pertencendo ainda à ordem superior da razão e da vontade, que se exercem em torno dela e por ela.

Jesus queria que os homens viessem a ele com a confiança desses pequenos seres de passos vacilantes, cujo chamamento lhe conquistaria o coração das mulheres, que são todas mães; submetia, assim, as almas à sua terna e misteriosa autoridade. Ele foi o facho que ilumina as trevas, o clarim matinal que toca o despertar; foi o iniciador do Espiritismo que deve, a seu turno, chamar a si não as criancinhas, mas os homens de boa vontade. A ação viril está iniciada: não se trata mais de crer instintivamente e de obedecer maquinalmente, é preciso que o homem siga a lei inteligente, que lhe revela a sua universalidade.

Meus bem-amados, eis o tempo em que os erros explicados se tornarão verdades; nós vos ensinaremos o sentido exato das parábolas e vos mostraremos a correlação poderosa ligando o que foi e o que é. Digo-vos, em verdade: a manifestação espírita alarga o horizonte; e eis seu enviado que vai resplandecer como o Sol sobre o cume dos montes.

UM ESPÍRITO PROTETOR, Bordéus, 1861.

19. Deixai vir a mim as criancinhas, porque eu possuo o leite que fortifica os fracos. Deixai vir a mim aqueles que, tímidos e débeis, têm necessidade de apoio e de consolação. Deixai vir a mim os ignorantes, para que os esclareça, deixai vir a mim todos aqueles que sofrem, a multidão dos aflitos e dos infelizes; ensinar-lhes-ei o grande remédio para abrandar os males da vida e lhes darei o segredo da cura de suas feridas! Qual é, meus amigos, este bálsamo soberano, possuindo a virtude por excelência, este bálsamo que se aplica sobre todas as chagas do coração e as fecha? É o amor, é a caridade! Se tendes este fogo divino, que temereis? Direis a todos os instantes da vossa vida: Meu pai, que vossa vontade seja feita e não a minha; se vos apraz experimentar-me pela dor e pelas tribulações, sede bendito, porque é para o meu bem, eu o sei, que vossa mão pesa sobre mim. Se vos convém, Senhor, ter piedade de vossa criatura fraca, se dais, ao seu coração, as alegrias permitidas, sede bendito ainda; mas fazei que o amor divino não dormite em sua alma e que, sem cessar, eleve, aos vossos pés, a voz do seu reconhecimento!...

Se tendes o amor, tendes tudo o que se pode desejar sobre a Terra, possuireis a pérola por excelência, que nem os acontecimentos, nem as maldades daqueles que vos odeiam e vos perseguem poderão vos arrebatar. Se tendes o amor, tereis colocado o vosso tesouro lá onde os vermes e a ferrugem não podem atingi-lo e vereis apagar-se insensivelmente de vossa alma tudo o que pode manchar-lhe a pureza; sentireis o peso da matéria diminuir dia a dia e, semelhante ao pássaro que plana nos ares, e não se lembra mais da terra, subireis sem cessar, subireis sempre, até que vossa alma embriagada possa se saciar de seu elemento de vida no seio do Senhor.

BEM-AVENTURADOS AQUELES QUE TÊM OS OLHOS FECHADOS (1)

VIANNEY, CURA D'ARS, PARIS, 1863.

20. Meus bons amigos, por que me haveis chamado? É para fazer-me impor as mãos sobre a pobre sofredora que está aqui, e a cure? Ah! Que sofrimento, bom Deus! Ela perdeu a vista e as trevas se fizeram para ela. Pobre criança! que ore e espere; não sei fazer milagres, sem a vontade do bom Deus. Todas as curas que pude obter, e que vos foram assinaladas, não as atribuais senão àquele que é nosso Pai em tudo.

Em vossas aflições, portanto, olhai sempre o céu, e dizei, do fundo do vosso coração: "Meu Pai, curai-me, mas fazei que minha alma doente seja curada antes das enfermidades do meu corpo; que minha carne seja castigada, se preciso for, para que minha alma se eleve até vós com a brancura que tinha quando a criastes." Depois desta prece, meus bons amigos, que o bom Deus ouvirá sempre, a força e a coragem vos serão dadas e, talvez, também essa cura que não tereis pedido senão timidamente como recompensa da vossa abnegação.

Mas, uma vez que eu estou aqui, numa assembleia onde se trata, antes de tudo, de estudos, eu vos direi que aqueles que

---

(1) Esta comunicação foi dada a propósito de uma pessoa cega, para a qual evocamos o Espírito de J. B. Vianney, cura d'Ars.

estão privados da vista deveriam se considerar como os bem-aventurados da expiação. Lembrai-vos de que o Cristo disse que seria preciso arrancar vosso olho, se ele fosse mau, e que valeria mais que ele fosse lançado ao fogo do que ser causa de vossa perdição. Ah! quantos há sobre a vossa Terra, que maldirão um dia nas trevas terem visto a luz! Oh! sim, são felizes estes que, na expiação, são atingidos na vista! seu olho não será motivo de escândalo e de queda; podem viver inteiramente a vida das almas; podem ver mais que vós que vedes claro... Quando Deus me permite ir abrir as pálpebras de algum desses pobres sofredores e devolver-lhes a luz, digo a mim mesmo: Alma querida, por que não conheces todas as delícias do Espírito, que vive de contemplação e de amor? tu não pedirias para ver imagens menos puras e menos suaves do que aquelas que te é dado entrever em tua cegueira.

Oh! sim, bem-aventurado o cego que quer viver com Deus; mais feliz que vós, que estais aqui, ele sente a felicidade, toca-a, vê as almas e pode se lançar com elas nas esferas espirituais que os próprios predestinados da vossa Terra não veem. O olho aberto está sempre pronto para fazer a alma falir; o olho fechado, ao contrário, está sempre pronto a fazê-la alçar para Deus. Crede-me bem, meus bons e caros amigos, a cegueira dos olhos é, frequentemente, a verdadeira luz do coração, enquanto que a vista é, frequentemente, o anjo tenebroso que conduz à morte.

E, agora, algumas palavras para ti, minha pobre sofredora: espera e tem coragem! se te dissesse: Minha filha, teus olhos vão se abrir, como serias ditosa! e quem sabe se essa alegria não te perderia? Tem confiança no bom Deus, que fez a felicidade e permite a tristeza! Farei por ti tudo o que me for permitido; mas, a teu turno, ora e, sobretudo, medita em tudo o que acabo de te dizer.

Antes que me afaste, vós todos que estais aqui, recebei minha bênção.

21. Nota: Quando uma aflição não é consequência dos atos da vida presente, é preciso procurar-lhe a causa numa vida anterior. O que se chama de caprichos da sorte não são outras coisas senão os efeitos da justiça de Deus. Deus não inflige punições arbitrárias; ele quer que, entre a falta e a pena, haja sempre correlação. Se, em sua bondade, lançou um véu sobre os nossos atos passados, coloca-nos, entretanto, sobre o caminho, dizendo: "Quem matou pela espada, perecerá pela espada"; palavras que podem se traduzir assim: "Sempre se é punido naquilo em que pecou". Se, pois, alguém está aflito pela perda da vista, é porque a vista foi para ele causa de queda. Pode ser também que foi causa da perda da vista num outro; talvez alguém tenha se tornado cego pelo excesso de trabalho que lhe impôs, ou em consequência de maus tratos, de falta de cuidados, etc. e, então, suporta a pena de talião. Ele mesmo, em seu arrependimento, pôde escolher essa expiação, em se aplicando estas palavras de Jesus: "Se vosso olho vos é um motivo de escândalo, arrancai-o."

CAPÍTULO 9

BEM-AVENTURADOS AQUELES QUE SÃO BRANDOS E PACÍFICOS

Injúrias e violências

Instruções dos Espíritos:

A afabilidade e a doçura – A paciência – Obediência e resignação – A cólera

INJÚRIAS E VIOLÊNCIAS

1. *Bem-aventurados aqueles que são brandos, porque eles possuirão a Terra. (São Mateus, cap. V. v. 5).*

2. *Bem-aventurados os pacíficos, porque eles serão chamados filhos de Deus. (idem, v. 9).*

3. *Aprendestes o que foi dito aos Antigos : Não matareis, e todo aquele que matar merecerá ser condenado pelo julgamento. Mas eu vos digo que todo aquele que se encolerizar contra seu irmão merecerá ser condenado pelo julgamento; que aquele que disser a seu irmão* Racca, *merecerá ser condenado pelo conselho; e que aquele que lhe disser:* Sois louco, *merecerá ser condenado ao fogo do inferno. (idem, v. 21 e 22).*

4. Por essas máximas, Jesus faz da doçura, da moderação, da mansuetude, da afabilidade e da paciência, uma lei; condena, por conseguinte, a violência, a cólera e mesmo toda expressão descortês com respeito ao semelhante. *Racca* era, entre os Hebreus, um termo de desprezo, que significava *homem de* *má conduta,* e se pronunciava escarrando e desviando a cabeça. Ele vai mesmo mais longe, uma vez que ameaça com o fogo do inferno aquele que disser ao seu irmão: *Sois louco.*

É evidente que, aqui, como em toda circunstância, a intenção agrava ou atenua a falta; mas em que uma simples palavra pode ter bastante gravidade para merecer uma reprovação tão severa? É que toda palavra ofensiva exprime um sentimento contrário à lei do amor e da caridade, que deve regular as relações dos homens e manter entre eles a concórdia e a união; que é um insulto à benevolência recíproca e à fraternidade; que entretém o ódio e a animosidade; enfim que, depois da humildade para com Deus, a caridade para com o próximo é a primeira lei de todo cristão.

5. Mas o que diz Jesus por estas palavras: "Bem-aventurados aqueles que são brandos, porque eles possuirão a Terra", tendo ele dito para renunciar aos bens deste mundo, e prometendo os do céu?

À espera dos bens do céu, o homem tem necessidade dos da Terra para viver; somente lhe recomenda não ligar a estes últimos mais importância do que aos primeiros.

Por estas palavras, ele quer dizer que, até esse dia, os bens da Terra estão açambarcados pelos violentos, em prejuízo daqueles que são brandos e pacíficos; que a estes, frequentemente, falta o necessário, enquanto que os outros têm o supérfluo; promete que justiça lhes será feita, *na Terra como no céu,* porque são chamados filhos de Deus. Quando a lei de amor e de caridade for a lei da Humanidade, não haverá mais egoísmo; o fraco e o pacífico não serão mais explorados, nem esmagados pelo forte e pelo violento. Tal será o estado da Terra quando, segundo a lei do progresso e a promessa de Jesus, ela tornar-se um mundo feliz, pela expulsão dos maus.

INSTRUÇÕES DOS ESPÍRITOS

A AFABILIDADE E A DOÇURA

LÁZARO, Paris, 1861.

6. A benevolência para com os semelhantes, fruto do amor ao próximo, produz a afabilidade e a doçura, que lhe são a manifestação. Entretanto, não é preciso se fiar sempre nas aparências; a educação e o hábito do mundo podem dar o verniz dessas qualidades. Quantos há cuja fingida bonomia não é senão máscara para o exterior, uma roupagem cuja forma premeditada esconde as deformidades ocultas! O mundo está cheio dessas pessoas que têm o sorriso nos lábios e o veneno no coração; *que são brandas, contanto que nada as machuque, mas que mordem à menor contrariedade;* cuja língua dourada, quando falam face a face, transmuda-se em dardo envenenado quando estão por detrás.

A essa classe pertencem ainda esses homens benignos por fora e que, tiranos domésticos, fazem sofrer, sua família e seus subordinados, o peso do seu orgulho e do seu despotismo, como querendo-se compensar do constrangimento que se impuseram alhures; não se atrevendo a usar de autoridade sobre estranhos que os recolocariam em seu lugar, eles querem ao menos ser temidos por aqueles que não podem lhes resistir; sua vaidade se alegra de poder dizer: "Aqui, eu mando e sou obedecido"; sem pensar que poderiam acrescentar com mais razão: "E sou detestado".

Não basta que dos lábios gotejem leite e mel, pois, se o coração nada tem com isso, há hipocrisia. Aquele cuja afabilidade e doçura não são fingidas, nunca se contradiz; é o mesmo diante do mundo e na intimidade; ele sabe, aliás, que se pode enganar os homens, pelas aparências, não pode enganar a Deus.

A PACIÊNCIA

UM ESPÍRITO AMIGO, HAVRE, 1862.

7. A dor é uma bênção que Deus envia aos seus eleitos; não vos aflijais, pois, quando sofrerdes, mas bendizei, ao contrário, o Deus todo-poderoso que vos marcou pela dor neste mundo para a glória no céu.

Sede pacientes; a paciência é também uma caridade e deveis praticar a lei da caridade ensinada pelo Cristo, enviado de Deus. A caridade que consiste na esmola dada aos pobres, é a mais fácil das caridades; mas há uma bem mais penosa e, consequentemente, mais meritória: *perdoar àqueles que Deus colocou sobre nosso caminho para serem os instrumentos dos nossos sofrimentos e colocar a nossa paciência à prova.*

A vida é difícil, eu o sei; ela se compõe de mil nadas que são picadas de alfinetes que acabam por ferir; mas é preciso considerar os deveres que nos são impostos, as consolações e as compensações que temos por outro lado, e, então, veremos que as bênçãos são mais numerosas do que as dores. O fardo parece menos pesado quando se olha para o alto, do que quando se curva a fronte para o chão.

Coragem, amigos, o Cristo é o vosso modelo; ele sofreu mais do que qualquer de vós e não tinha nada a se censurar, enquanto que vós tendes vosso passado a expiar e fortalecer-vos para o futuro. Sede, pois, pacientes, sede cristãos, essa palavra encerra tudo.

OBEDIÊNCIA E RESIGNAÇÃO

LÁZARO, PARIS, 1863.

8. A doutrina de Jesus ensina, em toda parte, a obediência e a resignação, duas virtudes companheiras da doçura, muito ativas, embora os homens as confundam erradamente com a negação do sentimento e da vontade. *A obediência é o consentimento da razão, a resignação é o consentimento do coração;* ambas são forças ativas, porque carregam o fardo das provas que a revolta insensata deixa cair. O frouxo não pode ser resignado, assim como o orgulhoso e o egoísta não podem ser obedientes. Jesus foi a encarnação destas virtudes desprezadas pela antiguidade material. Ele veio no momento em que a sociedade romana perecia nos desfalecimentos da corrupção; veio fazer luzir, no seio da Humanidade abatida, os triunfos do sacrifício e da renúncia carnal.

Cada época está, assim, marcada com o selo da virtude ou do vício, que a deve salvar ou perder. A virtude da vossa geração é a atividade intelectual; seu vício é a indiferença moral. Eu digo somente atividade, porque o gênio se eleva de repente e descobre sozinho os horizontes que a multidão não verá senão depois dele, ao passo que a atividade é a reunião dos esforços de todos para atingir um fim menos grandioso, mas que prova a elevação intelectual de uma época. Submetei-vos ao impulso que viemos dar aos vossos espíritos; obedecei à grande lei do progresso, que é a palavra da vossa geração. Ai do espírito preguiçoso, daquele que fecha seu entendimento! Infeliz! porque nós, que somos os guias da Humanidade em marcha, o atingiremos com o chicote e forçaremos sua vontade rebelde no duplo esforço do freio e da espora; toda resistência orgulhosa deverá ceder, cedo ou tarde; mas bem-aventurados os que são brandos, porque prestarão dócil ouvido aos ensinamentos.

A CÓLERA

UM ESPÍRITO PROTETOR, Bordéus, 1863.

9. O orgulho leva a vos crer mais do que sois; a não poder sofrer uma comparação que possa vos rebaixar; a considerar-vos, ao contrário, de tal modo, acima dos vossos irmãos, seja como espírito, seja como posição social, seja mesmo como superioridade pessoal, que o menor paralelo vos irrita e vos fere; e o que ocorre então? entregai-vos à cólera.

Procurai a origem desses acessos de demência passageira, que vos assemelham aos animais, fazendo-vos perder o sangue-frio e a razão; procurai e encontrareis, quase sempre, por base, o orgulho ferido. Não é orgulho ferido, por uma contradição, que vos faz rejeitar as observações justas, que vos faz repelir com cólera os mais sábios conselhos? As próprias impaciências que causam as contrariedades, frequentemente pueris, prendem-se à importância que se atribui à própria personalidade diante da qual se crê que tudo deve se dobrar.

Em seu frenesi, o homem colérico ataca a tudo: a natureza bruta, os objetos inanimados, que quebra, porque não lhe obedecem. Ah! se, nesses momentos, pudesse se ver com sangue-frio, teria medo de si ou se acharia ridículo! Que julgue por aí a impressão que deve produzir sobre os outros. Quando não fosse senão por respeito a si mesmo, deveria esforçar-se por vencer uma tendência que faz dele objeto de piedade.

Se imaginasse que a cólera não resolve nada, altera sua saúde, compromete-lhe a vida, veria que é sua primeira vítima; mas uma outra consideração deveria, sobretudo, detê-lo: o pensamento de que torna infeliz todos aqueles que o cercam; se tem coração, não terá remorso em fazer sofrer os seres que mais ama? E que desgosto mortal se, num acesso desatinado, cometesse um ato de que tivesse que se censurar por toda a sua vida!

Em suma, a cólera não exclui certas qualidades do coração, mas impede de fazer muito bem e pode levar a fazer muito mal; isso deve bastar para motivar esforços por dominá-la. O espírita, por outro lado, é solicitado por um outro motivo: ela é contrária à caridade e à humildade cristãs.

HAHNEMANN, PARIS, 1863.

10. Segundo a ideia muito falsa de que não pode reformar sua própria natureza, o homem se crê dispensado de esforçar-se para corrigir-se dos defeitos, nos quais se compraz voluntariamente ou que exigiriam muita perseverança; é assim, por exemplo, que o homem inclinado à cólera se desculpa, quase sempre, com o seu temperamento; antes de considerar-se culpado, ele reputa a falta ao seu organismo, acusando, assim, Deus de suas próprias faltas. É ainda uma consequência do orgulho, que se encontra misturado a todas as suas imperfeições.

Sem contradita, há temperamentos que se prestam, mais que outros, aos atos violentos, como há músculos mais flexíveis que se prestam melhor para os torneios de força; mas não creiais que aí esteja a causa primeira da cólera e estejais persuadidos de que um Espírito pacífico, mesmo num corpo bilioso, será sempre pacífico; e que um Espírito violento, num corpo linfático, por isso não será mais brando; somente a violência tomará um outro caráter: não havendo um organismo próprio para secundar sua violência, a cólera será concentrada e, no outro caso, será expansiva.

O corpo não dá cólera àquele que não a tem, como não dá os outros vícios; todas as virtudes e todos os vícios são inerentes ao Espírito; sem isso, onde estariam o mérito e a responsabilidade? O homem que é disforme não pode se tornar direito, porque o Espírito nada tem com isso, mas pode modificar o que é do Espírito quando tem uma vontade firme. A experiência não vos prova, espíritas, até onde pode ir o poder da vontade, pelas transformações verdadeiramente miraculosas que vedes se operar? Dizei-vos, pois, que *o homem não permanece vicioso senão porque quer permanecer vicioso;* mas aquele que quer se corrigir sempre o pode, de outra forma a lei do progresso não existiria para o homem.

CAPÍTULO 10

BEM-AVENTURADOS AQUELES QUE SÃO MISERICORDIOSOS

Perdoai para que Deus vos perdoe – Reconciliar-se com os adversários – O sacrifício mais agradável a Deus – O argueiro (*) e a trave no olho – Não julgueis a fim de que não sejais julgados. Aquele que estiver sem pecado, atire a primeira pedra.

Instruções dos Espíritos:

Perdão das ofensas. – A indulgência. – É permitido repreender os outros; observar as imperfeições de outrem; divulgar o mal alheio?

PERDOAI PARA QUE DEUS VOS PERDOE

1. *Bem-aventurados aqueles que são misericordiosos, porque eles próprios obterão misericórdia. (São Mateus, cap. V, v. 7).*

2. *Se perdoardes aos homens as faltas que eles fazem contra vós, vosso Pai celestial vos perdoará também vossos pecados, mas se não perdoardes aos homens quando eles vos ofendem, vosso Pai, também, não vos perdoará os pecados. (Idem, cap. VI, v. 14, 15).*

(*) Conquanto no original de Allan Kardec e de La Sainte Bible (qui comprend l'Ancien et le Nouveau Testament traduits sur les textes originaux hébreu et grec par Luis Segond, docteur en Théologie, Nouvelle Edition Revue, Paris, 58 Rue de Clichy, 1949), paille seja termo do texto, entendemos que sua tradução deva ser argueiro e não palha, observando-se assim o rigor das traduções em nossa língua. (N. do R.)

3. *Se vosso irmão pecou contra vós, ide lhe exibir sua falta em particular, entre vós e ele; se ele vos escuta, tereis ganho o vosso irmão. Então, Pedro aproximando-se, disse-lhe: Senhor, quantas vezes perdoarei ao meu irmão, quando ele houver pecado contra mim? Será até sete vezes? Jesus lhe respondeu: Eu não vos digo até sete vezes, mas até setenta vezes sete vezes. (Idem, cap. XVIII, v. 15, 21, 22).*

4. A misericórdia é complemento da doçura, porque aquele que não é misericordioso não saberia ser brando e pacífico; ela consiste no esquecimento e no perdão das ofensas. O ódio e o rancor denotam uma alma sem elevação, sem grandeza; o esquecimento das ofensas é próprio da alma elevada, que está acima dos insultos que se lhe pode dirigir; uma é sempre ansiosa, de uma suscetibilidade desconfiada e cheia de fel; a outra é calma, cheia de mansuetude e de caridade.

Ai daquele que diz: Eu nunca perdoarei, porque se não for condenado pelo homens, sê-lo-á certamente por Deus; com que direito reclamará o perdão das suas próprias faltas se ele mesmo não perdoa as dos outros? Jesus nos ensina que a misericórdia não deve ter limites, quando diz para perdoar ao seu irmão não sete vezes, mas setenta vezes sete vezes.

Mas há duas maneiras bem diferentes de perdoar; uma grande, nobre, verdadeiramente generosa, sem segunda intenção, que poupa com delicadeza o amor-próprio e a suscetibilidade do adversário, tivesse mesmo este último toda a culpa. A segunda, pela qual o ofendido, ou aquele que acredita sê-lo, impõe ao outro condições humilhantes e faz sentir o peso de um perdão que irrita, em lugar de acalmar; se estende a mão, não é com benevolência, mas com ostentação, a fim de poder dizer a todo mundo: Vede quanto sou generoso! Em tais circunstâncias, é impossível que a reconciliação seja sincera de parte a parte. Não, nisso não há generosidade, mas um modo de satisfazer o orgulho. Em toda contenda, aquele que se mostre mais conciliador, que prove mais desinteresse, caridade e verdadeira grandeza d'alma, conquistará sempre a simpatia das pessoas imparciais.

RECONCILIAR-SE COM OS ADVERSÁRIOS

5. *Reconciliai-vos o mais depressa com o vosso adversário, enquanto estais com ele no caminho, a fim de que vosso adversário não vos entregue ao juiz, e que o juiz não vos entregue ao ministro da justiça e que não sejais aprisionado. Eu vos digo em verdade, que não saireis de lá, enquanto não houverdes pago até o último ceitil. (São Mateus, cap. V, v. 25, 26).*

6. Há, na prática do perdão e na do bem em geral, mais que um efeito moral, há também um efeito material. Sabe-se que a morte não nos livra dos nossos inimigos; os Espíritos vingativos perseguem, frequentemente, com seu ódio, além do túmulo, aqueles contra os quais conservaram rancor; por isso, o provérbio que diz: "Morto o animal, morto o veneno", é falso quando aplicado ao homem. O Espírito mau espera que aquele a quem quer mal esteja preso ao corpo e menos livre, para atormentá-lo mais facilmente, atingi-lo em seus interesses ou em suas mais caras afeições. É preciso ver, nesse fato, a causa da maioria dos casos de obsessão, daqueles sobretudo que apresentam uma certa gravidade, como a subjugação e a possessão. O obsediado e o possesso são, pois, quase sempre, vítimas de uma vingança anterior, à qual, provavelmente, deram lugar pela sua conduta. Deus o permite para puni-los do mal que eles próprios fizeram ou, se não o fizeram, por terem faltado com indulgência e caridade, não perdoando. Importa, pois, do ponto de vista da sua tranquilidade futura, reparar mais depressa os erros que cometeu contra o próximo, perdoar seus inimigos, a fim de exterminar, antes de morrer, todo motivo de dissensões, toda causa fundada de animosidade ulterior; por esse meio, de um inimigo obstinado neste mundo, pode-se fazer um amigo no outro; pelo menos coloca o bom direito do seu lado, e Deus não deixa aquele que perdoou ser alvo de vingança. Quando Jesus recomenda reconciliar-se o mais depressa com o adversário, não é somente com vistas a apaziguar as discórdias durante a existência atual, mas evitar que elas se perpetuem nas existências futuras. Não saireis de lá, disse ele, enquanto não houverdes pago até o último ceitil, quer dizer, satisfeito completamente a justiça de Deus.

O SACRIFÍCIO MAIS AGRADÁVEL A DEUS

7. *Se, pois, quando apresentardes vossa oferenda ao altar, vós vos lembrardes que o vosso irmão tem alguma coisa contra vós, deixai a vossa dádiva aí ao pé do altar, e ide antes reconciliar-vos com o vosso irmão, e depois voltai para oferecer vossa dádiva. (São Mateus, cap. V, v. 23, 24).*

8. Quando Jesus disse: "Ide vos reconciliar com o vosso irmão antes de apresentar vossa oferenda ao altar", ensina que o sacrifício mais agradável ao Senhor é o do próprio ressentimento; que antes de se apresentar a ele para ser perdoado, é preciso ter perdoado, e que, se cometeu injustiça contra um de seus irmãos, é preciso tê-la reparado; só então a oferenda será agradável, porque virá de um coração puro de todo mau pensamento. Materializa este preceito porque os Judeus ofereciam sacrifícios materiais; devia conformar suas palavras aos seus usos. O cristão não oferece dádivas materiais; ele espiritualizou o sacrifício, mas o preceito, com isso, não tem senão mais força; oferece sua alma a Deus, e essa alma deve estar purificada; *entrando no templo do Senhor, deve deixar do lado de fora todo sentimento de ódio e de animosidade, todo mau pensamento contra seu irmão;* só então sua prece será levada pelos anjos aos pés do Eterno. Eis o que ensina

Jesus por estas palavras: Deixai vossa oferenda ao pé do altar, e ide primeiro reconciliar-vos com vosso irmão, se quereis ser agradáveis ao Senhor.

O ARGUEIRO E A TRAVE NO OLHO

9. *Por que vedes um argueiro no olho do vosso irmão, vós que não vedes uma trave no vosso olho? Ou como dizeis ao vosso irmão: Deixai-me tirar um argueiro do vosso olho, vós que tendes uma trave no vosso? Hipócritas, tirai primeiramente a trave do vosso olho e, então, vereis como podereis tirar o argueiro do olho do vosso irmão. (São Mateus, cap. VII, v. 3, 4, 5).*

10. Um dos defeitos da Humanidade é ver o mal de outrem antes de ver o que está em nós. Para julgar-se a si mesmo, seria preciso poder se olhar num espelho, transportar-se de alguma sorte para fora de si e considerar-se como uma outra pessoa, perguntando-se: Que pensaria eu se visse alguém fazendo o que faço? Incontestavelmente, é o orgulho que leva o homem a se dissimular os próprios defeitos, tanto ao moral como ao físico. Esse defeito é essencialmente contrário à caridade, porque a verdadeira caridade é modesta, simples e indulgente; a caridade orgulhosa é um contrassenso, uma vez que esses dois sentimentos se neutralizam um ao outro. Como, com efeito, um homem bastante vão para crer na importância de sua personalidade e na supremacia de suas qualidades, pode ter, ao mesmo tempo, bastante abnegação para fazer ressaltar, em outro, o bem que poderia eclipsá-lo, em lugar do mal que poderia realçá-lo? Se o orgulho é o pai de muitos vícios, é também a negação de muitas virtudes; encontramo-lo no fundo e como móvel de quase todas as ações. Por isso, Jesus se dedicou a combatê-lo como o principal obstáculo ao progresso.

NÃO JULGUEIS A FIM DE QUE NÃO SEJAIS JULGADOS. AQUELE QUE ESTIVER SEM PECADO, ATIRE-LHE A PRIMEIRA PEDRA

11. *Não julgueis a fim de que não sejais julgados; porque vós sereis julgados segundo houverdes julgado os outros; e se servirá para convosco da mesma medida da qual vos servistes para com eles. (São Mateus, cap. VII, v. 1, 2).*

12. *Então, os Escribas e os Fariseus lhe conduziram uma mulher que tinha sido surpreendida em adultério, e a colocaram de pé no meio do povo, dizendo a Jesus: Mestre, esta mulher acaba de ser surpreendida em adultério; ora, Moisés nos ordena na lei para lapidar as adúlteras. Qual é, pois, sobre isso, vosso sentimento? Eles diziam isso tentando-o a fim de ter do que acusá-lo. Mas Jesus, abaixando-se, escrevia com o dedo sobre a terra. Como continuassem a interrogá-lo, ele se ergueu e lhes disse:* Aquele, dentre vós, que estiver sem pecado, atire-lhe a primeira pedra. *Depois, abaixando-se de novo, continuou a escrever sobre a terra. Mas eles, ouvindo-o falar assim, retiraram-se um após outro, os velhos saindo primeiro; e assim Jesus permaneceu só com a mulher, que estava no meio da praça.*

Então, Jesus, levantando-se, disse-lhe: Mulher, onde estão os vossos acusadores? Ninguém vos condenou? Ela lhe disse: Não, Senhor. Jesus lhe respondeu: Eu também não vos condenarei. Ide e, no futuro, não pequeis mais. (São João, cap. VIII, v. de 3 a 11).

13. "Aquele que estiver sem pecado, atire-lhe a primeira pedra", disse Jesus. Esta máxima nos faz da indulgência um dever, porque não há ninguém que dela não tenha necessidade para si mesmo. Ela nos ensina que não devemos julgar os outros mais severamente do que julgaríamos a nós mesmos, nem condenar em outrem o que nos desculpamos em nós. Antes de censurar uma falta de alguém, vejamos se a mesma reprovação não pode recair sobre nós.

A censura lançada sobre a conduta de outrem pode ter dois motivos: reprimir o mal ou desacreditar a pessoa cujos atos se criticam; este último motivo não tem jamais desculpa, porque é da maledicência e da maldade. O primeiro pode ser louvável e se torna mesmo um dever em certos casos, uma vez que disso deve resultar um bem, e, sem isso, o mal não seria jamais reprimido na sociedade; o homem, aliás, não deve ajudar o progresso de seu semelhante? Não seria preciso, pois, tomar no sentido absoluto este princípio: "Não julgueis se não quiserdes ser julgados", porque a letra mata, e o espírito vivifica.

Jesus não podia proibir de censurar o mal, uma vez que ele mesmo disso nos deu o exemplo, e o fez em termos enérgicos; mas quis dizer que a autoridade da censura está em razão da autoridade moral daquele que a pronuncia; tornar-se culpável daquilo que se condena em outrem é abdicar essa autoridade; é mais, é arrogar-se o direito de repressão. A consciência íntima, de resto, recusa todo respeito e toda submissão voluntária àquele que, estando investido de um poder qualquer, viola as leis e os princípios, que está encarregado de aplicar. *Não há autoridade legítima aos olhos de Deus, senão aquela que se apoia sobre o exemplo que dá do bem;* é o que ressalta igualmente das palavras de Jesus.

INSTRUÇÕES DOS ESPÍRITOS

PERDÃO DAS OFENSAS

SIMEÃO, BORDÉUS, 1862.

14. Quantas vezes perdoarei a meu irmão? Perdoar-lhe-eis não sete vezes, mas setenta vezes sete vezes. Eis uma dessas palavras de Jesus que mais devem atingir a vossa inteligência e falar mais alto ao vosso coração. Comparai essas palavras de misericórdia com as da oração tão simples, tão resumida e tão grande em suas aspirações, que Jesus dá aos seus discípulos, e encontrareis sempre o mesmo pensamento. Jesus, o justo por excelência, responde a Pedro: Perdoarás, mas sem limites; perdoarás cada ofensa, ainda que a ofensa te seja feita frequentemente; ensinarás, aos teus irmãos, esse esquecimento de si mesmo que os torna invulneráveis contra o ataque, os maus procedimentos e as injúrias; serás brando e humilde de coração, não medindo jamais a tua mansuetude; farás, enfim, o que desejas que o Pai celestial faça por ti; não tem ele que te perdoar frequentemente, e conta o número de vezes que seu perdão desce para apagar tuas faltas?

Escutai, pois, essa resposta de Jesus e, como Pedro, aplicai-a a vós mesmos; perdoai, usai de indulgência, sede caridosos, generosos, pródigos mesmo de vosso amor. Dai, porque o Senhor vos restituirá; perdoai, porque o Senhor vos perdoará; abaixai-vos, porque o Senhor vos elevará; humilhai-vos, porque o Senhor vos fará sentar à sua direita.

Ide, meus bem-amados, estudai e comentai estas palavras que vos dirijo, da parte d'Aquele que, do alto dos esplendores celestes, está voltado sempre para vós, e continua com amor a tarefa ingrata que começou há dezoito séculos. Perdoai, pois, aos vossos irmãos como tendes necessidade que eles vos perdoem. Se os seus atos vos foram pessoalmente prejudiciais, é um motivo a mais para serdes indulgentes, porque o mérito do perdão é proporcional à gravidade do mal; não haveria nenhum em relevar os erros de vossos irmãos, se eles não houvessem feito senão ofensas leves.

Espíritas, não olvideis jamais de que, tanto por palavras, como por ações, o perdão das injúrias não deve ser uma palavra vã. Se vós vos dizeis espíritas, sede-o pois; olvidai o mal que se vos pôde fazer, e não penseis senão uma coisa: o bem que podeis realizar. Aquele que entrou neste caminho dele não deve se afastar, mesmo pelo pensamento, porque sois responsáveis pelos vossos pensamentos, que Deus conhece. Fazei, pois, que eles estejam despojados de todo sentimento de rancor; Deus sabe o que permanece no fundo do coração de cada um. *Feliz, pois, aquele que pode cada noite adormecer dizendo: Nada tenho contra o meu próximo.*

PAULO, APÓSTOLO, LIÃO, 1861.

15. Perdoar aos inimigos, é pedir perdão para si mesmo: perdoar aos amigos, é dar-lhes uma prova de amizade; perdoar as ofensas é mostrar que se tornou melhor. Perdoai, pois, meus amigos, a fim de que Deus vos perdoe, porque se sois duros, exigentes, inflexíveis, se tendes rigor mesmo por uma ofensa leve, como quereis que Deus esqueça que, cada dia, tendes maior necessidade de indulgência? Oh! ai daquele que diz: "Eu nunca perdoarei", porque pronuncia a sua própria condenação. Quem sabe, aliás, se, descendo ao fundo de vós mesmos, não fostes o agressor? Quem sabe se nessa luta que começa por um golpe de espinho e acaba por uma ruptura, não iniciastes o primeiro golpe? se uma palavra ofensiva se não vos escapou? se usastes de toda a moderação necessária? Sem dúvida, vosso adversário errou em mostrar-se muito suscetível, mas é, para vós, uma razão para serdes indulgentes e de não merecer a censura que lhe endereçais. Admitamos que fostes realmente o ofendido numa circunstância, quem diz que não envenenastes a coisa por represálias, e que não fizestes degenerar em querela séria aquilo que teria podido facilmente cair no esquecimento? Se dependia de vós impedir-lhe as consequências, e se não o fizestes, sois culpados. Admitamos, enfim, que não tendes absolutamente nenhuma censura a vos fazer e, com isso, não tereis senão maior mérito em vos mostrar clementes.

Mas há duas maneiras bem diferentes de perdoar: há o perdão dos lábios e o perdão do coração. Muitas pessoas dizem de seus adversários: "Eu lhe perdoo", enquanto que, interiormente, experimentam um secreto prazer do mal que lhe acontece, dizendo para si mesmas que ele não tem senão o que merece. Quantos dizem: "Eu perdoo" e que acrescentam: "mas não me reconciliarei nunca; não quero vê-lo pelo resto da vida." Está aí o perdão segundo o Evangelho? Não; o verdadeiro perdão, o perdão cristão, é aquele que lança um véu sobre o passado; é o único que vos será contado, porque Deus não se contenta com a aparência: ele sonda o fundo dos corações e os mais secretos pensamentos; não se lhe engana com palavras e vãos simulacros. O esquecimento completo e absoluto das ofensas é próprio das grandes almas; o rancor é sempre um sinal de rebaixamento e de inferioridade. Não olvideis que o verdadeiro perdão se reconhece pelos atos, bem mais que pelas palavras.

A INDULGÊNCIA

JOSÉ, ESPÍRITO PROTETOR, BORDÉUS, 1863.

16. Espíritas, queremos vos falar hoje da indulgência, esse sentimento tão doce, tão fraternal, que todo homem deve ter para com os seus irmãos, mas do qual bem poucos fazem uso.

A indulgência não vê os defeitos de outrem ou, se os vê, evita falar deles, divulgá-los; ao contrário, oculta-os, a fim de que não sejam conhecidos senão dela, e se a malevolência os descobre, tem sempre uma desculpa para os abrandar, quer dizer, uma excusa plausível, séria, e não daquelas que, tendo o ar de atenuar a falta, a fazem ressaltar com um jeito pérfido.

A indulgência não se ocupa jamais com os atos maus de

outrem, a menos que isso seja para servir, e tem ainda o cuidado de atenuá-los tanto quanto possível. Não faz observações chocantes, não tem censura nos lábios, mas somente conselhos, o mais frequentemente velados. Quando criticais, que consequências se deve tirar de vossas palavras? é que vós, que censurais, não teríeis feito o que reprovais e valeis mais que o culpado. Ó homens! quando, pois, julgareis os vossos próprios corações, os vossos próprios pensamentos, os vossos próprios atos, sem vos ocupardes do que fazem os vossos irmãos? Quando não abrireis os vossos olhos severos senão sobre vós mesmos?

Sede, pois, severos para convosco, indulgentes para com os outros. Pensai naquele que julga em última instância, que vê os pensamentos secretos de cada coração, e que, por conseguinte, desculpa as faltas que censurais ou condena o que desculpais, porque conhece o móvel de todos os atos, e que vós, que proclamais tão alto: anátema! tenhais, talvez, cometido faltas mais graves.

Sede indulgentes, meus amigos, porque a indulgência atrai, acalma, reergue, ao passo que o rigor desencoraja, afasta e irrita.

JOÃO, BISPO DE BORDÉUS, 1862.

17. Sede indulgentes para com as faltas de outrem, quaisquer que sejam; não julgueis com severidade senão as vossas próprias ações, e o Senhor usará de indulgência para convosco, como dela usastes para com os outros.

Sustentai os fortes: encorajai-os à perseverança; fortificai os fracos em lhes mostrando a bondade de Deus, que considera o menor arrependimento; mostrai, a todos, o anjo do arrependimento estendendo sua branca asa sobre as faltas dos homens e velando-as, assim, aos olhos daquele que não pode ver o que é impuro. Compreendei todos a misericórdia infinita de vosso Pai, e não olvideis jamais de lhe dizer, pelos vossos pensamentos e, sobretudo, pelos vossos atos: "Perdoai as nossas ofensas como perdoamos àqueles que nos ofenderam". Compreendei bem o valor dessas sublimes palavras; não só sua letra é admirável, mas também o compromisso que ela encerra.

Que pedis ao Senhor em lhe solicitando para vós o seu perdão? Apenas o esquecimento de vossas ofensas? Esquecimento que vos deixa no nada, porque se Deus se contenta em esquecer as vossas faltas, ele não pune, *mas, tampouco, não recompensa.* A recompensa não pode ser a paga do bem que não se fez, e ainda menos do mal que se fez fosse esse mal esquecido. Em lhe pedindo perdão de vossas transgressões, vós lhe pedis o favor de suas graças para nelas não mais cairdes; a força necessária para entrar num novo caminho, caminho de submissão e de amor, no qual podereis somar a reparação ao arrependimento.

Quando perdoardes aos vossos irmãos, não vos contenteis em estender o véu do esquecimento sobre as suas faltas; esse véu, frequentemente, é bem transparente aos vossos olhos; levai-lhes o amor ao mesmo tempo que o perdão; fazei por eles o que pediríeis ao vosso Pai celeste fazer por vós. Substituí a cólera que conspurca, pelo amor que purifica. Pregai pelo exemplo essa caridade ativa, infatigável, que Jesus vos ensinou; pregai como ele próprio o fez, enquanto viveu sobre a Terra, visível aos olhos do corpo, e como a prega ainda, sem cessar, desde que não é mais visível senão aos olhos do espírito. Segui esse divino modelo; marchai sobre seus passos: eles vos conduzirão ao lugar de refúgio onde encontrareis o repouso depois da luta. Como ele, carregai todos a vossa cruz e escalai penosamente, mas corajosamente, o vosso calvário: no cume está a glorificação.

DUFÊTRE, bispo de Nevers. Bordéus.

18. Caros amigos, sede severos para convosco, indulgentes para com as fraquezas dos outros; é ainda uma prática da santa caridade que bem poucas pessoas observam. Todos tendes más tendências a vencer, defeitos a corrigir, hábitos a modificar; todos tendes um fardo, mais ou menos pesado, a depor para escalar o cume da montanha do progresso. Por que, pois, serdes tão clarividentes para com o próximo e cegos em relação a vós mesmos? Quando, pois, cessareis de perceber, no olho de vosso irmão, o argueiro que o fere, sem olhar, no vosso, a trave que vos cega e vos faz marchar de queda em queda? Crede em vossos irmãos, os Espíritos: Todo homem bastante orgulhoso para se crer superior, em virtude e em mérito, aos seus irmãos encarnados, é insensato e culpável, e Deus o castigará no dia da sua justiça. O verdadeiro caráter da caridade é a modéstia e a humildade, que consistem em não ver, senão superficialmente, os defeitos de outrem por interessar-se em fazer valer o que há neles de bom e virtuoso, porque se o coração humano é um abismo de corrupção, existe sempre, em algumas de suas dobras mais ocultas, o germe de alguns bons sentimentos, centelha vivaz da essência espiritual.

Espiritismo, doutrina consoladora e bendita, felizes aqueles que te conhecem e que aproveitam os salutares ensinamentos dos Espíritos do Senhor! Para eles, o caminho é iluminado, e em todo o seu percurso podem ler essas palavras que lhes indicam o meio de atingir o fim: caridade prática, caridade de coração, caridade para com o próximo, como para consigo mesmo; numa palavra, caridade para com todos, e amor de Deus acima de todas as coisas, porque o amor de Deus resume todos os deveres, e é impossível amar realmente a Deus sem praticar a caridade, da qual fez ele uma lei para todas as criaturas.

SÃO LUÍS, PARIS, 1860.

19. *Ninguém sendo perfeito, segue-se que ninguém tem o direito de repreender o próximo?*

Seguramente não, uma vez que cada um de vós deve trabalhar para o progresso de todos e, sobretudo, daqueles cuja tutela vos está confiada, mas é uma razão de o fazer com moderação, com um fim útil, e não como se faz geralmente, pelo prazer de denegrir. Neste último caso, a censura é uma maldade; no primeiro, é um dever que a caridade manda cumprir com todas as reservas possíveis; e ainda a censura, que se lança sobre os outros, ao mesmo tempo, deve-se dirigi-la a si mesmo e se perguntar se não a terá merecido.

SÃO LUÍS, PARIS, 1860.

20. *Será repreensível observar as imperfeições dos outros, quando disso não pode resultar nenhum proveito para eles, quando não sejam divulgadas?*

Tudo depende da intenção; certamente, não é proibido ver o mal quando o mal existe; haveria mesmo inconveniente em não ver, por toda parte, senão o bem: essa ilusão prejudicaria o progresso. O erro está em fazer resultar essa observação em detrimento do próximo, depreciando-o sem necessidade na opinião pública. Seria ainda repreensível de não fazê-lo senão para nisso se comprazer com um sentimento de malevolência e de alegria em apanhar os outros em falta. Ocorre, de outro modo, quando lançado um véu sobre o mal, para o público, se se limita a observá-lo para dele fazer proveito pessoal, quer dizer, para estudá-lo e evitar o que se censura nos outros. Essa observação, aliás, não é útil ao moralista? Como ele pintaria os defeitos da Humanidade se não estudasse os modelos?

SÃO LUÍS, Paris, 1860.

21. *Há casos em que seja útil revelar o mal de outrem?*

Essa questão é muito delicada, e é aqui que é preciso apelar para a caridade bem compreendida. Se as imperfeições de uma pessoa não prejudicam senão a ela mesma, não há jamais utilidade em fazer conhecê-las; mas se podem causar prejuízos a outros, é preciso preferir o interesse da maioria ao interesse de um só. Segundo as circunstâncias, desmascarar a hipocrisia e a mentira pode ser um dever, porque vale mais que um homem caia, do que vários se tornarem enganados ou suas vítimas. Em semelhante caso, é preciso pesar a soma das vantagens e dos inconvenientes.

CAPÍTULO 11

AMAR O PRÓXIMO COMO A SI MESMO

O MAIOR MANDAMENTO - FAZER AOS OUTROS O QUE QUERERÍAMOS QUE OS OUTROS NOS FIZESSEM - PARÁBOLA DOS CREDORES E DOS DEVEDORES - DAI A CÉSAR O QUE É DE CÉSAR.

INSTRUÇÕES DOS ESPÍRITOS:

A LEI DE AMOR. – O EGOÍSMO. – A FÉ E A CARIDADE. – CARIDADE PARA COM OS CRIMINOSOS. – DEVE-SE EXPOR A PRÓPRIA VIDA POR UM MALFEITOR?

O MAIOR MANDAMENTO

1. *Os Fariseus, tendo sabido que ele tinha feito calar a boca aos Saduceus, reuniram-se; e um deles, que era doutor da lei, veio lhe fazer esta pergunta para o tentar: Mestre, qual é o maior mandamento da lei? Jesus lhe respondeu: Amareis o Senhor vosso Deus de todo o vosso coração, de toda a vossa alma e de todo o vosso espírito; é o maior e o primeiro mandamento. E eis o segundo, que é semelhante àquele:* Amareis vosso próximo como a vós mesmos. *Toda a lei e os profetas estão contidos nesses dois mandamentos, (São Mateus, cap. XXII, v. 34 a 40).*

2. Fazei aos homens tudo o que quereis que eles vos façam, *porque é a lei e os profetas. (Idem, cap. VII, v. 12).*

Tratai todos os homens da mesma forma que quereríeis que eles vos tratassem. (São Lucas, cap. VI, v. 31).

3. *O reino dos céus é comparado a um rei que quis tomar* *conta aos seus servidores; e tendo começado a fazê-lo, se lhe apresentou um deles, que lhe devia dez mil talentos. Mas como ele não tinha os meios de lhos restituir, seu senhor recomendou que o vendessem a ele, sua mulher e seus filhos, e tudo o que ele tinha para satisfazer a sua dívida. O servidor, lançando-se-lhe aos pés, suplicou-lhe, dizendo: Senhor, tende um pouco de paciência e eu lhe restituirei o total. Então, o senhor desse servidor, tocado de compaixão, o deixou ir e lhe remiu a dívida. Mas esse servidor, mal tendo saído, encontrando um de seus companheiros que lhe devia cem dinheiros, tomou-o pela garganta, quase sufocando-o e dizendo-lhe: Restitui-me o que me deves. E seu companheiro, lançando-se-lhe aos pés, suplicou-lhe dizendo: Tende um pouco de paciência e eu vos restituirei o total. Mas ele não quis escutá-lo; e se indo, fê-lo colocar na prisão, para nela o ter até que lhe restituísse o que lhe devia.*

Os outros servidores, seus companheiros, vendo o que se passava, extremamente aflitos, foram informar a seu senhor de tudo o que havia ocorrido. Então, o senhor, fazendo-o vir, disse-lhe: Mau servidor, eu vos isentei de tudo o que me devíeis, porque me pedistes isso; não seria preciso, pois, que tivésseis piedade do vosso companheiro, como tive piedade de vós? E o senhor, encolerizado, o entregou às mãos dos carrascos, até que pagasse tudo o que lhe devia.

É assim que meu Pai, que está no céu, vos tratará, se cada um não perdoar, do fundo do coração, ao seu irmão, as faltas que lhe tiverem cometido. (São Mateus, cap. XVIII, v. 23 a 35).

4. "Amar o próximo como a si mesmo: fazer para os outros o que quereríamos que os outros fizessem por nós" é a mais completa expressão da caridade, porque resume todos os deveres para com o próximo. Não se pode ter guia mais seguro, a esse respeito, que tomando por medida, que se deve fazer para os outros, o que se deseja para si. Com qual direito se exigiria dos semelhantes mais de bons procedimentos, de indulgência, de benevolência e de devotamento, do que se os tem para com eles? A prática dessas máximas tende à destruição do egoísmo; quando os homens as tomarem por normas de sua conduta e por base de suas instituições, compreenderão a verdadeira fraternidade e farão reinar, entre eles, a paz e a justiça; não haverá mais nem ódios nem dissensões, mas união, concórdia e benevolência mútua.

DAI A CÉSAR O QUE É DE CÉSAR

5. *Então, os Fariseus, tendo-se retirado, decidiram, entre si surpreendê-lo em suas palavras. Mandaram-lhe, pois, seus discípulos, com os Herodianos, dizer-lhe: Senhor, sabemos que sois verdadeiro e que ensinais o caminho de Deus pela verdade, sem considerar a quem quer que seja, porque não considerais a pessoa nos homens; dizei-nos, pois, vosso conselho sobre isto: é nos permitido pagar o tributo a César, ou não pagá-lo?*

Mas Jesus, conhecendo a sua malícia, disse-lhe: Hipócritas, por que me tentais? Mostrai-me a peça de dinheiro que se dá para o tributo. E tendo eles lhe apresentado uma moeda, Jesus lhes disse: De quem é esta imagem e esta inscrição? De César, disseram-lhe. Então, Jesus lhes respondeu: Dai, pois, a César o que é de César, e a Deus o que é de Deus.

Tendo ouvido falar dessa maneira, admiraram-se de sua resposta e, deixando-o, retiraram-se. (São Mateus, cap. XXII, v. 15 a 22; São Marcos, cap. XII, v. 13 a 17).

6. A questão proposta a Jesus era motivada pela circunstância de que os Judeus, tendo horror ao tributo que lhes era imposto pelos Romanos, dela fizeram uma questão religiosa; um partido numeroso se formara para repelir o imposto; o pagamento do tributo era, pois, para eles, uma questão irritante e atual, sem a qual, a pergunta feita a Jesus: "É-nos permitido pagar ou não pagá-lo, o tributo a César?" não teria nenhum sentido. Essa questão era uma armadilha, porque, de acordo com a sua resposta, esperavam excitar contra ele, seja a autoridade romana ou os Judeus dissidentes. Mas "Jesus conhecendo a sua malícia", evita a dificuldade, dando-lhes uma lição de justiça, dizendo-lhes para restituírem, a cada um, o que lhe era devido. (Ver a introdução, artigo: *Publicanos*).

7. Esta máxima: "Dai a César o que é de César" não deve ser entendida de uma forma restritiva e absoluta. Como todos os ensinamentos de Jesus, é um princípio geral resumido sob uma forma prática e usual e deduzida de uma circunstância particular. Esse princípio é uma consequência daquele que manda agir para com os outros como quereríamos que os outros agissem para conosco; ele condena todo prejuízo material e moral acarretado a outrem, toda violação dos seus interesses; prescreve o respeito dos direitos de cada um, como cada um deseja que se respeite os seus; estende-se ao cumprimento dos deveres contraídos para com a família, a sociedade, a autoridade, assim como para com os indivíduos.

INSTRUÇÕES DOS ESPÍRITOS

A LEI DE AMOR

LÁZARO, PARIS, 1862.

8. O amor resume inteiramente a doutrina de Jesus, porque é o sentimento por excelência, e os sentimentos são os instintos elevados à altura do progresso realizado. No seu início, o homem não tem senão instintos; mais avançado e corrompido, só tem sensações; mais instruído e purificado, tem sentimentos; e o ponto delicado do sentimento é o amor, não o amor no sentido vulgar do termo, mas este sol interior que condensa e reúne, em seu foco ardente, todas as aspirações e todas as revelações sobre-humanas. A lei de amor substitui a personalidade pela fusão dos seres e aniquila as misérias sociais. Feliz aquele que, ultrapassando a sua humanidade, ama com amplo amor seus irmãos em dores! Feliz aquele que ama, porque não conhece nem a angústia da alma, nem a miséria do corpo; seus pés são leves, e vive como que transportado para fora de si mesmo. Quando Jesus pronunciou esta palavra divina – amor –, ela fez estremecer os povos; e os mártires, ébrios de esperança, desceram ao circo.

O Espiritismo, a seu turno, vem pronunciar uma segunda palavra do alfabeto divino; estai atentos, porque esta palavra ergue a pedra dos túmulos vazios, e a *reencarnação,* triunfando sobre a morte, revela ao homem maravilhado seu patrimônio intelectual; não é mais aos suplícios que ela o conduz, mas à conquista do seu ser, elevado e transfigurado. O sangue resgatou o Espírito, e o Espírito deve hoje resgatar o homem da matéria.

Disse eu que, no seu início, o homem não tem senão instintos, e aquele, pois, em quem os instintos dominam, está mais próximo do ponto de partida que do objetivo. Para avançar em direção ao objetivo, é preciso vencer os instintos em proveito dos sentimentos, quer dizer, aperfeiçoar estes, sufocando os germes latentes da matéria. Os instintos são a germinação e os embriões do sentimento; eles carregam consigo o progresso, como a bolota encerra o carvalho, e os seres menos avançados são aqueles que, não se despojando senão pouco a pouco de sua crisálida, permanecem escravizados aos instintos. O Espírito deve ser cultivado como um campo; toda a riqueza futura depende do labor presente, e mais do que bens terrestres, levar-vos-á à gloriosa elevação; é então que, compreendendo a lei de amor que une todos os seres, nela encontrareis as suaves alegrias da alma, que são o prelúdio das alegrias celestes.

Fénelon, Bordéus, 1861.

9. O amor é de essência divina e, desde o primeiro até o último, possuís no fundo do coração a chama desse fogo sagrado. É um fato que pudestes constatar muitas vezes; o homem mais abjeto, o mais vil, o mais criminoso, tem por um ser ou por um objeto qualquer, uma afeição viva e ardente, à prova de tudo que tendesse a diminuí-la, e atingindo, frequentemente, proporções sublimes.

Disse eu por um ser ou por um objeto qualquer, porque existem, entre vós indivíduos que dispensam tesouros de amor, dos quais seus corações transbordam, sobre animais, sobre plantas, e mesmo sobre objetos materiais: espécies de misantropos queixando-se da Humanidade em geral, resistindo contra a tendência natural de sua alma que procura, ao seu redor, a afeição e a simpatia; eles rebaixam a lei de amor ao estado de instinto. Mas, qualquer coisa que façam, não saberão sufocar o germe vivaz que Deus lhes depositou nos corações, na sua criação; esse germe se desenvolve e engrandece com a moralidade e a inteligência e, ainda que comprimido pelo egoísmo, é a fonte de santas e doces virtudes que fazem as afeições sinceras e duráveis, e vos ajudam a transpor a rota escarpada e árida da existência humana.

Há algumas pessoas a quem a prova da reencarnação repugna, no sentido de que outros participem de suas afetuosas simpatias, das quais são ciosas. Pobres irmãos! é a vossa afeição que vos torna egoístas; vosso amor está restrito a um círculo íntimo de parentes ou de amigos, e todos os outros vos são indiferentes. Pois bem! para praticar a lei de amor, tal como Deus a entende, é preciso que chegueis, progressivamente, a amar a todos os vossos irmãos indistintamente. A tarefa será longa e difícil, mas se cumprirá: Deus o quer, e a lei de amor é o primeiro e o mais importante preceito de vossa nova doutrina, porque é a que deverá, um dia, matar o egoísmo, sob qualquer forma que ele se apresente; porque, além do egoísmo pessoal, há ainda o egoísmo de família, de casta, de nacionalidade. Jesus disse: "Amai vosso próximo como a vós mesmos"; ora, qual é o limite do próximo? a família, a seita, a nação? Não, é a Humanidade toda. Nos mundos superiores, é o amor recíproco que harmoniza e dirige os Espíritos avançados que os habitam, e o vosso planeta, destinado a um progresso próximo por sua transformação social, verá praticar, por seus habitantes, esta lei sublime, reflexo da Divindade.

Os efeitos da lei de amor são o aperfeiçoamento moral da raça humana e a felicidade durante a vida terrestre. Os mais rebeldes e os mais viciosos deverão se reformar quando virem os benefícios produzidos por esta prática: Não façais aos outros o que não quereríeis que vos fosse feito, mas fazei-lhes, ao contrário, todo o bem que está em vosso poder fazer-lhes.

Não creiais na esterilidade e no endurecimento do coração humano; ele cede, a seu malgrado, ao amor verdadeiro; é um ímã ao qual não pode resistir, e o contato desse amor vivifica e fecunda os germes dessa virtude que está nos vossos corações em estado latente. A Terra, morada de prova e de exílio, será, então, purificada por esse fogo sagrado, e verá praticar a caridade, a humildade, a paciência, o devotamento, a abnegação, a resignação, o sacrifício, virtudes todas filhas do amor. Não vos canseis, pois, de ouvir as palavras de João, o Evangelista; vós o sabeis, que quando a enfermidade e a velhice suspenderam o curso de suas pregações, ele não repetia senão estas doces palavras: "Meus filhinhos, amai-vos uns aos outros."

Caros irmãos amados, utilizai com proveito essas lições: sua prática é difícil, mas a alma delas retira um bem imenso. Crede-me, fazei o sublime esforço que vos peço: "Amai-vos" e vereis bem cedo a Terra transformada e tornar-se um Elísio, onde as almas dos justos virão gozar o repouso.

SANSÃO, membro da
Sociedade Espírita de Paris, 1863.

10. Meus queridos condiscípulos, os Espíritos aqui presentes vos dizem, por minha voz: Amai bastante a fim de serdes amados. Este pensamento é tão justo que nele encontrareis tudo o que consola e acalma as penas de cada dia; ou antes, praticando esta sábia máxima, elevar-vos-ei, de tal modo acima da matéria, que vos espiritualizareis antes do vosso decesso terrestre. Os estudos espíritas tendo desenvolvido em vós a compreensão do futuro, tendes uma certeza: a ascensão até Deus, com todas as promessas que respondem às aspirações da vossa alma; também deveis vos elevar bastante alto para julgar sem as estreitezas da matéria e não condenar vosso próximo, antes de terdes dirigido vosso pensamento até Deus.

Amar, no sentido profundo da palavra, é ser leal, probo, consciencioso, para fazer aos outros o que se quereria para si mesmo; é procurar, ao redor de si, o sentido íntimo de todas as dores que oprimem vossos irmãos, para abrandá-las; é encarar a grande família humana como a sua, porque essa família, vós a encontrareis, em um certo período, em mundos mais avançados, e os Espíritos que a compõem são, como vós, filhos de Deus, destinados a se elevarem ao infinito. É por isso que não podeis recusar, aos vossos irmãos, o que Deus vos deu livremente, visto que, a vosso turno, estaríeis bem contentes se vossos irmãos vos dessem do que tivésseis necessidade. A todos os sofrimentos, dai, pois, uma palavra de esperança e de apoio a fim de que sejais todo amor, todo justiça.

Crede que estas sábias palavras: "Amai bastante para serdes amados" caminharão; elas são revolucionárias e seguem um caminho fixo, invariável. Mas já tendes ganho, vós que me escutais; sois infinitamente melhores do que há cem anos; tendes de tal modo mudado, em vosso proveito, que aceitais, sem contestar, uma multidão de ideias novas sobre a liberdade e a fraternidade, que outrora rejeitastes; ora, daqui a cem anos, aceitareis, com a mesma facilidade, aquelas que não puderam ainda entrar em vosso cérebro.

Hoje, que o movimento espírita deu um grande passo, vede com que rapidez as ideias de justiça e de renovação, contidas nos ditados dos Espíritos, são aceitas pela parte mediana do mundo inteligente; é porque essas ideias respondem a tudo o que há de divino em vós; é que estais preparados para uma sementeira fecunda: a do último século, que implantou, na sociedade, as grandes ideias de progresso; e como tudo se encadeia sob o dedo do Altíssimo, todas as lições recebidas e aceitas estarão contidas nessa permuta universal de amor ao próximo; por ele, os Espíritos encarnados, julgando e sentindo melhor, se estenderão as mãos desde os confins do vosso planeta; reunir-se-ão para se entenderem e se amarem, para destruírem todas as injustiças, todas as causas de desinteligência entre os povos.

Grande pensamento de renovação pelo Espiritismo, tão bem descrito em *O Livro dos Espíritos,* tu produzirás o grande milagre do século futuro, o da reunião de todos os interesses materiais e espirituais dos homens, pela aplicação desta máxima, bem compreendida: Amai bastante a fim de serdes amados.

O EGOÍSMO

EMMANUEL, PARIS, 1861.

11. O egoísmo, esta chaga da Humanidade, deve desaparecer da Terra, cujo progresso moral retarda; ao Espiritismo está reservada a tarefa de fazê-la subir na hierarquia dos mundos. O egoísmo é, pois, o objetivo para o qual todos os verdadeiros crentes devem dirigir suas armas, suas forças e sua coragem, digo coragem porque é preciso mais coragem para vencer a si mesmo do que para vencer os outros. Que cada um, pois, coloque todos os seus cuidados para combatê-lo em si, porque esse monstro devorador de todas as inteligências, esse filho do orgulho, é a fonte de todas as misérias deste mundo. É a negação da caridade e, por conseguinte, o maior obstáculo à felicidade dos homens.

Jesus vos deu o exemplo da caridade, e Pôncio Pilatos, o do egoísmo, porque, enquanto o Justo vai percorrer as santas estações do seu martírio, Pilatos lava as mãos dizendo: Que me importa! Ele disse aos judeus: Este homem é justo, por que quereis crucificá-lo? E, entretanto, deixa que o conduzam ao suplício.

É a esse antagonismo da caridade e do egoísmo, à invasão dessa lepra do coração humano, que o Cristianismo deve não ter cumprido ainda toda a sua missão. É a vós, apóstolos novos da fé e que os Espíritos Superiores esclarecem, a quem incumbe a tarefa e o dever de extirpar esse mal, para dar ao Cristianismo toda a sua força e limpar o caminho das sarças que lhe entravam a marcha. Extirpai o egoísmo da Terra, para que ela possa gravitar na escala dos mundos, porque já é tempo de a Humanidade vestir o seu traje viril e, para isso, é preciso primeiro extirpá-lo do vosso coração.

PASCAL, SENS, 1862.

12. Se os homens se amassem mutuamente, a caridade seria melhor praticada; mas seria preciso, para isso, que vos esforçásseis em vos desembaraçar dessa couraça que cobre os vossos corações, a fim de serdes mais sensíveis para com aqueles que sofrem. A dureza mata os bons sentimentos; o Cristo não se recusava; aquele que se dirigisse a ele, quem quer que fosse, não era repelido: a mulher adúltera, o criminoso, eram socorridos por ele; não temia jamais que a sua própria consideração viesse a sofrer com isso. Quando, pois, o tomareis como modelo de todas as vossas ações? *Se a caridade reinasse na Terra, o mau não teria mais predominância; fugiria envergonhado, esconder-se-ia, porque se encontraria deslocado por toda parte.* Então o mal desapareceria, ficai bem compenetrados disto.

Começai por dar o exemplo vós mesmos; sede caridosos para com todos indistintamente; esforçai-vos por não mais notar aqueles que vos olham com desdém e deixai a Deus o cuidado de toda a justiça, porque cada dia, em seu reino, ele separa o joio do trigo.

O egoísmo é a negação da caridade; ora, sem a caridade não haverá tranquilidade na sociedade; digo mais, nem segurança. Com o egoísmo e o orgulho, que andam de mãos dadas, haverá sempre um caminho para o mais sagaz, uma luta de interesses, onde são pisoteadas as mais santas afeições, onde os laços sagrados da família não são mesmo respeitados.

A FÉ E A CARIDADE

ESPÍRITO PROTETOR, CRACÓVIA, 1861.

13. Eu vos disse, ultimamente, meus caros filhos, que a caridade sem a fé não bastava para manter, entre os homens, uma ordem social capaz de torná-los felizes. Devia ter dito que a caridade é impossível sem a fé. Podereis encontrar, em verdade, impulsos generosos mesmo nas pessoas sem religião, mas essa caridade austera que não se pratica senão pela abnegação, pelo sacrifício constante de todo interesse egoístico, não há senão a fé para inspirá-la, porque nada além dela nos faz levar com coragem e perseverança a cruz desta vida.

Sim, meus filhos, é em vão que o homem, ávido de prazeres, queira-se iludir sobre a sua destinação nesse mundo, sustentando que lhe é permitido não se ocupar senão da sua felicidade. Certamente, Deus nos criou para sermos felizes na eternidade; entretanto, a vida terrestre deve servir unicamente ao nosso aperfeiçoamento moral, que se adquire mais facilmente com a ajuda dos órgãos e do mundo material. Sem contar as vicissitudes ordinárias da vida, a diversidade dos vossos gostos, de vossas tendências, de vossas necessidades, é também um meio de aperfeiçoar-vos no exercício da caridade. Porque não é senão à força de concessões e de sacrifícios mútuos que podeis manter a harmonia entre elementos tão diversos.

Entretanto, tendes razão, afirmando que a felicidade está destinada ao homem nesse mundo, se a procurais não nos prazeres materiais, mas no bem. A história da cristandade fala de mártires que foram ao suplício com alegria; hoje, e em vossa sociedade, não é preciso, para serdes cristão, nem o holocausto do mártir, nem o sacrifício da vida, mas única e simplesmente o sacrifício do vosso egoísmo, do vosso orgulho e da vossa vaidade. Triunfareis se a caridade inspirar-vos e se a fé sustentar-vos.

CARIDADE PARA COM OS CRIMINOSOS

ELISABETH DE FRANÇA, Havre, 1862.

14. A verdadeira caridade é um dos mais sublimes ensinamentos que Deus deu ao mundo. Deve existir, entre os verdadeiros discípulos de sua doutrina, uma fraternidade completa. Deveis amar os infelizes, os criminosos como criaturas de Deus, às quais, o perdão e a misericórdia serão concedidos, se se arrependerem, como a vós mesmos, pelas faltas que cometeis contra a sua lei. Pensai que sois mais repreensíveis, mais culpados que aqueles aos quais recusais o perdão e a comiseração, porque, frequentemente, eles não conhecem Deus como o conheceis e lhes será pedido menos que a vós.

Não julgueis, oh! não julgueis, meus caros amigos, porque o julgamento que fizerdes vos será aplicado mais severamente ainda e tendes necessidade de indulgência para os pecados que cometeis sem cessar. Não sabeis que há muitas ações que são crimes aos olhos do Deus de pureza, e que o mundo não considera sequer como faltas leves?

A verdadeira caridade não consiste somente na esmola que dais, nem mesmo nas palavras de consolação com as quais podeis acompanhá-la. Não, não é só isso o que Deus exige de vós. A caridade sublime, ensinada por Jesus, consiste também na benevolência concedida sempre e em todas as coisas, ao vosso próximo. Podeis ainda exercitar essa sublime virtude sobre muitos seres que não precisam de esmolas, e que palavras de amor, de consolação e de encorajamento conduzirão ao Senhor.

Os tempos estão próximos, digo-o ainda, em que a fraternidade reinará nesse globo; a lei do Cristo é a que regerá os homens e só ela será o freio e a esperança e conduzirá as almas às moradas bem-aventuradas. Amai-vos, pois, como os filhos de um mesmo pai; não façais diferença entre os outros infelizes, porque é Deus quem quer que todos sejam iguais; portanto, não desprezeis a ninguém; Deus permite que grandes criminosos estejam entre vós a fim de que vos sirvam de ensinamento. Logo, quando os homens forem conduzidos às verdadeiras leis de Deus, não haverá mais necessidade desses ensinamentos, e *todos os Espíritos impuros e revoltados serão dispersados nos mundos inferiores, de acordo com as suas tendências.*

Deveis, àqueles de quem falo, o socorro de vossas preces: é a verdadeira caridade. Não é preciso dizer de um criminoso: "É um miserável; é preciso expurgá-lo da Terra; a morte que se lhe inflige é muito suave para um ser dessa espécie." Não, não é assim que deveis falar. Olhai vosso modelo Jesus; que diria ele se visse esse infeliz perto de si? Lamentá-lo-ia, o consideraria como um doente bem miserável e lhe estenderia a mão. Não podeis fazer isso em realidade, mas, pelo menos, podeis orar por ele, assistir seu Espírito durante alguns instantes que deve ainda passar sobre a vossa Terra. O arrependimento pode tocar-lhe o coração se orardes com fé. Ele é vosso próximo como o melhor dentre os homens; sua alma transviada e revoltada foi criada, como a vossa, para aperfeiçoar-se; ajudai-o, pois, a sair do lamaçal e orai por ele.

LAMENNAIS, PARIS, 1862.

15. *Um homem está em perigo de morte; para salvá-lo é preciso expor a vida; mas sabe-se que esse homem é infeliz, e que, se ele escapar, poderá cometer novos crimes. Deve-se, malgrado isso, expor-se para salvá-lo?*

Esta é uma questão muito grave e que pode se apresentar naturalmente ao espírito. Responderei segundo meu adiantamento moral, uma vez que se trata de saber se se deve expor a própria vida por um malfeitor. O devotamento é cego; socorre-se um inimigo, deve-se socorrer o inimigo da sociedade, numa palavra, um malfeitor. Credes que é somente à morte que se vai arrancar esse infeliz? É, talvez, a toda a sua vida passada. Porque, pensai nisso, nesses rápidos instantes que lhe arrebatam os últimos minutos da vida, o homem perdido volve sobre sua vida passada, ou antes, ela se ergue diante dele. A morte, talvez, chegue muito cedo para ele; a reencarnação poderá ser terrível; lançai-vos, pois, homens! vós a quem a ciência espírita esclareceu; lançai-vos, arrancai-o à sua condenação, e então, talvez, esse homem que morreria vos insultando, se atirará em vossos braços. Todavia, não é preciso perguntar-vos se o fará ou não, mas ide em seu socorro, porque, salvando-o, obedeceis a esta voz do coração que vos diz: "Podes salvá-lo, salva-o!"

CAPÍTULO 12

AMAI OS VOSSOS INIMIGOS

Pagar o mal com o bem – Os inimigos desencarnados – Se alguém vos bate na face direita, apresentai-lhe também a outra

Instruções dos Espíritos:
A Vingança – O ódio – O duelo

PAGAR O MAL COM O BEM

1. *Aprendestes que foi dito: Amareis vosso próximo e odiareis vossos inimigos. E eu vos digo:* Amai os vossos inimigos, fazei o bem àqueles que vos odeiam e orai por aqueles que vos perseguem e vos caluniam *a fim de que sejais os filhos de vosso Pai que está nos céus, que faz erguer o Sol sobre os bons e sobre os maus e faz chover sobre os justos e os injustos, porque se não amardes senão aqueles que vos amam, que recompensa disso tereis? Os publicanos não o fazem também? E se não saudardes senão os vossos irmãos, que fazeis nisso mais que os outros? Os publicanos não o fazem também? Eu vos digo que se a vossa justiça não for mais abundante que a dos Escribas e dos Fariseus, não entrareis no reino dos céus. (São Mateus, cap. V, v. 20 e de 43 a 47).*

2. *Se não amardes senão aqueles que vos amam, que recompensa tereis, uma vez que as pessoas de má vida amam também aqueles que as amam? E se não fazeis o bem senão àqueles que vo-lo fazem, que recompensa tereis, uma vez que as pessoas de má vida*

fazem a mesma coisa? E se vós não emprestais senão àqueles de quem esperais receber o mesmo favor, que recompensa tereis, uma vez que as pessoas de má vida se emprestam mutuamente para receber a mesma vantagem? Mas, por vós, amai os vossos inimigos, fazei o bem a todos e emprestai sem disso nada esperar, *e, então, vossa recompensa será muito grande, e sereis os filhos do Altíssimo, que é bom para os ingratos e mesmo para os maus. Sede, pois, cheios de misericórdia, como vosso Deus é cheio de misericórdia. (São Lucas, cap. VI, v. de 32 a 36).*

3. Se o amor ao próximo é o princípio da caridade, amar os inimigos é sua aplicação sublime, porque esta virtude é uma das maiores vitórias alcançadas sobre o egoísmo e o orgulho.

Entretanto, equivoca-se geralmente sobre o sentido da palavra amor nessa circunstância; Jesus não quis dizer, por essas palavras, que se deve ter pelo inimigo a ternura que se tem para com um irmão ou amigo; a ternura supõe a confiança; ora, não se pode ter confiança naquele que sabemos nos querer mal; não se pode ter com ele os transportes de amizade, porque se sabe que é capaz de abusar disso; entre pessoas que desconfiam umas das outras, não poderá haver os laços de simpatia que existem entre aquelas que estão em comunhão de pensamentos; não se pode, enfim, ter o mesmo prazer ao se encontrar com um inimigo do que com um amigo.

Esse sentimento resulta mesmo de uma lei física: a da assimilação e da repulsão dos fluidos; o pensamento malévolo dirige uma corrente fluídica cuja impressão é penosa; o pensamento benevolente vos envolve de um eflúvio agradável; daí a diferença de sensações que se experimenta à aproximação de um amigo ou de um inimigo. Amar os inimigos não pode, pois, significar que não se deve fazer nenhuma diferença entre eles e os amigos; esse preceito parece difícil, impossível mesmo de praticar-se, porque se crê falsamente que prescreve lhes dar o mesmo lugar no coração. Se a pobreza das línguas humanas obriga a servir-se do mesmo termo para exprimir diversas nuanças de sentimentos, a razão deve diferenciá-los segundo o caso.

Amar os inimigos não é, pois, ter para com eles uma afeição que não está na Natureza, porque o contato de um inimigo faz bater o coração de maneira bem diferente do de um amigo; é não ter contra eles nem ódio, nem rancor, nem desejo de vingança; é perdoar-lhes *sem segunda intenção* e *incondicionalmente* o mal que nos fazem; é não opor nenhum obstáculo à reconciliação; é desejar-lhes o bem, em lugar de desejar-lhes o mal; é regozijar-se em lugar de se afligir pelo bem que os alcança; é estender-lhes mão segura em caso de necessidade; é abster-se, *em palavras e em ações,* de tudo o que possa prejudicá-los; enfim, é retribuir-lhes em tudo, o mal com o bem, *sem intenção de os humilhar.* Quem quer que faça isso, cumpre as condições do mandamento: Amai os vossos inimigos.

4. Amar os inimigos é um absurdo para o incrédulo; aquele para quem a vida presente é tudo, não vê no inimigo senão um ser nocivo, perturbando sua tranquilidade, e do qual crê que só a morte pode livrá-lo; daí o desejo de vingança; não tem nenhum interesse em perdoar se isso não é para satisfazer seu orgulho aos olhos do mundo; perdoar mesmo, em certos casos, parece-lhe uma fraqueza indigna de si; se não se vinga, não lhe conserva menos rancor e um secreto desejo do mal.

Para o crente, mas para o espírita sobretudo, a maneira de ver é diferente, porque ele considera o passado e o futuro, entre os quais a vida presente não é senão um ponto; sabe que, pela própria destinação da Terra, deve prever encontrar nela homens maus e perversos; que as maldades das quais é alvo fazem parte das provas que deve suportar, e o ponto de vista elevado em que se coloca, torna-lhe as vicissitudes menos amargas, venham elas dos homens ou das coisas; *se ele não se queixa das provas, não deve murmurar contra aqueles que delas são os instrumentos;* se, em lugar de lamentar-se, agradece a Deus por experimentá-lo, *deve agradecer a mão que lhe fornece a ocasião de provar sua paciência e sua resignação.* Esse pensamento o dispõe naturalmente ao perdão; ele sente, por outro lado, que quanto mais é generoso, mais se engrandece aos próprios olhos e se acha fora do alcance dos golpes malevolentes do seu inimigo.

O homem que ocupa uma posição elevada no mundo não se crê ofendido pelos insultos daquele a quem considera como seu inferior; assim, ocorre com aquele que se eleva, no mundo moral, acima da Humanidade material; ele compreende que o ódio e o rancor o aviltariam e o rebaixariam; ora, para ser superior ao seu adversário é preciso que tenha a alma maior, mais nobre e mais generosa.

OS INIMIGOS DESENCARNADOS

5. Tem o espírita ainda outros motivos de indulgência para com seus inimigos. Sabe ele, primeiro, que a maldade não é o estado permanente dos homens; que ela se deve a uma imperfeição momentânea e que, do mesmo modo que a criança se corrige dos seus defeitos, o homem mau reconhecerá um dia seus erros e se tornará bom.

Sabe ainda que a morte não o livra senão da presença material de seu inimigo, mas que este pode persegui-lo com o seu ódio, mesmo depois de ter deixado a Terra; que, assim, a vingança falha no seu objetivo e, ao contrário, tem por efeito produzir uma irritação maior, que pode continuar de uma existência a outra. Cabe ao Espiritismo provar, pela experiência e pela lei que regem as relações do mundo visível e do mundo invisível, que a expressão: *apagar o ódio com o sangue* é radicalmente falsa, e o que é verdadeiro, é que o sangue conserva o ódio, mesmo além do túmulo; de dar, por conseguinte, uma razão de ser efetiva e uma utilidade prática ao perdão, e à sublime máxima do Cristo: *Amai os vossos inimigos.* Não há coração tão perverso que não seja tocado de bons procedimentos, mesmo inconscientemente; pelos bons procedimentos tira-se pelo menos todo pretexto de represálias; de um inimigo se pode fazer um amigo, antes e depois da sua morte. Pelos maus procedimentos, ele se irrita *e é, então, que ele próprio serve de instrumento à justiça de Deus para punir aquele que não perdoou.*

6. Pode-se, pois, ter inimigos entre os encarnados e entre os desencarnados; os inimigos do mundo invisível manifestam sua malevolência pelas obsessões e pelas subjugações, das quais tantas pessoas são alvo, e que são uma variedade das provas da vida; essas provas, como as outras, ajudam ao adiantamento e devem ser aceitas com resignação e como consequência da natureza inferior do globo terrestre; se não houvesse homens maus na Terra, não haveria Espíritos maus ao redor dela. Se, pois, deve-se ter indulgência e benevolência para com os inimigos encarnados, devemos tê-las igualmente para com aqueles que estão desencarnados.

Outrora, sacrificavam-se vítimas sangrentas para apaziguar os deuses infernais, que não eram outros senão os Espíritos maus. Aos deuses infernais sucederam os demônios, que são a mesma coisa. O Espiritismo veio provar que esses demônios não são outros senão as almas de homens perversos, que não se despojaram ainda dos instintos materiais; *que não se pode apaziguá-los senão pelo sacrifício de seu ódio, quer dizer, pela caridade;* que a caridade não tem apenas por efeito impedi-los de fazer o mal, mas de conduzi-los no caminho do bem, e de contribuir para a sua salvação. É assim que a máxima: *Amai os vossos inimigos,* não está circunscrita ao círculo estreito da Terra e da vida presente, mas se integra na grande lei da solidariedade e da fraternidade universais.

SE ALGUÉM VOS BATE NA FACE DIREITA, APRESENTAI-LHE TAMBÉM A OUTRA

7. *Tendes aprendido que foi dito: olho por olho e dente por dente. Eu vos digo para não resistirdes ao mal que se vos queiram fazer,* mas se alguém vos bate na face direita, apresentai-lhe também a esquerda; *e se alguém quer demandar convosco para tomar vossa túnica, abandonai-lhe também vossa capa; e se alguém quer vos constranger a fazer mil passos com ele, fazei ainda dois mil. Dai àquele que vos pede e não repilais àquele que quer vos tomar emprestado. (São Mateus, cap. V, v. de 38 a 42).*

8. Os preconceitos do mundo sobre o que se convencionou chamar o ponto de honra, dão essa suscetibilidade sombria, nascida do orgulho e da exaltação da personalidade, que leva o homem a retribuir injúria por injúria, insulto por insulto, o que parece a justiça, para aquele cujo senso moral não se eleva acima das paixões terrestres; por isso, a lei mosaica dizia: olho por olho, dente por dente, lei em harmonia com o tempo em que vivia Moisés. Cristo veio e disse: Retribuí o mal com o bem. E disse mais: "Não resistais ao mal que se vos queiram fazer; *se alguém vos bater sobre uma face, apresentai-lhe a outra."* Ao orgulhoso, esta máxima parece uma covardia, porque não compreende que haja mais coragem em suportar um insulto do que em se vingar, e isso sempre por essa causa que faz com que a sua visão não se transporte além do presente. Entretanto, é preciso tomar esta máxima ao pé da letra? Não mais que aquela que diz para arrancar o olho, se ele for motivo de escândalo; acentuada em todas as suas consequências, seria condenar toda repressão, mesmo legal, e deixar o campo livre aos maus, dissipando-lhes todo medo; se não se opusesse um freio às suas agressões, logo, todos os bons seriam suas vítimas. O próprio instinto de conservação, que é uma lei natural, diz que não é preciso estender benevolentemente o pescoço ao assassino. Por essas palavras, portanto, Jesus não interditou a defesa, mas *condenou a vingança.* Em dizendo para apresentar uma face quando a outra foi batida, é dizer, sob outra forma, que não é preciso retribuir o mal com o mal; que o homem deve aceitar com humildade tudo o que tende a rebaixar-lhe o orgulho; que é mais glorioso para si ser ferido do que ferir, suportar pacientemente uma injustiça, do que ele próprio cometer uma; que vale mais ser enganado do que enganador, ser arruinado do que arruinar os outros. Isto é, ao mesmo tempo, a condenação do duelo, que não é outra coisa senão uma manifestação do orgulho. Só a fé na vida futura e na Justiça de Deus, que não deixa jamais o mal impune, pode dar a força de suportar pacientemente os golpes dirigidos contra os nossos interesses e o nosso amor-próprio; por isso, dizemos incessantemente: Dirigi vossos olhares para a frente; quanto mais vos eleveis pelo pensamento, acima da vida material, menos sereis magoados pelas coisas da Terra.

INSTRUÇÕES DOS ESPÍRITOS

A VINGANÇA

JULES OLIVIER, PARIS, 1862.

9. A vingança é o último vestígio abandonado pelos costumes bárbaros, que tendem a se apagar do meio dos homens. Ela é, como o duelo, um dos últimos vestígios desses costumes selvagens sob os quais se debatia a Humanidade no início da era cristã. Por isso, a vingança é um indício certo do estado atrasado dos homens que a ela se entregam e dos Espíritos que podem ainda inspirá-la. Portanto, meus amigos, esse sentimento não deve jamais fazer vibrar o coração de quem se diga e se afirme espírita. Vingar-se, vós o sabeis, é de tal modo contrário a esta prescrição do Cristo: "Perdoai aos vossos inimigos", que aquele que se recusa a perdoar, não somente não é espírita, como não é nem mesmo cristão. A vingança é uma inspiração tanto mais funesta, quanto a falsidade e a baixeza são suas companheiras assíduas; com efeito, aquele que se entrega a essa fatal e cega paixão não se vinga quase nunca a céu aberto. Quando é o mais forte, precipita-se como um animal feroz sobre aquele a quem chama seu inimigo, quando a visão deste vem inflamar sua paixão, sua cólera e seu ódio. Mas, o mais frequentemente, ele reveste uma aparência hipócrita, em dissimulando, no mais profundo do seu coração, os maus sentimentos que o animam; toma caminhos escusos, segue, na sombra, seu inimigo sem desconfiança e espera o momento propício para atingi-lo sem perigo; esconde-se dele, espreitando-o sem cessar; arma-lhe emboscadas odiosas e lhe derrama, chegada a ocasião, o veneno no copo. Quando seu ódio não vai até esses extremos, ele o ataca, então, em sua honra e em suas afeições; não recua diante da calúnia, e suas insinuações pérfidas, habilmente semeadas para todos os ventos, vão crescendo pelo caminho. Por isso, quando aquele que persegue, apresenta-se nos lugares onde seu sopro envenenado passou, espanta-se de encontrar rostos frios onde encontrava, outras vezes, rostos amigos e benevolentes; fica estupefato quando mãos que buscavam a sua se recusam a apertá-la agora; enfim, fica aniquilado quando seus amigos mais caros e seus parentes se desviam e fogem dele. Ah! o covarde que se vinga assim é cem vezes mais culpável do que aquele que vai direto ao seu inimigo e o insulta de rosto descoberto.

Para trás, pois, com esses costumes selvagens! Para trás com esses usos de outro tempo! Todo espírita que pretendesse, hoje, ter ainda o direito de se vingar, seria indigno de figurar por mais tempo na falange que tomou por divisa: *Fora da caridade não há salvação!* Mas não, eu não poderia deter-me em semelhante ideia, de que um membro da grande família espírita possa, no futuro, ceder ao impulso da vingança, ao invés de perdoar.

O ÓDIO

FÉNELON, BORDÉUS, 1861.

10. Amai-vos uns aos outros e sereis felizes. Sobretudo, tomai a tarefa de amar aqueles que vos inspiram indiferença, ódio e desprezo. O Cristo, de quem deveis fazer o vosso modelo, deu-vos o exemplo desse devotamento; missionário de amor, amou até dar o seu sangue e a própria vida. O sacrifício que vos obriga a amar aqueles que vos ultrajam e vos perseguem é penoso; mas, é precisamente isso que vos torna superiores a eles; se vós os odiais como vos odeiam, não valeis mais do que eles; é a hóstia sem mancha, ofertada a Deus sobre o altar de vossos corações, hóstia de agradável aroma cujos perfumes sobem até ele. Ainda que a lei do amor queira que se ame indistintamente a todos os irmãos, não endurece o coração contra os maus procedimentos; ao contrário, é a mais penosa prova, eu o sei, uma vez que durante minha última existência terrestre, experimentei essa tortura; mas Deus lá está, e pune, nesta vida e na outra, aqueles que faltam à lei de amor. Não vos esqueçais, meus caros filhos, que o amor nos aproxima de Deus, e que o ódio nos afasta dele.

O DUELO

ADOLFHO, BISPO DE ARGEL, MARMANDE, 1861.

11. Só é verdadeiramente grande aquele que, considerando a vida como uma viagem que deve conduzi-lo a um objetivo, faz pouco caso das asperezas do caminho e não se deixa jamais desviar um instante do caminho reto; o olhar sem cessar dirigido para o objetivo, pouco lhe importa que as sarças e os espinhos da senda lhe ameacem provocar arranhões; eles o roçam sem atingi-lo e, por isso, não prossegue menos no seu curso. Expor seus dias para vingar-se de uma injúria, é recuar diante das provas da vida; é sempre um crime aos olhos de Deus e se não estivésseis iludidos, como estais por vossos preconceitos, isso seria uma ridícula e suprema loucura aos olhos dos homens.

Há crime no homicídio pelo duelo; vossa própria legislação o reconhece; ninguém tem o direito, em nenhum caso, de atentar contra a vida de seu semelhante; crime aos olhos de Deus que vos traçou vossa linha de conduta; aqui, mais do que por toda parte, alhures, sois juízes em vossa própria causa. Lembrai-vos de que vos será perdoado segundo houverdes perdoado vós mesmos; pelo perdão vos aproximais da Divindade, porque a clemência é irmã do poder. Enquanto uma gota de sangue humano correr sobre a Terra pela mão dos homens, o verdadeiro reino de Deus não terá ainda chegado, este reino de pacificação e de amor que deve banir, para todo o sempre do vosso globo, a animosidade, a discórdia e a guerra. Então, a palavra duelo não existirá mais em vossa língua senão como uma longínqua e vaga lembrança de um passado que se foi; os homens não conhecerão entre eles outros antagonismos senão a nobre rivalidade do bem.

SANTO AGOSTINHO, PARIS, 1862.

12. O duelo pode, sem dúvida, em certos casos, ser uma prova de coragem física, de desprezo pela vida, mas, incontestavelmente, é a prova de uma covardia moral como no suicídio.

O suicida não tem a coragem de afrontar as vicissitudes da vida; o duelista não tem a de afrontar as ofensas. O Cristo não vos disse que há mais de honra e de coragem em apresentar a face esquerda àquele que feriu a direita, do que se vingar de uma injúria? O Cristo não disse a Pedro, no Jardim das Oliveiras: "Tornai a pôr vossa espada na bainha, porque aquele que matar pela espada, perecerá pela espada?" Com estas palavras, Jesus não condena para sempre o duelo? Com efeito, meu filhos, o que é, pois, essa coragem nascida de um temperamento violento, sanguíneo e colérico bramindo à primeira ofensa? Onde, pois, está a grandeza de alma daquele que, à menor injúria, quer lavá-la em sangue? Mas, que ele trema! porque, sempre, no fundo da sua consciência, uma voz lhe gritará: Caim! Caim! que fizeste de teu irmão? Foi-me preciso sangue para salvar minha honra, dirás a essa voz; ela, porém, responderá: Quiseste salvá-la diante dos homens por alguns instantes que te restam para viver na Terra, e não pensaste em salvá-la diante de Deus! Pobre louco! quanto sangue pediria o Cristo, pois, por todos os ultrajes que recebeu? Não somente o feristes com o espinho e a lança, não somente o pregastes num madeiro infamante, mas ainda, no meio da sua agonia, pôde ele ouvir as zombarias que lhe eram prodigalizadas. Que reparação, depois de tantos ultrajes, pediu-vos? O último grito do cordeiro foi uma prece para seus carrascos. Oh! como ele, perdoai e orai por aqueles que vos ofendem.

Amigos, lembrai-vos deste preceito: "Amai-vos uns aos outros", e, então, ao golpe dado pelo ódio, respondereis com um sorriso, e ao ultraje, pelo perdão. O mundo, sem dúvida, se levantará furioso, e vos tratará de covarde; erguei a cabeça alto e mostrai, então, que a vossa fronte não temeria, também ela, de carregar-se de espinhos, a exemplo do Cristo, mas que vossa mão não quer ser cúmplice de um homicídio, que autoriza, supostamente, uma falsa aparência de honra, que não é senão do orgulho e do amor-próprio. Em vos criando, Deus vos deu o direito de vida e de morte, uns sobre os outros? Não, ele não deu esse direito senão à Natureza somente, para reformar-se e reconstruir-se, mas a vós, não permitiu de dispordes de vós mesmos. Como o suicida, o duelista estará marcado com sangue quando chegar a Deus e, a um e ao outro, o Soberano Juiz prepara longos e rudes castigos. Se ameaçou com a sua justiça aquele que disser ao seu irmão *racca,* quanto a pena será bem mais severa para aquele que apareça diante dele com as mãos vermelhas do sangue de seu irmão!

UM ESPÍRITO PROTETOR, BORDÉUS, 1861.

13. O duelo é, como antigamente o que se chamava o julgamento de Deus, uma dessas instituições bárbaras que regem ainda a sociedade. Que diríeis, entretanto, se vísseis mergulhar os dois antagonistas na água fervente ou sujeitá-los ao contato de um ferro em brasa para resolver suas querelas, e dar razão àquele que suportasse melhor a prova? Chamaríeis a esses costumes de insensatos. O duelo é ainda pior que tudo isso. Para o duelista emérito, é um assassinato cometido a sangue-frio, com toda a premeditação desejada, porque ele está seguro do golpe que dará; para o adversário, quase certo de sucumbir, em razão da sua fraqueza e de sua inabilidade, é um suicídio, cometido com a mais fria reflexão. Eu sei que, frequentemente, procura-se evitar essa alternativa, igualmente criminosa, atribuindo-a ao acaso; mas, então, não é, sob uma outra forma, um retorno ao julgamento de Deus da Idade Média? E ainda, nessa época, era-se infinitamente menos culpado; o próprio nome *julgamento de Deus* indica uma fé, ingênua é verdade, mas enfim uma fé na justiça de Deus que não podia deixar sucumbir um inocente, enquanto que, no duelo, confia-se na força bruta de tal sorte que, frequentemente, é o ofendido quem sucumbe.

Ó amor-próprio estúpido, tola vaidade e louco orgulho, quando, pois, sereis substituídos pela caridade cristã, pelo amor ao próximo, e pela humildade de que o Cristo deu o exemplo e o preceito? Só, então, desaparecerão esses preconceitos monstruosos que governam ainda os homens, e que as leis são impotentes para reprimir, porque não basta interditar o mal e prescrever o bem, é preciso que o princípio do bem e o horror ao mal estejam no coração do homem.

FRANCISCO XAVIER, BORDÉUS, 1861.

14. Que opinião terão de mim, dizei-vos frequentemente, se eu recuso a reparação que me é pedida ou se não a peço àquele que me ofendeu? Os loucos, como vós, os homens atrasados, vos censurarão; mas aqueles que estão esclarecidos pelo facho do progresso intelectual e moral, dirão que agistes de acordo com a verdadeira sabedoria. Refleti um pouco; por uma palavra frequentemente dita ao ar ou muito inofensiva da parte de um dos vossos irmãos, vosso orgulho se acha ferido, respondeis-lhe de maneira áspera e daí uma provocação. Antes de chegar ao momento decisivo, perguntai-vos se agis como cristão? que contas deveis à sociedade, se a privais de um dos seus membros? Pensais no remorso de ter arrancado a uma mulher seu marido, a uma mãe seu filho, aos filhos seu pai e seu sustentáculo? Certamente, aquele que ofendeu deve reparação; mas não é mais honroso para ele dá-la espontaneamente em reconhecendo seus erros, do que expor a vida daquele que tem direito de se lamentar? Quanto ao ofendido, convenho que, algumas vezes, pode se achar gravemente atingido, seja na sua pessoa, seja em relação àqueles que nos cercam; não é só o amor-próprio que está em jogo, o coração está ferido e sofre; mas além de ser estúpido jogar a sua vida contra um miserável capaz de uma infâmia, ocorre que, este estando morto, a afronta, qualquer que seja, não existe mais? O sangue derramado não dá mais renome a um fato que, se é falso deve cair por si mesmo, e que se é verdadeiro, deve se ocultar no silêncio? Não resta, pois, senão a satisfação da vingança saciada; ah! triste satisfação que, frequentemente, deixa, desde esta vida, cruciantes remorsos. E se é o ofendido que sucumbe, onde está a reparação?

Quando a caridade for a regra de conduta dos homens, eles conformarão seus atos e suas palavras a esta máxima: "Não façais aos outros o que não quiserdes que vos façam"; então, sim, desaparecerão todas as causas de dissensões e, com elas, as do duelo e das guerras, que são os duelos de povo a povo.

AGOSTINHO, Bordéus, 1861.

15. O homem do mundo, o homem feliz, que, por uma palavra ofensiva, por uma causa fútil, joga a vida que lhe vem de Deus, joga a vida do semelhante que não pertence senão a Deus, este é mais culpável cem vezes que o miserável que, compelido pela cupidez, pela necessidade algumas vezes, introduz-se numa habitação para dela roubar o que cobiça, e mata aqueles que se opõem ao seu desígnio. Este último, quase sempre, é um homem sem educação, não tendo senão noções imperfeitas do bem e do mal, enquanto que o duelista pertence quase sempre à classe mais esclarecida; um mata brutalmente; o outro, com método e polidez, o que faz com que a sociedade o desculpe. Acrescento mesmo que o duelista é infinitamente mais culpável que o infeliz que, cedendo a um sentimento de vingança, mata num momento de exasperação. O duelista não tem ponto para desculpar o arrastamento da paixão, porque, entre o insulto e a reparação, há sempre o tempo de refletir; ele age, pois, friamente e de plano premeditado; tudo está calculado e estudado para matar mais seguramente o seu adversário. É verdade que expõe também a sua vida, e é isso que reabilita o duelo aos olhos do mundo, porque nele se vê um ato de coragem e o desprezo da própria vida; mas há verdadeira coragem, quando se está seguro de si? O duelo, resto dos tempos de barbárie, onde o direito do mais forte fazia a lei, desaparecerá com uma apreciação mais sadia do verdadeiro ponto de honra, e, à medida que o homem tiver uma fé mais viva na vida futura.

16. Nota – Os duelos se tornam cada vez mais raros e se são vistos ainda, de tempos em tempos, em dolorosos exemplos, o número deles não é comparável ao que era antigamente. Outrora, um homem não saía de casa sem prever um encontro, tomando sempre suas precauções em consequência. Um sinal característico dos costumes do tempo e dos povos está no uso do porte habitual, ostensivo ou oculto, de armas ofensivas ou defensivas; a abolição desse uso testemunha o abrandamento dos costumes, e é curioso seguir-lhe a gradação desde a época em que os cavaleiros não cavalgavam jamais senão com armadura de ferro e armados de lança, até o porte de uma simples espada, tornada antes um adorno e um acessório de brasão do que uma arma agressiva. Um outro indício de costumes é que outrora os combates singulares tinham lugar em plena rua, diante da multidão, que se afastava para deixar o campo livre, e que hoje se oculta; hoje, a morte de um homem é um acontecimento que emociona; outrora, não se lhe dava atenção. O Espiritismo vencerá esses últimos vestígios da barbárie, em inculcando nos homens o espírito de caridade e de fraternidade.

CAPÍTULO 13

QUE A VOSSA MÃO ESQUERDA NÃO SAIBA O QUE DÁ A VOSSA MÃO DIREITA

Fazer o bem sem ostentação – Os infortúnios ocultos – O óbolo da viúva – Convidar os pobres e os estropiados - Servir sem esperança de retribuição

Instruções dos Espíritos:

A caridade material e a caridade moral – A beneficência – A piedade – Os órfãos – Benefícios pagos com a ingratidão – Beneficência exclusiva.

FAZER O BEM SEM OSTENTAÇÃO

1. *Tomai cuidado de não fazer as vossas boas obras diante dos homens para serem vistas por eles, de outro modo não recebereis a recompensa de vosso Pai que está nos céus. Então, quando derdes esmolas, não façais soar a trombeta diante de vós, como fazem os hipócritas nas sinagogas e nas ruas, para serem honrados pelos homens. Eu vos digo em verdade, que receberam sua recompensa. Mas* quando derdes esmola, que a vossa mão esquerda não saiba o que dá a vossa mão direita; *a fim de que a esmola esteja em segredo; e vosso Pai, que vê o que se passa em segredo, dela vos entregará a recompensa. (São Mateus, cap. VI, v. de1 a 4).*

2. *Jesus tendo descido da montanha, uma grande multidão de povo o seguiu; e ao mesmo tempo um leproso veio a ele e o adorou,* *dizendo-lhe: Senhor, se quiserdes, podereis me curar. Jesus estendendo a mão, tocou-o e lhe disse: Eu o quero, estais curado; e, no mesmo instante, a lepra foi curada. Então, Jesus lhe disse:* Guardai-vos de falar disto a alguém; *mas ide vos mostrar aos sacerdotes e oferecei o dom prescrito por Moisés, a fim de que isso lhes sirva de testemunho. (São Mateus, cap. VIII, v. de 1 a 4).*

3. Fazer o bem sem ostentação é um grande mérito; ocultar a mão que dá, é ainda mais meritório; é o sinal incontestável de uma grande superioridade moral; porque para ver as coisas de mais alto que o vulgo, é preciso fazer abstração da vida presente e identificar-se com a vida futura; é preciso, numa palavra, colocar-se acima da Humanidade para renunciar à satisfação que proporciona o testemunho dos homens e esperar a aprovação de Deus. Aquele que estima a aprovação dos homens mais do que a de Deus, prova que tem mais fé nos homens do que em Deus, e que a vida presente é mais, para ele, do que a vida futura, ou mesmo que não crê na vida futura; se diz o contrário, age como se não cresse no que diz.

Quantos há que não prestam um serviço senão com a esperança de que o beneficiado irá gritar o benefício sobre os telhados; que, na claridade, darão uma grande soma, e, na sombra, não dariam uma moeda! Por isso, Jesus disse: "Aqueles que fazem o bem com ostentação já receberam a sua recompensa"; com efeito, aquele que procura a sua glorificação na Terra pelo bem que fez, já pagou a si mesmo; Deus não lhe deve mais nada; não lhe resta a receber senão a punição do seu orgulho.

Que a mão esquerda não saiba o que dá a mão direita é uma figura que caracteriza admiravelmente a beneficência modesta; mas se há a modéstia real, há também a modéstia simulada, o simulacro da modéstia real; há pessoas que escondem a mão que dá, tendo o cuidado de mostrar-lhe um pedaço, atento se alguém não a viu esconder. Indigna paródia das máximas do Cristo! se os benfeitores orgulhosos são depreciados entre os homens, que será deles, pois, perto de Deus? Estes também receberam sua recompensa na Terra. Foram vistos, e eles estão satisfeitos de terem sido vistos: é tudo que terão.

Qual será, pois, a recompensa daquele que faz pesar seus benefícios sobre o beneficiado, que lhe impõe, de alguma sorte, testemunhos de reconhecimento, faz-lhe sentir a sua posição em exaltando o preço dos sacrifícios que se impôs por ele? Oh! para este não há nem a recompensa terrestre, porque será privado da doce satisfação de ouvir abençoar seu nome, o que é um primeiro castigo do seu orgulho; as lágrimas que seca em proveito da sua vaidade, em lugar de subirem ao céu, recaíram sobre o coração do aflito e o ulceraram. O bem que faz é sem proveito para si, uma vez que o censura, porque todo benefício censurado é uma moeda falsa e sem valor.

A beneficência sem ostentação tem um duplo mérito; além da caridade material, é a caridade moral; ela poupa a suscetibilidade do beneficiado e o faz aceitar o benefício sem que seu amor-próprio sofra com isso, e salvaguardando a sua dignidade de homem, porque alguém aceitará um serviço, mas não receberá uma esmola; ora, converter um serviço em esmola pela maneira que é prestado, é humilhar aquele que o recebe, e há sempre orgulho e maldade em humilhar alguém. A verdadeira caridade, ao contrário, é delicada e engenhosa para dissimular o benefício, evita até as menores aparências ofensivas, porque toda ofensa moral aumenta o sofrimento que nasce da necessidade; ela sabe encontrar palavras doces e afáveis, que colocam o beneficiado à vontade em face do benfeitor, ao passo que a caridade orgulhosa o esmaga. O sublime da verdadeira generosidade é quando o benfeitor, mudando de papel, encontra o meio de parecer ele mesmo beneficiado em face daquele a quem presta serviço. Eis o que querem dizer estas palavras: Que a mão esquerda não saiba o que dá a mão direita.

OS INFORTÚNIOS OCULTOS

4. Nas grandes calamidades, a caridade se manifesta, e se veem generosos impulsos para reparar os desastres; mas, ao lado desses desastres gerais, há milhares de desastres particulares que passam despercebidos, de pessoas que jazem sobre um catre sem se lamentarem. São a esses infortúnios discretos e ocultos que a verdadeira generosidade sabe ir descobrir, sem esperar que eles venham pedir assistência.

Quem é esta mulher de ar distinto, vestida de maneira simples, mas cuidada, seguida de uma jovem vestida também modestamente? Entra numa casa de sórdida aparência, onde é conhecida, sem dúvida, porque, à porta, a saúdam com respeito. Onde vai ela? Sobe até a mansarda: lá mora uma mãe de família cercada de filhos pequenos; à sua chegada, a alegria brilha nesses semblantes emagrecidos; é que ela vem acalmar todas essas dores; traz o necessário, temperado com doces e consoladoras palavras, que fazem aceitar o benefício sem corar, porque esses infortunados não são mendigos profissionais; o pai está no hospital e, durante esse tempo, a mãe não pode bastar às necessidades. Graças a ela, essas pobres crianças não sofrerão nem o frio, nem a fome; irão à escola agasalhadas e o seio da mãe não secará para as criancinhas. Se há um doente entre eles, nenhum cuidado material a repugnará. De lá, ela se dirige ao hospital, para levar ao pai algum consolo e tranquilizá-lo sobre a sorte da família. No canto da rua a espera uma viatura, verdadeira loja de tudo o que leva aos seus protegidos, que visita assim sucessivamente; não lhes pergunta nem sua crença, nem sua opinião, porque, para ela, todos os homens são irmãos e filhos de Deus. Terminada a excursão, ela se diz: Comecei bem o meu dia. Qual é seu nome? onde mora? Ninguém o sabe; para os infelizes, é um nome que não revela nada, mas é o anjo de consolação; e, à noite, uma sinfonia de bênçãos se eleva para ela até o Criador: católicos, judeus, protestantes, todos a bendizem.

Por que ela se veste de maneira tão simples? É que não quer insultar a miséria com o seu luxo. Por que se faz acompanhar da filha adolescente? É para ensinar-lhe como se deve praticar a beneficência. A filha também quer fazer a caridade, mas sua mãe lhe diz: "Que podes dar, minha criança, uma vez que nada tens de ti? Se eu te entregar alguma coisa para passá-la aos outros, que mérito terás? Em realidade, eu é que farei a caridade, e tu que dela terás o mérito; isso não é justo. Quando vamos visitar os enfermos, tu me ajudas a cuidar deles; ora, dar cuidados é dar alguma coisa. Isso não parece bastante? Nada é mais simples; aprende a fazer obras úteis, e tu confeccionarás roupinhas para essas criancinhas; deste modo, darás alguma coisa vinda de ti". É assim que essa mãe, verdadeiramente cristã, forma sua filha na prática das virtudes ensinadas pelo Cristo. É espírita? Que importa!

No seu lar, é a mulher do mundo, porque a sua posição o exige; mas se ignora o que ela faz, porque não quer outra aprovação senão a de Deus e da sua consciência. Um dia, porém, uma circunstância imprevista conduziu até ela uma das suas protegidas, que lhe produzia obras; esta a reconheceu e quis abençoar a sua benfeitora: "Silêncio! disse-lhe; não o digas a ninguém". Assim falava Jesus.

O ÓBOLO DA VIÚVA

5. *Jesus, estando sentado defronte do gazofilácio, (*) consi-*

(*) No original, **le tronc. Gazofilácio,** do grego Gazophulakion, local reservado nos templos às oferendas e aos vasos sagrados; tesouro, cofre. Os textos bíblicos em português, tanto do Velho quando do Novo Testamento, trazem ora **cofre das ofertas,** ora **arca do tesouro.** – (N. do R.).

derava de que maneira o povo nele atirava o dinheiro, e que várias pessoas ricas tinham colocado muito. Veio também uma pobre viúva, que nele colocou somente duas pequenas moedas. Então, Jesus tendo chamado seus discípulos, disse-lhes: Eu vos digo em verdade, esta pobre viúva deu mais do que todos aqueles que colocaram no gazofilácio, porque todos os outros deram de sua abundância, mas esta deu de sua indigência, tudo mesmo o que tinha e tudo o que lhe restava para viver. (São Marcos, cap. XII, v. de 41 a 44 – São Lucas, cap. XXI, v. de 1 a 4).

6. Muitas pessoas lamentam não poderem fazer tanto bem quanto o gostariam, por falta de recursos suficientes, e se desejam a fortuna é, dizem elas, para dela fazerem um bom uso. A intenção é louvável, sem dúvida, e pode ser muito sincera em alguns, mas é certo que seja em todos completamente desinteressada? Não há aqueles que, desejando mesmo fazer o bem aos outros, estariam bem contentes em começar por fazê-lo a si mesmos, de se darem algumas alegrias a mais, de se proporcionarem um pouco do supérfluo que lhes falta, sob a condição de darem o resto aos pobres? Essa segunda intenção, dissimulada, mas que encontrariam no fundo do coração se quisessem nele rebuscar, anula o mérito da intenção, porque a verdadeira caridade pensa nos outros antes de pensar em si. O sublime da caridade, nesse caso, seria procurar no seu próprio trabalho, pelo emprego de suas forças, de sua inteligência, de seus talentos, os recursos que faltam para realizar suas intenções generosas; aí estaria o sacrifício mais agradável ao Senhor. Infelizmente, a maioria sonha com meios mais fáceis de se enriquecer de repente e sem trabalho, correndo atrás de quimeras, como descobertas de tesouros, uma chance incerta favorável, a recuperação de heranças inesperadas, etc. – Que dizer daqueles que esperam encontrar, para os secundar nas pesquisas dessa natureza, auxiliares entre os Espíritos? Seguramente, eles não conhecem nem compreendem o objetivo sagrado do Espiritismo, e ainda menos a missão dos Espíritos, aos quais Deus permite se comunicarem com os homens; também nisso são punidos pelas decepções. (*O Livro dos Médiuns*, nº 294 e 295).

Aqueles cuja intenção é pura de toda ideia pessoal, devem se consolar de sua impossibilidade em fazer tanto bem quanto gostariam, pelo pensamento de que o óbolo do pobre, que dá se privando, pesa mais na balança de Deus do que o ouro do rico, que dá sem se privar de nada. A satisfação seria grande, sem dúvida, em poder largamente socorrer a indigência; mas se ela é negada, é preciso se submeter e se limitar a fazer o que se pode. Aliás, não é apenas com o ouro que se podem secar as lágrimas, e é preciso ficar inativo por não possuí-lo? Aquele que quer sinceramente se tornar útil aos seus irmãos para isso encontra mil ocasiões; que as procure e as encontrará; se não é de uma maneira, será de outra, porque não há ninguém, tendo o livre gozo de suas faculdades, que não possa prestar um serviço qualquer, dar uma consolação, abrandar um sofrimento físico ou moral, fazer uma tentativa útil; à falta de dinheiro, cada um não tem seu trabalho, seu tempo, seu repouso, dos quais pode dar uma parte? Aí também está o óbolo do pobre, a moeda da viúva.

CONVIDAR OS POBRES E OS ESTROPIADOS

7. *Ele disse também àquele que o havia convidado: Quando derdes a jantar ou a ceiar, para isso não convideis nem vossos amigos, nem vossos irmãos, nem vossos parentes, nem vossos vizinhos que serão ricos, de medo que eles vos convidem em seguida, a seu turno, e que, assim, retribuam o que haviam recebido de vós. Mas quando fizerdes um festim, convidai para ele os pobres, os estropiados, os coxos e os cegos; e estareis felizes porque não terão meios para*

vo-lo retribuir; porque isso vos será retribuído na ressurreição dos justos.

Um daqueles que estavam à mesa, tendo ouvido essas palavras, disse-lhe: Feliz aquele que comer do pão no reino de Deus! (São Lucas, cap. XIV, v. de 12 a 15).

8. "Quando fizerdes um festim, disse Jesus, para ele não convideis os vossos amigos, mas os pobres e os estropiados." Estas palavras, absurdas se tomadas ao pé da letra, são sublimes se nelas se procura o espírito. Jesus não podia ter querido dizer que, em lugar dos amigos, é preciso reunir à sua mesa os mendigos da rua; sua linguagem era quase sempre figurada, e a homens incapazes de compreenderem as nuanças delicadas do pensamento, seria preciso imagens fortes, produzindo o efeito de cores berrantes. O fundo do pensamento se revela nestas palavras: "Sereis felizes porque não terão meios para vo-lo retribuir"; quer dizer que não se deve fazer o bem com vistas a uma devolução, mas pelo único prazer de fazê-lo. Para dar uma comparação surpreendente, disse: Convidai para os vossos festins os pobres, porque sabeis que estes não poderão nada vos retribuir; e por *festins* é preciso entender, não o repasto propriamente dito, mas a participação na abundância de que desfrutais.

Estas palavras podem, entretanto, também receber sua aplicação num sentido mais literal. Quantas pessoas não convidam à sua mesa senão aqueles que podem, como dizem, honrar-lhes, ou que podem convidá-las, a seu turno! Outras, ao contrário, encontram satisfação em receber aqueles, de seus parentes ou amigos, que são menos felizes; ora, quem é que não os possui entre os seus? É, por vezes, prestar-lhes um grande serviço sem aparentá-lo. Estes, sem irem recrutar os cegos e os estropiados, praticam a máxima de Jesus, se o fazem por benevolência, sem ostentação, e se sabem dissimular o benefício por uma sincera cordialidade.

INSTRUÇÕES DOS ESPÍRITOS

A CARIDADE MATERIAL E A CARIDADE MORAL

IRMÃ ROSÁLIA, Paris, 1860.

9. "Amemo-nos uns aos outros e façamos a outrem o que quereríamos que nos fosse feito." Toda a religião, toda a moral se encontram encerradas nestes dois preceitos; se fossem seguidos nesse mundo, seríeis todos perfeitos; nada mais de ódio, de divergência; direi mais ainda, nada mais de pobreza, porque do supérfluo da mesa de cada rico muitos pobres se alimentariam, e não veríeis mais, nos sombrios bairros que habitei durante a minha última encarnação, pobres mulheres arrastando consigo miseráveis crianças necessitadas de tudo.

Ricos! pensai um pouco nisso; ajudai, com o que tendes de melhor, os infelizes; dai, porque Deus vos retribuirá um dia o bem que houverdes feito, para que encontreis, ao sair do vosso envoltório terrestre, um cortejo de Espíritos reconhecidos, que vos receberão no limiar de um mundo mais feliz.

Se pudésseis saber a alegria que experimentei em reencontrar aqui aqueles a quem pude beneficiar em minha última vida terrena!...

Amai, pois, o vosso próximo; amai-o como a vós mesmos, porque, o sabeis agora, esse infeliz que repelis talvez seja um irmão, um pai, um amigo, que afastais para longe de vós; e então, qual será o vosso desespero em o reconhecendo no mundo dos Espíritos!

Desejo que compreendais bem o que pode ser *a caridade moral,* a que cada um pode praticar, a que *nada custa* materialmente e, entretanto, a que é mais difícil de se pôr em prática.

A caridade moral consiste em se suportar uns aos outros, e

é o que menos fazeis nesse mundo inferior onde estais encarnados no momento. Há um grande mérito, crede-me, em saber se calar para deixar falar um mais tolo; e ainda aí está um gênero de caridade. Saber ser surdo quando uma palavra de zombaria escapa de uma boca habituada a escarnecer; não ver o sorriso de desdém que acolhe a vossa entrada entre pessoas que, frequentemente, erradamente, creem-se acima de vós, enquanto que, na vida espiritual, *a única real,* estão algumas vezes bem longe disso; eis um mérito, não de humildade, mas de caridade, porque não anotar os erros de outrem é caridade moral.

Entretanto, essa caridade não deve impedir a outra, mas pensai sobretudo em não menosprezar o vosso semelhante; lembrai-vos de tudo o que vos tenho dito: é preciso lembrar sem cessar que no pobre rejeitado, talvez, repilais um Espírito que vos foi caro, e que se encontra momentaneamente em posição inferior à vossa. Eu revi um dos pobres da vossa Terra que pude, por felicidade, beneficiar algumas vezes, e a quem me cabe *agora implorar,* por minha vez.

Recordai-vos de que Jesus disse que somos irmãos e pensai sempre nisso antes de repelir o leproso ou o mendigo. Adeus; pensai naqueles que sofrem e orai.

UM ESPÍRITO PROTETOR, Lião, 1860.

10. Meus amigos, ouvi vários de vós dizerem para si mesmos: Como posso fazer a caridade, se frequentemente não tenho mesmo o necessário?

A caridade, meus amigos, faz-se de muitas maneiras; podeis fazer a caridade em pensamentos, em palavras e em ações. Em pensamentos: orando pelos pobres abandonados que morreram sem ter podido mesmo ver a luz, uma prece do coração os alivia. Em palavras: dirigindo aos vossos companheiros de todos os dias alguns bons conselhos; dizei aos homens irritados pelo desespero, pelas privações, e que blasfemam do nome do Altíssimo: “Eu era como vós; eu sofria, era infeliz, mas acreditei no Espiritismo, e vede, sou feliz agora.” Aos velhos que vos dirão: “É inútil; estou no fim do meu caminho; morrerei como vivi.” Dizei a estes: “Deus tem para nós todos uma justiça igual; lembrai-vos dos trabalhadores da última hora.” Às crianças que, já viciadas por suas companhias, vão vagar pelos caminhos, prestes a sucumbirem sob as más tentações, dizei-lhes: “Deus vos vê, meus caros pequenos”, e não temais em lhes repetir, frequentemente, essas doces palavras; elas acabarão por germinar na sua jovem inteligência, e, em lugar de pequenos vagabundos, tereis feito homens. Está ainda aí uma caridade.

Vários dentre vós dizem também: “Ora essa! somos tão numerosos na Terra que Deus não pode nos ver a todos.” Escutai bem isto, meus amigos: Quando estais sobre o cume de uma montanha, vosso olhar não abarca bilhões de grãos de areia que cobrem essa montanha? Pois bem! Deus vos vê da mesma forma! ele vos deixa o livre-arbítrio, como deixais esses grãos de areia irem ao capricho do vento que os dispersa; somente que Deus, em sua misericórdia infinita, colocou no fundo do vosso coração uma sentinela vigilante que se chama *consciência.* Escutai-a; ela não vos dará senão bons conselhos. Às vezes, vós a entorpeceis, opondo-lhe o espírito do mal; ela se cala então; mas estejais seguros de que a pobre abandonada se fará ouvir logo que lhe tiverdes deixado perceber a sombra do remorso. Escutai-a, interrogai-a e, frequentemente, consolar-vos-ei com o conselho que dela tiverdes recebido.

Meus amigos, a cada regimento novo, o general fornece uma bandeira; eu vos dou esta máxima do Cristo: “Amai-vos uns aos outros.” Praticai esta máxima; reuni-vos todos ao redor deste estandarte, e dele recebereis a felicidade e a consolação.

A BENEFICÊNCIA

ADOLFO, BISPO DE ARGEL, BORDÉUS, 1861.

11. A beneficência, meus amigos, vos dará, nesse mundo, as mais puras e as mais doces alegrias, as alegrias do coração que não são perturbadas nem pelo remorso, nem pela indiferença. Oh! pudésseis compreender tudo o que encerra de grande e de suave a generosidade das belas almas, esse sentimento que faz com que se olhe outrem com o mesmo olhar como o qual se olha a si mesmo, que se desnude com alegria para vestir seu irmão. Pudésseis, meus amigos, não ter mais doce ocupação que a de fazer os outros felizes! Quais são as festas do mundo que poderíeis comparar a essas festas alegres, quando, representantes da Divindade, entregais a alegria a essas pobres famílias que não conhecem da vida senão as vicissitudes e as amarguras; quando vedes de súbito esses semblantes descorados se iluminarem de esperança, porque não tinham pão; esses infelizes e suas crianças, ignorando que viver é sofrer, gritavam, choravam e repetiam estas palavras que penetravam, como agudo punhal, no coração materno: Eu tenho fome!... Oh! compreendei quanto são deliciosas as impressões daquele que vê renascer a alegria onde, um instante antes, não via senão desespero! Compreendei quais são as vossas obrigações para com os vossos irmãos! Ide, ide ao encontro do infortúnio; ide em socorro das misérias ocultas, sobretudo, porque são as mais dolorosas. Ide, meus bem-amados, e lembrai-vos destas palavras do Salvador: "Quando vestirdes um desses pequeninos, pensai que é a mim que o fazeis!"

Caridade! palavra sublime que resume todas as virtudes, tu deves conduzir os povos à felicidade; em te praticando, eles criaram para si alegrias infinitas para o futuro, e, durante seu exílio na Terra, tu lhe serás a consolação, o antegozo das alegrias que gozarão mais tarde, quando se abraçarão todos juntos no seio do

Deus de amor. Foste tu, virtude divina, que me proporcionaste os únicos momentos de felicidade que desfrutei sobre a Terra. Possam meus irmãos encarnados crer na voz do amigo que lhes fala e lhes diz: É na caridade que deveis procurar a paz do coração, o contentamento da alma, o remédio contra as aflições da vida. Oh! quando estiverdes a ponto de acusar a Deus, lançai um olhar abaixo de vós; vede quanta miséria a aliviar; quantas pobres crianças sem família; quantos velhos que não têm mais uma só mão amiga para os socorrer e fechar-lhes os olhos quando a morte os reclame! Quanto bem a fazer! Oh! não vos lamenteis, mas, ao contrário, agradecei a Deus e prodigalizai a mancheias a vossa simpatia, o vosso amor, o vosso dinheiro a todos aqueles que, deserdados dos bens desse mundo, definham no sofrimento e no isolamento. Colhereis, nesse mundo, alegrias bem suaves, e mais tarde... só Deus o sabe!...

SÃO VICENTE DE PAULO, PARIS, 1858.

12. Sede bons e caridosos, essa a chave dos céus que tendes em vossas mãos; toda a felicidade eterna está encerrada nesta máxima: Amai-vos uns aos outros. A alma não pode se elevar nas regiões espirituais senão pelo devotamento ao próximo; ela não encontra felicidade e consolação senão nos impulsos da caridade; sede bons, sustentai vossos irmãos, deixai de lado a horrível chaga do egoísmo; esse dever cumprido deve vos abrir o caminho da felicidade eterna. De resto, quem dentre vós não sentiu o coração pulsar, sua alegria interior dilatar-se à narração de um belo devotamento, de uma obra verdadeiramente caridosa? Se procurásseis apenas o prazer que proporciona uma boa ação, permaneceríeis sempre no caminho do progresso espiritual. Os exemplos não vos faltam; o que falta é a boa vontade, que é rara. Vede a multidão de homens de bem dos quais vossa história vos recorda piedosa lembrança.

O Cristo não vos disse tudo o que concerne às virtudes de caridade e de amor? Por que deixar de lado esses divinos ensinamentos? Por que tapar o ouvido a essas divinas palavras, o coração a todas essas máximas suaves? Eu gostaria que se colocasse mais interesse, mais fé nas leituras evangélicas; abandona-se esse livro, faz-se dele uma palavra oca, carta fechada; deixa-se esse código admirável no esquecimento; vossos males não provêm senão do vosso abandono voluntário desse resumo das leis divinas. Lede, pois, essas páginas ardentes do devotamento de Jesus e meditai-as.

Homens fortes, armai-vos; homens fracos, fazei armas de vossa brandura e de vossa fé; tende mais persuasão, mais constância na propagação de vossa nova doutrina; não é senão um encorajamento que viemos vos dar, não é senão para estimular vosso zelo e vossas virtudes que Deus nos permite nos manifestemos a vós; mas se se quisesse, não se teria necessidade senão da ajuda de Deus e da própria vontade; as manifestações espíritas não são feitas senão para os de olhos fechados e os corações indóceis.

A caridade é a virtude fundamental que deve sustentar todo o edifício das virtudes terrestres; sem ela, as outras não existem. Sem a caridade não há esperança num futuro melhor, nem interesse moral que nos guie; sem a caridade não há fé, porque a fé não é senão um raio puro que faz brilhar uma alma caridosa.

A caridade é a âncora eterna de salvação em todos os globos: é a mais pura emanação do próprio Criador; é a sua própria virtude que ele dá à criatura. Como querer-se desconhecer essa suprema bondade? Qual seria, com esse pensamento, o coração bastante perverso para reprimir e expulsar esse sentimento todo divino? Qual seria o filho bastante mau para rebelar-se contra esse doce carinho: a caridade?

Não ouso falar do que fiz, porque os Espíritos têm também o pudor de suas obras; mas creio que aquela que comecei, seja uma das que devem mais contribuir para o alívio dos vossos semelhantes. Vejo, frequentemente, os Espíritos pedirem por missão continuar a minha tarefa; eu as vejo, minhas doces e caras irmãs, no seu piedoso e divino ministério; eu as vejo praticar a virtude que vos recomendo, com toda a alegria que proporciona essa existência de devotamento e de sacrifícios; é uma grande felicidade para mim ver quanto seu caráter é honrado, quanto sua missão é amada e docemente protegida. Homens de bem, de boa e forte vontade, uni-vos para continuar amplamente a obra de propagação da caridade; encontrareis a recompensa dessa virtude no seu próprio exercício; não há alegria espiritual que ela não dê desde a vida presente. Sede unidos; amai-vos uns aos outros segundo os preceitos do Cristo. Assim seja..

CÁRITAS, MARTIRIZADA EM ROMA, LIÃO, 1861.

13. Chamo-me caridade e sou a rota principal que conduz a Deus; segui-me, porque sou o objetivo a que todos deveis visar.

Fiz esta manhã minha caminhada habitual e, coração angustiado, venho vos dizer: Oh! meus amigos, quantas misérias, quantas lágrimas, e quanto tendes a fazer para secá-las todas. Inutilmente, procuro consolar as pobres mães, dizendo-lhes ao ouvido: Coragem! Há bons corações que velam sobre vós; não sereis abandonadas; paciência! Deus está aí; sois suas amadas, sois suas eleitas. Elas pareciam ouvir-me e voltavam para o meu lado grandes olhos ansiosos; eu lia sobre seus pobres rostos que seu corpo, esse tirano do Espírito, tinha fome, e que se minhas palavras lhes serenavam um pouco o coração, não enchiam seu estômago. Eu repetia ainda: Coragem! Coragem! Então uma pobre mãe, muito jovem, que amamentava uma criancinha, tomou-a nos braços e a estendeu no espaço vazio, como a pedir-me para proteger esse pobre e pequeno ser que não tomava, num seio estéril, senão um alimento insuficiente.

Alhures, meu amigos, vi pobres velhos sem trabalho e sem asilo, atormentados por todos os sofrimentos da necessidade e, envergonhados da sua miséria, não ousando, eles que jamais mendigaram, ir implorar a piedade dos transeuntes. Coração cheio de compaixão, eu, que nada tenho, fiz-me mendiga por eles, e vou por todo lado estimular a beneficência, insuflar bons pensamentos aos corações generosos e compassivos. Por isso, venho a vós, meus amigos, e vos digo: lá embaixo há infelizes cuja mesa está sem pão, a lareira sem fogo e o leito sem cobertor. Não vos digo o que deveis fazer; deixo essa iniciativa aos vossos bons corações; se vos ditasse a vossa linha de conduta, não teríeis o mérito de vossa boa ação; eu vos digo somente: Sou a caridade e vos estendo a mão pelos vossos irmãos sofredores.

Mas se peço, também dou e dou muito; convido-vos para um grande banquete e vos forneço a árvore onde vos saciareis. Vede como é bela, como está carregada de flores e de frutos! Ide, ide, colhei, apanhai todos os frutos dessa bela árvore que se chama beneficência. Em lugar dos ramos que houverdes tirado, fixarei todas as boas ações que fizerdes e levarei essa árvore a Deus para que a carregue de novo, porque a beneficência é inesgotável. Segui-me, pois, meus amigos, a fim de que vos conte entre os que se alistam sob a minha bandeira; sede corajosos; eu vos conduzirei no caminho da salvação, porque eu sou *a Caridade.*

CÁRITAS, LIÃO, 1861.

14. Há várias maneiras de se fazer a caridade, que muitos dentre vós, confundem com a esmola; há, todavia, uma grande diferença. A esmola, meus amigos, é algumas vezes útil porque alivia os pobres; mas é quase sempre humilhante para aquele que a faz e para aquele que a recebe. A caridade, ao contrário, liga o benfeitor e o beneficiado e depois se disfarça de muitas maneiras! Pode-se ser caridoso mesmo com os parentes, com os amigos, sendo indulgentes uns para com os outros, em se perdoando as fraquezas, em tendo cuidado para não ferir o amor-próprio de ninguém: para vós, espíritas, em vossa maneira de agir para com aqueles que não pensam como vós; em conduzindo os menos esclarecidos a crerem, e isso sem os chocar, sem contradizer as suas convicções, mas os conduzindo muito suavemente às nossas reuniões, onde poderão nos ouvir, e onde saberemos encontrar a brecha do coração por onde devemos penetrar. Eis um aspecto da caridade.

Escutai agora a caridade para com os pobres, esses deserdados do mundo, mas recompensados por Deus, se sabem aceitar as suas misérias sem as murmurar, o que depende de vós. Vou me fazer compreender por um exemplo.

Vejo várias vezes na semana uma reunião de senhoras, de todas as idades; para nós, como sabeis, são todas irmãs. Que fazem elas? Trabalham depressa, depressa; os dedos são ágeis; vede também como os rostos são radiosos e como os corações batem em uníssono! mas qual é o seu objetivo? é que elas veem aproximar-se o inverno, que será rude para os lares pobres; as formigas não puderam amontoar durante o verão os grãos necessários à provisão, e a maior parte dos seus pertences está empenhada; as pobres mães se inquietam e choram, pensando nas criancinhas que, neste inverno, terão frio e fome! Mas, paciência, pobres mulheres! Deus inspirou a mulheres mais afortunadas do que vós; elas estão reunidas e vos confeccionarão roupinhas; depois, num desses dias, quando a neve tiver coberto a terra, e murmurardes dizendo: "Deus não é justo", porque é a vossa palavra habitual, a vós que sofreis; então, vereis aparecer um dos filhos dessas boas trabalhadoras que se constituíram em operárias dos pobres; sim, é para vós que elas trabalham assim, e vossa murmuração se mudará em bênçãos, porque no coração dos infelizes, o amor segue de bem perto o ódio.

Como é preciso a todas essas trabalhadoras um encorajamento, vejo as comunicações dos bons Espíritos chegar-lhes de todas as partes; os homens que fazem parte dessa sociedade trazem também seu concurso, fazendo uma dessas leituras que agradam tanto; e nós, para recompensar o zelo de todos e de cada um em particular, prometemos a essas operárias laboriosas uma boa clientela que lhes pagará, dinheiro contado, em bênçãos, única moeda que tem curso no céu, assegurando-lhes por outro lado, e sem medo de muito avançarmos, que ela não lhes faltará.

UM ESPÍRITO PROTETOR, LIÃO, 1861.

15. Meus caros amigos, cada dia ouço entre vós dizerem: “Sou pobre, não posso fazer a caridade”; e cada dia vejo que faltais com a indulgência para com os vossos semelhantes; não lhes perdoais nada, e vos erigis em juízes, frequentemente severos, sem perguntar -vos se estaríeis satisfeitos que fizessem o mesmo a vosso respeito. A indulgência não é também a caridade? Vós que não podeis fazer senão a caridade indulgente, fazei-a ao menos, mas fazei-a largamente. Para o que é da caridade material, quero vos contar uma história do outro mundo.

Dois homens vieram a morrer; Deus havia dito: Enquanto esses dois homens viverem, serão colocadas em um saco cada uma das suas boas ações e, na sua morte, serão pesados esses sacos. Quando esses dois homens chegaram à sua hora derradeira, Deus fez trazer os dois sacos; um estava gordo, grande, bem cheio, ressonando o metal que o enchia; o outro era muito pequeno e tão fino, que se via, através dele, as raras moedas que continha; e cada um desses homens reconheceu o seu: Eis o meu, disse o primeiro; eu o reconheço; fui rico e dei muito. Eis o meu, disse o outro; sempre fui pobre, ah! eu não tinha quase nada a partilhar. Mas, ó surpresa! os dois sacos colocados na balança, o mais gordo se tornou leve, e o pequeno se fez pesado, tanto que dominou em muito o outro lado da balança. Então, Deus disse ao rico: Deste muito, é verdade, mas deste por ostentação e para ver o teu nome figurar em todos os templos do orgulho e, além disso, dando não te privaste de nada; vai para a esquerda e estejas satisfeito de que a esmola te seja contada ainda por alguma pequena coisa. Depois, disse ao pobre: Deste bem pouco, meu amigo; mas cada uma das moedas que estão nesta balança representa uma privação para ti; se não deste esmola, fizeste a caridade e, o que há de melhor, fizeste a caridade naturalmente, sem pensar que te seria levada em conta; foste indulgente; não julgaste o teu semelhante, ao contrário, desculpaste todas as suas ações; passa à direita e vai receber a tua recompensa.

JOÃO, BORDÉUS, 1861.

16. A mulher rica, feliz, que não tem necessidade de empregar seu tempo nos trabalhos do lar, não pode consagrar algumas horas em trabalhos úteis aos semelhantes? Que, com o supérfluo de suas alegrias, compre com o que cobrir o infeliz que treme de frio; que, com suas mãos delicadas, confeccione grosseiras, mas quentes roupas; que ajude a mãe a cobrir a criança que vai nascer; se seu filho, com isso, ficar com algumas rendas a menos, o do pobre terá mais calor. Trabalhar para os pobres é trabalhar na vinha do Senhor.

E tu, pobre operária, que não tens o supérfluo, mas que queres, no amor por teus irmãos, dar também um pouco do que possuis, dá algumas horas da tua jornada, do teu tempo, do teu único tesouro; faze desses trabalhos elegantes que tentam os felizes; vende o trabalho de tua vigília e poderás também, proporcionar, aos teus irmãos, a tua parte de alívio; terás, talvez, algumas fitas e menos, mas darás sapatos àquele que anda descalço.

E vós, mulheres devotadas a Deus, trabalhai também na sua obra, mas que os vossos trabalhos delicados e custosos não sejam feitos somente para ornar as vossas capelas, para atrair a atenção sobre vossa agilidade e vossa paciência; trabalhai, minhas filhas, e que o preço do vosso trabalho seja consagrado ao alívio de vossos irmãos em Deus; os pobres são os seus filhos bem-amados; trabalhar por eles é glorificá-Lo. Sede-lhes a Providência que diz: Às aves do céu, Deus dá o alimento. Que o ouro e o dinheiro, que se tecem sob os vossos dedos, transformem-se em roupas e em alimentos para aqueles a quem eles faltam. Fazei isto, e o vosso trabalho será abençoado.

E todos vós que podeis produzir, dai; dai o vosso gênio, dai a vossa inspiração, dai o vosso coração, que Deus abençoará. Poetas, literatos, que não sois lidos senão pelas pessoas da sociedade, satisfazei seus lazeres, mas que o produto de algumas de vossas obras seja consagrado ao alívio dos infelizes; pintores, escultores, artistas de todos os gêneros, que a vossa inteligência venha também em ajuda dos vossos irmãos; com isso não tereis menos glória, mas haverá alguns sofrimentos a menos.

Todos vós podeis dar; em qualquer classe que estiverdes, tendes alguma coisa que podeis partilhar; o que quer que seja que Deus vos tenha dado, disso deveis uma parte àquele a quem falta o necessário, porque, em seu lugar, estaríeis bem contentes que um outro dividisse convosco. Vossos tesouros da Terra serão um pouco menores, mas vossos tesouros no céu serão mais abundantes; nele, recolhereis ao cêntuplo o que houverdes semeado em benefícios nesse mundo.

A PIEDADE

MICHEL, BORDÉUS, 1862.

17. A piedade é a virtude que mais vos aproxima dos anjos; é a irmã da caridade, que vos conduz até Deus. Ah! deixai o vosso coração se enternecer diante das misérias e dos sofrimentos dos vossos semelhantes; vossas lágrimas são um bálsamo que lhes aplicais sobre as feridas, e quando, por uma doce simpatia, vindes a restituir-lhes a esperança e a resignação, que encanto experimentais! Esse encanto, é verdade, tem um certo amargor, porque nasce ao lado da infelicidade, mas se não tem a agrura dos gozos mundanos, não tem as pungentes decepções do vazio que estes deixam atrás de si; há uma suavidade penetrante que alegra a alma. A piedade, uma piedade bem sentida, é amor; o amor é devotamento; o devotamento é o esquecimento de si mesmo; e esse esquecimento, essa abnegação em favor dos infelizes, é a virtude por excelência, a que praticou, em toda a sua vida, o Divino Messias, e que ensinou em sua doutrina tão santa e tão sublime. Quando essa doutrina retornar à sua pureza primitiva e for admitida por todos os povos, dará felicidade à Terra, nela fazendo reinar, enfim, a concórdia, a paz e o amor.

O sentimento mais próprio para fazer-vos progredir, domando vosso egoísmo e vosso orgulho, o que dispõe vossa alma à humildade, à beneficência e ao amor do próximo, é a piedade! essa piedade que vos comove até às entranhas, diante dos sofrimentos de vossos irmãos, que vos faz estender-lhes mão segura e vos arranca lágrimas de simpatia. Portanto, não sufoqueis jamais em vossos corações essa emoção celeste, não façais como esses egoístas endurecidos que se distanciam dos aflitos, porque a visão da sua miséria perturbaria, por instante, sua alegre existência; temei permanecer indiferentes quando puderdes ser úteis. A tranquilidade comprada ao preço de uma indiferença culpável, é a tranquilidade do Mar Morto, que esconde, no fundo de suas águas, o lodo fétido e a corrupção.

Quanto a piedade está longe, entretanto, de causar a perturbação e o aborrecimento com os quais se apavora o egoísta! Sem dúvida, a alma experimenta, ao contato da infelicidade alheia, e voltando-se para si mesma, um abalo natural e profundo que faz vibrar todo o vosso ser e vos afeta penosamente; mas a compensação será grande quando vierdes a restituir a coragem e a esperança a um irmão infeliz que se emociona com a pressão da mão amiga, e cujo olhar, ao mesmo tempo úmido de emoção e de reconhecimento, volta-se docemente para vós antes de fixar-se no céu, agradecendo por haver-lhe enviado um consolador, um apoio. A piedade é a melancólica, mas celeste precursora da caridade, essa primeira virtude, da qual é irmã e cujos benefícios prepara e enobrece.

OS ÓRFÃOS

UM ESPÍRITO FAMILIAR, PARIS, 1860.

18. Meus irmãos, amai os órfãos; se soubésseis quanto é triste ser só e abandonado, sobretudo na infância! Deus permite que haja órfãos para nos exortar a lhes servirmos de pais. Que divina caridade ajudar uma pobre criança abandonada, impedi-la de sofrer fome e frio, dirigir sua alma a fim de que não se perca no vício! Quem estende a mão à criança abandonada é agradável a Deus, porque compreende e pratica sua lei. Pensai também que, frequentemente, a criança que socorreis vos foi cara numa outra encarnação; e se pudésseis vos lembrar, não seria mais caridade, mas um dever. Assim, pois, meus amigos, todo ser sofredor é vosso irmão e tem direito à vossa caridade, não essa caridade que fere o coração, não essa esmola que queima a mão que a recebe, porque vossos óbolos, frequentemente, são bem amargos! Quantas vezes eles seriam recusados se, em casa, a doença e a privação não os esperassem! Dai delicadamente, acrescentai ao benefício o mais precioso de todos os benefícios: uma palavra, uma carícia, um sorriso amigo; evitai esse ar de proteção que fere de novo o coração que sangra e pensai que fazendo o bem trabalhais para vós e para os vossos.

BENEFÍCIOS PAGOS COM A INGRATIDÃO

GUIA PROTETOR, SENS, 1862.

19. *Que pensar das pessoas que, tendo seus benefícios sido pagos com a ingratidão, não fazem mais o bem com medo de reencontrar ingratos?*

Essas pessoas têm mais de egoísmo do que de caridade, porque não fazer o bem senão para dele receber sinais de reconhecimento, é não fazê-lo com desinteresse, e o benefício desinteressado é o único agradável a Deus. Também são orgulhosas porque se comprazem na humildade do beneficiado que vem depositar reconhecimento aos seus pés. Aquele que procura na Terra a recompensa do bem que faz, não a receberá no céu, mas Deus terá em conta aquele que não a procura na Terra.

É preciso sempre ajudar os fracos, mesmo sabendo de antemão que aqueles a quem se faz o bem não estarão contentes. Sabei que se aquele a quem prestais serviço esquece o benefício, Deus vo-lo terá mais em conta do que se estivésseis já recompensados pelo reconhecimento do beneficiado. *Deus permite que sejais pagos, por vezes, com a ingratidão para experimentar a vossa perseverança em fazer o bem.*

E sabeis, aliás, se esse benefício, esquecido no momento, não dará mais tarde bons frutos? Estais certos, ao contrário, de que é uma semente que germinará com o tempo. Infelizmente, não vedes sempre senão o presente; trabalhais para vós e não pelos outros. Os benefícios acabam por abrandar os corações mais endurecidos; eles podem ser menosprezados nesse mundo, mas quando o Espírito se desembaraçar de seu envoltório carnal, lembrar-se-á, e essa lembrança será seu castigo; então, lamentará a sua ingratidão e quererá reparar sua falta, pagar sua dívida noutra existência, frequentemente, aceitando mesmo uma vida de devotamento para com o seu benfeitor. É assim que, sem disso suspeitardes, tereis contribuído para seu adiantamento moral e reconhecereis, mais tarde, toda a verdade desta máxima: Um benefício jamais se perde. Mas tereis também trabalhado para vós, porque tereis o mérito de haver feito o bem com desinteresse e sem vos deixar desencorajar pelas decepções.

Ah! meus amigos, se conhecêsseis todos os laços que, na vida presente, ligam-vos a vossas existências anteriores; se pudésseis abarcar a multidão das relações que aproximam os seres, uns dos outros, para o progresso mútuo, admiraríeis bem mais ainda a sabedoria e a bondade do Criador, que vos permite reviver para chegar até ele.

BENEFICÊNCIA EXCLUSIVA

SÃO LUÍS, Paris, 1860.

20. *A beneficência é bem entendida quando exclusivamente* *praticada entre as pessoas da mesma opinião, da mesma crença ou do mesmo partido?*

Não; é sobretudo o espírito de seita e de partido que é preciso abolir, porque todos os homens são irmãos. O verdadeiro cristão não vê senão irmãos nos semelhantes, e antes de socorrer aquele que está na necessidade, não consulta nem sua crença, nem sua opinião, no que quer que seja. Seguiria ele o preceito de Jesus Cristo que diz para amar mesmo os inimigos, se repelisse um infeliz, por ter este uma outra fé que não a sua?

Que o socorra, pois, sem pedir-lhe nenhuma conta de sua consciência, porque se é um inimigo da religião, é o meio de fazer com que a ame; repelindo-o, faria que ele a odiasse.

CAPÍTULO 14

HONRAI A VOSSO PAI E A VOSSA MÃE

Piedade filial – Quem é minha mãe e quem são meus irmãos? – O parentesco corporal e o parentesco espiritual

Instruções dos Espíritos:
A ingratidão dos filhos e os laços de família.

1. *Vós sabeis os mandamentos: não cometereis adultério; não matareis; não furtareis; não prestareis falsos testemunhos; não fareis mal a ninguém;* honrai a vosso pai e a vossa mãe. *(São Marcos, cap. X, v. 19; São Lucas, cap. XVIII, v. 20; São Mateus, cap. XIX, v. 19).*

2. *Honrai a vosso pai e a vossa mãe a fim de viverdes longo tempo sobre a terra, que o Senhor vosso Deus vos dará. (Decálogo; Êxodo, cap. XX, v. 12).*

PIEDADE FILIAL

3. O mandamento: "Honrai a vosso pai e a vossa mãe" é uma consequência da lei geral de caridade e de amor ao próximo, porque não se pode amar o próximo sem amar pai e mãe; mas a palavra *honrai* encerra um dever a mais a seu respeito: o da piedade filial. Deus quis mostrar com isso que, ao amor, é preciso acrescentar o respeito, as atenções, a submissão e a condescendência, o que implica a obrigação de cumprir para com eles, de um modo mais rigoroso ainda, tudo o que a caridade manda para com o próximo. Esse dever se estende naturalmente às pessoas que estão no lugar de pai e de mãe, e que têm tanto mais mérito quanto seu devotamento é menos obrigatório. Deus pune sempre, de maneira rigorosa, toda violação a esse mandamento.

Honrar a seu pai e a sua mãe, não é somente respeitá-los: é assisti-los na necessidade, proporcionar-lhes o repouso na velhice, cercá-los de solicitude como fizeram por nós em nossa infância.

É sobretudo para com os pais sem recursos que se mostra a verdadeira piedade filial. Satisfazem esse mandamento aqueles que creem fazer um grande esforço, dando-lhes apenas o necessário para não morrerem de fome, quando eles mesmos não se privam de nada? em os relegando aos mais ínfimos aposentos da casa, para não os deixar na rua, enquanto se reservam o que há de melhor, de mais confortável? Felizes ainda quando não o fazem de má vontade e não mercadejam o tempo que lhes resta de vida, descarregando sobre eles os trabalhos da casa! Cabe, pois, aos pais velhos e fracos serem os servidores de filhos jovens e fortes? Sua mãe regateou seu leite quando estavam no berço? contou suas vigílias quando estavam doentes, seus passos para proporcionar-lhe o de que tinham necessidade? Não, não é somente o estritamente necessário que os filhos devem a seus pais pobres, mas também, tanto quanto possam, as pequenas doçuras do supérfluo, as amabilidades, os cuidados delicados, que não são do interesse do que eles receberam, o pagamento de uma dívida sagrada. Só aí está a piedade filial aceita por Deus.

Ai! pois, daquele que esquece o que deve aos que o sustentaram em sua fraqueza, que com a vida material lhe deram a vida moral que frequentemente se impuseram duras privações para assegurar seu bem-estar! Ai! do ingrato, porque será punido pela ingratidão e pelo abandono; será atingido em suas mais caras afeições, *algumas vezes desde a vida presente,* mas certamente numa outra existência, em que suportará o que terá feito aos outros suportarem.

Certos pais, é verdade, menosprezam seus deveres e não são para os filhos o que deveriam sê-lo, mas cabe a Deus puni-los e não aos seus filhos; não cabe a estes censurá-los, porque, talvez, eles próprios merecessem que fosse assim. Se a caridade estabelece, como lei, retribuir o mal com o bem, ser indulgente para com as imperfeições alheias, não maldizer o próximo, esquecer e perdoar os erros, amar mesmo aos inimigos, quanto essa obrigação é maior ainda com relação aos pais? Os filhos devem, pois, tomar por regra de conduta para com os pais, todos os preceitos de Jesus concernentes ao próximo, e dizer-se que todo procedimento repreensível em face de estranhos o é, ainda mais, em face dos parentes, e que o que, talvez, não fosse senão uma falta no primeiro caso, pode vir a ser um crime no segundo, porque, então, à falta de caridade se une a ingratidão.

4. Deus disse: "Honrai a vosso pai e a vossa mãe a fim de viverdes longo tempo sobre a terra, que o Senhor vosso Deus vos dará"; por que, pois, promete como recompensa a vida sobre a terra e não a vida celeste? A explicação está nestas palavras: "Que Deus vos dará", suprimidas na forma moderna do decálogo, o que lhe desnatura o sentido. Para compreender-se essas palavras, é preciso se reportar à situação e às ideias dos Hebreus à época em que foram ditas; eles não compreendiam ainda a vida futura; sua vida não se estendia além da vida corporal; deviam, pois, ser mais tocados pelo que viam do que pelo que não viam; por isso, Deus fala numa linguagem à sua altura e, como a crianças, dá-lhes, em perspectiva, o que pode satisfazê-los. Estavam, então, no deserto; a terra que Deus lhes *dará* era a Terra Prometida, objetivo de suas aspirações; eles não desejavam nada além disso, e Deus lhes disse que viveriam nela longo tempo, quer dizer, que a possuiriam por muito tempo, se observassem seus mandamentos.

Mas, ao advento de Jesus, suas ideias estavam mais desenvolvidas; era chegado o momento de dar-lhes um alimento menos grosseiro, iniciá-los na vida espiritual, em lhes dizendo: "Meu reino não é deste mundo; é nele, e não na Terra, que recebereis a recompensa de vossas boas obras". Com estas palavras, a Terra Prometida material se transforma numa pátria celeste; também, quando os chama à observação do mandamento: "Honrai a vosso pai e a vossa mãe", não é mais a terra que lhes promete, mas o céu. (Cap. II e III).

QUEM É MINHA MÃE E QUEM SÃO MEUS IRMÃOS?

5. *E tendo chegado à casa, nela se reuniu uma tão grande multidão de povo, que não podiam mesmo tomar seu alimento. Seus parentes, tendo sabido disso, vieram para se apoderarem dele, porque diziam* que ele havia perdido o espírito.

Entretanto, sua mãe e seus irmãos, tendo vindo, e ficando do lado de fora, mandaram chamá-lo. Ora, o povo estava sentado ao seu redor, e lhe disse: Vossa mãe e vossos irmãos estão lá fora vos chamando. Mas ele lhes respondeu: Quem é minha mãe, e quem são meus irmãos? *e olhando aqueles que estavam sentados ao seu redor: Eis, disse, minha mãe e meus irmãos, porque todo aquele que faz a vontade de Deus, este é meu irmão, minha irmã e minha mãe. (São Marcos, cap. III, v. 20, 21 e 31 a 35; São Mateus, cap. XII, v. de 46 a 50).*

6. Certas palavras parecem estranhas na boca de Jesus e contrastam com a sua bondade e sua inalterável benevolência para com todos. Os incrédulos não deixaram de fazer disso uma arma, dizendo que ele próprio se contradizia. Um fato irrecusável é que a sua doutrina tem por base essencial, por pedra angular, a lei de amor e de caridade; não podia, pois, destruir de um lado o que estabelecia de outro; de onde é preciso tirar esta consequência rigorosa de que, se certas máximas estão em contradição com o princípio, é que as palavras que se lhe atribuem foram mal expressadas, mal compreendidas ou não são dele.

7. Admira-se, e com razão, ver, nessa circunstância, Jesus mostrar tanta indiferença para com os seus parentes e, de alguma sorte, renegar sua mãe.

No que tange a seus irmãos, sabe-se que não tiveram jamais simpatia por ele; Espíritos pouco avançados, não tinham compreendido a sua missão; sua conduta, a seus olhos, era bizarra; e seus ensinamentos não lhes haviam tocado, uma vez que não houve nenhum discípulo entre eles; parecia mesmo que partilhavam, até um certo ponto, das prevenções dos seus inimigos; é certo, de resto, que o acolhiam mais como estranho do que como irmão, quando ele se apresentava na família, e São João disse, positivamente, (cap. VII, v. 5) "que não acreditavam nele."

Quanto à sua mãe, ninguém poderia contestar sua ternura por seus filhos; mas é preciso convir também que ela não parecia ter feito uma ideia muito justa da sua missão, porque não se a viu jamais seguir seus ensinamentos, nem lhe prestar testemunho como o fez João Batista; a solicitude maternal era, nela, o sentimento dominante. A respeito de Jesus, supor-lhe ter renegado sua mãe seria desconhecer-lhe o caráter: um tal pensamento não poderia animar aquele que disse: *Honrai a vosso pai e a vossa mãe.* É preciso, pois, procurar um outro sentido para as suas palavras, quase sempre veladas sob a forma alegórica.

Jesus não negligenciou nenhuma ocasião de dar um ensinamento; tomou, pois, a que lhe oferecia a chegada de sua família para estabelecer a diferença que existe entre o parentesco corporal e o parentesco espiritual.

O PARENTESCO CORPORAL E O PARENTESCO ESPIRITUAL

8. Os laços de sangue não estabelecem, necessariamente, os laços entre os Espíritos. O corpo procede do corpo, mas o Espírito não procede do Espírito, porque o Espírito existia antes da formação do corpo; não foi o pai quem criou o Espírito do filho, ele não fez senão lhe fornecer um envoltório corporal, mas deve ajudar o seu desenvolvimento intelectual e moral para fazê-lo progredir.

Os Espíritos que se encarnam numa mesma família, sobretudo entre parentes próximos, são, o mais frequentemente, Espíritos simpáticos, unidos por relacionamentos anteriores, que se traduzem por sua afeição durante a vida terrestre mas pode ocorrer também que esses Espíritos sejam completamente estranhos uns aos outros, divididos por antipatias igualmente anteriores, que se traduzem da mesma forma por seu antagonismo na Terra, para servir-lhes de prova. Os verdadeiros laços de família não são, pois, os da consanguinidade, mas os da simpatia e da comunhão de pensamentos que unem os Espíritos *antes, durante e após* a sua encarnação. De onde se segue que dois seres nascidos de pais diferentes, podem ser mais irmãos pelo Espírito do que se o fossem pelo sangue; podem se atrair, procurar-se, dar-se bem juntos, enquanto que dois irmãos consanguíneos podem se repelir, como se vê todos os dias; problema moral que só o Espiritismo podia resolver pela pluralidade das existências. (Cap. IV, nº 13).

Há, pois, duas espécies de famílias: *as famílias pelos laços espirituais, e as famílias pelos laços corporais;* as primeiras, duráveis, fortalecem-se pela depuração, e se perpetuam no mundo dos Espíritos, através de diversas migrações da alma; as segundas, frágeis como a matéria, extinguem-se com o tempo e, frequentemente, dissolvem-se moralmente, desde a vida atual. Foi isso que Jesus quis fazer compreender em dizendo aos seus discípulos: Eis minha mãe e meus irmãos, quer dizer, minha família pelos laços do Espírito, porque quem quer que faça a vontade do meu Pai que está nos céus, é meu irmão, minha irmã e minha mãe.

A hostilidade de seus irmãos está claramente expressa na narração de São Marcos, uma vez que, disse ele, propunham-se a apoderar-se dele, sob o pretexto de que havia *perdido o espírito.* À notícia da sua chegada, conhecendo-lhes os sentimentos a seu respeito, era natural que dissesse, falando dos seus discípulos, do ponto de vista espiritual: "Eis meus verdadeiros irmãos"; sua mãe se encontrava com eles e generaliza o ensinamento, o que não implica de nenhum modo que tenha pretendido que sua mãe, segundo o corpo, não lhe era nada como Espírito, e que não tivesse por ela senão indiferença; sua conduta, em outras circunstâncias, provou suficientemente o contrário.

INSTRUÇÕES DOS ESPÍRITOS

A INGRATIDÃO DOS FILHOS E OS LAÇOS DE FAMÍLIA

SANTO AGOSTINHO, PARIS, 1862.

9. A ingratidão é um dos frutos mais imediatos do egoísmo; revolta sempre os corações honestos, mas a dos filhos com relação aos pais, tem um caráter ainda mais odioso; é sob esse ponto de vista especialmente que vamos encará-la para analisar-lhe as causas e os efeitos. Aqui, como por toda a parte, o Espiritismo veio lançar luz sobre um dos problemas do coração humano.

Quando o Espírito deixa a Terra, carrega consigo as paixões ou as virtudes inerentes à sua natureza, e vai para o espaço aperfeiçoar-se ou ficar estacionário, até que queira ver a luz. Alguns, pois, partiram carregando consigo ódios poderosos e desejos de vingança insatisfeitos; mas a alguns destes, mais avançados que os outros, é permitido entrever algo da verdade; eles reconhecem os funestos efeitos de suas paixões e, então, tomam boas resoluções; compreendem que para ir a Deus não há senão uma senha: *caridade;* ora, não há caridade sem esquecimento de ultrajes e de injúrias; não há caridade com ódios no coração e sem perdão.

Então, por um esforço inaudito, olham aqueles que detestaram na Terra, mas ante essa visão, sua animosidade desperta; revoltam-se com a ideia de perdoar, e mais ainda com a de se abdicarem de si mesmos, sobretudo, à de amarem aqueles que, talvez, destruíram -lhe a fortuna, a honra, a família. Entretanto, o coração desses infortunados está abalado; eles hesitam, vacilam, agitados por sentimentos contrários; se a boa resolução vence, pedem a Deus, imploram aos bons Espíritos que lhes deem forças no momento mais decisivo da prova.

Enfim, depois de alguns anos de meditações e de preces, o Espírito se aproveita de um corpo, que se prepara na família daquele que detestou, e pede aos Espíritos encarregados de transmitirem as ordens supremas, para ir cumprir na Terra os destinos desse corpo que vem de se formar. Qual será, pois, a sua conduta nessa família? Ela dependerá, mais ou menos, da persistência de suas boas resoluções. O contato incessante dos seres que odiou é uma prova terrível, sob a qual sucumbe, às vezes, se sua vontade não é bastante forte. Assim, segundo triunfe a boa ou a má resolução, será amigo ou inimigo daqueles no meio do qual foi chamado a viver. Por aí se explicam esses ódios, essas repulsas instintivas, que se notam em certas crianças e que nenhum ato anterior parece justificar; nada, com efeito, nessa existência, pôde provocar essa antipatia; para compreendê-la é preciso voltar os olhos sobre o passado.

Ó espíritas! compreendei hoje o grande papel da Humanidade; compreendei que, quando produzis um corpo, a alma que nele se encarna vem do espaço para progredir; sabei vossos deveres e colocai todo o vosso amor em aproximar essa alma de Deus; é a missão que vos está confiada e da qual recebereis a recompensa, se a cumprirdes fielmente. Vossos cuidados, a educação que lhe derdes, ajudarão seu aperfeiçoamento e seu bem-estar futuro. Pensai que a cada pai e a cada mãe Deus perguntará: "Que fizestes do filho confiado à vossa guarda?" Se permaneceu atrasado por vossa falta, vosso castigo será o de vê-lo entre os Espíritos sofredores, ao passo que dependia de vós tê-lo feito feliz. Então, vós mesmos, atormentados de remorsos, pedireis para reparar vossa falta; solicitareis uma nova encarnação, para vós e para ele, na qual o cercareis de cuidados mais esclarecidos, e ele, cheio de reconhecimento, vos cercará de seu amor.

Não rejeiteis, pois, a criança de berço que repele sua mãe, nem aquele que vos paga com ingratidão; não é o acaso que o fez assim e que vo-lo deu. Uma intuição imperfeita do passado se revela, e daí julgais se um ou o outro já muito odiou ou foi muito ofendido; que um ou o outro veio para perdoar ou para expiar. Mães, abraçai, pois, o filho que vos causa desgosto, e vos dizei: Um de nós dois foi culpado. Merecei as alegrias divinas que Deus atribui à maternidade, ensinando a essa criança que ela está sobre a Terra para se aperfeiçoar, amar e bendizer. Mas, ah! Muitos dentre vós, em lugar de arrancar pela educação os maus princípios inatos de existências anteriores, entretêm, desenvolvem esses mesmos princípios por uma fraqueza culposa ou por negligência, e, mais tarde, o vosso coração ulcerado pela ingratidão de vossos filhos, será para vós, desde esta vida, o começo da vossa expiação.

A tarefa não é tão difícil como o poderíeis crer; não exige o saber do mundo, o ignorante como o sábio pode cumpri-la, e o Espiritismo veio facilitá-la, dando a conhecer a causa das imperfeições do coração humano.

Desde o berço, a criança manifesta os instintos bons ou maus que traz de sua existência anterior; é a estudá-los que é preciso se aplicar; todos os males têm seu princípio no egoísmo e no orgulho; espreitai, pois, os menores sinais que revelem os germes desses vícios, e empenhai-vos em combatê-los, sem esperar que lancem raízes profundas; fazei como o bom jardineiro, que arranca os maus brotos à medida que os vê despontar sobre a árvore. Se deixais se desenvolverem o egoísmo e o orgulho, não vos espanteis de ser mais tarde pagos pela ingratidão. Quando os pais fizeram tudo o que deviam para o adiantamento moral dos filhos, se não se saem bem, não têm censuras a se fazer, e sua consciência pode estar tranquila; mas ao desgosto muito natural que experimentam do insucesso dos seus esforços, Deus reserva uma grande, uma imensa consolação, pela *certeza* que não é senão um atraso, e que lhes será dado acabar em outra existência a obra começada nesta, e que um dia o filho ingrato os recompensará com seu amor. (Cap. XIII, nº 19).

Deus não faz a prova acima das forças daquele que a pede; não permite senão aquelas que podem ser cumpridas; se não se triunfa, não é, pois, a possibilidade que falta, mas a vontade, porque quantos há que em lugar de resistir aos maus arrastamentos, neles se comprazem; a estes, estão reservados os prantos e os gemidos em suas existências posteriores, mas admirai a bondade de Deus, que nunca fecha a porta ao arrependimento. Chega um dia em que o culpado está cansado de sofrer, em que seu orgulho está enfim domado, e é então que Deus abre seus braços paternais ao filho pródigo que se lhe lança aos pés. *As fortes provas,* entendei-me bem, *são quase sempre o indício de um fim de sofrimento e de um aperfeiçoamento do Espírito, quando são aceitas por amor a Deus.* É um momento supremo, e nele, sobretudo,importa não falir murmurando, se não se quer perder-lhe o fruto e ter de recomeçar. Em lugar de vos lamentardes, agradecei a Deus que vos oferece ocasião de vencer para vos dar o prêmio da vitória. Então, quando saídos do turbilhão do mundo terrestre, entrardes no mundo dos Espíritos, nele sereis aclamados como o soldado que sai vitorioso do meio do combate.

De todas as provas, as mais penosas são as que afetam o coração; alguém suporta com coragem a miséria e as privações materiais, mas sucumbe ao peso dos desgostos domésticos, esmagado pela ingratidão dos seus. Oh! é uma pungente angústia essa! Mas que pode melhor, nessas circunstâncias, revelar a coragem moral que o conhecimento das causas do mal e a certeza de que, se há extrema aflição não há desesperos eternos, porque Deus não pode querer que a sua criatura sofra sempre? Que mais consolador, mais encorajador que esse pensamento de que depende só de si, de seus próprios esforços, abreviar o sofrimento, destruindo em si as causas do mal? Mas, para isso, é preciso não deter o olhar sobre a Terra e não ver senão uma única existência; é preciso se elevar, planar no infinito do passado e do futuro; então, a grande justiça de Deus se revela ao vosso olhar, e esperais com paciência, porque entendeis o que vos parecia monstruosidades na Terra; as feridas que nela recebeis não vos parecem mais do que arranhões. Nesse golpe de vista lançado sobre o conjunto, os laços de família aparecem sob sua verdadeira luz; não são mais os laços frágeis da matéria, reunindo os membros, mas os laços duráveis do Espírito, que se perpetuam e se consolidam em se depurando, em lugar de se romperem pela reencarnação.

Os Espíritos que a semelhança dos gostos, a identidade de progresso moral e a afeição levam a se reunirem, formam famílias; esses mesmos Espíritos, em suas migrações terrestres, procuram-se para se agruparem como o fazem no espaço; daí nascem as famílias unidas e homogêneas; e se, em suas peregrinações, estão momentaneamente separados, reencontram-se mais tarde, felizes com os novos progressos. Mas como não devem trabalhar unicamente para si, Deus permite que Espíritos menos avançados venham a se encarnar entre eles para aí haurir conselhos e bons exemplos, no interesse do seu adiantamento; eles causam, por vezes, perturbações, mas aí está a prova, aí está a tarefa. Acolhei-os, pois, como irmãos; vinde em sua ajuda e, mais tarde, no mundo dos Espíritos, a família se felicitará de haver salvo do naufrágio os que, a seu turno, poderão salvá-la de outros.

CAPÍTULO 15

FORA DA CARIDADE NÃO HÁ SALVAÇÃO

O que é preciso para ser salvo. Parábola do bom Samaritano – O maior mandamento – Necessidade da caridade segundo São Paulo. – Fora da Igreja não há salvação. Fora da verdade não há salvação

Instruções dos Espíritos:
Fora da caridade não há salvação

O QUE É PRECISO PARA SER SALVO. PARÁBOLA DO BOM SAMARITANO

1. *Ora, quando o Filho do homem vier em sua majestade, acompanhado de todos os anjos, se assentará no trono da sua glória; e todas as nações, estando reunidas diante dele, separará uns dos outros, como um pastor separa as ovelhas dos bodes, e colocará as ovelhas à sua direita, e os bodes à sua esquerda.*

Então o rei dirá àqueles que estarão à sua direita: Vinde, vós que fostes benditos por meu Pai, possuí o reino que vos foi preparado desde o início do mundo; porque eu tive fome e me destes de comer; tive sede e me destes de beber; tive necessidade de alojamento e me alojastes; estive nu e me vestistes; estive doente e me visitastes; estive na prisão e viestes me ver.

Então os justos lhe responderão: Senhor, quando foi que vos vimos com fome e vos demos de comer, ou com sede e vos demos de

beber? Quando foi que nós vos vimos sem teto e vos alojamos, ou sem roupa e vos vestimos? E quando foi que vos vimos doente ou na prisão e viemos vos visitar? E o rei lhes responderá: Eu vos digo em verdade, quantas vezes o fizestes com relação a um destes mais pequenos de meus irmãos, foi a mim mesmo que o fizestes.

E dirá, em seguida, àqueles que estarão à sua esquerda: Retirai-vos de mim, malditos, ide para o fogo eterno, que foi preparado para o diabo e para seus anjos; porque eu tive fome e não me destes de comer; tive sede e não me destes de beber; tive necessidade de teto e não me alojastes; estive nu e não me vestistes; estive doente e na prisão e não me visitastes.

Então eles lhe responderão também: Senhor, quando foi que vos vimos com fome, com sede, ou sem roupa, ou doente, ou na prisão, e deixamos de vos assistir? Mas ele lhes responderá: Eu vos digo em verdade, todas as vezes que deixastes de dar essas proteções a um desses mais pequenos, deixastes de dá-las a mim mesmo.

E, então, estes irão para o suplício eterno, e os justos para a vida eterna. (São Mateus, cap. XXV, v. de 31 a 46).

2. *Então um doutor da lei, tendo se levantado, disse-lhe para o tentar: Mestre, o que é preciso que eu faça para possuir a vida eterna? Jesus lhe respondeu: Que é o que está escrito na lei? Que ledes nela? Ele lhe respondeu: Amareis o Senhor vosso Deus de todo o vosso coração, de toda a vossa alma, de todas as vossas forças e de todo o vosso espírito, e vosso próximo como a vós mesmos. Jesus lhe disse: Respondestes muito bem; fazei isso e vivereis.*

Mas esse homem, querendo parecer que era justo, disse a Jesus: E quem é meu próximo? E Jesus, tomando a palavra, disse-lhe:

Um homem, que descia de Jerusalém para Jericó, caiu nas mãos de ladrões que o despojaram, cobriram-no de feridas e se foram, deixando-o semimorto. Aconteceu, em seguida, que um sacerdote descia pelo mesmo caminho e tendo-o percebido, passou do outro lado. Um levita, que veio também para o mesmo lugar, tendo-o considerado, passou ainda do outro lado. Mas um Samaritano que viajava, chegando ao lugar onde estava esse homem e, tendo-o visto, foi tocado de compaixão por ele. Aproximou-se, pois, dele, derramou óleo e vinho em suas feridas e as enfaixou; e tendo-o colocado sobre seu cavalo, conduziu-o a uma hospedaria e cuidou dele. No dia seguinte, tirou duas moedas e as deu ao hospedeiro, dizendo: Tende bastante cuidado com este homem, e tudo o que despenderdes a mais, eu vos restituirei no meu regresso.

Qual desses três vos parece ter sido o próximo daquele que caiu nas mãos dos ladrões? O doutor lhe respondeu: Aquele que exerceu a misericórdia para com ele. Ide pois, disse-lhe Jesus, e fazei o mesmo. (São Lucas, cap. X; v. de 25 a 37).

3. Toda a moral de Jesus se resume na caridade e na humildade, quer dizer, nas duas virtudes contrárias ao egoísmo e ao orgulho. Em todos os seus ensinamentos, ele mostra essas virtudes como sendo o caminho da felicidade eterna. Bem-aventurados, disse ele, os pobres de espírito, quer dizer, os humildes, porque deles é o reino dos céus; bem-aventurados os que têm puro o coração; bem-aventurados os que são brandos e pacíficos; bem-aventurados os que são misericordiosos; amai o vosso próximo como a vós mesmos; fazei aos outros o que quereríeis que vos fizessem; amai os vossos inimigos; perdoai as ofensas, se quiserdes ser perdoados; fazei o bem sem ostentação; julgai a vós mesmos antes de julgar os outros. Humildade e caridade, eis o que não cessa de recomendar, e ele mesmo dá o exemplo; orgulho e egoísmo, eis o que não cessa de combater, mas faz mais do que recomendar a caridade, coloca-a claramente, e em termos explícitos, como a condição absoluta da felicidade futura.

No quadro que Jesus deu do julgamento final, é preciso, como em muitas outras coisas, separar a figura e a alegoria. A homens, como aqueles a quem falava, ainda incapazes de compreenderem as coisas puramente espirituais, devia apresentar imagens materiais, surpreendentes e capazes de impressionar; para melhor ser aceito, devia mesmo não se afastar muito das ideias vigentes, quanto à forma, reservando sempre para o futuro a verdadeira interpretação de suas palavras e pontos sobre os quais não podia se explicar claramente. Mas, ao lado dessa parte acessória e figurada do quadro, há uma ideia dominante: a da felicidade que espera o justo, e da infelicidade reservada ao mau.

Nesse julgamento supremo, quais são os considerandos da sentença? Sobre o que dirige o inquérito? O juiz pergunta se se cumpriu esta ou aquela formalidade, observou mais ou menos tal ou tal prática exterior? Não, ele não inquire senão de uma coisa: a prática da caridade, e sentencia dizendo: Vós que assististes vossos irmãos, passai à direita; vós que fostes duros para com eles, passai à esquerda. Ele se informa da ortodoxia da fé? Faz uma distinção entre aquele que crê de um modo e o que crê de outro? Não; porque Jesus coloca o Samaritano, considerado herético, mas que tem o amor ao próximo, acima do ortodoxo, que falta com a caridade. Jesus não fez, pois, da caridade, somente uma das condições de salvação, mas a única condição; se houvesse outras a serem preenchidas, ele as teria mencionado. Se coloca a caridade no primeiro plano das virtudes, é porque ela encerra, implicitamente, todas as outras: a humildade, a doçura, a benevolência, a indulgência, a justiça, etc. E porque é a negação absoluta do orgulho e do egoísmo.

O MAIOR MANDAMENTO

4. *Mas os Fariseus, tendo sabido que ele tapara a boca aos Saduceus, reuniram-se; e um deles, que era doutor da lei, veio lhe fazer esta pergunta para o tentar: Mestre, qual é o maior mandamento da lei? Jesus lhe respondeu: Amareis o Senhor vosso Deus de* *todo o vosso coração, de toda a vossa alma e de todo o vosso espírito. Eis aí o maior e o primeiro mandamento. Eis o segundo, que é semelhante a este: Amareis vosso próximo como a vós mesmos. Toda a lei e os profetas estão contidos nesses dois mandamentos. (São Mateus, cap. XXII, v. de 34 a 40).*

5. Caridade e humildade, tal é, pois, o único caminho da salvação; egoísmo e orgulho, tal o da perdição. Este princípio está formulado em termos precisos nestas palavras: "Amareis a Deus de toda a vossa alma e ao vosso próximo como a vós mesmos; *toda a lei e os profetas estão contidos nesses dois mandamentos.*" E para que não haja mais equívoco sobre a interpretação do amor de Deus e do próximo, ajunta: "E eis o segundo mandamento, que é semelhante ao primeiro"; quer dizer, que não se pode verdadeiramente amar a Deus sem amar ao próximo, nem amar ao próximo sem amar a Deus, portanto, tudo que se faz contra o próximo, se faz contra Deus. Não podendo amar a Deus sem praticar a caridade para com o próximo, todos os deveres do homem se encontram resumidos nesta máxima: FORA DA CARIDADE NÃO HÁ SALVAÇÃO.

NECESSIDADE DA CARIDADE SEGUNDO SÃO PAULO

6. *Ainda quando eu falasse todas as línguas dos homens e mesmo a língua dos anjos, se não tivesse caridade não seria senão como um bronze sonante e um címbalo retumbante; e quando eu tivesse o dom de profecia, penetrasse todos os mistérios e tivesse uma perfeita ciência de todas as coisas; quando tivesse ainda toda a fé possível, até transportar as montanhas,* se não tivesse a caridade, eu nada seria. *E quando tivesse distribuído meus bens para alimentar os pobres e tivesse entregue meu corpo para ser queimado, se não tivesse caridade, tudo isso não me serviria de nada.*

A caridade é paciente; é doce e benfazeja; a caridade não é invejosa; não é temerária e precipitada; não se enche de orgulho; não é desdenhosa; não procura seus próprios interesses; não se melindra e não se irrita com nada; não suspeita mal; não se regozija com a injustiça, mas se regozija com a verdade; tudo suporta, tudo crê, tudo espera, tudo sofre.

Agora, estas três virtudes: a fé, a esperança e a caridade, permanecem; mas, entre elas, a mais excelente é a caridade. (São Paulo, 1ª Epístola aos Coríntios, cap. XIII, v. de 1 a 7 e 13).

7. São Paulo, de tal forma compreendeu essa verdade, que disse: *"Ainda quando eu tivesse a linguagem dos anjos; quando eu tivesse o dom de profecia e penetrasse todos os mistérios; quando eu tivesse toda a fé possível, até transportar as montanhas, se não tivesse caridade, eu nada seria. Entre estas três virtudes: a fé, a esperança e a caridade, a mais excelente é a caridade."* Coloca, assim, sem equívoco, a caridade acima mesmo da fé, porque a caridade está ao alcance de todo o mundo, do ignorante e do sábio, do rico e do pobre, e porque independe de toda crença particular.

E fez mais: definiu a verdadeira caridade; mostrou-a não somente na beneficência, mas na reunião de todas as qualidades do coração, na bondade e benevolência para com o próximo.

FORA DA IGREJA NÃO HÁ SALVAÇÃO. FORA DA VERDADE NÃO HÁ SALVAÇÃO

8. Enquanto a máxima: *Fora da caridade não há salvação* se apoia sobre um princípio universal e abre, a todos os filhos de Deus, acesso à felicidade suprema, o dogma: *Fora da Igreja não há salvação* se apoia, não sobre a fé fundamental em Deus e na imortalidade da alma, fé comum a todas as religiões, *mas sobre a fé especial em dogmas particulares;* é exclusivo e absoluto; em lugar de unir os filhos de Deus, divide-os; em lugar de os excitar ao amor de seus irmãos, alimenta e sanciona a irritação entre os sectários dos diferentes cultos que se consideram reciprocamente como malditos na eternidade, fossem eles parentes ou amigos neste mundo; desconhecendo a grande lei de igualdade diante do túmulo, separa-os até no campo do repouso. A máxima: *Fora da caridade não há salvação* é a consagração do princípio da igualdade diante de Deus e da liberdade de consciência; com esta máxima por regra, todos os homens são irmãos e, qualquer que seja a sua maneira de adorar a Deus, eles se estendem as mãos e oram uns pelos outros. Com o dogma: *Fora da Igreja não há salvação,* eles se lançam anátema, perseguem-se e vivem em inimizade; o pai não ora pelo filho, nem o filho pelo pai, nem o amigo pelo amigo, desde que se julguem reciprocamente condenados para sempre. Esse dogma, pois, é essencialmente contrário aos ensinamentos do Cristo e à lei evangélica.

9. *Fora da verdade não há salvação* seria o equivalente de: *Fora da Igreja não há salvação,* e também exclusivista, porque não há uma só seita que não pretenda ter o privilégio da verdade. Qual é o homem que pode se gabar de possuí-la inteiramente, quando o círculo dos conhecimentos aumenta sem cessar, e as ideias se retificam a cada dia? A verdade absoluta não pertence senão aos Espíritos de ordem mais elevada, e a Humanidade terrestre não poderia pretendê-la, porque não lhe é dado tudo saber; ela não pode aspirar senão a uma verdade relativa e proporcional ao seu adiantamento. Se Deus houvesse feito da posse da verdade absoluta, a condição expressa da felicidade futura, isso seria uma sentença de proscrição geral; enquanto que a caridade, mesmo na sua acepção mais ampla, pode ser praticada por todos. O Espiritismo, de acordo com o Evangelho, admitindo que a salvação independe da crença, conquanto que se observe a lei de Deus, não diz: *Fora do Espiritismo não há salvação;* e como não pretende ensinar ainda toda a verdade, também não diz: *Fora da verdade não há salvação,* máxima que dividiria em lugar de unir e perpetuaria o antagonismo.

INSTRUÇÕES DOS ESPÍRITOS

FORA DA CARIDADE NÃO HÁ SALVAÇÃO

PAULO, Apóstolo, Paris, 1860.

10. Meus filhos, na máxima: *Fora da caridade não há salvação,*estão contidos os destinos dos homens na Terra e no céu; na Terra, porque à sombra desse estandarte eles viverão em paz; no céu, porque aqueles que a tiverem praticado, encontrarão graça diante do Senhor. Esta divisa é a luz celeste, a coluna luminosa que guia o homem no deserto da vida para conduzi-lo à Terra Prometida e brilha no céu como uma auréola santa na fronte dos eleitos, e na Terra está gravada no coração daqueles a quem Jesus dirá: Passai à direita, vós, os benditos de meu Pai. Vós os reconhecereis pelo perfume de caridade que espargem ao seu redor. Nada exprime melhor o pensamento de Jesus, nada resume melhor os deveres do homem, do que esta máxima de ordem divina; o Espiritismo não podia provar melhor a sua origem do que dando-a por regra, porque ela é o reflexo do mais puro Cristianismo; com um tal guia, o homem não se perderá jamais. Aplicai-vos, pois, meus amigos, em compreender-lhe o sentido profundo e as consequências e em procurar, por vós mesmos, todas as suas aplicações. Submetei todas as vossas ações ao controle da caridade, e vossa consciência vos responderá; não somente ela vos evitará de fazer o mal, mas vos levará a fazer o bem: porque não basta uma virtude negativa, é preciso uma virtude ativa; para fazer o bem é preciso sempre a ação da vontade; para não fazer o mal basta, frequentemente, a inércia e a negligência.

Meus amigos, agradecei a Deus, que vos permitiu pudésseis gozar da luz do Espiritismo; não porque só aqueles que a possuem podem ser salvos, mas porque ajudando-vos a melhor compreender os ensinamentos do Cristo, ela vos faz melhores cristãos; fazei, pois, que em vos vendo, possa-se dizer que o verdadeiro espírita e o verdadeiro cristão são uma só e a mesma coisa, porque todos aqueles que praticam a caridade são os discípulos de Jesus, qualquer seja o culto a que pertençam.

CAPÍTULO 16

NÃO SE PODE SERVIR A DEUS E A MAMON

Salvação dos ricos – Guardar-se da avareza – Jesus na casa de Zaqueu – Parábola do mau rico – Parábola dos talentos – Utilidade providencial da fortuna. Provas da riqueza e da miséria – Desigualdade das riquezas.

Instruções dos Espíritos:

A verdadeira propriedade – Emprego da fortuna – Desprendimento dos bens terrestres – Transmissão da fortuna.

SALVAÇÃO DOS RICOS

1. *Ninguém poder servir a dois senhores; porque, ou odiará a um e amará ao outro, ou se afeiçoará a um e desprezará o outro. Não podeis servir, ao mesmo tempo, a Deus e a Mamon. (São Lucas, cap. XVI, v. 13).*

2. *Então um jovem se aproximou dele e lhe disse: Bom Mestre, o que é preciso que eu faça para adquirir a vida eterna? Jesus lhe respondeu: Por que me chamais bom? Só Deus é bom. Se quereis entrar na vida, guardai os mandamentos. Quais mandamentos? indagou-lhes. Jesus lhe disse: Não matareis; não cometereis adultério; não furtareis; não direis falso testemunho. Honrai a vosso pai e a vossa mãe e amai o vosso próximo como a vós mesmos.*

O jovem lhe respondeu: Tenho guardado todos esses manda-

mentos desde a minha juventude; que me falta ainda? Jesus lhe disse: Se quereis ser perfeito, ide, vendei o que tendes e dai-o aos pobres e tereis um tesouro no céu; depois, vinde e me segui.

O jovem, ouvindo essas palavras, foi-se embora muito triste, porque tinha grandes bens. E Jesus disse aos seus discípulos: Em verdade, digo-vos que é bem difícil que um rico entre no reino dos céus. Digo-vos ainda uma vez: É mais fácil um camelo passar pelo buraco de uma agulha, do que um rico entrar no reino dos céus (1). *(São Mateus, cap. XIX, v. de 16 a 24. São Lucas, cap. XVIII, v. de 18 a 25. São Marcos, cap. X, v. 17 a 25).*

GUARDAR-SE DA AVAREZA

3. *Então, um homem lhe disse do meio da multidão: Mestre, dizei a meu irmão que divida comigo a herança que nos coube. Mas Jesus lhe disse: Ó homem! quem me estabeleceu para julgar-vos ou para fazer vossas partilhas? Depois lhe disse: Tende cuidado em guardar-vos de toda avareza, porque em qualquer abundância que o homem esteja, sua vida não depende dos bens que ele possua.*

E lhe disse em seguida esta parábola. Havia um homem rico, cujas terras tinham produzido extraordinariamente; e ele mantinha, em si mesmo, estes pensamentos: Que farei, porque não tenho lugar onde eu possa encerrar tudo o que colhi? Eis, disse ele, o que farei: Derrubarei meus celeiros e os construirei maiores e aí colocarei toda a minha colheita e todos os meus bens; e direi à minha alma: Minha alma, tu tens muitos bens reservados para vários anos; repousa, come, bebe, ostenta. Mas Deus, ao mesmo tempo, disse a

(1) Esta figura audaciosa pode parecer um pouco forçada, porque não se vê a relação que existe entre um camelo e uma agulha. Isso resulta de que, em hebreu, a mesma palavra se emprega para designar **cabo** e **camelo.** Na tradução se lhe deu esta última acepção; é provável que a primeira era a que estava no pensamento de Jesus; ela é, pelo menos, mais natural.

esse homem: Insensato que és! vai ser retomada tua alma esta noite mesmo; e para quem será o que amontoaste?

É isso o que acontece àquele que amontoa tesouros para si mesmo, e que não é rico diante de Deus. (São Lucas, cap. XII, v. 13 a 21).

JESUS NA CASA DE ZAQUEU

4. *Jesus, tendo entrado em Jericó, passava pela cidade; e havia um homem chamado Zaqueu, chefe dos publicanos e muito rico que, tendo vontade de ver Jesus para conhecê-lo, não o podia por causa da multidão, porque ele era muito pequeno; por isso, correu à frente e subiu a um sicômoro para vê-lo, porque ele devia passar por ali; Jesus, tendo chegado a esse lugar, olhou para cima e, tendo-o visto, disse-lhe: Zaqueu, apressai-vos em descer, porque é preciso que eu me aloje hoje em vossa casa. Zaqueu desceu logo e o recebeu com alegria. Vendo isso, todos murmuraram dizendo: Ele foi alojar-se na casa de um homem de má vida. (ver Introdução: art.* Publicanos*).*

Entretanto, Zaqueu, apresentando-se diante do Senhor, disse-lhe: eu dou a metade dos meus bens aos pobres; e se causei dano a alguém, no que quer que seja, eu lhe retribuirei em quádruplo. Sobre o que Jesus lhe disse: Esta casa recebeu hoje a salvação, porque este é também filho de Abraão; porque o Filho do homem veio para procurar e para salvar o que estava perdido. (São Lucas, cap. XIX, v. de 1 a 10).

PARÁBOLA DO MAU RICO

5. *Havia um homem rico, que se vestia de púrpura e de linho, e que se tratava magnificamente todos os dias. Havia também* *um pobre chamado Lázaro, estendido à sua porta, todo coberto de úlceras, que quisera se saciar com as migalhas que caíam da mesa do rico, mas ninguém lhas dava, e os cães vinham lamber-lhe as feridas. Ora, aconteceu que esse pobre morreu e foi levado pelos anjos ao seio de Abraão. O rico morreu também e teve o inferno por sepulcro. E quando estava nos tormentos, levantou os olhos para o alto e viu ao longe Abraão e Lázaro no seu seio e, gritando, disse estas palavras: Pai Abraão, tende piedade de mim, e enviai-me Lázaro, a fim de que ele molhe a ponta de seu dedo na água para refrescar-me a língua, porque eu sofro tormentos extremos nesta chama.*

Mas Abraão lhe respondeu: Meu filho, lembrai-vos que haveis recebido vossos bens em vossa vida, e Lázaro não teve senão males; por isso, ele está agora na consolação, e vós nos tormentos.

Além disso, há, para sempre, um grande abismo entre nós e vós; de sorte que aqueles que querem passar daqui para vós não o podem, como ninguém também pode passar para aqui do lugar em que estais.

O rico lhe disse: Eu vos suplico, pois, pai Abraão, enviá-lo à casa de meu pai, onde tenho cinco irmãos, a fim de que lhes ateste estas coisas, de medo que eles venham também para este lugar de tormentos. Abraão lhe replicou: Eles têm Moisés e os profetas; que os escutem. – Não, disse ele, pai Abraão, mas se alguns dos mortos procurá-los, eles farão penitência. Abraão lhe respondeu: Se eles não escutam Moisés nem os profetas, não crerão mais do que neles, quando mesmo algum dos mortos ressuscitasse. (São Lucas, cap. XVI, v. de 19 a 31).

PARÁBOLA DOS TALENTOS

6. *O Senhor age como um homem que, devendo fazer uma*

longa viagem para fora do país, chamou seus servidores e lhes colocou nas mãos seus bens. E tendo dado cinco talentos a um, dois a outro e um a outro, segundo a capacidade diferente de cada um, logo partiu. Aquele, pois, que tinha recebido cinco talentos, foi-se embora; negociou com seu dinheiro e ganhou cinco outros. Aquele que havia recebido dois, ganhou da mesma forma outros dois. Mas aquele que não havia recebido senão um, foi cavar na terra e aí escondeu o dinheiro do seu senhor. Muito tempo depois, o senhor desses servidores, tendo retornado, pediu-lhes conta. E aquele que havia recebido cinco talentos veio lhe apresentar cinco outros, dizendo-lhe: Senhor, havíeis-me colocado cinco talentos nas mãos, eis aqui cinco outros que ganhei. Seu senhor lhe respondeu: Bom e fiel servidor, porque fostes fiel em pouca coisa, eu vos estabelecerei sobre muitas outras; entrai no gozo do vosso Senhor. Aquele que havia recebido dois talentos, veio logo apresentar-se a ele, dizendo-lhe: Senhor, havíeis-me colocado dois talentos nas mãos, eis aqui dois outros que ganhei. Seu senhor lhe respondeu: Bom e fiel servidor, porque fostes fiel em pouca coisa, eu vos estabelecerei sobre muitas outras; entrai no gozo do vosso Senhor. Aquele que não havia recebido senão um talento, veio em seguida e lhe disse: Senhor, sei que sois um homem duro, que ceifais onde não haveis semeado e colheis onde nada haveis empregado; por isso, como eu o temia, escondi vosso talento na terra; ei-lo, restituo o que é vosso. Mas seu senhor lhe respondeu: Servidor mau e preguiçoso, sabíeis que ceifo onde não semeei e que colho onde nada empreguei, devíeis, pois, colocar meu dinheiro nas mãos dos banqueiros, a fim de que, no meu retorno, eu retirasse com juro o que era meu. Que se lhe tire, pois, o talento que tem e deem-no àquele que tem dez talentos; porquanto dar-se-á a todos aqueles que já têm, e eles serão cumulados de bens; mas, para aquele que não tem, tirar-se-lhe-á mesmo o que pareça ter; e que se lance esse servidor inútil nas trevas exteriores; ali haverá choros e ranger de dentes. (São Mateus, cap. XXV, v. de 14 a 30).

UTILIDADE PROVIDENCIAL DA FORTUNA. PROVAS DA RIQUEZA E DA MISÉRIA.

7. Se a riqueza devesse ser um obstáculo absoluto à salvação daqueles que a possuem, assim como se poderia inferir de certas palavras de Jesus interpretadas segundo a letra e não segundo o espírito, Deus, que a dispensa, teria colocado nas mãos de alguns um instrumento de perdição sem recursos, pensamento que repugna à razão. A riqueza, sem dúvida, é uma prova muito difícil, mais perigosa que a miséria pelos seus arrastamentos, as tentações que dá e a fascinação que exerce; é o excitante supremo do orgulho, do egoísmo e da vida sensual; é o laço mais poderoso que liga o homem à Terra e afasta seus pensamentos do céu; produz uma tal vertigem que se vê, frequentemente, aquele que passa da miséria à fortuna, esquecer depressa a sua primeira posição, aqueles que o dotaram, aqueles que o ajudaram, e tornar-se insensível, egoísta e vão. Mas do fato de tornar o caminho difícil, não se segue que o torne impossível e não possa tornar-se um meio de salvação nas mãos daquele que dela sabe se servir, como certos venenos podem devolver a saúde, se são empregados a propósito e com discernimento.

Quando Jesus disse ao jovem que o interrogou sobre os meios de ganhar a vida eterna: "Desfazei-vos de todos os vossos bens e segui-me", ele não entendia estabelecer como princípio absoluto que cada um deva se despojar daquilo que possui, e que a salvação só tem esse preço, mas mostrar que *o apego aos bens terrestres* é um obstáculo à salvação. Esse jovem, com efeito, acreditava-se quite, porque tinha observado certos mandamentos e, todavia, recua ante a ideia de abandonar seus bens; seu desejo de obter a vida eterna não ia até esse sacrifício.

A proposição que Jesus lhe fez era uma prova decisiva para pôr a descoberto o fundo do seu pensamento; ele podia, sem dúvida, ser um perfeito homem honesto, segundo o mundo, não fazer mal a ninguém, não maldizer seu próximo, não ser vão nem orgulhoso, honrar a seu pai e a sua mãe; mas não tinha a verdadeira caridade, porque sua virtude não ia até à abnegação. Eis o que Jesus quis demonstrar; era uma aplicação do princípio: Fora da caridade não há salvação.

A consequência dessas palavras, tomadas em sua acepção rigorosa, seria a abolição da fortuna como nociva à felicidade futura, e como fonte de uma multidão de males na Terra, e seria, além disso, a condenação do trabalho que a pode obter; consequência absurda que conduziria o homem à vida selvagem, e que, por isso mesmo, estaria em contradição com a lei do progresso, que é uma lei de Deus.

Se a riqueza é a fonte de muitos males, se ela excita tanto as más paixões, se provoca mesmo tantos crimes, é preciso tomar-se não a coisa, mas ao homem que dela abusa, como abusa de todos os dons de Deus; pelo abuso, ele torna pernicioso o que lhe poderia ser mais útil; é a consequência do estado de inferioridade do mundo terrestre. Se a riqueza não devesse produzir senão o mal, Deus não a teria colocado sobre a Terra; cabe ao homem dela extrair o bem. Se ela não é um elemento direto do progresso moral, é, sem contradita, um poderoso elemento de progresso intelectual.

Com efeito, o homem tem por missão trabalhar pelo aprimoramento material do globo; deve desbravá-lo, saneá-lo, dispô-lo para receber, um dia, toda a população que a sua extensão comporta; para alimentar essa população que cresce sem cessar, é preciso aumentar a produção; se a produção de uma região é insuficiente, será preciso ir procurá-la fora. Por isso mesmo, as relações de povo a povo se tornam uma necessidade; para torná-las mais fáceis, é preciso destruir os obstáculos materiais que as separam, tornar as comunicações mais rápidas. Para esses trabalhos, que são a obra dos séculos, o homem teve de tirar materiais até das entranhas da terra; procurou na Ciência os meios de executá-los mais segura e rapidamente; mas, para realizá-los, foram-lhe precisos recursos: a necessidade fê-lo criar a riqueza, como o fez descobrir a ciência. A atividade, necessitada por esses mesmos trabalhos, aumenta e desenvolve a sua inteligência; essa inteligência, que ele concentra primeiro na satisfação das necessidades materiais, o ajudará mais tarde a compreender as grandes verdades morais. A riqueza, sendo o primeiro meio de execução, sem ela não mais grandes trabalhos, não mais atividade, nem estímulo, nem pesquisas; é, pois, com razão, considerada um elemento de progresso.

DESIGUALDADE DAS RIQUEZAS

8. A desigualdade das riquezas é um desses problemas que se procura em vão resolver, se não se considera senão a vida atual. A primeira questão que se apresenta é esta: Por que todos os homens não são igualmente ricos? Não o são por uma razão muito simples: *é que eles não são igualmente inteligentes, ativos e laboriosos para adquirir, nem moderados e previdentes para conservar.* Aliás, é um ponto matematicamente demonstrado, que a fortuna, igualmente repartida, daria a cada qual uma parte mínima e insuficiente; que, supondo-se essa repartição feita, o equilíbrio estaria rompido em pouco tempo pela diversidade dos caracteres e das aptidões; que, supondo-a possível e durável, cada um tendo apenas do que viver, isso seria o aniquilamento de todos os grandes trabalhos que concorrem para o progresso e o bem-estar da Humanidade; que, supondo-se que ela desse, a cada um, o necessário, não haveria mais o aguilhão que compele às grandes descobertas e aos empreendimentos úteis. Se Deus a concentra em certos pontos, é porque daí ela se derrama em quantidade suficiente segundo as necessidades.

Admitindo isso, pergunta-se por que Deus a dá a pessoas incapazes para fazê-la frutificar para o bem de todos. Aí ainda está uma prova da sabedoria e da bondade de Deus. Dando ao homem o livre-arbítrio, quis que ele alcançasse, por sua própria experiência, a distinção do bem e do mal, e que a prática do bem fosse o resultado dos seus esforços e da sua própria vontade. Ele não deve ser conduzido fatalmente, nem ao bem nem ao mal, sem o que não seria senão um instrumento passivo e irresponsável, como os animais. A fortuna é um meio de prová-lo moralmente, mas como, ao mesmo tempo, é um poderoso meio de ação para o progresso, Deus não quer que ela fique muito tempo improdutiva e, por isso, *a desloca incessantemente.* Cada um deve possuí-la para experimentar servir-se dela e provar o uso que dela sabe fazer; mas como há a impossibilidade material de que todos a tenham ao mesmo tempo; que, aliás, se todo mundo a possuísse, ninguém trabalharia e o aprimoramento do globo com isso sofreria, *cada um a possui a seu turno:* quem não a tem hoje, já a teve ou terá numa outra existência, e quem a tem agora, poderá não tê-la mais amanhã. Há ricos e pobres porque Deus, sendo justo, cada um deve trabalhar a seu turno; a pobreza é para uns a prova da paciência e da resignação; a riqueza é para outros a prova da caridade e da abnegação.

Deplora-se, com razão, o lamentável uso que certas pessoas fazem de sua fortuna, as ignóbeis paixões que a cobiça provoca, e se pergunta se Deus é justo em dar a riqueza a tais pessoas. É certo que se o homem não tivesse senão uma só existência, nada justificaria essa repartição dos bens da Terra; mas se, em lugar de limitar a visão à vida presente, considerar-se o conjunto das existências, vê-se que tudo se equilibra com justiça. O pobre, pois, não tem mais motivo para acusar a Providência, nem para invejar os ricos, e os ricos não têm mais do que se glorificar pelo que possuem. Se dela abusam, não será nem com os decretos, nem com as leis suntuárias, que se remediará o mal; as leis podem, momentaneamente, mudar o exterior, mas não podem mudar o coração; por isso, elas não têm senão uma duração temporária e são sempre seguidas de uma reação mais desenfreada. A fonte do mal está no egoísmo e no orgulho; os abusos de toda espécie cessarão por si mesmos quando os homens se regerem pela lei da caridade.

INSTRUÇÕES DOS ESPÍRITOS

A VERDADEIRA PROPRIEDADE

PASCAL, GENEBRA, 1860.

9. O homem não possui de seu senão o que pode levar deste mundo. O que encontra ao chegar e o que deixa ao partir, goza durante a sua permanência na Terra; mas, uma vez que é forçado a abandoná-lo, dele não tem senão o gozo e não a posse real. Que possui ele, pois? Nada daquilo que é para uso do corpo, tudo o que é de uso da alma: a inteligência, os conhecimentos, as qualidades morais; eis o que traz e o que leva, o que não está no poder de ninguém lhe tirar, o que lhe servirá mais ainda no outro mundo do que neste; dele depende ser mais rico em sua partida do que em sua chegada, porque daquilo que tiver adquirido em bem depende a sua posição futura. Quando um homem vai para um país longínquo, compõe a sua bagagem de objetos usáveis no país mas não se carrega daqueles que lhe seriam inúteis. Fazei, pois, o mesmo para a vida futura e fazei provisão de tudo o que poderá nela vos servir.

Ao viajor que chega a uma estalagem, se dá um belo alojamento se pode pagá-lo; àquele que pode pouca coisa, se dá um menos agradável; quanto àquele que nada tem, vai deitar sobre a palha. Assim ocorre com o homem na sua chegada ao mundo dos Espíritos: seu lugar nele está subordinado ao que tem; mas não é com o ouro que o paga. Não se lhe perguntará: Quanto tínheis sobre a Terra? que posição nela ocupáveis? Éreis príncipe ou operário? Mas, se lhe perguntará: O que dela trazeis? Não se computará o valor dos seus bens, nem dos seus títulos, mas a soma das suas virtudes; ora, a esse respeito, o operário pode ser mais rico do que o príncipe. Em vão alegará que, antes da sua partida, pagou a sua entrada com ouro e se lhe responderá: Os lugares aqui não se compram, eles se ganham pelo bem que se fez; com o dinheiro terrestre, pudestes comprar campos, casas, palácios; aqui, tudo se paga com as qualidades do coração. Sois rico dessas qualidades? Sede bem-vindo, e ide ao primeiro lugar onde todas as felicidades vos esperam; sois pobre? Ide ao último, onde sereis tratado em razão do que tendes.

M., ESPÍRITO PROTETOR, BRUXELAS, 1861.

10. Os bens da Terra pertencem a Deus, que os dispensa à sua vontade, e o homem deles não é senão o usufrutuário, o administrador mais ou menos íntegro e inteligente. Eles são tampouco a propriedade individual do homem, porque Deus, frequentemente, frustra todas as previsões, e a fortuna escapa daquele que crê possuí-la pelos melhores títulos.

Direis, talvez, que isso se compreende para a fortuna hereditária, mas que não ocorre o mesmo com aquela que se adquiriu pelo trabalho. Sem nenhuma dúvida, se há uma fortuna legítima, é esta, quando adquirida honestamente, porque *uma propriedade só é legitimamente adquirida quando, para a possuir, não se fez mal a ninguém.* Será pedida conta de uma moeda mal adquirida em prejuízo de outrem. Mas do fato de um homem dever sua fortuna a si mesmo, leva mais dela em morrendo? Os cuidados que ele toma em transmiti-la aos seus descendentes não são, frequentemente, supérfluos? Porque se Deus não quer que ela lhes chegue às mãos, nada poderá prevalecer contra a sua vontade. Pode dela usar e abusar em sua vida sem ter contas a prestar? Não; em lhe permitindo adquiri-la, Deus pôde querer recompensar nele, durante esta vida, seus esforços, sua coragem, sua perseverança, mas se não a fez servir senão à satisfação de seus sentidos ou de seu orgulho, se ela se torna uma causa de queda em suas mãos, melhor fora para ele que não a possuísse; perde de um lado o que ganhou de outro, anulando o mérito do seu trabalho e, quando deixar a Terra, Deus lhe dirá que já recebeu a sua recompensa.

EMPREGO DA FORTUNA

CHEVERUS, BORDÉUS, 1861.

11. Não podeis servir a Deus e a Mamon; retende bem isto, vós a quem o amor do ouro domina, vós que venderíeis vossa alma para possuir tesouros, porque eles podem vos elevar acima dos outros homens e vos dar as alegrias das paixões; não, não podeis servir a Deus e a Mamon! Se, pois, sentis vossa alma dominada pelas cobiças da carne, apressai-vos em sacudir o jugo que vos oprime, porque Deus, justo e severo, vos dirá: Que fizeste, dispenseiro infiel, dos bens que te confiei? Esse poderoso móvel das boas obras, não fizeste servir senão à tua satisfação pessoal.

Qual é, pois, o melhor emprego da fortuna? Procurai nestas palavras: "Amai-vos uns aos outros", a solução do problema; aí está o segredo de bem empregar as riquezas. Aquele que está animado de amor ao próximo tem sua linha de conduta toda traçada; o emprego que apraz a Deus é o da caridade; não essa caridade fria e egoísta que consiste em derramar em torno de si o supérfluo de uma existência dourada, mas essa caridade cheia de amor que procura o infeliz, que o reergue sem humilhá-lo. Rico, dá do teu supérfluo; faze melhor: dá do teu necessário, porque o teu necessário ainda é supérfluo, mas dá com sabedoria. Não repilas o queixume com medo de seres enganado, mas vai à fonte do mal; alivia primeiro, informa-te em seguida e vê se o trabalho, os conselhos, a afeição mesma não serão mais eficazes do que a tua esmola. Espalha ao redor de ti, com o bem-estar, o amor de Deus, o amor ao trabalho e o amor ao próximo. Coloca tuas riquezas sobre um capital que não te faltará jamais e te trará grandes interesses: as boas obras. A riqueza da inteligência deve te servir como a do ouro; espalha ao redor de ti os tesouros da instrução; espalha sobre os teus irmãos os tesouros do teu amor, e eles frutificarão.

UM ESPÍRITO PROTETOR. Cracóvia, 1861.

12. Quando considero a brevidade da vida, fico dolorosamente impressionado pela incessante preocupação da qual o bem-estar material é para vós o objeto, ao passo que ligais tão pouca importância e não consagrais senão pouco ou nenhum tempo ao vosso aperfeiçoamento moral, que deve vos ser contado para a eternidade. Crer-se-ia, ao ver a atividade que desdobrais, que ela se prende a uma questão do mais alto interesse para a Humanidade, enquanto que não se trata, quase sempre, senão em esforçar-vos para satisfazer necessidades exageradas, a vaidade, ou entregar-vos aos excessos. Quantas penas, cuidados e tormentos se inflige, quantas noites sem sono para aumentar uma fortuna, frequentemente, mais do que suficiente! Por cúmulo da cegueira, não é raro ver aqueles a quem um amor imoderado da fortuna e dos gozos, que ela proporciona, sujeita a um trabalho penoso, orgulhar-se de uma existência dita de sacrifício e de mérito, como se trabalhassem para os outros e não para si mesmos. Insensatos! credes, pois, realmente, que vos será tido em conta, os cuidados e os esforços dos quais o egoísmo, a cupidez ou o orgulho são os móveis, enquanto que negligenciais o cuidado do vosso futuro, assim como os deveres da solidariedade fraternal impostos a todos os que gozam das vantagens da vida social! Não haveis pensado senão em vosso corpo; seu bem-estar, seus gozos, foram o único objeto de vossa solicitude egoística; por ele que morre, haveis negligenciado o vosso Espírito que viverá sempre. Assim, esse senhor tão estimado e acariciado, tornou-se o vosso tirano; comanda vosso Espírito que se fez seu escravo. Estava aí o objetivo da existência que Deus vos havia dado?

FÉNELON, ALGER, 1860.

13. Ao homem, sendo o depositário, o gerente dos bens que Deus depositou em suas mãos, ser-lhe-á pedida severa conta do emprego que deles tiver feito em virtude do seu livre-arbítrio. O mau emprego consiste em não fazê-los servir senão à satisfação pessoal; ao contrário, o emprego é bom todas as vezes que dele resulta um bem qualquer para outrem; o mérito é proporcional ao sacrifício que se impõe. A beneficência não é senão um modo do emprego da fortuna; ela alivia a miséria atual: aquieta a fome, preserva do frio e dá asilo àquele que não o tem; mas um dever igualmente imperioso, igualmente meritório, consiste em prevenir a miséria; nisso, sobretudo, está a missão das grandes fortunas, pelos trabalhos de todos os gêneros que podem fazer executar; e devessem elas disso tirar um proveito legítimo, o bem não existiria menos, porque o trabalho desenvolve a inteligência e realça a dignidade do homem sempre confiante em poder dizer que ganhou o pão que come, ao passo que a esmola humilha e degrada. A fortuna concentrada numa só mão deve ser como uma fonte de água viva que derrama fecundidade e bem-estar em torno dela. Ó vós ricos! se a empregardes segundo os desígnios do Senhor, vosso coração, o primeiro, se saciará nessa fonte benfazeja; tereis nesta vida os inefáveis gozos da alma em lugar dos gozos materiais do egoísta, que deixam o vazio no coração. Vosso nome será abençoado sobre a Terra, e quando a deixardes, o soberano senhor vos dirigirá a palavra da parábola dos talentos: "Ó bom e fiel servidor, entrai no gozo do vosso Senhor". Nessa parábola, o servidor que enterrou na terra o dinheiro que lhe foi confiado, não é a imagem dos avarentos, entre as mãos dos quais a fortuna é improdutiva? Se, entretanto, Jesus fala principalmente das esmolas, é porque, naquele tempo e naquele país onde ele vivia, não se conheciam os trabalhos que as artes e a indústria criaram depois, e nos quais a fortuna pode ser empregada utilmente para o bem geral. A todos aqueles que podem dar, pouco ou muito, eu direi pois: Dai esmola quando isso for necessário, mas, tanto quanto possível, convertei-a em salário, a fim de que aquele que a recebe, dela não se envergonhe.

DESPRENDIMENTO DOS BENS TERRENOS

LACORDAIRE, CONSTANTINA, 1863.

14. Venho, meus irmãos, meus amigos, trazer o meu óbolo para ajudar-vos a marchar corajosamente no caminho do aprimoramento em que entrastes. Nós nos devemos uns aos outros; não é senão por uma união sincera e fraternal entre Espíritos e encarnados que a regeneração será possível.

Vosso amor aos bens terrestres é um dos mais fortes entraves ao vosso adiantamento moral e espiritual; por esse apego à posse, suprimis as vossas faculdades afetivas em transportando--as todas sobre as coisas materiais. Sede sinceros; a fortuna dá uma felicidade sem mácula? Quando vossos cofres estão cheios, não há sempre um vazio no coração? No fundo desse cesto de flores não há sempre um réptil escondido? Compreendo que o homem que, por um trabalho assíduo e honrado, ganhou a fortuna, experimente uma satisfação, de resto, bem justa; mas, dessa satisfação, muito natural e que Deus aprova, a um apego que absorve todos os outros sentimentos e paralisa os impulsos do coração, há distância; tanta distância quanto da avareza sórdida à prodigalidade exagerada, dois vícios entre os quais colocou Deus a caridade, santa e salutar virtude que ensina ao rico a dar sem ostentação, para que o pobre receba sem baixeza.

Que a fortuna venha de vossa família ou que a ganhastes pelo vosso trabalho, há uma coisa que não deveis jamais esquecer: é que tudo vem de Deus e retorna a Deus. Nada vos pertence sobre a Terra, nem mesmo o vosso pobre corpo: a morte dele vos despoja, como de todos os bens materiais; sois depositários e não proprietários, disso não vos enganeis; Deus vos emprestou, deveis restituir, e ele vos empresta com a condição de que o supérfluo, pelo menos, reverta para aqueles que não têm o necessário.

Um dos vossos amigos vos empresta uma soma; por pouco que sejais honesto, tereis o escrúpulo de pagá-la e lhe ficareis agradecido. Pois bem, eis a posição de todo homem rico; Deus é o amigo celeste que lhe emprestou a riqueza; não pede para ele senão o amor e o reconhecimento, mas exige que, a seu turno, o rico dê também aos pobres, que são seus filhos tanto quanto ele.

O bem que Deus vos confiou excita em vossos corações

uma ardente e louca cobiça; haveis refletido, quando vos apegais imoderadamente a uma fortuna perecível e passageira como vós, que um dia virá em que devereis prestar contas ao Senhor do que vem dele? Esqueceis que, pela riqueza, estais revestidos do caráter sagrado de ministros da caridade na Terra, para dela serdes os dispensadores inteligentes? Que sois, pois, quando usais em vosso único proveito daquilo que vos foi confiado, senão depositários infiéis? Que resulta desse esquecimento voluntário de vossos deveres? A morte inflexível, inexorável, vem rasgar o véu sob o qual vos escondíeis, e vos força a prestar contas ao amigo que vos ajudara, e que, nesse momento, reveste-se, para vós, com a toga de juiz.

É em vão que, na Terra, procurais vos iludir, colorindo com o nome de virtude o que, frequentemente, não é senão egoísmo; que chamais economia e previdência o que não é senão cupidez e avareza, ou generosidade o que não é senão prodigalidade em vosso proveito. Um pai de família, por exemplo, se absterá de fazer a caridade, economizará, amontoará ouro sobre ouro, e isso, diz ele, para deixar aos seus filhos o máximo de bens possível e evitar-lhe cair na miséria; é muito justo e paternal, convenho, e não se pode censurá-lo por isso; mas está aí sempre o único móvel que o guia? Não é, frequentemente, um compromisso com a sua consciência para justificar, aos seus próprios olhos e aos olhos do mundo, seu apego pessoal aos bens terrestres? Entretanto, admito que o amor paternal seja seu único móvel; é um motivo para esquecer seus irmãos diante de Deus? Quando ele mesmo já tem o supérfluo, deixará seus filhos na miséria porque terão um pouco menos desse supérfluo? Não é lhes dar uma lição de egoísmo e endurecer seus corações? Não é sufocar neles o amor ao próximo? Pais e mães, estais em grande erro se credes com isso aumentar a afeição de vossos filhos por vós; em lhes ensinando a ser egoístas para com os outros, os ensinais a sê-lo para convosco mesmos.

Quando um homem trabalhou bastante e, com o suor de seu rosto, amontoou bens, vós o ouvis, frequentemente, dizer que quando o dinheiro é ganho se lhe conhece melhor o valor; nada é mais verdadeiro. Pois bem! que esse homem que confessa conhecer todo o valor do dinheiro, faça a caridade segundo seus meios e terá mais mérito do que aquele que, nascido na abundância, ignora as rudes fadigas do trabalho. Mas se, ao contrário, esse mesmo homem, que lembra suas penas, seus trabalhos, for egoísta, duro para com os pobres, é bem mais culpado do que os outros; porque, quanto mais se conhece por si mesmo as dores ocultas da miséria, mais se deve procurar aliviá-las nos outros.

Infelizmente, há sempre no homem de posses um sentimento tão forte que o apega à fortuna: é o orgulho. Não é raro ver-se o felizardo atordoar o infeliz que implora a sua assistência com o relato de seus trabalhos e de sua habilidade, em lugar de vir ajudá-lo, e acabando por dizer: "Faça o que eu fiz." Segundo ele, a bondade de Deus nada tem em sua fortuna; só a ele cabe todo o mérito; seu orgulho lhe coloca uma venda nos olhos e lhe tapa os ouvidos; não compreende que, com toda a sua inteligência e sua habilidade, Deus pode derrubá-lo com uma só palavra.

Esbanjar a fortuna não é desapego aos bens terrenos, mas negligência e indiferença; o homem, depositário desses bens, não tem mais o direito de os dilapidar ou de os confiscar em seu proveito; a prodigalidade não é generosidade mas, frequentemente, uma forma de egoísmo; aquele que atira ouro a mancheias para satisfazer uma fantasia, não daria uma moeda para prestar serviço. O desapego aos bens terrestres consiste em apreciar a fortuna pelo seu justo valor, em saber servir-se dela para os outros e não só para si, a não sacrificar, por ela, os interesses da vida futura, a perdê-la sem murmurar se apraz a Deus vo-la retirar. Se, por reveses imprevistos, vos tornardes um outro Job, dizei como ele: "Senhor, vós ma havíeis dado, vós ma haveis tirado; que seja feita a vossa vontade." Eis o verdadeiro dasapego. Sede submissos primeiro; tende fé naquele que vos tendo dado e tirado, pode vos restituir; resisti com coragem ao abatimento, ao desespero que paralisam a vossa força; não olvideis jamais, quando Deus vos atingir, que ao lado da maior prova, coloca ele sempre uma consolação. Mas pensai, sobretudo, que há bens infinitamente mais preciosos que os da Terra, e esse pensamento vos ajudará a vos desapegar destes últimos. O pouco valor que se atribui a uma coisa faz com que menos sensível seja a sua perda. O homem que se apega aos bens da Terra é como a criança que não vê senão o momento presente; aquele que a eles não se prende é como o adulto que vê as coisas mais importantes, porque compreende estas palavras proféticas do Salvador: "Meu reino não é deste mundo."

O senhor não ordena abdicar do que se possui, para se reduzir a uma mendicidade voluntária e tornar-se uma carga para a sociedade; agir assim seria compreender mal o desapego dos bens terrestres; é um egoísmo de outro gênero, porque é isentar-se da responsabilidade que a fortuna faz pesar sobre aquele que a possui. Deus a dá a quem lhe parece bom para geri-la em proveito de todos; o rico tem, pois, uma missão, missão que pode tornar bela e proveitosa para ele; rejeitar a fortuna quando Deus vo-la dá, é renunciar ao benefício do bem que se pode fazer em administrando-a com sabedoria. Saber passar sem ela quando não a tem, saber empregá-la utilmente quando a possui, saber sacrificá-la quando isso é necessário, é agir segundo os desígnios do Senhor. Aquele a quem chegue o que se chama no mundo uma boa fortuna, diga a si mesmo: Meu Deus, vós me enviastes um novo encargo, dai-me a força de cumpri-lo segundo a vossa santa vontade.

Eis, meus amigos, o que eu queria vos ensinar quanto ao

desapego aos bens terrestres; resumirei, dizendo: Sabei vos contentar com pouco. Se sois pobres, não invejeis os ricos, porque a fortuna não é necessária à felicidade; se sois ricos, não olvideis que esses bens vos estão confiados e que devereis justificar seu emprego como sendo tutores. Não sejais depositários infiéis, fazendo-os servir à satisfação do vosso orgulho e da vossa sensualidade; não vos creiais no direito de dispor, unicamente para vós, daquilo que não é senão um empréstimo, e não uma doação. Se não sabeis restituir, não tendes mais o direito de pedir, e lembrai-vos de que aquele que dá aos pobres se quita da dívida que contrai com Deus.

SÃO LUÍS, PARIS, 1860.

15. *O princípio segundo o qual o homem não é senão o depositário da fortuna que Deus lhe permite gozar durante a vida, tira-lhe o direito de transmiti-la aos seus descendentes?*

O homem pode perfeitamente transmitir, depois de sua morte, do que gozou durante a vida, porque o efeito desse direito está sempre subordinado à vontade de Deus que pode, quando quiser, impedir seus descendentes de gozá-lo; é assim que se vê desmoronarem fortunas que pareciam solidamente estabelecidas. A vontade do homem em manter sua fortuna na sua descendência é, pois, impotente, o que não lhe tira o direito de transmitir o empréstimo que recebeu, uma vez que Deus o retirará quando julgar conveniente.

CAPÍTULO 17

SEDE PERFEITOS

Caracteres da perfeição – O homem de bem – Os bons espíritas – Parábola do Semeador.

Instruções dos Espíritos:

O dever – A virtude – Os superiores e os inferiores – O homem no mundo – Cuidar do corpo e do espírito.

CARACTERES DA PERFEIÇÃO

1. *Amai os vossos inimigos; fazei o bem àqueles que vos odeiam e orai por aqueles que vos perseguem e que vos caluniam; porque se não amais senão aqueles que vos amam, que recompensa com isso tereis? Os publicanos não o fazem também? E se vós não saudardes senão vossos irmãos, que fazeis nisso mais que os outros? Os Pagãos não o fazem também? Sede pois, vós outros, perfeitos, como vosso Pai celestial é perfeito. (São Mateus, cap. V, v. 44, 46, 47 e 48).*

2. Uma vez que Deus possui a perfeição infinita em todas as coisas, esta máxima: "Sede perfeitos como vosso Pai Celestial é perfeito", tomada ao pé da letra, pressuporia a possibilidade de se atingir a perfeição absoluta. Se fosse dado à criatura ser tão perfeita quanto o Criador, ela tornar-se-lhe-ia igual, o que é inadmissível. Mas os homens aos quais Jesus se dirigia não teriam compreendido essa nuança; ele se limitou a apresentar-lhes um modelo e lhes disse para se esforçarem por alcançá-lo.

É preciso, pois, entender, por essas palavras, a perfeição relativa, aquela da qual a Humanidade é suscetível e que mais a aproxima da Divindade. Em que consiste essa perfeição? Jesus o disse: "amar os inimigos, fazer o bem àqueles que nos odeiam, orar por aqueles que nos perseguem." Ele mostra, assim, que a essência da perfeição é a caridade em sua mais larga acepção, porque ela implica a prática de todas as outras virtudes.

Com efeito, observando-se os resultados de todos os vícios e mesmo dos simples defeitos, se reconhecerá que não há nenhum que não altere, mais ou menos, o sentimento da caridade, pois todos têm seu princípio no egoísmo e no orgulho, que são a sua negação; porque tudo o que superexcita o sentimento da personalidade, destrói, ou pelo menos enfraquece, os elementos da verdadeira caridade, que são: a benevolência, a indulgência, a abnegação e o devotamento. O amor ao próximo, levado até ao amor dos inimigos, não podendo se aliar com nenhum defeito contrário à caridade é, por isso mesmo, sempre o indício de maior ou menor superioridade moral; de onde resulta que o grau de perfeição está na razão direta da extensão desse amor; por isso, Jesus, depois de ter dado, aos seus discípulos, as regras da caridade naquilo que ela tem de mais sublime, disse-lhes: "Sede, pois, perfeitos como vosso Pai Celestial é perfeito."

O HOMEM DE BEM

3. O verdadeiro homem de bem é aquele que pratica a lei de justiça, de amor e de caridade em sua maior pureza. Se interroga a consciência sobre seus próprios atos, pergunta a si mesmo se não violou essa lei; se não fez o mal e se fez todo o bem *que* *podia;* se negligenciou voluntariamente uma ocasião de ser útil; se ninguém tem o que reclamar dele; enfim, se fez a outrem tudo o que quereria que se fizesse para com ele.

Tem fé em Deus, em sua bondade, em sua justiça e em sua sabedoria; sabe que nada ocorre sem sua permissão e se submete, em todas as coisas, à sua vontade.

Tem fé no futuro; por isso, coloca os bens espirituais acima dos bens temporais.

Sabe que todas as vicissitudes da vida, todas as dores, todas as decepções, são provas ou expiações, e as aceita sem murmurar.

O homem, possuído do sentimento de caridade e de amor ao próximo, faz o bem pelo bem sem esperança de recompensa, retribui o mal com o bem, toma a defesa do fraco contra o forte, e sacrifica sempre seu interesse à justiça.

E encontra satisfação nos benefícios que derrama, nos serviços que presta, nos felizes que faz, nas lágrimas que seca, nas consolações que dá aos aflitos. Seu primeiro movimento é de pensar nos outros antes de pensar em si, de procurar o interesse dos outros antes do seu próprio. O egoísta, ao contrário, calcula os lucros e as perdas de toda ação generosa.

Ele é bom, humano e benevolente para com todos, sem preferência de *raças nem de crenças,* porque vê irmãos em todos os homens. (*)

Respeita, nos outros, todas as convicções sinceras, e não lança o anátema àqueles que não pensam como ele.

Em todas as circunstâncias, a caridade é o seu guia; diz a si mesmo que aquele que leva prejuízo a outrem por palavras malévolas, que fere a suscetibilidade de alguém por seu orgulho

(*) Vide Nota Explicativa da Editora no final do livro.

e seu desdém, que não recua à ideia de causar uma inquietação, uma contrariedade, ainda que leve, quando pode evitá-lo, falta ao dever de amor ao próximo e não merece a clemência do Senhor.

Não tem ódio, nem rancor, nem desejo de vingança; a exemplo de Jesus, perdoa e esquece as ofensas e não se lembra senão dos benefícios; porque sabe que lhe será perdoado como ele próprio houver perdoado.

É indulgente para com as fraquezas alheias, porque sabe que ele mesmo tem necessidade de indulgência e se lembra destas palavras do Cristo: aquele que está sem pecado lhe atire a primeira pedra.

Não se compraz em procurar os defeitos alheios, nem em colocá-los em evidência. Se a necessidade a isso o obriga, procura sempre o bem que pode atenuar o mal.

Estuda as suas próprias imperfeições e trabalha, sem cessar, em combatê-las. Todos os seus esforços tendem a poder dizer a si mesmo no dia de amanhã, que há nele alguma coisa de melhor do que na véspera.

Não procura fazer valorizar nem seu espírito, nem seus talentos, às expensas de outrem; aproveita, ao contrário, todas as ocasiões para ressaltar as vantagens dos outros.

Não se envaidece nem com a fortuna, nem com as vantagens pessoais, porque sabe que tudo o que lhe foi dado, pode lhe ser retirado.

Usa, mas não abusa, dos bens que lhe são concedidos, porque sabe que é um depósito do qual deverá prestar contas, e que o emprego, o mais prejudicial para si mesmo, é de fazê-los servir à satisfação de suas paixões.

Se a ordem social colocou homens sob a sua dependência,

ele os trata com bondade e benevolência, porque são seus iguais perante Deus; usa de sua autoridade para erguer-lhes o moral e não para os esmagar com o seu orgulho; evita tudo o que poderia tornar a sua posição subalterna mais penosa.

O subordinado, por sua vez, compreende os deveres da sua posição e tem o escrúpulo em cumpri-los conscienciosamente. (Cap. XVII, nº 9).

O homem de bem, enfim, respeita, em seus semelhantes, todos os direitos dados pelas leis da Natureza, como gostaria que os seus fossem respeitados.

Esta não é a enumeração de todas as qualidades que distinguem o homem de bem, mas todo aquele que se esforce em possuí-las, está no caminho que conduz a todas as outras.

OS BONS ESPÍRITAS

4. O Espiritismo bem compreendido, mas sobretudo bem sentido, conduz forçosamente aos resultados acima, que caracterizam o verdadeiro espírita como o verdadeiro cristão, que são a mesma coisa. O Espiritismo não criou nenhuma moral nova; facilita aos homens a inteligência e a prática da moral do Cristo, dando uma fé sólida e esclarecida àqueles que duvidam ou vacilam.

Mas muitos daqueles que creem nos fatos das manifestações, não compreendem nem as suas consequências, nem o seu alcance moral ou, se as compreendem, não as aplicam a si mesmos. A que se prende isso? À falta de precisão da doutrina? Não, porque ela não contém nem alegorias, nem figuras que possam dar lugar a falsas interpretações; sua essência mesma é a clareza, e é o que a faz poderosa, porque vai direto à inteligência. Nada tem de misteriosa e seus iniciados não estão de posse de nenhum segredo oculto ao vulgo.

É preciso, pois, para compreendê-la, uma inteligência fora do comum? Não, porque se veem homens de uma capacidade notória que não a compreendem, enquanto que inteligências vulgares, de jovens mesmo, apenas saídos da adolescência, a apreendem com admirável exatidão em suas mais delicadas nuanças. Isso decorre do fato de que a parte de alguma sorte *material* da ciência não requer senão olhos para observar, ao passo que a parte *essencial* exige um certo grau de sensibilidade que se pode chamar *maturidade do senso moral,* maturidade independente da idade e do grau de instrução, porque é inerente ao desenvolvimento, num sentido especial, do Espírito encarnado.

Em alguns, os laços da matéria são ainda muito tenazes para permitir ao Espírito libertar-se das coisas da Terra; o nevoeiro, que os circunda, furta-lhes a visão do infinito; por isso, eles não rompem facilmente nem com seus gostos, nem com seus hábitos, não compreendem alguma coisa melhor do que aquilo que têm; a crença nos Espíritos é para eles um simples fato, mas não modifica, senão pouco ou nada, as suas tendências instintivas; numa palavra, não veem senão um raio de luz, insuficiente para conduzi-los e dar-lhes uma aspiração poderosa, capaz de vencer os seus pendores. Eles se apegam aos fenômenos mais do que à moral, que lhes parece banal e monótona; pedem aos Espíritos para iniciá-los, sem cessar, nos novos mistérios, sem perguntarem se se tornaram dignos de penetrarem nos segredos do Criador. Esses são os espíritas imperfeitos, dos quais alguns permanecem no caminho ou se distanciam dos seus irmãos em crença, porque recuam diante da obrigação de se reformarem ou reservam suas simpatias para aqueles que partilham suas fraquezas ou suas prevenções. Entretanto, a aceitação do princípio da doutrina é um primeiro passo que lhes tornará o segundo mais fácil numa outra existência.

Aquele que pode ser, com razão, qualificado de verdadeiro e sincero espírita, está num grau superior de adiantamento moral; o Espírito, que domina mais completamente a matéria, dá-lhe uma percepção mais clara do futuro; os princípios da doutrina fazem vibrar nele as fibras que permanecem mudas nos primeiros; numa palavra, *ele é tocado no coração;* também é a sua fé inabalável. Um é como o músico que se comove com certos acordes, ao passo que o outro não ouve senão sons. *Reconhece-se o verdadeiro espírita pela sua transformação moral e pelos esforços que faz para domar as suas más inclinações;* enquanto que um se compraz em seu horizonte limitado; o outro, que compreende alguma coisa de melhor, esforça-se para dele libertar-se e sempre o consegue quando tem vontade firme.

PARÁBOLA DO SEMEADOR

5. *Naquele mesmo dia, Jesus, tendo saído de casa, sentou-se perto do mar; e se reuniu, ao seu redor, uma grande multidão de povo; por isso, ele subiu num barco, onde se sentou, todo o povo estando na margem; e lhes disse muitas coisas por parábolas, falando-lhes desta maneira:*

Aquele que semeia, saiu a semear e, enquanto semeava, uma parte da semente caiu ao longo do caminho, e, vindo os pássaros do céu, a comeram.

Outra caiu nos lugares pedregosos, onde não havia muita terra; e logo nasceu porque a terra onde estava não tinha profundidade. Mas o Sol tendo se erguido, em seguida, a queimou; e, como não tinha raízes, secou.

Outra caiu nos espinheiros, e os espinhos, vindo a crescer, a sufocaram.

Outra, enfim, caiu na boa terra e deu frutos, alguns grãos, rendendo cento por um, outros sessenta e outros trinta.

Que ouça aquele que tem ouvidos para ouvir. (São Mateus, cap. XIII, v. de 1 a 9).

Escutai, pois, vós outros, a parábola do semeador.

Todo aquele que escuta a palavra do reino e não lhe dá atenção, o espírito maligno vem e arrebata o que havia sido semeado em seu coração; é aquele que recebeu a semente ao longo do caminho.

Aquele que recebeu a semente no meio das pedras é o que escuta a palavra, e que a recebe na hora mesmo com alegria; mas ele não tem em si raízes, e não está senão por um tempo; e quando sobrevêm os obstáculos e as perseguições por causa da palavra, a toma logo como um objeto de escândalo e de queda.

Aquele que recebe a semente entre os espinhos é o que ouve a palavra; mas, em seguida, os cuidados deste mundo e a ilusão das riquezas sufocam em si essa palavra e a tornam infrutífera.

Mas aquele que recebe a semente numa boa terra é aquele que escuta a palavra, que lhe presta atenção e que dá fruto, e rende cento, ou sessenta, ou trinta por um. (São Mateus, cap. XIII, v. de 18 a 23).

6. A parábola da semente representa perfeitamente as diferenças que existem na maneira de aproveitar os ensinamentos do Evangelho. Quantas pessoas há, com efeito, para as quais eles não são senão a letra morta que, semelhante à semente caída sobre a rocha, não produzem nenhum fruto!

Ela encontra uma aplicação, não menos justa, nas diferentes categorias de espíritas. Não é o emblema daqueles que não se apegam senão aos fenômenos materiais, e deles não tiram nenhuma consequência, porque não veem neles senão um objeto de curiosidade? Daqueles que não procuram senão o brilho nas comunicações dos Espíritos, e não se interessam por elas senão quando satisfazem a sua imaginação, mas que, depois de as terem ouvido, são tão frios e indiferentes quanto antes? Que acham os conselhos muito bons e os admiram, mas deles fazem aplicação nos outros e não a si mesmos? Dos que, enfim, para quem essas instruções são como a semente caída na boa terra e produzem frutos?

INSTRUÇÕES DOS ESPÍRITOS

O DEVER

LÁZARO, Paris, 1863.

7. O dever é a obrigação moral, diante de si mesmo primeiro, e dos outros em seguida. O dever é a lei da vida; ele se encontra nos mais ínfimos detalhes, assim como nos atos elevados. Não quero falar aqui senão do dever moral, e não daquele que as profissões impõem.

Na ordem dos sentimentos, o dever é muito difícil de ser cumprido, porque se acha em antagonismo com as seduções do interesse e do coração; suas vitórias não têm testemunhos e suas derrotas não têm repressão. O dever íntimo do homem está entregue ao seu livre-arbítrio: o aguilhão da consciência, esse guardião da probidade interior, o adverte e o sustenta, mas permanece, frequentemente, impotente diante dos sofismas da paixão. O dever do coração, fielmente observado, eleva o homem; mas, esse dever, como precisá-lo? Onde começa ele? Onde se detém? *O dever começa precisamente no ponto em que ameaçais a felicidade ou a tranquilidade do vosso próximo; termina no limite que não gostaríeis de ver ultrapassado em relação a vós mesmos.*

Deus criou todos os homens iguais para a dor; pequenos ou grandes, ignorantes ou esclarecidos, sofrem pelas mesmas causas a fim de que cada um julgue judiciosamente o mal que pode fazer. O mesmo critério não existe para o bem, infinitamente mais variado em suas expressões. *A igualdade diante da dor é uma sublime previdência de Deus, que quer que seus filhos, instruídos pela experiência comum, não cometam o mal argumentando com a ignorância dos seus efeitos.*

O dever é o resumo prático de todas as especulações morais; é uma bravura da alma que afronta as angústias da luta; é austero e flexível; pronto a dobrar-se às diversas complicações, permanece inflexível diante de suas tentações. *O homem que cumpre o seu dever ama a Deus mais que as criaturas, e as criaturas mais do que a si mesmo;* ele é, ao mesmo tempo, juiz e escravo em sua própria causa.

O dever é o mais belo laurel da razão; depende dela como o filho depende de sua mãe. O homem deve amar o dever, não porque o preserve dos males da vida, aos quais a Humanidade não pode se subtrair, mas porque dá à alma o vigor necessário ao seu desenvolvimento.

O dever cresce e irradia sob mais elevada forma em cada uma das etapas superiores da Humanidade; a obrigação moral não cessa jamais, da criatura para com Deus; ela deve refletir as virtudes do Eterno, que não aceita um esboço imperfeito, porque quer que a beleza da sua obra resplandeça diante dele.

A VIRTUDE

FRANÇOIS - NICOLAS - MADELEINE,
PARIS, 1863.

8. A virtude, em seu mais alto grau, comporta o conjunto de todas as qualidades essenciais que constituem o homem de bem. Ser bom, caridoso, laborioso, moderado, modesto, são qualidades do homem virtuoso. Infelizmente, elas são, com frequência, acompanhadas de pequenas enfermidades morais que as desornam e as atenuam. Aquele que exibe a sua virtude não é virtuoso, uma vez que lhe falta a qualidade principal: a modéstia, e tem o vício mais contrário: o orgulho. A virtude verdadeiramente digna desse nome não gosta de se exibir, é adivinhada, mas se oculta na obscuridade e foge da admiração das multidões. São Vicente de Paulo era virtuoso; o digno cura d'Ars era virtuoso, e muitos outros pouco conhecidos do mundo, mas conhecidos de Deus. Todos esses homens de bem ignoravam, eles mesmos, que fossem virtuosos; se deixavam ir na corrente de suas santas inspirações e praticavam o bem com um desinteresse completo e um inteiro esquecimento de si mesmos.

É à virtude assim compreendida e praticada que eu vos convido, meus filhos; é a essa virtude verdadeiramente cristã e verdadeiramente espírita que eu vos convido a vos consagrar; mas afastai, dos vossos corações, o pensamento do orgulho, da vaidade, do amor-próprio, que desornam sempre as mais belas qualidades. Não imiteis esse homem que se coloca como um modelo e glorifica, ele mesmo, as próprias qualidades a todos os ouvidos complacentes. Essa virtude de ostentação, oculta, frequentemente, uma multidão de pequenas torpezas e odiosas vilezas.

Em princípio, o homem que exalta a si mesmo, que eleva uma estátua à sua própria virtude, aniquila, só por esse fato, todo o mérito efetivo que possa ter. Mas, que direi daquele em que todo o valor está em parecer o que não é? Quero admitir que o homem que faz o bem sente, no fundo do coração, uma satisfação íntima, mas desde que essa satisfação se exteriorize para recolher elogios, degenera em amor-próprio.

Ó, vós todos a quem a fé espírita reaqueceu com seus raios e que sabeis quanto o homem está longe da perfeição, não vos entregueis à semelhante insensatez. A virtude é uma graça que eu desejo a todos os espíritas sinceros, mas eu lhes direi: Mais vale menos virtude com a modéstia do que muitas com o orgulho. Foi pelo orgulho que as humanidades sucessivas se perderam, e é pela humildade que elas um dia deverão redimir-se.

OS SUPERIORES E OS INFERIORES

FRANÇOIS - NICOLAS - MADELEINE,
CARDEAL MORLOT, PARIS, 1863).

9. A autoridade, da mesma forma que a fortuna, é uma delegação da qual serão pedidas contas àquele que dela se acha investido; não creiais que ela lhe seja dada para lhe proporcionar o vão prazer de comandar, nem, assim, como o creem falsamente a maioria dos poderosos da Terra, como um direito, uma propriedade. Deus, entretanto, prova-lhes suficientemente que não é nem uma nem outra coisa, uma vez que lhas retira, quando isso lhe apraz. Se fosse um privilégio ligado à sua pessoa, ela seria inalienável. Ninguém pode, pois, dizer que uma coisa lhe pertence, quando lhe pode ser tirada sem seu consentimento. Deus dá a autoridade a título de *missão* ou de prova, quando isso lhe convém, e a retira da mesma forma.

Todo aquele que é depositário da autoridade, de qualquer extensão que ela seja, desde o senhor sobre seu servo até o soberano sobre seu povo, não deve se dissimular que tem encargo de almas; ele responderá pela boa ou má direção que tiver dado aos seus subordinados, e as faltas que estes poderão cometer, os vícios a que serão arrastados, em consequência dessa direção ou *de maus exemplos* recairão sobre ele, enquanto que recolherá os frutos da sua solicitude para conduzi-los ao bem. Todo homem tem, na Terra, uma missão pequena ou grande; qualquer que ela seja, é sempre dada para o bem; é, pois, nela falir, falseá-la em seu princípio.

Se Deus pergunta ao rico: Que fizeste da fortuna que deveria ser, em tuas mãos, uma fonte, espalhando a fecundidade ao teu redor? Ele perguntará àquele que possui uma autoridade qualquer: Que uso fizeste dessa autoridade? Que mal detiveste? Que progresso fizeste? Se eu te dei subordinados não foi para fazer deles escravos da tua vontade, nem os instrumentos dóceis de teus caprichos e da tua cupidez; eu te fiz forte e te confiei os fracos para sustentá-los e ajudá-los a subir até mim.

O superior, que está compenetrado das palavras do Cristo, não despreza a nenhum daqueles que estão abaixo de si, porque sabe que as distinções sociais nada instituem diante de Deus. O Espiritismo lhe ensina que se o obedecem hoje, puderam lhe comandar ou poderão lhe comandar mais tarde, e que então será tratado, como os tiver tratado ele mesmo.

Se o superior tem deveres a cumprir, o inferior os tem, de seu lado, e não são menos sagrados. Se este último é espírita, sua consciência lhe dirá, melhor ainda, que deles não está dispensado, mesmo quando seu chefe não cumprisse os seus, porque sabe que não se deve retribuir o mal com mal, e que as faltas de uns não autorizam as faltas de outros. Se sofre em sua posição, diz a si mesmo que, sem dúvida, mereceu-a, porque talvez, ele mesmo, abusou outrora de sua autoridade, e deve sentir, a seu turno, os inconvenientes daquilo que fez os outros sofrerem. Se está forçado a suportar essa posição na falta de achar uma melhor, o Espiritismo lhe ensina a nela resignar-se como sendo uma prova para a sua humildade, necessária ao seu adiantamento. Sua crença o guia em sua conduta; age como quereria que seus subordinados agissem para com ele, se fosse chefe. Por isso mesmo, é mais escrupuloso no cumprimento de suas obrigações, porque compreende que toda negligência no trabalho, que lhe está confiado, é um prejuízo para aquele que o remunera e a quem deve seu tempo e seus cuidados; numa palavra, ele é solicitado pelo sentimento do dever que lhe dá sua fé, e a certeza de que todo desvio do caminho reto é uma dívida que será preciso pagar, cedo ou tarde.

O HOMEM NO MUNDO

UM ESPÍRITO PROTETOR, Bordéus, 1863.

10. Um sentimento de piedade deve sempre animar o coração daqueles que se reúnem sob os olhos do Senhor e imploram a assistência dos bons Espíritos. Purificai, pois, os vossos corações; não deixeis neles demorar nenhum pensamento mundano ou fútil; elevai vosso espírito até aqueles a quem chamais, a fim de que, encontrando em vós as disposições necessárias, possam lançar profusamente a semente que deve germinar em vossos corações e nele dar frutos de caridade e de justiça.

Não creiais, todavia, que em vos exortando sem cessar à prece e à evocação mental, nós vos exortamos a viver uma vida mística que vos mantenha fora das leis da sociedade em que estais condenados a viver. Não, vivei com os homens de vossa época, como devem viver os homens; sacrificai às necessidades, mesmo às frivolidades do dia, mas sacrificai-as com um sentimento de pureza que as possa santificar.

Fostes chamados a entrar em contato com espíritos de natureza diferente, de caracteres opostos; não choqueis nenhum daqueles com os quais vos encontrardes. Sede alegres, sede felizes, mas da alegria que dá uma boa consciência, da felicidade do herdeiro do céu contando os dias que o aproximam de sua herança.

A virtude não consiste em tomar um aspecto severo e lúgubre, em repelir os prazeres que as vossas condições humanas permitem; basta informar todos os atos da vida ao Criador que deu essa vida; basta, quando se começa ou acaba uma obra, elevar o pensamento até esse Criador e pedir-lhe, num impulso d'alma, seja sua proteção para ser bem sucedido, seja sua bênção para a obra terminada. O que quer que fizerdes, remontai até à fonte de todas as coisas; nada façais sem que a lembrança de Deus venha purificar e santificar os vossos atos.

A perfeição está inteiramente, como disse o Cristo, na prática da Caridade absoluta, mas os deveres da caridade se estendem a todas as posições sociais, desde a menor até a maior. O homem que vivesse só, não teria caridade a exercer; não é senão no contato com os semelhantes, nas lutas mais penosas, que disso encontra ocasião. Aquele, pois, que se isola, priva-se voluntariamente do mais poderoso meio de perfeição; não tendo que pensar senão em si, sua vida é a de um egoísta. (Cap. V, nº 26).

Não imagineis, pois, que para viver em comunicação constante conosco, para viver sob o olhar do Senhor, seja preciso envergar o cilício e cobrir-se de cinzas; não, não, ainda uma vez; sede felizes segundo as necessidades da Humanidade, mas que em vossa felicidade não entre jamais nem um pensamento, nem um ato que possa ofendê-lo, ou fazer velar a face daqueles que vos amam e que vos dirigem. Deus é amor e abençoa aqueles que amam santamente.

CUIDAR DO CORPO E DO ESPÍRITO

GEORGES, ESPÍRITO PROTETOR, PARIS, 1863.

11. A perfeição moral consiste na maceração do corpo?

Para resolver esta questão, eu me apoio sobre os princípios elementares e começo por demonstrar a necessidade de cuidar do corpo que, segundo as alternativas da saúde e da doença, influi de maneira muito importante sobre a alma, que é preciso considerar como cativa na carne. Para que essa prisioneira viva, divirta-se e conceba mesmo as ilusões da liberdade, o corpo deve estar são, disposto, vigoroso. Sigamos a comparação: Ei-los, pois, em perfeito estado, ambos; que devem fazer para manter o equilíbrio entre as suas aptidões e suas necessidades tão diferentes?

Aqui dois sistemas se defrontam: o dos ascetas, que querem abater o corpo, e o dos materialistas, que querem rebaixar a alma; duas violências, que são quase tão insensatas uma quanto a outra. Ao lado desses grandes partidos, formiga a numerosa tribo dos indiferentes que, sem convicção e sem paixão, amam tibiamente e gozam com economia. Onde, pois, está a sabedoria? Onde, pois, está a ciência de viver? Em nenhuma parte; e esse grande problema permaneceria inteiramente por resolver, se o Espiritismo não viesse em ajuda aos pesquisadores em lhes demonstrando as relações que existem entre o corpo e a alma e em dizendo que, uma vez que são necessários um ao outro, é preciso cuidar de ambos. Amai, pois, vossa alma, mas cuidai também do corpo, instrumento da alma; desconhecer as necessidades que são indicadas pela própria Natureza, é desconhecer a lei de Deus. Não o castigueis pelas faltas que o vosso livre-arbítrio fê-lo cometer, e das quais ele é tão irresponsável como o é o cavalo mal dirigido, pelos acidentes que causa. Sereis, pois, mais perfeitos se, martirizando o corpo, com isso, não ficais menos egoístas, menos orgulhosos e pouco caridosos para com o vosso próximo? Não, a perfeição não está nisso; ela está inteiramente nas reformas que fareis vosso Espírito suportar; dobrai-o, submetei-o, humilhai-o, mortificai-o: é o meio de torná-lo dócil à vontade de Deus, e o único que conduz à perfeição.

CAPÍTULO 18

MUITOS OS CHAMADOS E POUCOS OS ESCOLHIDOS

Parábola do festim de núpcias – A porta estreita – Os que dizem: Senhor! Senhor! não entrarão todos no reino dos céus – Muito se pedirá àquele que muito recebeu

Instruções dos Espíritos:

Dar-se-á àquele que tem – Reconhece-se o cristão pelas suas obras

PARÁBOLA DO FESTIM DE NÚPCIAS

1. *Jesus falando ainda por parábolas, disse-lhes: O reino dos céus é semelhante a um rei que, querendo realizar as núpcias de seu filho, enviou seus servidores para chamar às núpcias aqueles que foram convidados; mas eles se recusaram a vir. Ele enviou ainda outros servidores com ordem de dizer, de sua parte, aos convidados: Eu preparei meu jantar; fiz matar meus bois e tudo o que havia feito cevar; tudo está preparado, vinde às núpcias. Mas eles não se preocuparam e se foram, um à sua casa de campo, e outro ao seu negócio. Os outros se apoderaram de seus servidores e os mataram após ter-lhes feito vários ultrajes. O rei, tendo sabido disso, encheu-se de cólera, e, tendo enviado seus exércitos, exterminou esses homicidas e queimou a sua cidade.*

Então, ele disse aos seus servidores: O festim de núpcias está todo preparado; mas aqueles que haviam sido chamados, dele não

foram dignos. Ide, pois, nas encruzilhadas e chamai para as núpcias todos aqueles que encontrardes. Seus servidores indo então pelas ruas, reuniram todos aqueles que encontraram, bons e maus; e a sala de núpcias ficou cheia de pessoas, que se sentaram à mesa.

O rei entrou em seguida para ver aqueles que estavam à mesa e, tendo notado um homem que não estava com a roupa nupcial, disse-lhe: Meu amigo, como entrastes aqui sem ter a roupa nupcial? E esse homem permaneceu mudo. Então o rei disse aos seus servos: atai-lhe as mãos e os pés e lançai-o nas trevas exteriores; aí haverá pranto e ranger de dentes, porque há muitos chamados e poucos escolhidos. (São Mateus, cap. XXII, v. de 1 a 14).

2. O incrédulo sorri a esta parábola que lhe parece de uma puerilidade ingênua, porque não compreende que se possa criar tanta dificuldade para assistir a uma festa, e ainda menos que os convidados estendessem a resistência até ao massacre dos enviados do senhor da casa. "As parábolas, diz ele, sem dúvida, são figuras, mas ainda é preciso que elas não saiam dos limites do verossímil."

Pode-se dizer o mesmo de todas as alegorias, das fábulas mais engenhosas, se não são despojadas de seu envoltório para procurar-lhe o sentido oculto. Jesus hauriu as suas nos usos mais vulgares da vida, e as adaptou aos costumes e ao caráter do povo ao qual falava; a maioria tem por fim fazer penetrar nas massas a ideia da vida espiritual; o seu sentido não parece frequentemente ininteligível senão porque não se parte desse ponto de vista.

Nesta parábola, Jesus compara o reino dos céus, onde tudo é alegria e felicidade, a uma festa. Para os primeiros convidados, fez alusão aos Hebreus, que Deus chamou primeiro ao conhecimento da sua lei. Os enviados do Senhor são os profetas que vieram exortá-los a seguir o caminho da verdadeira felicidade; mas suas palavras foram pouco escutadas; suas advertências foram menosprezadas; vários foram mesmo massacrados, como os servidores da parábola. Os convidados, que se excusam para cuidar de seus campos e de seus negócios, são o símbolo das pessoas do mundo que, absorvidas pelas coisas terrestres, são indiferentes quanto às coisas celestes.

Era uma crença, entre os Judeus de então, que sua nação deveria adquirir a supremacia sobre todas as outras. Deus não havia, com efeito, prometido a Abraão que a sua posteridade cobriria toda a Terra? Mas sempre, tomando a forma pelo fundo, eles acreditavam numa dominação efetiva e material.

Antes da vinda do Cristo, à exceção dos Hebreus, todos os povos eram idólatras e politeístas. Se alguns homens, superiores ao vulgo, conceberam a ideia da unidade divina, essa ideia ficou no estado de sistema pessoal, mas, em nenhuma parte, foi aceita como verdade fundamental, a não ser por alguns iniciados que escondiam os seus conhecimentos sob um véu misterioso, impenetrável às massas. Os Hebreus foram os primeiros que praticaram publicamente o monoteísmo; foi a eles que Deus transmitiu a sua lei, primeiro por Moisés, depois por Jesus; foi desse pequeno foco que partiu a luz que deveria se derramar sobre o mundo inteiro, triunfar do paganismo e dar a Abraão uma posteridade *espiritual* "tão numerosa quanto as estrelas do firmamento". Mas os Judeus, repelindo a idolatria, haviam negligenciado a lei moral para se apegarem à prática mais fácil das formas exteriores. O mal chegara ao auge; a nação dominada estava fragmentada pelas facções, dividida pelas seitas; a incredulidade mesmo havia penetrado até no santuário. Foi então que apareceu Jesus, enviado para lembrá-los quanto à observância da lei e abrir-lhes os horizontes novos da vida futura; convidados dos *primeiros* para o grande banquete da fé universal, repeliram a palavra do celeste Messias e o fizeram perecer; foi assim que perderam o fruto que teriam recolhido de sua iniciativa.

Seria injusto, todavia, acusar o povo inteiro desse estado

de coisas; essa responsabilidade cabe principalmente aos Fariseus e aos Saduceus que perderam a nação pelo orgulho e pelo fanatismo de uns e pela incredulidade de outros. São eles, sobretudo, que Jesus compara aos convidados que recusam comparecer ao repasto de núpcias. Depois, acrescenta: "O Senhor, vendo isso, fez convidar todos os que se encontravam nas encruzilhadas, bons e maus"; ele queria dizer com isso que a palavra foi pregada a todos os outros povos, pagãos e idólatras, e que estes a aceitando, seriam admitidos na festa em lugar dos primeiros convidados.

Mas não basta ser convidado; não basta levar o nome de cristão, nem se assentar à mesa para tomar parte no celeste banquete; é preciso, antes de tudo, e como condição expressa, estar revestido com a roupa nupcial, quer dizer, ter a pureza de coração e praticar a lei segundo o espírito; ora, essa lei está inteiramente nestas palavras: *Fora da caridade não há salvação.* Mas entre todos aqueles que ouvem a palavra divina, quão poucos há que a guardam e a praticam! Quão poucos se tornam dignos de entrar no reino dos céus! Por isso, Jesus disse: *Haverá muitos chamados e poucos escolhidos.*

A PORTA ESTREITA

3. *Entrai pela porta estreita, porque a porta da perdição é larga, e o caminho que a ela conduz é espaçoso, e há muitos que por ela entram. Como a porta da vida é pequena! Como o caminho que a ela conduz é estreito! e como há poucos que a encontram! (São Mateus, cap. VII, v. 13 e 14).*

4. *Alguém lhe tendo feito esta pergunta: Senhor, haverá os que se salvam? Ele lhe respondeu: Fazei esforços para entrar pela porta estreita, porque eu vos asseguro que vários procurarão por ela entrar e não o poderão. E quando o pai de família tiver entrado* *e fechado a porta, e que vós estando do lado de fora, começardes a bater dizendo: Senhor, abri-nos; ele vos responderá: Eu não sei de onde sois. Então recomeçareis a dizer: Comemos e bebemos em vossa presença e vós ensinastes em nossas praças públicas. E ele vos responderá: Eu não sei de onde sois; retirai-vos de mim, todos vós que cometeis a iniquidade.*

Será então que haverá prantos e ranger de dentes, quando vereis que Abraão, Isac, Jacó e todos os profetas estarão no reino de Deus, e que vós outros sereis enxotados para fora. Virão do Oriente e do Ocidente, do Setentrião e do Meio-Dia, os que terão lugar ao festim no reino de Deus. Então, aqueles que são os últimos serão os primeiros, e aqueles que são os primeiros, serão os últimos. (São Lucas, cap. XIII, v. de 23 a 30).

5. A porta da perdição é larga, porque as más paixões são numerosas, e o caminho do mal é frequentado pela maioria. A da salvação é estreita, porque o homem que quer transpô-la deve fazer grandes esforços sobre si mesmo para vencer as suas más tendências, e poucos a isso se resignam; é o complemento da máxima: Há muitos chamados e poucos escolhidos.

Tal é o estado atual da Humanidade terrestre, porque a Terra, sendo um mundo de expiação, o mal nela predomina; quando ela estiver transformada, o caminho do bem será o mais frequentado. Essas palavras, pois, devem entender-se em seu sentido relativo e não no sentido absoluto. Se tal devesse ser o estado normal da Humanidade, Deus teria voluntariamente votado à perdição a imensa maioria de suas criaturas; suposição inadmissível desde que se reconhece que Deus é todo justiça e todo bondade.

Mas de que ações más esta Humanidade poderia se tornar culpada para merecer uma sorte tão triste, em seu presente e em seu futuro, se ela estava inteiramente relegada na Terra, e se a alma não tivesse tido outras existências? Por que tantos entraves semeados em seu caminho? Por que essa porta tão estreita, que é dada ao menor número transpor, se a sorte da alma está fixada para sempre depois da morte? É assim que, com a unicidade da existência, se está incessantemente em contradição consigo mesmo e com a justiça de Deus. Com a anterioridade da alma e a pluralidade dos mundos, o horizonte se amplia; a luz se faz sobre os pontos mais obscuros da fé; o presente e o futuro são solidários com o passado; então, somente, pode-se compreender toda a profundeza, toda a verdade e toda a sabedoria das máximas do Cristo.

AQUELES QUE DIZEM: SENHOR! SENHOR! NÃO ENTRARÃO TODOS NO REINO DOS CÉUS

6. *Aqueles que dizem: Senhor! Senhor! não entrarão todos no reino dos céus; mas somente entrará aquele que faz a vontade do meu Pai que está nos céus. Vários me dirão naquele dia: Senhor! Senhor! não profetizamos em vosso nome? não expulsamos os demônios em vosso nome e não fizemos vários milagres em vosso nome? E, então, eu lhes direi claramente: Retirai-vos de mim, vós que fazeis obras de iniquidade. (São Mateus, cap. VII, v. 21, 22, 23).*

7. *Todo aquele que, pois, ouve estas palavras que eu digo e as pratica será comparado a um homem sábio que construiu sua casa sobre a rocha; e logo que a chuva caiu, e que os rios transbordaram, que os ventos sopraram e se abateram sobre essa casa, ela não tombou, porque estava fundada sobre a rocha. Mas todo aquele que ouve estas palavras que eu digo e não as pratica, será semelhante a um homem insensato que construiu sua casa sobre a areia; e logo que a chuva caiu, que os rios transbordaram, que os ventos sopraram e se abateram sobre essa casa, ela ruiu e sua ruína foi grande. (São Mateus, cap. VII, v. de 24 a 27. – São Lucas, cap. VI, v. de 46 a 49).*

8. *Aquele, pois, que violar um desses menores mandamentos* *e que ensinar aos homens a violá-los, será considerado no reino dos céus como o último; mas aquele que os executar e ensinar, será grande no reino dos céus. (São Mateus, cap. V, v. 19).*

9. Todos aqueles que proclamam a missão de Jesus, dizem: Senhor! Senhor! Mas de que serve chamá-lo Mestre ou Senhor se não lhe seguem os preceitos? São cristãos aqueles que o honram por atos exteriores de devoção e sacrificam, ao mesmo tempo, ao orgulho, ao egoísmo, à cupidez e a todas as suas paixões? São seus discípulos aqueles que passam dias em prece e não são com isso nem melhores, nem mais caridosos, nem mais indulgentes para com os seus semelhantes? Não, porque assim como os Fariseus, eles têm a prece sobre os lábios e não no coração. Com a forma eles podem se impor aos homens, mas não a Deus. Em vão dirão a Jesus: "Senhor, nós profetizamos, quer dizer, ensinamos em vosso nome; expulsamos os demônios em vosso nome; bebemos e comemos convosco"; ele lhes responderá: "Eu não sei quem sois; retirai-vos de mim, vós que cometeis iniquidades, vós que desmentis as vossas palavras com as vossas ações, que caluniais o vosso próximo, que espoliais as viúvas e cometeis o adultério; retirai-vos de mim, vós cujo coração destila ódio e fel, vós que derramais o sangue dos vossos irmãos em meu nome, que fazeis correr as lágrimas em lugar de secá-las. Para vós haverá prantos e ranger de dentes, porque o reino de Deus é para aqueles que são dóceis, humildes e caridosos. Não espereis dobrar a justiça do Senhor pela multiplicidade das vossas palavras e das vossas genuflexões; o único caminho que vos está aberto para encontrar graça diante dele é a prática sincera da lei de amor e de caridade."

As palavras de Jesus são eternas, porque são a verdade. Elas são não somente a salvaguarda da vida celeste, mas a garantia da paz, da tranquilidade e da estabilidade nas coisas da vida terrestre; por isso, todas as instituições humanas, políticas, sociais e religiosas, que se apoiarem sobre as suas palavras, serão estáveis como a casa construída sobre a pedra; os homens as conservarão, porque nelas encontrarão a sua felicidade; mas aqueles que as violarem, serão como a casa construída sobre a areia: o vento das revoluções e o rio do progresso as carregarão.

MUITO SE PEDIRÁ ÀQUELE QUE MUITO RECEBEU

10. *O servidor que soube a vontade de seu senhor e que, todavia, não estiver preparado e não tiver feito o que esperava dele, será batido rudemente; mas aquele que não soube sua vontade, e que tiver feito coisas dignas de castigo, será menos punido. Muito se pedirá àquele a quem se tiver muito dado, e se fará prestar maiores contas àqueles a quem se tiver confiado mais coisas. (São Lucas, cap. XII, v. 47, 48).*

11. *Eu vim a este mundo para exercer um julgamento, a fim de que aqueles que não veem vejam, e aqueles que veem se tornem cegos. Alguns fariseus que estavam com ele, ouviram estas palavras e lhe disseram: Somos nós, pois, também cegos? Jesus lhes respondeu: Se fôsseis cegos, não teríeis pecado, mas agora dizeis que vedes e é, por isso, que vosso pecado permanece em vós. (São João, cap. IX, v. 39, 40, 41).*

12. Estas máximas encontram, sobretudo, sua aplicação nos ensinamentos dos Espíritos. Todo aquele que conhece os preceitos do Cristo é culpável, seguramente, de não o praticar; mas, além do Evangelho que as contêm não estar difundido senão nas seitas cristãs, entre estas, quantas pessoas não o leem, e entre aqueles que o leem quantos há que não o compreendem! Disso resulta que as próprias palavras de Jesus estão perdidas para a maioria.

O ensinamento dos Espíritos, que reproduz estas máximas

sob diferentes formas, que as desenvolve e as comenta para pô-las ao alcance de todos, tem a particularidade de não ser circunscrito e cada um, letrado ou iletrado, crente ou incrédulo, cristão ou não, pode recebê-lo, uma vez que os Espíritos se comunicam por toda a parte; nenhum daqueles que o recebem diretamente, ou por intermediários, pode pretextar ignorância; não pode se desculpar, nem por sua falta de instrução, nem pela obscuridade do sentido alegórico. Aquele, pois, que não as aproveita para o seu adiantamento, que as admira como coisas interessantes e curiosas sem que o seu coração por elas seja tocado, que não é nem menos vão, nem menos orgulhoso, nem menos egoísta, nem menos apegado aos bens materiais, nem melhor para o seu próximo, é tanto mais culpado, quanto tenha maiores meios de conhecer a verdade.

Os médiuns que obtêm boas comunicações são ainda mais repreensíveis em persistir no mal, porque, frequentemente, escrevem a sua própria condenação e, se não estivessem cegos pelo orgulho, reconheceriam que é a eles que os Espíritos se dirigem. Mas em lugar de tomar para eles as lições que escrevem ou que veem escrever, seu único pensamento é de aplicá-las aos outros, realizando assim estas palavras de Jesus: "Vedes um argueiro no olho do vosso vizinho, e não vedes a trave que está no vosso." (Cap. X, nº 9).

Por estas outras palavras: "Se fôsseis cegos não teríeis pecado", Jesus quer dizer que a culpabilidade está em razão das luzes que se possui; ora, os Fariseus, que tinham a pretensão de ser, e que eram, com efeito, a parte mais esclarecida da nação, eram mais repreensíveis aos olhos de Deus do que o povo ignorante. Ocorre o mesmo hoje.

Aos espíritas, pois, será pedido muito, porque receberam muito, mas também àqueles que tiverem aproveitado, será dado muito.

O primeiro pensamento de todo espírita sincero deve ser o de procurar, nos conselhos dados pelos Espíritos, se não há alguma coisa que possa lhe dizer respeito.

O Espiritismo vem multiplicar o número dos *chamados;* pela fé que proporciona, multiplicará também o número dos *escolhidos.*

INSTRUÇÕES DOS ESPÍRITOS

DAR-SE-Á ÀQUELE QUE TEM

UM ESPÍRITO AMIGO, BORDÉUS, 1862.

13. *Seus discípulos, aproximando-se, disseram-lhe: Por que lhes falais por parábolas? E, respondendo-lhes, disse: É porque, para vós outros, foi dado conhecer os mistérios do reino dos céus, mas, para eles, não lhes foi dado. Porque a todo aquele que já tem se lhe dará ainda, e estará na abundância; mas para aquele que não tem, se lhe tirará mesmo o que tem. Por isso, eu lhes falo por parábolas; porque vendo eles não veem, e escutando não ouvem, nem compreendem. E a profecia de Isaías se cumpre neles quando disse: Escutareis com os vossos ouvidos, e não ouvireis; olhareis com os vossos olhos, e não vereis. (São Mateus, cap. XIII, v. 10 a 14).*

14. *Prestai bem atenção naquilo que ouvis, porque se servirá para convosco da mesma medida da qual vos servirdes para com os outros, e vos será dado ainda mais, porque se dará àquele que já tem, e para aquele que não tem, se lhe tirará mesmo o que tem. (São Marcos, cap. IV, v. 24, 25).*

15. "Dá-se àquele que já tem, e se tira àquele que não tem"; meditai estes grandes ensinamentos que, frequentemente, pareceram-vos paradoxais. Aquele que recebeu é o que possui o sentido da palavra divina; não a recebeu senão porque tentou dela se tornar digno, e o Senhor, em seu amor misericordioso, encoraja os esforços que tendem ao bem. Estes esforços firmes, perseverantes, atraem as graças do Senhor; é um imã que chama para si as melhoras progressivas, as graças abundantes que vos tornam fortes para escalar a montanha santa, no cume da qual está o repouso depois do trabalho.

"Tira-se àquele que nada tem ou que tem pouco"; tomai isto como uma oposição figurada. Deus não retira às suas criaturas o bem que se dignou lhes fazer. Homens cegos e surdos! abri as vossas inteligências e os vossos corações; vede pelo vosso espírito; ouvi pela vossa alma, e não interpreteis de maneira tão grosseiramente injusta as palavras daquele que fez resplandecer, aos vossos olhos, a justiça do Senhor. Não é Deus quem retira daquele que havia recebido pouco, é o próprio Espírito, ele mesmo, que, pródigo e negligente, não sabe conservar o que tem, e aumentar, na fecundidade, o óbolo que lhe caiu no coração.

Aquele que não cultiva o campo que o trabalho de seu pai lhe ganhou, e o qual ele herda, vê esse campo se cobrir de ervas parasitas. É seu pai quem lhe toma as colheitas que não quis preparar? Se deixou as sementes, destinadas a produzir nesse campo, mofar por falta de cuidado, deve acusar seu pai, se elas não produzem nada? Não, não; em lugar de acusar aquele que tinha tudo preparado para ele, de retomar seus dons, que acuse o verdadeiro autor das suas misérias e que, então, arrependido e ativo, se lance à obra com coragem; que rompa o solo ingrato com o esforço da sua vontade; que o lavre a fundo com a ajuda do arrependimento e da esperança; que nele jogue, com confiança, a semente que tiver escolhido como boa entre as más, que a regue com o seu amor e a sua caridade, e Deus, o Deus de amor e de caridade, dará àquele que já recebeu. Então, ele verá os seus esforços coroados de sucesso, e um grão produzir cem, e um outro mil. Coragem, lavradores; tomai as vossas grades e as vossas charruas; lavrai os vossos corações; arrancai deles o joio; semeai aí a boa semente que o Senhor vos confia, e o orvalho do amor o fará produzir os frutos da caridade.

RECONHECE-SE O CRISTÃO PELAS SUAS OBRAS

SIMEÃO, BORDÉUS, 1863.

16. Aqueles que me dizem: "Senhor! Senhor! não entrarão todos no reino dos céus, mas só aquele que faz a vontade de meu Pai que está nos céus."

Escutai essas palavras do Senhor, todos vós que repelis a Doutrina Espírita como uma obra do demônio. Abri os vossos ouvidos, pois o momento de ouvir chegou.

Basta trajar a libré do Senhor para ser um fiel servidor? Basta dizer: "Eu sou cristão", para seguir o Cristo? Procurai os verdadeiros cristãos e vós os reconhecereis por suas obras. "Uma árvore boa não pode produzir maus frutos, nem uma árvore má produzir bons frutos". "Toda árvore que não produz bons frutos é cortada e lançada ao fogo." Eis as palavras do Mestre; discípulos de Cristo, compreendei-as bem. Quais são os frutos que deve produzir a árvore do Cristianismo, árvore poderosa cujos ramos espessos cobrem, com a sua sombra, uma parte do mundo, mas que ainda não abrigaram todos aqueles que devem se reunir ao seu redor? Os frutos da árvore de vida são os frutos de vida, de esperança e de fé. O Cristianismo, tal como o fez durante muitos séculos, prega sempre essas divinas virtudes; procura espalhar os seus frutos, mas quão poucos os colhem! A árvore é sempre boa, mas os jardineiros são maus. Eles quiseram conformá-la à sua ideia; quiseram modelá-la segundo as suas necessidades; eles a cortaram, diminuíram-na, mutilaram-na; seus ramos estéreis não produzem maus frutos, pois nada mais produzem. O viajor sedento que se detém sob sua sombra para procurar o fruto da esperança que deve lhe restituir a força e a coragem, não distingue senão ramos infecundos, fazendo pressentir a tempestade. Em vão, ele procura o fruto de vida na árvore de vida: as folhas caem secas; a mão do homem de tanto manejá-las, queimou-as.

Abri, pois, os vossos ouvidos e os vossos corações, meus bem-amados! Cultivai essa árvore de vida cujos frutos dão a vida eterna. Aquele que a plantou vos convida a cuidá-la com amor, e a vereis produzir ainda, com abundância, seus frutos divinos. Deixai-a tal como o Cristo vô-la deu: não a mutileis; sua sombra imensa quer se estender sobre o Universo; não encurteis seus ramos. Seus frutos benfazejos caem em abundância para sustentar o viajor sedento que quer atingir o objetivo; não os colheis, esses frutos, para os guardar e os deixar apodrecer, a fim de que não sirvam a ninguém. "Há muitos chamados e poucos escolhidos"; há açambarcadores do pão de vida como os há, frequentemente, para o pão material. Não vos enfileireis entre eles; a árvore que produz bons frutos deve distribuí-los para todos. Ide, pois, procurar aqueles que estão sedentos; conduzi-os sob os ramos da árvore e dividi com eles o abrigo que ela vos oferece. "Não se colhem uvas dos espinheiros." Meus irmãos, distanciai-vos, pois, daqueles que vos chamam para vos apresentar as dificuldades do caminho, e segui aqueles que vos conduzem à sombra da árvore de vida.

O divino Salvador, o justo por excelência, disse, e suas palavras não passarão: "Aqueles que me dizem: Senhor! Senhor! não entrarão todos no reino dos céus, mas só aqueles que fazem a vontade do meu Pai que está nos céus."

Que o Senhor de bênçãos vos abençoe; que o Deus de luz vos ilumine; que a árvore de vida derrame sobre vós seus frutos com abundância! Crede e orai.

CAPÍTULO 19

A FÉ TRANSPORTA MONTANHAS

PODER DA FÉ – A FÉ RELIGIOSA. CONDIÇÃO DA FÉ INABALÁVEL – PARÁBOLA DA FIGUEIRA SECA

INSTRUÇÕES DOS ESPÍRITOS:

A FÉ, MÃE DA ESPERANÇA E DA CARIDADE – A FÉ DIVINA E A FÉ HUMANA

PODER DA FÉ

1. *Quando veio até o povo, um homem se aproximou dele, lançou-se-lhe de joelhos aos pés, e lhe disse: Senhor, tende piedade de meu filho, que está lunático e sofre muito, porque ele cai frequentemente no fogo e frequentemente na água. Eu o apresentei aos vossos discípulos, mas não puderam curá-lo. E Jesus respondeu, dizendo: Ó raça incrédula e depravada, até quando estarei convosco? Até quando vos sofrerei? Trazei-me aqui essa criança. E Jesus, tendo ameaçado o demônio, ele saiu da criança, que foi curada no mesmo instante. Então, os discípulos vieram encontrar Jesus em particular, e lhe disseram: Por que não pudemos, nós outros, expulsar esse demônio? Jesus lhes respondeu: É por causa da vossa incredulidade. Porque eu vo-lo digo em verdade:* se tivésseis fé como um grão de mostarda, diríeis a esta montanha: Transporta-te daqui para ali, e ela se transportaria, *e nada vos seria impossível. (São Mateus, cap. XVII, v. de 14 a 20).*

2. No sentido próprio, é certo que a confiança nas próprias forças torna capaz de executar coisas materiais que não se pode fazer quando se duvida de si, mas aqui é unicamente no sentido moral que é preciso entender essas palavras. As montanhas que a fé transporta são as dificuldades, as resistências, a má vontade, numa palavra, que se encontra entre os homens, mesmo quando se trata das melhores coisas; os preconceitos da rotina, o interesse material, o egoísmo, a cegueira do fanatismo, as paixões orgulhosas, são outras tantas montanhas que barram o caminho de todo aquele que trabalha pelo progresso da Humanidade. A fé robusta dá a perseverança, a energia e os recursos que fazem vencer os obstáculos, nas pequenas como nas grandes coisas; a que é vacilante dá a incerteza, a hesitação de que se aproveitam aqueles que se quer combater; ela não procura os meios de vencer, porque não crê poder vencer.

3. Noutra acepção, a fé se diz da confiança que se tem no cumprimento de uma coisa, da certeza de atingir um fim; ela dá uma espécie de lucidez que faz ver, no pensamento, o fim para o qual se tende e os meios de atingi-lo, de sorte que aquele que a possui caminha, por assim dizer, com certeza. Num e noutro caso, ela pode fazer realizar grandes coisas.

A fé sincera e verdadeira é sempre calma; dá a paciência que sabe esperar, porque tendo seu ponto de apoio na inteligência e na compreensão das coisas, está certa de chegar; a fé incerta sente a sua própria fraqueza; quando está estimulada pelo interesse, torna-se colérica e crê suprir a força pela violência. A calma na luta é sempre um sinal de força e de confiança; a violência, ao contrário, é uma prova de fraqueza e de dúvida de si mesmo.

4. É preciso se guardar de confundir a fé com a presunção. A verdadeira fé se alia à humildade; aquele que a possui coloca sua confiança em Deus mais do que em si mesmo, porque sabe que, simples instrumento da vontade de Deus, não pode nada sem ele; por isso, os bons Espíritos vêm em sua ajuda. A presunção é menos a fé do que o orgulho, e o orgulho é sempre castigado, cedo ou tarde, pela decepção e pelos fracassos que lhe são infligidos.

5. O poder da fé recebe uma aplicação direta e especial na ação magnética; por ela o homem age sobre o fluido, agente universal, modifica-lhe as qualidades e lhe dá uma impulsão, por assim dizer, irresistível. Por isso, aquele que a um grande poder fluídico normal junta uma fé ardente, pode, apenas pela vontade dirigida para o bem, operar esses fenômenos estranhos de cura e outros que, outrora, passariam por prodígios e que não são, todavia, senão as consequências de uma lei natural. Tal o motivo pelo qual Jesus disse aos seus apóstolos: se não curastes é que não tínheis a fé.

A FÉ RELIGIOSA. CONDIÇÃO DA FÉ INABALÁVEL

6. Do ponto de vista religioso, a fé é a crença nos dogmas particulares que constituem as diferentes religiões; todas as religiões têm os seus artigos de fé. Sob este aspecto, a fé pode ser *raciocinada* ou *cega*. A fé cega, não examinando nada, aceita sem controle o falso como verdadeiro e se choca, a cada passo, contra a evidência e a razão; levada ao excesso, produz o *fanatismo*. Quando a fé repousa sobre o erro, ela se destrói, cedo ou tarde; a que tem por base a verdade é a única segura do futuro, porque não tem nada a temer do progresso das luzes, já que *o que é verdadeiro na obscuridade, o é igualmente em plena luz*. Cada religião pretende estar na posse exclusiva da verdade; *preconizar a fé cega sobre um ponto de crença, é confessar impotência em demonstrar que se tem razão.*

7. Diz-se vulgarmente que *a fé não se prescreve;* daí muitas pessoas dizerem que não é por sua culpa, se não têm fé. Sem dúvida, a fé não se prescreve, e o que é ainda mais justo: *a fé não se impõe.* Não, ela não se recomenda, mas se adquire, e não há ninguém que esteja privado de possuí-la, mesmo entre os mais refratários. Falamos das verdades espirituais fundamentais, e não desta ou daquela crença particular. Não cabe à fé ir a eles, mas a eles irem ao encontro da fé e, se a procuram com sinceridade, a encontrarão. Tende, pois, por certo que aqueles que dizem: "Não queríamos nada melhor do que crer, mas não o podemos", o dizem dos lábios e não do coração, porque em dizendo isso tapam os ouvidos. As provas, entretanto, multiplicam-se ao seu redor; por que, pois, recusam-se em vê-las? Nuns, é negligência; em outros, medo de serem forçados a mudar seus hábitos; na maioria, é o orgulho que recusa reconhecer uma potência superior, porque lhes seria preciso se inclinarem diante dela.

Em certas pessoas, a fé parece de alguma sorte inata; uma centelha basta para desenvolvê-la. Essa facilidade em assimilar as verdades espíritas é um sinal evidente de progresso anterior; em outros, ao contrário, elas não penetram senão com dificuldade, sinal não menos evidente de uma natureza atrasada. Os primeiros já creram e compreenderam; trazem, *ao renascer,* a intuição do que sabiam: sua educação está feita; os segundos têm tudo a aprender; sua educação está por fazer; ela se fará, e se não ficar concluída nesta existência, o estará em outra.

A resistência do incrédulo, é preciso nisso convir, prende-se, frequentemente, menos a ele do que à maneira pela qual se lhe apresentam as coisas. À fé é preciso uma base, e essa base é a inteligência perfeita daquilo em que se deve crer; para crer, não basta *ver,* é preciso, sobretudo, *compreender.* A fé cega não é mais deste século; ora, é precisamente o dogma da fé cega que faz hoje o maior número de incrédulos, porque quer se impor e exige a abdicação de uma das mais preciosas prerrogativas do homem: o raciocínio e o livre-arbítrio. É essa fé contra a qual sobretudo se obstina o incrédulo, e da qual é verdadeiro dizer que não se prescreve; não admitindo provas, ela deixa no espírito um vago de onde nasce a dúvida. A fé raciocinada, a que se apoia sobre os fatos e a lógica, não deixa atrás de si nenhuma obscuridade; crê-se porque se está certo, e não se está certo senão quando se compreendeu; eis porque ela não se dobra; porque *não há fé inabalável senão aquela que pode encarar a razão face a face, em todas as épocas da Humanidade.*

É a esse resultado que o Espiritismo conduz, e triunfa também da incredulidade todas as vezes que não encontra oposição sistemática e interessada.

PARÁBOLA DA FIGUEIRA SECA

8. *Quando saíram de Betânia, ele teve fome e, vendo de longe uma figueira, foi ver se poderia nela encontrar alguma coisa, e, tendo se aproximado, não encontrou senão folhas, porque não era tempo de figos. Então, Jesus disse à figueira: Que ninguém coma de ti nenhum fruto; o que seus discípulos ouviram. No dia seguinte, passando pela figueira, viram que ela havia se tornado seca até a raiz. E Pedro, lembrando-se das palavras de Jesus, disse-lhe: Mestre, vede como a figueira que amaldiçoastes se tornou seca. Jesus, tomando a palavra, disse-lhe: Tende fé em Deus. Eu vo-lo digo em verdade, que todo aquele que disser a essa montanha: Tira-te daí e lança-te ao mar, e isso sem hesitar no coração, mas crendo firmemente que tudo o que houver dito acontecerá, ele o verá com efeito acontecer. (São Marcos, cap. XI, v. 12, 13, 14, e de 20 a 23).*

9. A figueira seca é o símbolo das pessoas que não têm senão as aparências do bem, mas em realidade não produzem nada de bom; oradores que têm mais brilho do que solidez; suas palavras têm o verniz da superfície; agradam aos ouvidos, mas quando perscrutadas, nelas não se encontra nada de substancial para o coração; depois de tê-las ouvido, pergunta-se qual proveito disso se tirou.

É ainda o emblema de todas as pessoas que têm os meios de serem úteis e não o são; de todas as utopias, de todos os sistemas vazios, de todas as doutrinas sem base sólida. O que falta, na maioria das vezes, é a verdadeira fé, a fé fecunda, a fé que comove as fibras do coração, numa palavra, a fé que transporta montanhas. São as árvores que têm folhas, mas não frutos; por isso, Jesus as condena à esterilidade, porque um dia virá em que estarão secas até a raiz; quer dizer que todos os sistemas, todas as doutrinas que não tiverem produzido nenhum bem à Humanidade, cairão no nada; que todos os homens voluntariamente inúteis, por falta de terem colocado em prática os recursos que tinham, serão tratados como a figueira seca.

10. Os médiuns são os intérpretes dos Espíritos; suprem os órgãos materiais que faltam a estes para nos transmitirem suas instruções; por isso, são dotados de faculdades para esse efeito. Nestes tempos de renovação social, têm uma missão particular; são as árvores que devem dar o alimento espiritual aos seus irmãos; são multiplicados para que o alimento seja abundante; encontram-se por toda parte, em todos os países, em todas as classes da sociedade, entre os ricos e entre os pobres, entre os grandes e os pequenos, a fim de que não haja deserdados e para provar aos homens que *todos são chamados.* Mas se desviam do seu fim providencial, a faculdade preciosa que lhes foi concedida, se a fazem servir às coisas fúteis ou nocivas, se a colocam a serviço dos interesses mundanos, se em lugar de frutos salutares dão frutos malsãos, se recusam em torná-la proveitosa para os outros, se dela não tiram proveito para si mesmos em se melhorando, eles são como a figueira estéril;

Deus lhes retirará um dom que se tornou inútil em suas mãos: a semente que não sabem fazer frutificar, e os deixará se tornarem a presa dos maus Espíritos.

INSTRUÇÕES DOS ESPÍRITOS

A FÉ, MÃE DA ESPERANÇA E DA CARIDADE

JOSÉ, ESPÍRITO PROTETOR, BORDÉUS, 1862.

11. A fé, para ser proveitosa, deve ser ativa; não deve se entorpecer. Mãe de todas as virtudes que conduzem a Deus, deve velar atentamente pelo desenvolvimento das filhas que dela nascem.

A esperança e a caridade são consequência da fé; essas três virtudes são uma trindade inseparável. Não é a fé que dá a esperança de ver se cumprirem as promessas do Senhor? porque, se não tendes fé, que esperais? Não é a fé que dá o amor? porque, se não tendes fé, que reconhecimento tereis e, por conseguinte, que amor?

Divina inspiração de Deus, desperta a fé todos os nobres instintos que conduzem o homem ao bem; é a base da regeneração. É preciso, pois, que essa base seja forte e durável, porque se a menor dúvida vier abalá-la, em que se torna o edifício que construístes sobre ela? Elevai, pois, esse edifício sobre fundações inabaláveis; que a vossa fé seja mais forte do que os sofismas e as zombarias dos incrédulos, porque a fé que não afronta o ridículo dos homens, não é a verdadeira fé.

A fé sincera é arrebatadora e contagiosa; ela se comunica àqueles que não a tinham, ou mesmo não queriam tê-la; encontra palavras persuasivas que vão à alma, enquanto que a fé aparente não tem senão palavras sonoras que os deixam frios e indiferentes. Pregai pelo exemplo da vossa fé para dá-lo aos homens; pregai pelo exemplo das vossas obras para fazê-los ver o mérito da fé; pregai pela vossa esperança inabalável, para fazê-los ver a confiança que fortalece e leva a enfrentar todas as vicissitudes da vida.

Tende, pois, a fé em tudo o que ela tem de bom e de belo, em sua pureza e em sua racionalidade. Não admitais a fé sem controle, filha cega da cegueira. Amai a Deus, mas sabei porque o amais; crede em suas promessas, mas sabei porque nelas credes; segui nossos conselhos, mas inteirai-vos do fim que vos mostramos e dos meios que vos trazemos para atingi-lo. Crede e esperai, sem jamais fraquejar: os milagres são a obra da fé.

A FÉ DIVINA E A FÉ HUMANA

UM ESPÍRITO PROTETOR, PARIS, 1863.

12. A fé é o sentimento inato, no homem, de sua destinação futura; é a consciência que tem das faculdades imensas, cujo germe foi depositado nele, primeiro em estado latente, e que deve fazer eclodir e crescer por sua vontade ativa.

Até o presente, a fé não foi compreendida senão sob o aspecto religioso, porque o Cristo a preconizou como alavanca poderosa e porque não se viu nele senão o chefe de uma religião. Mas o Cristo, que realizou milagres verdadeiros, mostrou, por esses mesmos milagres, o que pode o homem quando tem fé, quer dizer, *a vontade de querer,* e a certeza de que essa vontade pode receber seu cumprimento. Os apóstolos, a seu exemplo, não fizeram milagres? Ora, que eram esses milagres senão efeitos naturais, cuja causa era desconhecida dos homens de então, mas que se explica em grande parte hoje, e que se compreenderá completamente pelo estudo do Espiritismo e do Magnetismo?

A fé é humana ou divina, segundo o homem aplique suas faculdades às necessidades terrestres ou às suas aspirações celestes e futuras. O homem de gênio, que persegue a realização de alguma grande empresa, triunfa se tem fé, porque sente em si que pode e deve alcançar, e essa certeza lhe dá uma força imensa. O homem de bem que, crendo em seu futuro celeste, quer encher sua vida de nobres e belas ações, haure em sua fé, na certeza da felicidade que o espera, a força necessária, e aí ainda se cumprem milagres de caridade, de devotamento e de abnegação. Enfim, com a fé, não existem más tendências que não se possam vencer.

O magnetismo é uma das maiores provas do poder da fé posta em ação; é pela fé que ele cura e produz esses fenômenos estranhos que, outrora, eram qualificados de milagres.

Eu repito: a fé é *humana e divina;* se todos os encarnados estivessem bem persuadidos da força que têm em si, se quisessem colocar sua vontade a serviço dessa força, seriam capazes de realizar o que, até o presente, chamou-se de prodígios, e que não é senão um desenvolvimento das faculdades humanas.

CAPÍTULO 20

OS TRABALHADORES DA ÚLTIMA HORA

Instruções dos Espíritos:
Os últimos serão os primeiros – Missão dos espíritas – Os obreiros do Senhor

1. *O reino dos céus é semelhante a um pai de família que saiu de madrugada, a fim de aliciar trabalhadores para trabalhar em sua vinha; tendo acertado com os trabalhadores que eles teriam uma moeda por sua jornada, enviou-os à vinha. Saiu ainda na terceira hora do dia e, tendo visto outros que estavam na praça sem nada fazer, disse-lhes: Ide vós também, vós outros, para a minha vinha e eu vos darei o que for razoável; e eles para lá se foram. Saiu ainda na sexta e na nona hora do dia, e fez a mesma coisa. E tendo saído na décima primeira hora, encontrou outros que estavam sem nada fazer e lhes disse: Por que permaneceis aí durante todo o dia sem trabalhar? É, disseram-lhe, porque ninguém nos aliciou; e ele lhes disse: Ide vós também, vós outros, para a minha vinha.*

A tarde tendo chegado, o senhor da vinha disse àquele que tinha a incumbência dos seus negócios: Chamai os obreiros e lhes pagai, começando desde os últimos até os primeiros. Aqueles, pois, que não tendo vindo para a vinha senão quando a décima primeira hora estava próxima, receberam uma moeda cada um. Os que foram aliciados primeiro, vindo a seu turno, creram que se lhes daria mais, mas não receberam além de uma moeda cada um e, em a recebendo, eles murmuravam contra o pai de família, dizendo: Estes últimos não trabalharam senão uma hora e vós os tornais iguais a nós que carregamos o peso do dia e do calor.

Mas, em resposta, ele disse a um deles: Meu amigo, eu não vos fiz injustiça; não acertastes comigo uma moeda pela vossa jornada? Tomai o que vos pertence e ide; por mim quero dar a este último tanto quanto a vós. Não me é, pois, permitido fazer o que quero? e o vosso olho é mau, porque eu sou bom?

Assim, os últimos serão os primeiros, e os primeiros serão os últimos, porque há muitos chamados e poucos escolhidos. *(São Mateus, cap. XX, v. de 1 a 16. Ver também: Parábola do festim de núpcias, cap. XVIII, nº 1).*

INSTRUÇÕES DOS ESPÍRITOS

OS ÚLTIMOS SERÃO OS PRIMEIROS

CONSTANTINO, ESPÍRITO PROTETOR,
Bordéus, 1863).

2. O trabalhador da última hora tem direito ao salário, mas é preciso que a sua vontade tenha estado à disposição do senhor que devia empregá-lo, e que esse atraso não seja o fruto da preguiça ou da má vontade. Tem direito ao salário, porque, desde a madrugada, esperava impacientemente aquele que, enfim, o chamaria ao trabalho; era trabalhador, só o trabalho lhe faltava.

Mas se tivesse recusado o trabalho a cada hora do dia; se tivesse dito: Tenhamos paciência, o repouso me é agradável; quando a última hora soar, será tempo de pensar no salário da jornada; que necessidade teria de me incomodar por um senhor que não conheço, que não amo! quanto mais tarde, será melhor. Este, meus amigos, não teria encontrado o salário do obreiro, mas o da preguiça.

Que será, pois, daquele que, em lugar de permanecer simplesmente na inação, tiver empregado as horas destinadas ao labor do dia em cometer atos culpáveis; que tiver blasfemado contra Deus, vertido o sangue de seus irmãos, lançado a perturbação nas famílias, arruinado os homens confiantes, abusado da inocência, que tiver enfim se chafurdado em todas as ignomínias da Humanidade; que será, pois, daquele? Bastar-lhe-á dizer na última hora: Senhor, eu empreguei mal meu tempo; tomai-me até o fim do dia, que eu faça um pouco, bem pouco da minha tarefa, e dai-me o salário do trabalhador de boa vontade? Não, não; o senhor lhe dirá: Não tenho trabalho para ti no momento; esbanjaste o teu tempo; esqueceste o que aprendeste e não sabes mais trabalhar na minha vinha. Recomeça, pois, a aprender, e quando estiveres mais disposto, virás a mim e eu te abrirei meu vasto campo, e tu poderás nele trabalhar a toda hora do dia.

Bons espíritas, meus bem-amados, sois, todos vós, obreiros da última hora. Bem orgulhoso seria aquele que dissesse: Comecei o trabalho no alvorecer e não o terminarei senão no declínio do dia. Todos vós viestes quando fostes chamados, um pouco mais cedo, um pouco mais tarde, para a encarnação, da qual carregais os grilhões; mas desde quantos séculos e séculos o Senhor vos chamou para a sua vinha sem que tivésseis querido nela entrar! Eis o momento de receberdes o salário; empregai bem essa hora que vos resta e não olvideis jamais que a vossa existência, tão longa que vos pareça, não é senão um momento bem fugidio na imensidade dos tempos que formam, para vós, a eternidade.

HENRI HEINE, PARIS, 1863.

3. Jesus gostava da simplicidade dos símbolos e, em sua vigorosa linguagem, os trabalhadores chegados à primeira hora são os profetas, Moisés, e todos os iniciadores que marcaram as etapas do progresso, seguidos através dos séculos pelos apóstolos, os mártires, os Pais da Igreja, os sábios, os filósofos e, enfim, os espíritas. Estes, os últimos a virem, foram anunciados e preditos desde a aurora do Messias e receberão a mesma recompensa; que digo eu? mais alta recompensa. Últimos a chegar, os espíritas aproveitam dos trabalhos intelectuais de seus predecessores, porque o homem deve herdar do homem, e seus trabalhos, e seus resultados são coletivos: Deus abençoa a solidariedade. Muitos dentre eles, aliás, revivem hoje ou reviverão amanhã, para arrematar a obra que começaram outrora; mais de um patriarca, mais de um profeta, mais de um discípulo do Cristo, mais de um propagador da fé cristã, encontram-se entre eles, porém, mais esclarecidos, mais avançados, trabalhando não mais na base, mas no coroamento do edifício; seu salário será, pois, proporcional ao mérito do trabalho.

A reencarnação, esse belo dogma, eterniza e precisa a filiação espiritual. O Espírito, chamado a prestar contas do seu mandato terrestre, compreende a continuidade da tarefa interrompida, mas sempre retomada; vê, sente que apanhou no voo o pensamento dos seus antepassados; reentra, na liça, amadurecido pela experiência, para avançar ainda; e todos, trabalhadores da primeira e da última hora, olhos voltados para a profunda justiça de Deus, não murmuram mais e adoram.

Tal é um dos verdadeiros sentidos desta parábola que encerra, como todas as que Jesus dirigiu ao povo, o germe do futuro, e também, sob todas as formas, sob todas as imagens, a revelação dessa magnífica unidade que harmoniza todas as coisas no

Universo, dessa solidariedade que religa todos os seres presentes ao passado e ao futuro.

MISSÃO DOS ESPÍRITAS

ERASTO, anjo guardião do médium, Paris, 1863.

4. Não ouvis já se agitar a tempestade que deve dominar o velho mundo e tragar, no nada, a soma das iniquidades terrestres? Ah! bendizei o Senhor, vós que haveis posto vossa fé em sua soberana justiça e como novos apóstolos da crença revelada pelas vozes proféticas superiores, ide pregar o dogma novo da *reencarnação* e da elevação dos Espíritos, segundo tenham, bem ou mal, cumprido suas missões e suportado suas provas terrestres.

Não vos amedronteis! As línguas de fogo estão sobre as vossas cabeças. Ó! verdadeiros adeptos do Espiritismo, sois os eleitos de Deus! Ide e pregai a palavra divina. A hora é chegada em que deveis sacrificar à sua propagação os vossos hábitos, os vossos trabalhos, as vossas ocupações fúteis. Ide e pregai: os Espíritos, do alto, estão convosco. Certamente, falareis a pessoas que não quererão escutar a voz de Deus, porque essa voz as chama sem cessar à abnegação; pregareis o desinteresse aos avaros, a abstinência aos dissolutos, a mansuetude aos tiranos domésticos e aos déspotas: palavras perdidas, eu o sei; mas, que importa! É preciso regar, com os vossos suores, o terreno que deveis semear, porque ele não frutificará e não produzirá senão sob os esforços reiterados da enxada e da charrua evangélicas. Ide e pregai!

Sim, vós todos, homens de boa fé, que credes na vossa inferioridade e olhais os mundos dispostos no infinito, parti em cruzada contra a injustiça e a iniquidade. Ide e destruí esse culto do bezerro de ouro, cada dia mais e mais invasor. Ide, Deus vos conduz! Homens simples e ignorantes, vossas línguas se soltarão e falareis como nenhum orador fala. Ide e pregai, e as populações atentas acolherão com alegria as vossas palavras de consolação, de fraternidade, de esperança e de paz.

Que importam as armadilhas que serão colocadas no vosso caminho! Só os lobos se prenderão nas armadilhas de lobos, porque o pastor saberá defender suas ovelhas contra os verdugos imoladores.

Ide, homens grandes diante de Deus, que, mais felizes que São Tomé, credes sem pedir para ver e aceitais os fatos da mediunidade quando mesmo não tenhais conseguido jamais obtê-los em vós mesmos; ide, o Espírito de Deus vos conduz.

Marchai avante, pois, falange imponente pela vossa fé! e os grandes batalhões dos incrédulos se desvanecerão diante de vós, como as brumas da manhã aos primeiros raios do sol nascente.

A fé é a virtude que ergue as montanhas, vos disse Jesus; todavia, mais pesados do que as mais pesadas montanhas, jazem no coração dos homens a impureza e todos os vícios da impureza. Parti, pois, com coragem para remover essa montanha de iniquidades que as gerações futuras não devem conhecer senão no estado de lendas, como não conheceis, vós mesmos, senão muito imperfeitamente, o período de tempo anterior à civilização pagã.

Sim, as comoções morais e filosóficas vão manifestar-se em todos os pontos do globo; a hora se aproxima em que a luz divina apresentar-se-á sobre os dois mundos.

Ide, pois, e levai a palavra divina: aos grandes que a desdenharão, aos sábios que dela pedirão prova, aos pequenos e aos simples que a aceitarão, porque será, sobretudo, entre os mártires do trabalho, essa expiação terrestre, que encontrareis o fervor e a fé. Ide; estes receberão, com cânticos de ação de graça, e cantando louvores a Deus, a consolação santa que lhes levais, e se inclinarão, agradecendo o quinhão de suas misérias terrestres.

Que a vossa falange se arme, pois, de resolução e de coragem! Mãos à obra! a charrua está pronta; a terra espera; é preciso trabalhar.

Ide e agradecei a Deus pela tarefa gloriosa que vos confiou, mas meditai que, entre os chamados ao Espiritismo, muitos se extraviaram; olhai a vossa rota e segui o caminho da verdade.

Pergunta: Se muitos dos chamados ao Espiritismo se extraviaram, por qual sinal se reconhece aqueles que estão no bom caminho?

Resposta: Vós os reconhecereis pelos princípios de verdadeira caridade que eles professarão e praticarão; vós os reconhecereis pelo número das aflições às quais eles terão levado consolações; vós os reconhecereis pelo seu amor ao próximo, pela sua abnegação, pelo seu desinteresse pessoal; vós os reconhecereis, enfim, pelo triunfo dos seus princípios, porque Deus quer o triunfo da sua lei; aqueles que seguem suas leis são seus eleitos, e ele lhes dará a vitória, mas esmagará aqueles que falseiam o espírito dessa lei e fazem dela um meio para satisfazer sua vaidade e sua ambição.

OS OBREIROS DO SENHOR

O ESPÍRITO DE VERDADE, Paris, 1862.

5. Atingistes o tempo do cumprimento das coisas anunciado para a transformação da Humanidade; felizes serão aqueles que tiverem trabalhado na seara do Senhor com desinteresse e sem outro móvel senão a caridade! Suas jornadas de trabalho serão pagas ao cêntuplo do que terão esperado. Felizes serão aqueles que terão dito a seus irmãos: "Irmãos, trabalhemos juntos e unamos os nossos esforços a fim de que o Senhor encontre a obra pronta à sua chegada", porque o Senhor lhes dirá: "Vinde a mim, vós que sois bons servidores, que calastes os vossos ciúmes e as vossas discórdias para não deixar a obra prejudicada!" Mas ai daqueles que, por suas dissenções, terão retardado a hora da colheita, porque a tempestade virá e serão carregados no turbilhão! Eles gritarão: "Graça! Graça!" Mas o Senhor lhes dirá: Por que pedis graça, vós que não tivestes piedade de vossos irmãos, e que recusastes lhes estender a mão, vós que esmagastes o fraco em lugar de o sustentar? Por que pedis graça, vós que procurastes a vossa recompensa nas alegrias da Terra e na satisfação do vosso orgulho? Já recebestes a vossa recompensa, tal como a pretendestes; não peçais mais: as recompensas celestes são para aqueles que não terão pedido as recompensas da Terra."

Deus faz, neste momento o recenseamento dos seus servidores fiéis e marcou com o seu dedo aqueles que não têm senão a aparência do devotamento a fim de que não usurpem mais o salário dos servidores corajosos, porque é àqueles que não recuarem diante de suas tarefas que vai confiar os postos mais difíceis na grande obra de regeneração pelo Espiritismo, e estas palavras se cumprirão: "Os primeiros serão os últimos, e os últimos serão os primeiros no reino dos céus!"

CAPÍTULO 21

HAVERÁ FALSOS CRISTÃOS E FALSOS PROFETAS

Conhece-se a árvore pelo fruto – Missão dos profetas – Prodígios dos falsos profetas – Não acrediteis em todos os Espíritos

Instruções dos Espíritos:

Os falsos profetas – Caracteres do verdadeiro profeta – Os falsos profetas da erraticidade – Jeremias e os falsos profetas.

RECONHECE-SE A ÁRVORE PELO FRUTO

1. *A árvore que produz maus frutos não é boa, e a árvore que produz bons frutos não é má; porque cada árvore se conhece pelo seu próprio fruto. Não se colhem figos dos espinheiros e não se colhem cachos de uva das sarças. O homem de bem tira as boas coisas do bom tesouro do seu coração, e o mau tira as más do mau tesouro do seu coração, porque a boca fala do que está cheio o coração. (São Lucas, cap. VI, v. 43, 44, 45).*

2. Guardai-vos dos falsos profetas *que vêm a vós cobertos de peles de ovelhas, e que por dentro são lobos rapaces. Vós os conhecereis pelos seus frutos.* Podem-se colher uvas dos espinheiros ou figos das sarças? *Assim, toda árvore que é boa produz bons frutos e toda árvore que é má produz maus frutos.* Uma boa árvore não pode produzir maus frutos, e uma árvore má não pode produzir bons frutos. *Toda árvore que não produz bons frutos será cortada e lançada ao fogo. Conhecê-la-eis, pois, por seus frutos. (São Mateus, cap. VII, v. 15 a 20).*

3. *Guardai-vos de que alguém vos seduza; porque vários virão sob meu nome dizendo: "Eu sou o Cristo", e eles seduzirão a muitos.*

Levantar-se-ão vários falsos profetas que seduzirão a muitas pessoas; e porque a iniquidade será abundante, a caridade de muitos se resfriará. Mas será salvo aquele que perseverar até o fim.

Então, se alguém vos disser: O Cristo está aqui ou está ali, não o creiais; porque se levantarão falsos Cristos e falsos profetas que farão grandes prodígios *e coisas de espantar, até seduzir, se for possível, os próprios escolhidos. (São Mateus, cap. XXIV, v. 4, 5, 11, 12, 13, 23, 24. São Marcos, cap. XIII, v. 5, 6, 21, 22).*

MISSÃO DOS PROFETAS

4. Atribui-se vulgarmente aos profetas o dom de revelar o futuro, de sorte que as palavras *profecias* e *predições* se tornaram sinônimas. No sentido evangélico, a palavra *profeta* tem uma significação mais ampla; diz-se de todo enviado de Deus com a missão de instruir os homens e de revelar-lhes as coisas ocultas e os mistérios da vida espiritual. Um homem pode, pois, ser profeta, sem fazer predições; essa ideia era a dos Judeus ao tempo de Jesus; por isso, quando foi conduzido diante do grande sacerdote Caifás, os Escribas e os Anciãos, estando reunidos, escarraram-lhe no rosto, lhe bateram com socos e deram-lhe bofetadas dizendo: "Cristo, profetiza para nós e dize quem é que te bateu." Entretanto, ocorreu que profetas tiveram presciência do futuro, seja por intuição, seja por revelação providencial a fim de transmitir advertências aos homens; esses fatos, tendo se cumprido, o dom de predizer o futuro foi encarado como um dos atributos da qualidade de profeta.

PRODÍGIOS DOS FALSOS PROFETAS

5. "Levantar-se-ão falsos Cristos e falsos profetas que farão grandes prodígios e coisas de espantar para seduzir os próprios escolhidos." Essas palavras dão o verdadeiro sentido do termo prodígio. Na acepção teológica, os prodígios e os milagres são fenômenos excepcionais, fora das leis da Natureza. As leis da Natureza sendo obra *unicamente* de Deus, Ele pode sem dúvida derrogá-las, se isso lhe apraz, mas o simples bom senso diz que não pode ter dado, a seres inferiores e perversos, um poder igual ao seu, e ainda menos o direito de desfazer o que Ele fez. Jesus não pode ter consagrado um tal princípio. Se , pois, segundo o sentido que se dá a essas palavras, o Espírito do mal tem o poder de fazer tais prodígios, que os próprios eleitos sejam por ele enganados, disso resultaria que, podendo fazer o que Deus faz, os prodígios e os milagres não são privilégios exclusivos dos enviados de Deus e não provam nada, uma vez que nada distingue os milagres dos santos dos milagres dos demônios. É preciso, pois, procurar um sentido mais racional para essas palavras.

Aos olhos do vulgo ignorante, todo fenômeno cuja causa é desconhecida passa por sobrenatural, maravilhoso e miraculoso; a causa, uma vez conhecida, reconhece-se que o fenômeno, tão extraordinário que pareça, não é outra coisa senão a aplicação de uma lei natural. É assim que o círculo dos fatos sobrenaturais se retrai à medida que se amplia o da Ciência. Em todos os tempos, os homens exploraram, em proveito de sua ambição, de seu interesse e de sua dominação, certos conhecimentos que possuíam a fim de darem a si mesmos o prestígio de um poder supostamente sobre-humano ou de uma pretensa missão divina. Estão aí os falsos Cristos e os falsos profetas; a difusão dos conhecimentos lhes aniquila o crédito, por isso o número deles diminui à medida que os homens se esclarecem. O fato de operar o que, aos olhos de certas pessoas, passa por prodígios, não é, pois, o sinal de uma missão divina, uma vez que pode resultar de conhecimentos que cada um pode adquirir, ou de faculdades orgânicas especiais, que o mais indigno pode possuir tão bem quanto o mais digno. O verdadeiro profeta se reconhece por caracteres mais sérios e exclusivamente morais.

NÃO ACREDITEIS EM TODOS OS ESPÍRITOS

6. *Meus bem-amados, não acrediteis em todos os Espíritos, mas experimentai se os Espíritos são de Deus, porquanto vários falsos profetas se ergueram no mundo. (São João, 1ª Epístola, cap. IV, v. 1).*

7. Os fenômenos espíritas, longe de dar crédito aos falsos Cristos e aos falsos profetas, como alguns exageram em dizê-lo, vêm, ao contrário, dar-lhes um último golpe. Não peçais ao Espiritismo milagres nem prodígios, porquanto declara ele formalmente que não os produz; como a física, a química, a astronomia e a geologia vieram revelar as leis do mundo material, ele vem revelar outras leis desconhecidas, as que regem as relações do mundo corporal e do mundo espiritual, e que, como suas primogênitas da Ciência, não são menos leis naturais; em dando a explicação de uma certa ordem de fenômenos incompreendidos até hoje, destrói o que restava ainda no domínio do maravilhoso. Aqueles, pois, que estivessem tentados em explorar esses fenômenos em seu proveito, em se fazendo passar por messias de Deus, não poderiam enganar por muito tempo a credulidade e seriam logo desmascarados. Aliás, como foi dito, só esses fenômenos não provam nada: a missão se prova pelos efeitos morais que não é dado a qualquer um produzir. Esse é um dos resultados do desenvolvimento da ciência espírita; em perscrutando a causa de certos fenômenos, ela ergue o véu sobre muitos mistérios. Os que preferem a obscuridade à luz são os únicos interessados em combatê-la; mas a verdade é como o Sol: dissipa os mais densos nevoeiros.

O Espiritismo vem revelar uma outra categoria bem mais perigosa de falsos Cristos e de falsos profetas, que se encontram, não entre os homens, mas entre os desencarnados: a dos Espíritos enganadores, hipócritas, orgulhosos e pseudossábios que, da Terra, passaram para a erraticidade e se adornam com nomes veneráveis para procurar, graças à máscara com a qual se cobrem, recomendar ideias, frequentemente, as mais bizarras e as mais absurdas. Antes que as relações mediúnicas fossem conhecidas, eles exerciam sua ação de maneira menos ostensiva, pela inspiração, pela mediunidade inconsciente, audiente ou falante. O número daqueles que, em diversas épocas, mas nos últimos tempos sobretudo, deram-se como alguns dos antigos profetas, pelo Cristo, por Maria, mãe do Cristo, e mesmo por Deus, é considerável. São João adverte contra eles, quando diz: "Meus bem-amados, não acrediteis em todos os Espíritos, mas experimentai se os Espíritos são de Deus; porquanto vários falsos profetas se ergueram no mundo." O Espiritismo dá os meios de prová-los, indicando os caracteres pelos quais se reconhecem os bons Espíritos, caracteres *sempre morais e jamais materiais* (1). É no discernimento entre os bons e os maus Espíritos que podem sobretudo ser aplicadas estas palavras de Jesus: "Reconhece-se a qualidade da árvore pelo fruto; uma boa árvore não pode produzir maus frutos, e uma árvore má não pode produzir bons frutos". Julgam-se os Espíritos pela qualidade de suas obras como uma árvore pela qualidade dos seus frutos.

---

(1) Ver, sobre a distinção dos Espíritos. **O Livro dos Médiuns**, cap. XXIV e seguintes.

INSTRUÇÕES DOS ESPÍRITOS

OS FALSOS PROFETAS

LUÍS, Bordéus, 1861.

8. Se vos disserem: "O Cristo está aqui", não vades, mas, ao contrário, ponde-vos em guarda, porque os falsos profetas serão numerosos. Não vedes as folhas da figueira que começam a embranquecer; não vedes seus brotos numerosos, esperando a época da floração, e o Cristo não vos disse: Reconhece-se uma árvore pelo seu fruto? Se, pois, os frutos são amargos, julgais que a árvore é má; mas se são doces e salutares, dizeis: Nada de puro pode sair de um tronco mau.

É assim, meus irmãos, que deveis julgar; são as obras o que deveis examinar. Se aqueles, que se dizem revestidos do poder divino, estão acompanhados de todas as marcas de semelhante missão, quer dizer, se possuem no mais alto grau as virtudes cristãs e eternas: a caridade, o amor, a indulgência, a bondade que concilia todos os corações; se, em apoio às palavras, eles juntam os atos, então, podereis dizer: Estes são realmente os enviados de Deus.

Mas desconfiai das palavras hipócritas, desconfiai dos escribas e dos fariseus que oram nas praças públicas, vestidos de longas roupas. Desconfiai daqueles que pretendem ter o único monopólio da verdade!

Não, não, o Cristo não está aí, porque aqueles que ele envia para propagar a sua santa doutrina e regenerar seu povo, serão, a exemplo do Mestre, brandos e humildes de coração acima de todas as coisas; aqueles que devem, por seus exemplos e seus conselhos, salvar a Humanidade que corre para a sua perdição, perambulando nas rotas tortuosas, estes serão, acima de tudo, modestos e humildes. Todo aquele que revele um átomo de orgulho, fugi dele como de uma lepra contagiosa, que corrompe tudo o que toca. Lembrai-vos de que *cada criatura leva na fronte, mas nos seus atos, sobretudo, o cunho de sua grandeza ou da sua decadência.*

Ide, pois, meus filhos bem-amados, marchai sem vacilações, sem preconceitos, na rota bendita que empreendestes. Ide, ide sempre sem temor; afastai corajosamente tudo o que poderia entravar a vossa marcha até o objetivo eterno. Viajores, não estareis senão bem pouco tempo ainda nas trevas e nas dores da prova, se deixardes os vossos corações buscar essa doce doutrina que vem vos revelar as leis eternas e satisfazer todas as aspirações da vossa alma quanto ao desconhecido. Desde o presente, podeis dar corpo a esses silfos fugazes que víeis passar em vossos sonhos, e que, efêmeros, não podiam senão encantar o vosso espírito, mas não diziam nada ao vosso coração. Agora, meus amados, a morte desapareceu para dar lugar ao anjo radioso que conheceis, o anjo do reencontro e da reunião! Agora, vós que bem cumpristes a tarefa imposta pelo Criador, não tendes mais nada a temer da sua justiça, porque ele é pai e perdoa sempre a seus filhos transviados que clamam misericórdia. Continuai, pois, avançai sem cessar; que a vossa divisa seja a do progresso, do progresso contínuo em todas as coisas, até que chegueis, enfim, a esse termo feliz onde vos esperam todos aqueles que vos precederam. .

CARACTERES DO VERDADEIRO PROFETA

ERASTO, Paris, 1862.

9. *Desconfiai dos falsos profetas.* Esta recomendação é útil em todos os tempos, mas sobretudo nos momentos de transição em que, como neste, elabora-se uma transformação da Humanidade, porque, então, uma multidão de ambiciosos e de intrigantes se coloca como reformadores e como messias. É contra esses impostores que é preciso se manter em guarda, e é dever de todo homem honesto desmascará-los. Perguntareis, sem dúvida, como se pode reconhecê-los: eis os seus sinais.

Não se confia o comando de um exército, senão a um general hábil e capaz de dirigi-lo; credes, pois, que Deus seja menos prudente do que os homens? Estai certos de que ele não confia as missões importantes senão àqueles que sabe capazes de cumpri-las, porque as grandes missões são fardos pesados que esmagariam o homem muito fraco para os carregar. Como em todas as coisas, o mestre deve saber mais do que o aprendiz; para fazer avançar a Humanidade moral e intelectualmente, são precisos homens superiores em inteligência e em moralidade! Por isso, são sempre Espíritos já muito avançados, tendo cumprido suas provas em outras existências, que se encarnam com esse objetivo; porque se não são superiores ao meio no qual devem agir, sua ação será nula.

Isto posto, concluí que o verdadeiro missionário de Deus deve justificar a sua missão pela superioridade, por suas virtudes, por sua grandeza, pelo resultado e pela influência moralizadora de suas obras. Tirai ainda esta consequência: se ele está, por seu caráter, suas virtudes, sua inteligência, abaixo do papel que se atribui, ou do personagem sob o nome do qual se abriga, não é senão um histrião de baixa categoria, que não sabe mesmo copiar o seu modelo.

Uma outra consideração é que a maioria dos verdadeiros missionários de Deus se ignoram a si mesmos; eles cumprem aquilo para o que foram chamados pela força do seu gênio, secundados pela força oculta que os inspira e os dirige com o seu desconhecimento, mas sem propósito premeditado. Numa palavra, *os verdadeiros profetas se revelam por seu atos: são adivinhados; enquanto que os falsos profetas se colocam, eles mesmos, como os enviados de Deus;* o primeiro é humilde e modesto; o segundo é orgulhoso e cheio de si mesmo; fala alto e, como todos os mentirosos, parece sempre temer não ser acreditado.

Têm-se visto esses impostores se apresentarem como os apóstolos do Cristo, outros pelo próprio Cristo, e o que envergonha a Humanidade é que têm encontrado pessoas bastante crédulas para dar fé a semelhantes torpezas. Uma consideração, bem simples, entretanto, deveria abrir os olhos do mais cego, é que se o Cristo se reencarnasse na Terra, viria com todo o seu poder e todas as suas virtudes, a menos que se admitisse, o que seria absurdo, que tivesse degenerado; ora, da mesma forma que se tirardes a Deus um só dos seus atributos não tereis mais Deus, se tirardes uma só das virtudes do Cristo, não tereis mais o Cristo. Aqueles que se apresentam como o Cristo têm todas as suas virtudes? Aí está a questão; olhai; perscrutai seus pensamentos e os seus atos e reconhecereis que lhes faltam, além de tudo, as qualidades distintivas do Cristo: a humildade e a caridade, ao passo que têm o que ele não tinha: a cupidez e o orgulho. Notai, aliás, que há neste momento, e em diferentes países, vários pretensos Cristos, como há vários pretensos Elias, São João ou São Pedro, e que, necessariamente, não podem ser todos verdadeiros. Tende por certo que são pessoas que exploram a credulidade e acham cômodo viver às expensas daqueles que os escutam.

Desconfiai, pois, dos falsos profetas, sobretudo, num tempo de renovação, porque muitos impostores se dirão os enviados de Deus; eles se proporcionam uma vaidosa satisfação na Terra, mas uma terrível justiça os espera, podeis disso estar certos.

OS FALSOS PROFETAS DA ERRATICIDADE

ERASTO, DISCÍPULO DE SÃO PAULO, 1862.

10. Os falsos profetas não estão somente entre os encarnados; estão também, e em maior número, entre os Espíritos orgulhosos que, sob falsa aparência de amor e de caridade, semeiam a desunião e retardam a obra de emancipação da Humanidade, lançando, de permeio, seus sistemas absurdos que fazem os médiuns aceitarem; e para melhor fascinar aqueles que querem enganar, para dar mais peso às suas teorias, ornam-se, sem escrúpulo, de nomes que os homens não pronunciam senão com respeito.

São eles que semeiam os fermentos de antagonismo entre os grupos, que os compelem a se isolarem uns dos outros e a se verem com maus olhos. Só isso bastaria para desmascará-los, porque, em agindo assim, eles próprios dão o mais formal desmentido ao que pretendem ser. Cegos, pois, são os homens que se deixam prender em armadilha tão grosseira.

Mas há muitos outros meios de reconhecê-los. Os Espíritos da ordem, à qual dizem pertencer, devem ser não apenas muito bons mas, por outro lado, eminentemente racionais. Pois bem, passai seus sistemas pelo crivo da razão e do bom senso e vereis o que deles restará. Convinde comigo, pois, que todas as vezes que um Espírito indique, como remédio para os males da Humanidade ou como meio de atingir a sua transformação, coisas utópicas e impraticáveis, medidas pueris e ridículas; quando formula um sistema contraditado pelas mais vulgares noções da ciência, esse não pode ser senão um Espírito ignorante e mentiroso.

De outro lado, crede bem que se a verdade não é sempre apreciada pelos indivíduos, o é sempre pelo bom senso das massas, e está ainda aí um critério. Se dois princípios se contradizem, tereis a medida do seu valor intrínseco, procurando aquele que encontra mais eco e simpatia; *seria ilógico,* com efeito, *admitir que uma doutrina que visse diminuir o número dos seus partidários fosse mais verdadeira que aquela que vê os seus aumentarem.* Deus, querendo que a verdade chegue para todos, não a confina em um círculo restrito: fá-la surgir em diferentes pontos a fim de que, por toda parte, a luz esteja ao lado das trevas.

Repeli impiedosamente todos esses Espíritos que se apresentam como conselheiros exclusivos, pregando a divisão e o isolamento. Eles são, quase sempre, Espíritos vaidosos e medíocres que tendem a se imporem aos homens fracos e crédulos, prodigalizando-lhes louvores exagerados, a fim de os fascinar e tê-los sob a sua dominação. São geralmente Espíritos ávidos de poder que, déspotas públicos ou privados durante a sua vida, querem ainda vítimas para tiranizar após a sua morte. Em geral, *desconfiai de comunicações que trazem um caráter de misticismo e de estranheza ou que prescrevem cerimônias e atos bizarros;* então, há sempre um motivo legítimo de suspeição.

De outro lado, crede bem que quando uma verdade deve ser revelada à Humanidade, ela é, por assim dizer, instantaneamente comunicada em todos os grupos sérios que possuem médiuns sérios, e não a estes ou aqueles, com exclusão dos outros. Ninguém é médium perfeito se está obsediado, e há obsessão manifesta quando um médium não é apto senão para receber as comunicações de um Espírito especial, por mais elevado que ele mesmo procure se colocar. Em consequência, todo médium, todo grupo que se creem privilegiado por comunicações que só ele podem receber e que, de outra parte, estão sujeitos a práticas que acentuam a superstição, estão indubitavelmente sob a ação de uma obsessão bem caracterizada, sobretudo quando o Espírito dominador se vangloria de um nome que todos, Espíritos e encarnados, devemos honrar e respeitar, e não deixar comprometer a toda hora.

É incontestável que, submetendo ao cadinho da razão e da lógica todos os dados e todas as comunicações dos Espíritos, será fácil repelir a absurdidade e o erro. Um médium pode ser fascinado, um grupo enganado, mas o controle severo dos outros grupos, o conhecimento adquirido, a alta autoridade moral dos chefes de grupo, as comunicações dos principais médiuns que recebem um cunho de lógica e de autenticidade de nossos melhores Espíritos, farão rapidamente justiça a esses ditados mentirosos e astuciosos emanados de uma turba de Espíritos enganadores ou maus.

(Ver na introdução o parágrafo: II. *Controle universal do ensinamento dos Espíritos.* – O Livro dos Médiuns, cap. XXIII, *Da obsessão*).

JEREMIAS E OS FALSOS PROFETAS

LUOZ, ESPÍRITO PROTETOR, CARLSRUHE, 1861.

11. *Eis o que disse o Senhor dos exércitos: Não escuteis as palavras dos profetas que vos profetizam e que vos enganam. Eles divulgam as visões de seus corações, e não o que aprenderam da boca do Senhor. Dizem àqueles que me blasfemam: O Senhor o disse: vós tereis a paz; e a todos aqueles que caminham na corrupção de seus corações: Não vos atingirá o mal. Mas quem dentre eles assistiu ao conselho de Deus; quem viu e ouviu o que ele disse? Eu não enviava esses profetas e eles corriam por si mesmos; eu não lhes falava e eles profetizavam de sua cabeça. Eu ouvi o que disseram esses profetas que profetizaram a mentira em meu nome, dizendo: Sonhei, sonhei. Até quando essa imaginação estará no coração dos profetas que profetizam a mentira, e cujas profecias não são senão seduções de seus corações? Se, pois, esse povo, ou um profeta, ou um sacerdote vos interroga e vos diz: Qual é o fardo do Senhor? Vós lhe direis: Vós mesmos é que sois o fardo, e eu vos lançaria bem longe de mim, disse o Senhor. (JEREMIAS, cap. XXIII, v. 16, 17, 18, 21, 25, 26, 33).*

É sobre esta passagem do profeta Jeremias que, convosco, vou conversar, meus amigos. Deus, falando por sua boca, disse: "É a visão dos seus corações que os faz falar." Essas palavras indicam claramente que, já naquela época, os charlatães e os exaltados abusavam do dom da profecia e o exploravam. Abusavam, por conseguinte, da fé simples e quase sempre cega do povo em predizendo *por dinheiro* boas e agradáveis coisas. Essa espécie de mentira era bastante generalizada na nação judia, e é fácil de compreender que o pobre povo, em sua ignorância, estava na impossibilidade de distinguir os bons dos maus, e era sempre mais ou menos enganado por esses supostos profetas que não eram senão impostores ou fanáticos. Não há nada mais significativo do que estas palavras: "Eu não enviei esses profetas, e eles correram por si mesmos; eu não lhes falei, e eles profetizaram?" Mais adiante, diz: "Eu ouvi esses profetas que profetizam a mentira em meu nome, dizendo: Sonhei, sonhei"; ele indicava, assim, um dos meios empregados para explorar a confiança que tinham neles. A multidão, sempre crédula, não pensava em contestar a veracidade dos seus sonhos ou das suas visões; achava isso muito natural e convidava sempre esses profetas a falarem.

Após as palavras do profeta, escutai os sábios conselhos do apóstolo São João quando disse: "Não acrediteis em todos os Espíritos, mas experimentai se os Espíritos são de Deus", porque entre os invisíveis há também os que se comprazem no logro quando encontram ocasião. Esses enganados, são, bem entendido, os médiuns que não tomam bastante precaução. Aí está, sem contradita, um dos maiores escolhos, contra o qual muitos vêm bater, sobretudo quando são novatos no Espiritismo. É, para eles, uma prova da qual não podem triunfar senão por uma grande prudência. Aprendei, pois, antes de todas as coisas, a distinguir os bons e os maus Espíritos para não vos tornardes, vós mesmos, falsos profetas.

CAPÍTULO 22

NÃO SEPAREIS O QUE DEUS JUNTOU

Indissolubilidade do casamento – O divórcio

INDISSOLUBILIDADE DO CASAMENTO

1. *Os Fariseus vieram também a ele para tentá-lo, dizendo-lhe: É permitido a um homem devolver sua mulher por qualquer causa que seja? Ele lhes respondeu: Não lestes que aquele que criou o homem desde o princípio, os criou macho e fêmea, e que foi dito: Por essa razão o homem deixará seu pai e sua mãe, e se ligará à sua mulher, e não farão mais os dois senão uma só carne? Assim, eles não serão mais dois, mas uma só carne. Que o homem, pois, não separe o que Deus juntou.*

Mas por que, pois, disseram-lhe, Moisés ordenou que se desse à mulher uma carta de separação e que fosse devolvida? Ele lhes respondeu: Foi por causa da dureza do vosso coração que Moisés vos permitiu devolver vossas mulheres: mas isso não foi desde o princípio. Também vos declaro que todo aquele que devolve sua mulher, se não for em caso de adultério, e esposa outra, comete adultério; e que aquele que esposa a que um outro devolveu, comete também adultério. (São Mateus, cap. XIX, v. de 3 a 9).

2. Não há de imutável senão o que vem de Deus; tudo o que é obra dos homens está sujeito a mudanças. As leis da Natureza são as mesmas em todos os tempos e em todos os países; as leis humanas mudam segundo os tempos, os lugares e o progresso da inteligência. No casamento, o que é de ordem divina é a união dos sexos para operar a renovação dos seres que morrem; mas, as condições que regulam essa união são de ordem tão humana, que não há no mundo inteiro, e mesmo na cristandade, dois países em que elas sejam absolutamente as mesmas, e que não haja um em que elas não tenham sofrido mudanças com o tempo; disso resulta que, aos olhos da lei civil, o que é legítimo num país em uma época, é adultério num outro país e noutro tempo; isso porque a lei civil tem por objetivo regular os interesses das famílias, e esses interesses variam segundo os costumes e as necessidades locais; é assim que, por exemplo, em certos países, só o casamento religioso é legítimo; em outros, é preciso também o casamento civil; noutros, enfim, só o casamento civil basta.

3. Mas na união dos sexos, ao lado da lei divina material, comum a todos os seres vivos, há uma outra lei divina, imutável, como todas as leis de Deus, exclusivamente moral e que é a lei de amor. Deus quis que os seres estivessem unidos, não somente pelos laços da carne, mas pelos da alma, a fim de que a afeição mútua dos esposos se transportasse para seus filhos, e que eles fossem dois, em lugar de um, a amá-los, a cuidá-los e fazê-los progredir. Nas condições ordinárias do casamento, foi levada em conta essa lei de amor? De nenhum modo; o que se consulta não é a afeição de dois seres, que um mútuo sentimento atrai um para o outro, uma vez que, o mais frequentemente, rompe-se essa afeição; o que se procura não é a satisfação do coração, mas a do orgulho, da vaidade e da cupidez, numa palavra, de todos os interesses materiais; quando tudo está bem, segundo esses interesses, diz-se que o casamento é conveniente, e quando as bolsas estão bem combinadas, diz-se que os esposos o estão igualmente, e devem ser bem felizes.

Mas nem a lei civil, nem os compromissos que ela faz contrair, podem suprir a lei do amor se esta lei não preside a união; disso resulta que, frequentemente, *o que se une à força, separa-se por si mesmo;* que o juramento que se pronuncia, ao pé do altar, torna-se um perjúrio se dito como uma fórmula banal; daí as uniões infelizes, que acabam por se tornar criminosas; dupla infelicidade que se evitaria se, nas condições do casamento, não se fizesse abstração da única lei que o sanciona aos olhos de Deus: a lei de amor. Quando Deus disse: "Vós não sereis senão uma mesma carne"; e quando Jesus disse: "Vós não separareis o que Deus uniu", isso se deve entender da união segundo a lei imutável de Deus, e não segundo a lei variável dos homens.

4. A lei civil é, pois, supérflua, e é preciso retornar ao casamento segundo a Natureza? Não, certamente; a lei civil tem por objetivo regular as relações sociais e os interesses das famílias, segundo as exigências da civilização; eis porque ela é útil, necessária, mas variável; deve ser previdente, porque o homem civilizado não pode viver como o selvagem; mas nada, absolutamente nada, opõe-se a que seja o corolário da lei de Deus; os obstáculos para o cumprimento da lei divina resultam dos preconceitos e não da lei civil. Esses preconceitos, se bem que ainda vivazes, já perderam seu império entre os povos esclarecidos; eles desaparecerão com o progresso moral, que abrirá, enfim, os olhos sobre os males sem número, as faltas, os próprios crimes que resultem de uniões contraídas, tendo em vista unicamente os interesses materiais; e se perguntará, um dia, se é mais humano, mais caridoso, mais moral unir indissoluvelmente, um ao outro, seres que não podem viver juntos, do que lhes dar a liberdade; se a perspectiva de uma cadeia indissolúvel não aumenta o número das uniões irregulares.

O DIVÓRCIO

5. O divórcio é uma lei humana que tem por fim separar

legalmente o que está separado de fato; não é contrária à lei de Deus, uma vez que não reforma senão o que os homens fizeram e não é aplicável senão nos casos em que não se levou em conta a lei divina; se fosse contrária a esta lei, a própria Igreja seria forçada a considerar prevaricadores aqueles dos seus chefes que pela sua própria autoridade e em nome da religião, em mais de uma circunstância, impuseram o divórcio; dupla prevaricação então, uma vez que seria só em vista de interesses temporais, e não para satisfazer a lei do amor.

Mas Jesus, ele mesmo, não consagrou a indissolubilidade absoluta do matrimônio. Não disse: "É por causa da dureza de vosso coração, que Moisés vos permitiu devolver vossas mulheres? O que significa que, desde o tempo de Moisés, a afeição mútua não sendo o objetivo único do casamento, a separação podia tornar-se necessária. Mas acrescenta: "isso não foi desde o princípio"; quer dizer que na origem da Humanidade, quando os homens não estavam ainda pervertidos pelo egoísmo e pelo orgulho, e viviam segundo a lei de Deus, as uniões fundadas sobre a simpatia, e não sobre a vaidade ou a ambição, não davam lugar ao repúdio.

Vai mais longe e especifica o caso em que o repúdio pode ter lugar: o de adultério; ora, o adultério não existe onde reina uma afeição recíproca sincera. Proíbe, é verdade, a todo homem de esposar a mulher repudiada, mas é preciso ter em conta os costumes e o caráter dos homens do seu tempo. A lei mosaica, nesse caso, prescrevia a lapidação; querendo abolir um uso bárbaro, seria preciso, entretanto, uma penalidade, e a achou na ignomínia que devia imprimir a interdição de um segundo matrimônio. Era de alguma sorte uma lei civil, substituindo outra lei civil, mas que, como todas as leis dessa natureza, devia sofrer a prova do tempo.

CAPÍTULO 23

MORAL ESTRANHA

Quem não odeia seu pai e sua mãe – Abandonar pai, mãe e filhos – Deixai aos mortos o cuidado de enterrar seus mortos – Não vim trazer a paz, mas a divisão

QUEM NÃO ODEIA SEU PAI E SUA MÃE

1. *Uma grande multidão de povo caminhando com Jesus, ele se volta para eles e lhes diz: Se alguém vem a mim, e não* odeia *seu pai e sua mãe, sua mulher e seus filhos, seus irmãos e suas irmãs, e mesmo sua própria vida, não pode ser meu discípulo. E todo aquele que não carrega sua cruz e não me segue, não pode ser meu discípulo. Assim, todo aquele que, dentre vós, não renuncia a tudo o que tem, não pode ser meu discípulo. (São Lucas, cap. XIV, v. 25, 26, 27, 33).*

2. *Aquele que ama seu pai ou sua mãe mais do que a mim, não é digno de mim; aquele que ama seu filho ou sua filha mais do que a mim não é digno de mim. (São Mateus, cap. X, v. 37).*

3. Certas palavras, muito raras, de resto, fazem um contraste tão estranho na boca do Cristo que, instintivamente, se rejeita seu sentido literal, e a sublimidade de sua doutrina não sofre com isso nenhum prejuízo. Escritas depois da sua morte, uma vez que nenhum Evangelho foi escrito durante a sua vida, é lícito crer que, nesse caso, o fundo do seu pensamento não foi bem exprimido ou, o que não é menos provável, o sentido primitivo pôde sofrer alguma alteração, passando de uma língua para outra. Bastaria que um erro fosse feito uma primeira vez, para que tivesse sido repetido nas reproduções, como se vê, tão frequentemente, nos fatos históricos.

A palavra *ódio,* nesta frase de São Lucas: *Se alguém vem a mim e não odeia seu pai e sua mãe,* está nesse caso; não há ninguém que tenha tido o pensamento de atribuí-la a Jesus; seria pois supérfluo discuti-la e, ainda menos, procurar justificá-la. Seria preciso saber primeiro se ele a pronunciou, e, na afirmação, saber se, na língua em que se exprimia, essa palavra tinha o mesmo valor que na nossa. Nesta passagem de São João: "Aquele que *odeia* sua vida neste mundo, a conserva para a vida eterna", é certo que não exprime a ideia que lhe atribuímos.

A língua hebraica não era rica, e havia muitas palavras com vários significados. Tal é, por exemplo, aquele que, no Gênese, designa as fases da criação, e serviu, a uma só vez para exprimir um período de tempo qualquer e a revolução diurna; daí, mais tarde, sua tradução para a palavra *dia,* e a crença que o mundo foi obra de seis vezes vinte e quatro horas. Tal é ainda a palavra que se dizia de um *camelo* e de um *cabo,* porque os cabos eram feitos de pelo de camelo, e que foi traduzida por *camelo* na alegoria do buraco de agulha. (Cap. XVI, nº 2). (1)

---

(1) **Non odit** em latim, **Kaï** ou **miseï** em grego, não quer dizer **odiar,** mas **amar menos.** O que exprime o verbo grego miseïn, o verbo hebreu, do qual deve ter se servido Jesus, o diz ainda melhor; não significa somente **odiar,** mas **amar menos, não amar tanto quanto, igual a um outro.** No dialeto siríaco, do qual se diz que Jesus usava mais frequentemente, essa significação é ainda mais acentuada. Foi nesse sentido que está dito no Gênese (cap. XXIX, v. 30, 31): "E Jacó amou também a Raquel mais do que a Lia, e Jeová vendo que Lia era **odiada**..." É evidente que o verdadeiro sentido é menos amada; é assim que é preciso traduzir. Em várias outras passagens hebraicas, e sobretudo siríacas, o mesmo verbo é empregado no sentido de **não amar tanto quanto a um outro,** e seria um contra-senso traduzir por **ódio,** que tem uma outra acepção bem determinada. O texto de São Mateus afasta, aliás, toda a dificuldade. (Nota de M. Pezzani).

É preciso, aliás, ter em conta os costumes e o caráter dos povos, que influem sobre o gênio particular de suas línguas; sem esse conhecimento, o sentido verdadeiro de certas palavras escapa; de uma língua a outra, a mesma palavra tem mais ou menos energia; pode ser uma injúria ou uma blasfêmia em uma e não significar em outra, segundo a ideia que a ela se atribuiu; na mesma língua, certas palavras perdem seu significado, alguns séculos depois; por isso, uma tradução rigorosamente literal não exprime sempre perfeitamente o pensamento; e, para ser exato, é preciso por vezes empregar, não as palavras correspondentes, mas palavras equivalentes ou perífrases.

Essas advertências encontram uma aplicação especial na interpretação das Santas Escrituras, e dos Evangelhos em particular. Se não se leva em conta o meio no qual viveu Jesus, fica-se exposto a equivocar-se sobre o valor de certas expressões e de certos fatos, em consequência do hábito que se tem de comparar os outros a si mesmo. Por essa razão, é preciso, pois, afastar da palavra *ódio* a acepção moderna, como contrária ao espírito do ensinamento de Jesus. (Ver também o cap. XIV, nº 5 e seguintes).

DEIXAR PAI, MÃE E FILHOS

4. *Todo aquele que tiver deixado, por meu nome, sua casa, ou seus irmãos, ou suas irmãs, ou seu pai, ou sua mãe, ou sua mulher, ou seus filhos, ou suas terras, por isso receberá o cêntuplo, e terá por herança a vida eterna. (São Mateus, cap. XIX, v. 29).*

5. *Então, Pedro lhe disse: Por nós, vedes que tudo deixamos, e que vos seguimos. Jesus lhes disse: Digo-vos em verdade, que ninguém deixará pelo reino de Deus, ou sua casa, ou seu pai e sua mãe, ou seus irmãos, ou sua mulher, ou seus filhos, que não receba, já* *neste mundo muito mais, e, no século futuro, a vida eterna. (São Lucas, cap. XVIII, v. 28, 29, 30).*

6. *Um outro lhe disse: Senhor, eu vos seguirei: mas me permiti dispor antes do que tenho em minha casa. Jesus lhe respondeu: Todo aquele que. tendo a mão na charrua, olha para trás, não está apto para o reino de Deus. (São Lucas, cap. IX, v. 61, 62).*

Sem discutir as palavras, é preciso aqui procurar o pensamento, que era evidentemente este: "Os interesses da vida futura se sobrepõem a todos os interesses e todas as considerações humanas", porque está de acordo com o fundo da doutrina de Jesus, ao passo que a ideia de renúncia à família seria a sua negação.

Não temos, aliás, sob nossos olhos, a aplicação dessas máximas no sacrifício dos interesses e das afeições da família pela pátria? Censura-se um filho por deixar seu pai, sua mãe, seus irmãos, sua mulher, seus filhos, para marchar em defesa do seu país? Não se lhe reconhece, ao contrário, um mérito por separar-se do ambiente doméstico e do aconchego da amizade, para cumprir um dever? Há, pois, deveres que se sobrepõem a outros deveres. A lei não torna uma obrigação, à filha, deixar seus pais para seguir seu esposo? O mundo está repleto de casos em que as separações, as mais penosas, são necessárias; mas as afeições não são quebradas por isso; a distância não diminui nem o respeito, nem a solicitude que se deve aos pais, nem a ternura pelos filhos. Vê-se, pois, que, mesmo tomadas ao pé da letra, salvo o termo *odiar,* essas palavras não seriam a negação do mandamento que prescreve honrar pai e mãe, nem do sentimento de ternura paternal, e com mais forte razão se tomadas quanto ao espírito. Elas tinham por finalidade mostrar, por uma hipérbole, quanto era imperioso o dever de ocupar-sr com a vida futura. Deveriam, aliás, ser menos chocantes num povo e numa época em que, em consequência dos costumes, os laços de família tinham menos força do que numa civilização moral mais avançada; esses laços, mais fracos nos povos primitivos, fortificam-se com o desenvolvimento da sensibilidade e do senso moral. A própria separação é necessária ao progresso; ocorre nas famílias, como nas raças; elas se abastardam se não há cruzamento, se não se enxertam umas nas outras; é uma lei natural, tanto no interesse do progresso moral quanto do progresso físico. (*)

Essas coisas não são examinadas aqui senão do ponto de vista terrestre; o Espiritismo nos faz vê-las de mais alto, em nos mostrando que os verdadeiros laços de afeição são os do Espírito e não os do corpo; que esses laços não se rompem, nem pela separação, nem mesmo pela morte do corpo; que eles se fortalecem na vida espiritual pela depuração do Espírito: verdade consoladora que dá uma grande força para suportar as vicissitudes da vida. (Cap. IV, nº 18, cap. XIV, nº 8).

DEIXAI AOS MORTOS O CUIDADO DE ENTERRAR SEUS MORTOS

7. *Ele disse a um outro: Segui-me; e ele lhe respondeu: Senhor, permiti-me ir antes enterrar meu pai. Jesus lhe respondeu: Deixai aos mortos o cuidado de enterrar seus mortos, mas, por vós, ide anunciar o reino de Deus. (São Lucas, cap. IX, v. 59, 60).*

8. Que podem significar estas palavras: "Deixai aos mortos o cuidado de enterrar seus mortos?" As considerações precedentes mostram primeiro que, na circunstância em que foram pronunciadas, não poderiam exprimir uma censura contra aquele que considera um dever de piedade filial ir enterrar seu pai; elas encerram, porém, um sentido profundo, que só um

(*) Vide Nota Explicativa da Editora no final do livro.

conhecimento mais completo da vida espiritual poderia fazer compreender.

A vida espiritual, com efeito, é a verdadeira vida; é a vida normal do Espírito; sua existência terrestre não é senão transitória e passageira; é uma espécie de morte comparada ao esplendor e à atividade da vida espiritual. O corpo não é senão uma veste grosseira que reveste momentaneamente o Espírito, verdadeira cadeia que o prende à gleba da Terra e da qual se sente feliz de estar livre. O respeito que se tem pelos mortos não se prende à matéria, mas, pela lembrança, ao Espírito ausente; é análogo àquele que se tem pelos objetos que lhe pertenceram, que tocou, e que aqueles que o amam guardam como relíquias. É o que esse homem não poderia compreender por si mesmo; Jesus lho ensina, dizendo: Não vos inquieteis com o corpo, mas pensai antes no Espírito; ide ensinar o reino de Deus; ide dizer aos homens que sua pátria não está na Terra, mas no céu, porque lá somente está a verdadeira vida.

NÃO VIM TRAZER A PAZ, MAS A DIVISÃO

9. *Não penseis que eu vim trazer a paz sobre a Terra; eu não vim trazer a paz, mas a espada; porque eu vim separar o homem de seu pai, a filha de sua mãe e a nora de sua sogra; e o homem terá por inimigos os de sua casa. (São Mateus, cap. X, v. 34, 35, 36).*

10. *Eu vim lançar o fogo sobre a Terra; e que desejo senão que ele se acenda? Eu devo ser batizado com um batismo e quanto me sinto apressado, que se cumpra!*

Credes que eu vim trazer a paz sobre a Terra? Não, eu vos asseguro, mas, ao contrário, a divisão; porque de hoje em diante, se se encontram cinco pessoas numa casa, elas estarão divididas umas contra as outras; três contra duas, e duas contra três. O pai estará em divisão com seu filho, e o filho com seu pai; a mãe com a filha, e a filha com a mãe; a sogra com a nora, e a nora com a sogra. (São Lucas, cap. XII, v. de 49 a 53).

11. Foi Jesus, a personificação da doçura e da bondade, ele que não cessou de pregar o amor ao próximo, quem pôde dizer: Eu não vim trazer a paz, mas a espada; eu vim separar o filho do pai, o esposo da esposa; eu vim lançar o fogo sobre a Terra, e tenho pressa que ele se acenda? Essas palavras não estão em contradição flagrante com o seu ensinamento? Não há blasfêmia em lhe atribuir a linguagem de um conquistador sanguinário e devastador? Não, não há nem blasfêmia nem contradição nessas palavras, porque foi ele mesmo quem as pronunciou, e elas testemunham a sua alta sabedoria; somente a forma, um pouco equívoca, não exprime exatamente o seu pensamento, o que fez com que se desprezasse seu sentido verdadeiro; tomadas ao pé da letra, tenderiam a transformar a sua missão, toda pacífica, numa missão de perturbações e de discórdias, consequência absurda que o bom senso faz afastar, porque Jesus não poderia se contradizer. (Cap. XIV, nº 6).

12. Toda ideia nova encontra forçosamente oposição e não há uma única que tenha se estabelecido sem lutas; ora, em semelhante caso, a resistência está sempre em razão da importância dos resultados *previstos,* porque quanto mais é grande, mais fere interesses. Se é notoriamente falsa, se julgada sem consequência, ninguém com ela se preocupa e a deixam passar, sabendo que não tem vitalidade. Mas se é verdadeira, se repousa sobre uma base sólida, se se entrevê futuro para ela, um secreto pressentimento adverte seus antagonistas de que é um perigo para eles, e para a ordem das coisas em cuja manutenção estão interessados; por isso, caem sobre ela e seus partidários.

A medida da importância e dos resultados de uma ideia nova se encontra, assim, na emoção que causa em seu aparecimento, na violência da oposição que levanta, e no grau e persistência da cólera dos seus adversários.

13. Jesus vinha proclamar uma doutrina que solapava pelas bases os abusos nos quais viviam os Fariseus, os Escribas e os sacerdotes do seu tempo; assim, fizeram-no morrer, crendo matar a ideia matando o homem; mas a ideia sobreviveu, porque era verdadeira; cresceu porque estava nos desígnios de Deus e, saída de um obscuro burgo da Judeia, foi plantar sua bandeira na própria capital do mundo pagão, em frente dos seus inimigos mais obstinados, daqueles que tinham maior interesse em combatê-la, porque ela derrubava as crenças seculares, que muitos tinham bem mais por interesse do que por convicção. Aí as lutas mais terríveis esperavam seus apóstolos; as vítimas foram inumeráveis, mas a ideia cresceu sempre e saiu triunfante, porque se sobrepunha, como verdadeira, sobre as suas predecessoras.

14. Há a observar-se que o Cristianismo chegou quando o Paganismo estava em seu declínio e se debatia contra as luzes da razão. Era praticado ainda quanto à forma, mas a crença tinha desaparecido, só o interesse pessoal o sustentava. Ora, o interesse é tenaz; não cede jamais à evidência; se irrita tanto mais, quanto os raciocínios que se lhe opõem são mais peremptórios e lhe demonstram melhor seu erro; ele bem sabe que está em erro, mas isso não lhe toca, porque a verdadeira fé não está em sua alma; o que mais teme é a luz que abre os olhos aos cegos; esse erro lhe tem proveito e, por isso, agarra-se a ele e o defende.

Sócrates não tinha, ele também, emitido uma doutrina análoga, até certo ponto, à do Cristo? Por que, pois, não prevaleceu nessa época, entre um dos povos mais inteligentes da Terra? É que o tempo não havia chegado; ele semeou em terra não trabalhada; o Paganismo não estava ainda *gasto.* Cristo recebeu sua missão providencial no tempo próprio. Todos os homens do seu tempo não estavam, tanto quanto era preciso, à altura das ideias cristãs, mas havia uma aptidão mais geral para assimilá-las, porque se começava a sentir o vazio que as crenças vulgares deixam na alma. Sócrates e Platão tinham aberto o caminho e predisposto os espíritos. (Ver na introdução, parágrafo IV, *Sócrates e Platão, precursores da ideia cristã e do Espiritismo).*

15. Infelizmente, os adeptos da nova doutrina não se entenderam sobre a interpretação das palavras do Mestre, a maior parte veladas sob a alegoria e a figura; daí nascerem, desde o início, as seitas numerosas que pretendiam, todas, terem a verdade exclusiva, e que dezoito séculos não puderam pôr de acordo. Esquecendo o mais importante dos divinos preceitos, aquele do qual Jesus havia feito a pedra angular de seu edifício e a condição expressa de salvação: a caridade, a fraternidade e o amor ao próximo, essas seitas trocavam anátemas e se arrojaram umas sobre as outras, as mais fortes esmagando as mais fracas, abafando-as no sangue, nas torturas e nas chamas das fogueiras. Os cristãos, vencedores do Paganismo, de perseguidos se fizeram perseguidores; foi com o ferro e o fogo que plantaram a cruz do cordeiro sem mácula nos dois mundos. É um fato constatado que as guerras religiosas foram as mais cruéis e fizeram mais vítimas do que as guerras políticas, e que em nenhuma se cometeram mais atos de atrocidade e de barbárie.

Isso foi culpa da doutrina do Cristo? Não, certamente, porque ela condena formalmente toda violência. Ele disse alguma vez a seus discípulos: Ide matar, massacrar, queimar aqueles que não creem como vós? Não, porque lhes disse, ao contrário: Todos os homens são irmãos, e Deus é soberanamente misericordioso; amai o vosso próximo; amai os vossos inimigos; fazei o bem àqueles que vos perseguem. E lhes disse ainda: Quem matar pela espada, perecerá pela espada. A responsabilidade não é, pois, da doutrina de Jesus, mas daqueles que a interpretaram falsamente, e dela fizeram um instrumento para servir às suas paixões; daqueles que ignoraram estas palavras: Meu reino não é deste mundo.

Jesus, em sua profunda sabedoria, previa o que deveria ocorrer; mas essas coisas eram inevitáveis, porque se prendiam à inferioridade da natureza humana, que não podia se transformar de repente. Seria preciso que o Cristianismo passasse por essa longa e cruel prova de dezoito séculos para mostrar toda a sua força; porque, malgrado todo o mal cometido em seu nome, saiu dela puro; jamais foi posto em causa; a censura sempre recaiu sobre aqueles que dele abusaram; a cada ato de intolerância, sempre se disse: Se o Cristianismo fosse melhor compreendido e melhor praticado, isso não teria ocorrido.

16. Quando Jesus disse: Não creiais que eu vim trazer a paz, mas a divisão, seu pensamento era este:

"Não creiais que a minha doutrina se estabeleça pacificamente; ela conduzirá a lutas sangrentas, das quais meu nome será o pretexto, porque os homens não me terão compreendido ou não terão querido me compreender; os irmãos, separados por sua crença, tirarão a espada um contra o outro, e a divisão reinará entre os membros de uma mesma família que não tiverem a mesma fé. Eu vim lançar o fogo sobre a Terra para limpá-la dos erros e dos preconceitos, como se coloca fogo num campo para nele destruir as más ervas, e tenho pressa que ele se acenda para que a depuração seja mais pronta, porque, desse conflito, a verdade sairá triunfante; à guerra, sucederá a paz; ao ódio dos partidos, a fraternidade universal; às trevas do fanatismo, a luz da fé esclarecida. Então, quando o campo estiver preparado, eu vos enviarei *o Consolador, o Espírito de Verdade, que virá restabelecer todas as coisas;* quer dizer, em fazendo conhecer o verdadeiro sentido das minhas palavras, os homens mais esclarecidos poderão, enfim, compreender, e pôr fim à luta fratricida que divide os filhos de um mesmo Deus. Cansados, enfim, de um combate sem resultado, que não arrasta atrás de si senão a desolação, e leva a perturbação até ao seio das famílias, os homens reconhecerão onde estão os seus verdadeiros interesses para este mundo e para o outro; verão de que lado estão os amigos e os inimigos da sua tranquilidade. Todos então virão se abrigar sob a mesma bandeira: a da caridade, e as coisas serão restabelecidas sobre a Terra, segundo a verdade e os princípios que vos ensinei."

17. O Espiritismo vem realizar, no tempo certo, as promessas do Cristo; entretanto, não pode fazê-lo sem destruir os abusos; como Jesus, encontra, sobre seus passos, o orgulho, o egoísmo, a ambição, a cupidez, o fanatismo cego que, batidos em suas últimas trincheiras, tentam barrar-lhe o caminho e lhe suscitam entraves e perseguições; por isso, lhe é preciso também combater; mas o tempo das lutas e das perseguições sangrentas passou; as que se tem a suportar são todas morais, e o seu termo se aproxima; as primeiras duraram séculos; estas durarão apenas alguns anos, porque a luz, em lugar de partir de um só foco, jorra sobre todos os pontos do globo, e abrirá, mais cedo, os olhos aos cegos.

18. Essas palavras de Jesus devem, pois, entender-se como as cóleras que ele previa que sua doutrina iria levantar, os conflitos momentâneos que lhe iriam ser a consequência, as lutas que teria que sustentar antes de se estabelecer, como ocorreu com os Hebreus antes da sua entrada na Terra Prometida, e não como um desígnio premeditado, da sua parte, de semear a desordem e a confusão. O mal deveria vir dos homens e não dele. Era como o médico que veio curar, mas cujos remédios provocam uma crise salutar, movimentando os humores perigosos do doente.

CAPÍTULO 24

NÃO COLOQUEIS A CANDEIA SOB O ALQUEIRE

Candeia sob o alqueire: Por que Jesus fala por parábolas – Não vades aos Gentios – Os sãos não têm necessidade de médico – Coragem da fé – Carregar a cruz. Quem quiser salvar a vida, perdê-la-á.

CANDEIA SOB O ALQUEIRE. POR QUE JESUS FALA POR PARÁBOLAS

1. *Não se acende uma candeia para colocá-la sob o alqueire; mas colocam-na sobre um candeeiro, a fim de que ela clareie todos aqueles que estão na casa. (São Mateus, cap. V, v. 15).*

2. *Não há ninguém que, depois de ter acendido uma candeia, a cubra com um vaso ou a coloque sob uma cama; mas a põe sobre o candeeiro, a fim de que aqueles que entrem vejam a luz; porque não há nada de secreto que não deva ser descoberto, nem nada de oculto que não deva ser conhecido e manifestar-se publicamente. (São Lucas, cap. VIII, v. 16, 17).*

3. *Seus discípulos, aproximando-se, disseram-lhe: Por que lhes falais por parábolas? E, respondendo-lhes, disse: Porque, para vós outros, vos foi dado conhecer os mistérios do reino dos céus, mas, para eles, não foi dado. Eu lhes falo por parábolas, porque vendo não veem e escutando não ouvem nem compreendem. E a profecia* *de Isaías se cumprirá neles quando disse: Vós escutareis com vossos ouvidos e não ouvireis; olhareis com vossos olhos e não vereis. Porque o coração desse povo está entorpecido, e seus ouvidos se tornaram surdos, e eles fecharam seus olhos de medo que seus olhos não vejam, que seus ouvidos não ouçam, que seu coração não compreenda, e que, estando convertidos, eu não os cure. (São Mateus, cap. XIII, v. de 10 a 15).*

4. Admira-se de ouvir Jesus dizer que não se deve colocar a luz sob o alqueire, enquanto que ele mesmo oculta, sem cessar, o sentido de suas palavras sob o véu da alegoria, que não pode ser compreendida por todos. Ele se explica. dizendo aos seus apóstolos: Eu lhes falo por parábolas, porque não estão no estado de compreender certas coisas; veem, olham, ouvem e não compreendem; dizer-lhes tudo seria, pois, inútil no momento; mas a vós eu vo-lo digo, porque vos é dado compreender esses mistérios. Tratava, pois, com o povo, como se faz com as crianças, cujas ideias não estão ainda desenvolvidas. Com isso, indica o verdadeiro sentido da máxima: "Não se deve colocar a candeia sob o alqueire, mas sobre o candeeiro, a fim de que todos aqueles que entrem possam vê-la." Não significa que é preciso, inconsideradamente, revelar todas as coisas; todo ensinamento deve ser proporcional à inteligência daquele a quem é dirigido, porque há pessoas a quem uma luz muito viva ofusca sem esclarecê-las.

Ocorre o mesmo com os homens em geral, como com os indivíduos; as gerações têm sua infância, sua juventude e sua idade madura; cada coisa deve vir a seu tempo, e o grão semeado fora da época não frutifica. Mas o que a prudência manda ocultar momentaneamente deve, cedo ou tarde, ser descoberto, porque, chegados a um certo grau de desenvolvimento, os homens procuram, eles mesmos, a luz viva; a obscuridade lhes pesa. Tendo Deus lhes dado a inteligência para compreender e para se guiar nas coisas da Terra e do céu, querem raciocinar sua fé, e é então que não se deve colocar a candeia sob o alqueire, porque *sem a luz da razão, a fé se enfraquece.* (Cap. XIX, nº 7).

5. Se, pois, em sua previdente sabedoria, a Providência não revela as verdades senão gradualmente, as revela sempre à medida que a Humanidade está madura para recebê-las; Ela as mantém em reserva e não sob o alqueire; mas os homens que estão na posse delas, às ocultam-nas a maior parte do tempo, ao vulgo, com a intenção de dominá-lo; são eles que colocam verdadeiramente a luz sob o alqueire. Foi, assim, que todas as religiões tiveram seus mistérios, cujo exame interditaram; mas ao passo que essas religiões permaneciam atrasadas, a Ciência e a inteligência caminharam e rasgaram o véu misterioso; o vulgo, tornado adulto, quis penetrar o fundo das coisas e, então, rejeitou de sua fé o que era contrário à observação.

Não pode aí haver mistérios absolutos, e Jesus está com a verdade quando diz que não há nada de secreto que não deva ser conhecido. Tudo o que está oculto será revelado um dia, e o que o homem não pode ainda compreender na Terra, será sucessivamente revelado nos mundos mais avançados, quando estiver purificado; neste mundo, ele está ainda no nevoeiro.

6. Pergunta-se que proveito o povo poderia tirar dessa multidão de parábolas, cujo sentido ficou oculto para ele. Deve-se observar que Jesus não se exprimiu por parábolas, senão sobre as partes de alguma sorte abstratas de sua doutrina mas tendo feito da caridade para com o próximo, e da humildade, a condição expressa de salvação, tudo o que disse a esse respeito está perfeitamente claro, explícito e sem ambiguidade. Devia ser assim, porque era a regra de conduta, regra que todo o mundo devia compreender para poder observá-la; era o essencial para a multidão ignorante à qual se limitava a dizer: Eis o que é preciso fazer para ganhar o reino dos céus. Sobre as outras partes, não desenvolvia seu pensamento senão aos seus discípulos; estando estes mais avançados, moral e intelectualmente, Jesus pudera iniciá-los nas verdades mais abstratas; por isso, ele disse: *Àqueles que já têm, será dado ainda mais.* (Cap. XVIII, nº 15).

Entretanto, mesmo com seus apóstolos, permaneceu reticente sobre muitos pontos, cuja completa inteligência estava reservada para tempos ulteriores. Foram esses pontos que deram lugar a interpretações tão diversas, até que a Ciência de um lado, e o Espiritismo do outro, vieram revelar as novas leis naturais que fizeram compreender seu verdadeiro sentido.

7. O Espiritismo vem hoje lançar luz sobre uma multidão de pontos obscuros; entretanto, não a lança inconsideradamente. Os Espíritos procedem nas suas instruções com uma admirável prudência; não foi senão sucessiva e gradualmente que abordaram as diversas partes conhecidas da doutrina, e é assim que as outras partes serão reveladas à medida que o momento tenha chegado para fazê-las sair da sombra. Se a tivessem apresentado completa desde o início, ela não teria sido acessível senão a um pequeno número; teria mesmo assustado os que para isso não estavam preparados, o que teria prejudicado a sua propagação. Se, pois, os Espíritos não dizem ainda tudo ostensivamente, não é porque haja na doutrina mistérios reservados a privilegiados, nem que coloquem a candeia sob o alqueire, mas porque cada coisa deve vir no seu tempo oportuno; eles deixam a uma ideia o tempo de amadurecer e propagar-se antes de apresentarem uma outra, e aos *acontecimentos o de preparar-lhes a aceitação.*

NÃO VADES AOS GENTIOS

8. *Jesus enviou seus doze (os apóstolos), depois de ter-lhes dado as instruções seguintes: Não vades aos Gentios e não entreis nas cidades dos Samaritanos, mas ide antes às ovelhas perdidas da casa* *de Israel: e nos lugares para onde fordes, pregai, dizendo que o reino dos céus está próximo. (São Mateus, cap. X, v. 5, 6, 7).*

9. Jesus prova, em muitas circunstâncias, que suas vistas não estão circunscritas ao povo judeu, mas que abarcam toda a Humanidade. Se, pois, disse aos seus apóstolos para não ir aos Pagãos, não foi por desdenhar sua conversão, o que teria sido pouco caridoso, mas porque os Judeus, que criam na unicidade de Deus e esperavam o Messias, estavam preparados, pela lei de Moisés e os profetas, para receber a sua palavra. Entre os Pagãos, a própria base faltando, tudo estava por fazer, e os apóstolos não estavam ainda bastante esclarecidos para uma tão pesada tarefa; por isso, disse-lhes: Ide às ovelhas desgarradas de Israel; quer dizer, ide semear num terreno já preparado, sabendo bem que a conversão dos Gentios viria a seu tempo: mais tarde, com efeito, no centro mesmo do paganismo, os apóstolos iriam plantar a cruz.

10. Essas palavras podem se aplicar aos adeptos e aos propagadores do Espiritismo. Os incrédulos sistemáticos, os escarnecedores obstinados, os adversários interessados, são para eles o que eram os Gentios para os apóstolos. A exemplo destes, procuram primeiro os prosélitos entre as pessoas de boa vontade, daqueles que desejam a luz, em quem se encontra um germe fecundo, e o número deles é grande, sem perder seu tempo com aqueles que se recusam ver e ouvir, e se obstinam tanto mais pelo orgulho quanto se parece ligar mais valor à sua conversão. Mais vale abrir os olhos a cem cegos, que desejam ver claramente, do que a um único, que se compraz na obscuridade, porque é aumentar o número dos que sustentam a causa em maior proporção. Deixar os outros tranquilos não é indiferença, mas uma boa política; sua vez virá, quando serão dominados pela opinião geral, e ouvirão a mesma coisa repetida sem cessar ao seu redor; então, crerão aceitar a ideia voluntariamente e por si mesmos e não sob a pressão de um indivíduo. Depois, ocorre com as ideias o mesmo que com as sementes: elas não podem germinar antes da época, e somente em terreno preparado; por isso, é melhor esperar o tempo propício e cultivar primeiro as que germinam, para evitar que abortem as outras em as apressando muito.

Ao tempo de Jesus, e em consequência das ideias restritas e materiais da época, tudo estava circunscrito e localizado; a casa de Israel era um pequeno povo; os Gentios eram pequenos povos circundantes: hoje, as ideias se universalizam e se espiritualizam. A luz nova não é privilégio de nenhuma nação; para ela, não existem mais barreiras; tem seu foco por toda parte e todos os homens são irmãos. Mas também os Gentios não são mais um povo, porém uma opinião que se encontra por toda parte e da qual a verdade triunfa pouco a pouco, como o Cristianismo triunfou do Paganismo. Não é mais com as armas de guerra que são combatidos, mas com o poder da ideia.

OS SÃOS NÃO TÊM NECESSIDADE DE MÉDICO

11. *Jesus, estando à mesa na casa desse homem (Mateus), aí vieram muitos publicanos e pessoas de má vida que se assentaram à mesa com Jesus e seus discípulos; o que os fariseus, tendo visto, disseram aos seus discípulos: Por que vosso Mestre come com os publicanos e pessoas de má vida? Mas Jesus, tendo-os ouvido, disse-lhes: Os sãos não têm necessidade de médico, mas os doentes. (São Mateus, cap. IX, v. 10, 11, 12).*

12. Jesus se dirigia, sobretudo, aos pobres e aos deserdados, porque são os que têm maior necessidade de consolações; aos cegos dóceis e de boa fé, porque pedem para ver, e não aos orgulhosos que creem possuir toda a luz e não ter necessidade de nada. (Ver na introdução: *Publicanos, Portageiros*).

Estas palavras, como tantas outras, encontram sua aplicação no Espiritismo. Admira-se, por vezes, que a mediunidade seja concedida a pessoas indignas e capazes de fazer mau uso dela; parece, diz-se, que uma faculdade tão preciosa deveria ser atributo exclusivo dos mais merecedores.

Digamos primeiro, que a mediunidade se prende a uma disposição orgânica da qual todo homem pode estar dotado, como a de ver, de ouvir, de falar. Não há uma da qual o homem, em virtude do seu livre-arbítrio, não possa abusar, e se Deus não houvesse concedido a palavra, por exemplo, senão aos que são incapazes de dizer coisas más, haveria mais mudos que falantes. Deus deu ao homem as faculdades e o deixa livre para usá-las, mas pune sempre aquele que delas abusa.

Se o poder de comunicar-se com os Espíritos não fosse dado senão aos mais dignos, qual aquele que ousaria pretendê-lo? Onde estaria, aliás, o limite da dignidade e da indignidade? A mediunidade é dada sem distinção a fim de que os Espíritos possam levar a luz em todas as fileiras, em todas as classes da sociedade, ao pobre como ao rico; aos sábios para os fortalecer no bem, aos viciosos para os corrigir. Estes últimos não são os doentes que têm necessidade de médico? Por que Deus, que não quer a morte do pecador, o privaria do socorro que pode tirá-lo do lamaçal? Os bons Espíritos vêm, pois, ajudá-lo, e seus conselhos, que ele recebe diretamente, são de natureza a impressioná-lo mais vivamente do que se os recebesse por outros caminhos. Deus, em sua bondade, para poupar-lhe o trabalho de ir procurar a luz ao longe, lha coloca na mão; não é bem mais culpado se não a considerar? Poderá se desculpar por ignorância, quando terá escrito, ele mesmo, visto com seus olhos, ouvido com seus ouvidos, e pronunciado com sua boca, a sua própria condenação? Se não aproveita, é, então, que é punido com a perda ou desmoralização de sua faculdade, da qual os maus Espíritos se apoderam para obsedá-lo e enganá-lo, sem prejuízo das aflições reais com que Deus atinge seus servidores indignos, e os corações endurecidos pelo orgulho e pelo egoísmo.

A mediunidade não implica, necessariamente, em intercâmbio habitual com os Espíritos superiores; é simplesmente uma *aptidão* para servir de instrumento mais ou menos flexível aos Espíritos em geral. O bom médium não é, pois, aquele que comunica facilmente, mas aquele que é simpático aos bons Espíritos e não é assistido senão por eles. É neste sentido somente que a excelência das qualidades morais tem tanto poder sobre a mediunidade.

CORAGEM DA FÉ

13. *Todo aquele que me confessar e me reconhecer diante dos homens, eu o reconhecerei e confessarei também, eu mesmo, diante do meu Pai que está nos céus; e todo aquele que me renegar diante dos homens, eu o renegarei também, eu mesmo, diante do meu Pai que está nos céus. (São Mateus, cap. X, v. 32, 33).*

14. *Se alguém se envergonha de mim e das minhas palavras, o Filho do homem se envergonhará também dele, quando vier em sua glória e na de seu Pai e dos santos anjos. (São Lucas, cap. IX, v. 26).*

15. A coragem da opinião sempre foi considerada entre os homens, porque há mérito em afrontar os perigos, as perseguições, as contradições, e mesmo os simples sarcasmos, aos quais se expõe, quase sempre, aquele que não teme confessar claramente ideias que não são as de todo o mundo. Aqui, como em tudo, o mérito está em razão das circunstâncias e da importância do resultado. Há sempre fraqueza em recuar diante das consequências da opinião e em renegá-la, mas há casos de uma covardia tão grande quanto a de fugir no momento do combate.

Jesus assinala essa covardia, do ponto de vista especial da sua doutrina, dizendo que se alguém se envergonha das suas palavras, ele se envergonhará também dele; que renegará aquele que o tiver renegado; que aquele que o confessar diante dos homens, o reconhecerá diante do seu Pai que está nos céus; em outros termos: *aqueles que tiverem medo de se confessarem discípulos da verdade, não são dignos de serem admitidos no reino da verdade.* Perderão o benefício de sua fé, porque é uma fé egoísta, que guardam para si mesmos, mas que escondem com medo que lhes cause prejuízo neste mundo, enquanto que, colocando a verdade acima de seus interesses materiais, aqueles que a proclamam abertamente, trabalham ao mesmo tempo para o seu futuro e o dos outros.

16. Assim o será com os adeptos do Espiritismo, uma vez que a sua doutrina, não sendo outra senão o desenvolvimento e a aplicação da do Evangelho, é a eles também que se dirigem as palavras do Cristo. Semeiam na Terra o que colherão na vida espiritual; lá, colherão os frutos de sua coragem ou de sua fraqueza.

CARREGAR A CRUZ. QUEM QUISER SALVAR A VIDA, PERDÊ-LA-Á

17. *Sereis bem felizes quando os homens vos odiarem, vos separarem, vos tratarem injuriosamente, rejeitarem vosso nome como mau por causa do Filho do homem. Regozijai-vos nesse dia e exultai de alegria, porque uma grande recompensa vos está reservada no céu, porque foi assim que seus pais trataram os profetas. (São Lucas, cap. VI, v. 22, 23).*

18. *Chamando a si o povo e seus discípulos, ele lhes disse: Se alguém quer vir após mim, que renuncie a si mesmo, carregue sua cruz e me siga; porque aquele que quiser salvar a si mesmo, se perderá; e aquele que se perder por amor a mim e ao Evangelho, se salvará. Com efeito, que serviria a um homem ganhar todo o mundo, e perder a si mesmo? (São Marcos, cap. VIII, v. 34 a 36. São Lucas, cap. IX, v. 23, 24, 25. São Mateus, cap. X, v. 38 e 39. São João, cap. XII, v. 24, 25).*

19. Regozijai-vos, disse Jesus, quando os homens vos odiarem e vos perseguirem por causa de mim, porque por isso sereis recompensados no céu. Estas palavras podem ser traduzidas assim: Sede felizes quando os homens, por sua má vontade a vosso respeito, vos propiciam a ocasião de provar a sinceridade da vossa fé, porque o mal que vos fazem reverte em vosso proveito. Lamentai-os, pois, pela sua cegueira, e não os maldigais.

Depois, ajunta: "Aquele que quer me seguir, carregue sua cruz", quer dizer, suporte corajosamente as tribulações que a sua fé lhe suscitará; porque aquele que quiser salvar sua vida e seus bens, em me renegando, perderá as vantagens do reino dos céus, ao passo que aqueles que tiverem perdido tudo neste mundo, mesmo a vida, para o triunfo da verdade, receberão na vida futura o prêmio da sua coragem, da sua perseverança e da sua abnegação; mas àqueles que sacrificam os bens celestes aos gozos terrestres, Deus disse: Já recebestes a vossa recompensa.

CAPÍTULO 25

BUSCAI E ACHAREIS

Ajuda-te, e o céu te ajudará – Observai os pássaros do céu – Não vos inquieteis pela posse do ouro

AJUDA-TE, E O CÉU TE AJUDARÁ

1. *Pedi e se vos dará;* buscai e achareis; *batei à porta e se vos abrirá; porque todo aquele que pede, recebe, quem procura, acha, e se abrirá àquele que bater à porta.*

Também, qual é o homem, dentre vós, que dá uma pedra ao filho quando lhe pede pão? ou se lhe pede um peixe, lhe dará uma serpente? Se, pois, sendo maus como sois, sabeis dar boas coisas aos vossos filhos, com quanto mais forte razão vosso Pai, que está nos céus, dará os verdadeiros bens àqueles que lhos pedem. (São Mateus, cap. VII, v. de 7 a 11).

2. Sob o ponto de vista terrestre, a máxima: *Buscai e achareis* é análoga a esta: *Ajuda-te, e o céu te ajudará.* É o princípio da *lei do trabalho* e, por conseguinte, da *lei do progresso,* porque o progresso é filho do trabalho, e o trabalho coloca em ação as forças da inteligência.

Na infância da Humanidade, o homem não aplica sua inteligência senão à procura de sua alimentação, dos meios de preservar-se das intempéries e de defender-se dos seus inimigos; mas Deus lhe deu, a mais do que ao animal, *o desejo incessante do melhor,* e é este desejo do melhor que o impele à procura dos meios de melhorar sua posição, que o conduz às descobertas, às invenções, ao aperfeiçoamento da ciência, porque é a ciência que lhe proporciona o que lhe falta. Através das suas pesquisas, sua inteligência aumenta, sua moral se depura; às necessidades do corpo sucedem as necessidades do espírito; após o alimento material, é preciso o alimento espiritual, e é assim que o homem passa da selvageria à civilização.

Mas o progresso que cada homem cumpre, individualmente, durante a sua vida, é bem pouca coisa, imperceptível mesmo num grande número; como, então, a Humanidade poderia progredir sem a preexistência e a *reexistência* da alma? As almas, indo-se cada dia para não mais voltarem, a Humanidade se renovaria sem cessar com os elementos primitivos, tendo tudo a fazer, tudo a aprender; não haveria, pois, razão, para que o homem fosse mais avançado hoje do que nas primeiras idades do mundo, uma vez que, a cada nascimento, todo o trabalho intelectual estaria por recomeçar. A alma, ao contrário, voltando com o seu progresso realizado, adquirindo cada vez alguma coisa a mais, é assim que ela passa gradualmente da barbárie *à civilização material,* e desta *à civilização moral.* (Ver cap. IV, nº 17).

3. Se Deus houvesse isentado o homem do trabalho do corpo, seus membros estariam atrofiados; se o houvesse isentado do trabalho da inteligência, seu espírito teria permanecido na infância, no estado de instinto animal; por isso, fez-lhe do trabalho uma necessidade e lhe disse: *Procura e acharás, trabalha e produzirás;* dessa maneira, serás o filho das tuas obras, delas terás o mérito e serás recompensado segundo o que tiveres feito.

4. É pela aplicação desse princípio que os Espíritos não vêm poupar o homem do trabalho das pesquisas, trazendo-lhes descobertas e invenções feitas e prontas para produzir, de maneira a não ter que tomar senão o que se lhe colocasse na mão, sem ter o trabalho de abaixar-se para recolher, nem mesmo o de pensar. Se assim fosse, o mais preguiçoso poderia se enriquecer, e o mais ignorante tornar-se sábio de graça, e um e outro se dar o mérito do que não teriam feito. Não, *os Espíritos não vêm isentar o homem da lei do trabalho, mas mostrar-lhe o fim que deve atingir e o caminho que a ele conduz, dizendo-lhe: Caminha e chegarás.* Encontrarás pedra sob os teus passos: olha, e tira-as tu mesmo; nós te daremos a força necessária, se a quiseres empregar. (*O Livro dos Médiuns,* cap. XXVI, nºs 291 e seguintes).

5. Sob o ponto de vista moral, aquelas palavras de Jesus significam: Pedi a luz que deve clarear o vosso caminho, e ela vos será dada; pedi a força de resistir ao mal, e a tereis; pedi a assistência dos bons Espíritos, e eles virão vos acompanhar e, como o anjo de Tobias, vos servirão de guias; pedi bons conselhos, e não vos serão jamais recusados; batei à nossa porta, e ela vos será aberta, mas pedi sinceramente, com fé, fervor e confiança; apresentai-vos com humildade e não com arrogância; sem isso, sereis abandonados às vossas próprias forças, e as próprias quedas, que tereis, serão a punição do vosso orgulho.

Tal é o sentido destas palavras: Procurai e achareis, batei e se vos abrirá.

OBSERVAI OS PÁSSAROS DO CÉU

6. *Não ajunteis tesouros na Terra, onde a ferrugem e os vermes os corroem, onde os ladrões os desenterram e roubam; mas formai tesouros no céu, onde nem a ferrugem, nem os vermes os corroem; porque onde está o vosso tesouro, aí também está o vosso coração.*

Por isso eu vos digo: Não vos inquieteis por saber onde acha-

reis do que comer para o sustento da vossa vida, nem de onde tirareis roupa para cobrir o vosso corpo; a vida não é mais do que o alimento, e o corpo mais do que a roupa?

Observai os pássaros do céu: eles não semeiam e não colhem, e não amontoam nada nos celeiros, mas vosso Pai celestial os alimenta; não sois muito mais do que eles? E quem é, dentre vós, aquele que pode, com todos os seus cuidados, aumentar à sua estatura a altura de um côvado?

Por que também vos inquietais pela roupa? Observai como crescem os lírios dos campos; eles não trabalham e não fiam; e, entretanto, eu vos declaro que Salomão, mesmo em toda a sua glória, jamais se vestiu como um deles. Se, pois, Deus tem o cuidado de vestir dessa maneira a erva dos campos, que hoje existe e que amanhã será lançada no fogo, quanto mais cuidado terá em vos vestir, oh homens de pouca fé!

Não vos inquieteis, pois, dizendo: Que comeremos, ou que beberemos, ou de que nos vestiremos? como fazem os pagãos que procuram todas essas coisas; porque vosso Pai sabe que delas tendes necessidade.

Procurai, pois, primeiramente o reino de Deus e a sua justiça, e todas essas coisas vos serão dadas por acréscimo. Por isso, não estejais inquietos pelo dia de amanhã, porque o dia de amanhã, cuidará de si mesmo. A cada dia basta o seu mal. (*São Mateus, cap. VI, v. de 19 a 21 e 25 a 34*).

7. Estas palavras, tomadas ao pé da letra, seriam a negação de toda previdência, de todo trabalho e, por conseguinte, de todo progresso. Com semelhante princípio, o homem se reduziria a uma passividade expectante; suas forças físicas e intelectuais estariam inativas; se tal tivesse sido a sua condição normal na Terra, não teria jamais saído do estado primitivo e, se dela fizesse a sua lei atual, não teria mais senão viver sem nada fazer.

Tal não pode ter sido o pensamento de Jesus, porque estaria em contradição com o que disse em outro lugar, e mesmo com as leis da Natureza. Deus criou o homem sem roupa e sem abrigo, mas lhe deu a inteligência para fabricá-los. (Cap. XIV, nº 6; cap. XXV, nº 2).

Não se deve, pois, ver nessas palavras, senão uma poética alegoria da Providência, que não abandona jamais aqueles que colocam nela sua confiança, mas quer que trabalhem de seu lado. Se ela não vem sempre em sua ajuda por um socorro material, inspira as ideias com as quais se acham os meios de livrar-se da dificuldade. (Cap. XXVII, nº 8).

Deus conhece as nossas necessidades e as provê segundo o necessário; mas o homem, insaciável em seus desejos, não sabe sempre se contentar com o que tem; o necessário não lhe basta, lhe é preciso o supérfluo; é então que a Providência o deixa entregue a si mesmo; frequentemente, é infeliz por sua culpa e por ter desconhecido a voz que o advertia na sua consciência, e Deus o deixa sofrer as consequências, a fim de que isso lhe sirva de lição para o futuro. (Cap. V, nº 4).

8. A Terra produzirá bastante para alimentar todos os seus habitantes, quando os homens souberem administrar os bens que ela dá, segundo as leis de justiça, de caridade e de amor ao próximo; quando a fraternidade reinar entre os diversos povos, como entre as províncias de um mesmo império, o supérfluo momentâneo de um suprirá à insuficiência momentânea do outro, e cada um terá o necessário. O rico, então, se considerará como um homem que tem uma grande quantidade de sementes; se as espalha, elas produzirão ao cêntuplo para ele e para os outros; mas se come essas sementes sozinho e as esbanja, deixando perder-se o excesso daquilo que comer, não produzirão nada e não bastarão para todo o mundo; se as guarda em seu celeiro, os vermes as comerão; por isso, Jesus disse: Não ajunteis tesouros na Terra, que são perecíveis, mas formai tesouros no céu, porque são eternos. Em outros termos, não ligueis, aos bens materiais, mais importância do que aos bens espirituais, e sabei sacrificar os primeiros em proveito dos segundos. (Cap. XVI, nº 7 e seguintes).

Não é com as leis que se decreta a caridade e a fraternidade; se elas não estão no coração, o egoísmo as sufocará sempre; fazê-las nele penetrar é a tarefa do Espiritismo.

NÃO VOS INQUIETEIS PELA POSSE DO OURO

9. *Não vos inquieteis pela posse do ouro, ou da prata, ou de outra moeda em vossa bolsa. Não prepareis nem um saco para o caminho, nem duas roupas, nem sapatos, nem bastão, porque aquele que trabalha, merece ser alimentado.*

10. *Em qualquer cidade ou em qualquer vila que entrardes, informai-vos de quem é digno de vos alojar, e permanecei com ele até que vos fordes. Entrando na casa, saudai-a dizendo: Que a paz esteja nesta casa. Se essa casa dela for digna, vossa paz virá sobre ela; e se ela não for digna, vossa paz retornará a vós.*

Quando alguém não quiser vos receber, nem escutar vossas palavras, sacudi, em saindo dessa casa ou dessa cidade, o pó de vossos pés. Eu vos digo em verdade, no dia do julgamento, Sodoma e Gomorra serão tratadas menos rigorosamente do que essa cidade. (São Mateus, cap. X, v. de 9 a 15).

11. Estas palavras, que Jesus dirigiu aos seus apóstolos, quando os enviava pela primeira vez para anunciar a boa nova, não tinham nada de estranhas nessa época: estavam de acordo com os costumes patriarcais do Oriente, onde o viajante era sempre recebido sob a tenda. Mas, então, os viajantes eram raros; entre os povos modernos, o aumento da circulação levou a criar novos costumes; não se encontram os costumes dos tempos antigos senão nas regiões distantes, onde o grande movimento ainda não penetrou; e se Jesus retornasse hoje, não poderia mais dizer aos seus apóstolos: Ponde-vos a caminho sem provisões.

Ao lado do sentido próprio, essas palavras têm um sentido moral muito profundo. Jesus ensinava, assim, aos seus discípulos a se confiarem à Providência; depois, estes, nada tendo, não poderiam tentar a cupidez daqueles que os recebessem; era um meio de distinguir os caridosos dos egoístas; por isso, disse-lhes: "Informai-vos de quem é digno de alojar-vos"; quer dizer, quem é bastante humano para abrigar o viajante que não tem com que pagar, porque estes são dignos de ouvirem a vossa palavra; pela sua caridade, vós os reconhecereis.

Quanto àqueles que não quisessem nem recebê-los, nem escutá-los, disse aos seus apóstolos para os maldizerem, imporem-se a eles, usar de violência e de constrangimento para os converter? Não; mas para irem pura e simplesmente para outro lugar e procurarem as pessoas de boa vontade.

Assim, diz hoje o Espiritismo aos seus adeptos. Não violenteis nenhuma consciência; não forceis ninguém a deixar sua crença para adotar a vossa; não lanceis anátema sobre aqueles que não pensam como vós; acolhei aqueles que vêm a vós e deixai em paz os que vos repelem. Lembrai-vos das palavras do Cristo; outrora o céu se tomava pela violência, hoje pela brandura. (Cap. IV, nºs 10, 11).

CAPÍTULO 26

DAI GRATUITAMENTE O QUE RECEBESTES GRATUITAMENTE

Dom de curar – Preces pagas – Vendilhões expulsos do templo - Mediunidade gratuita.

DOM DE CURAR

1. *Restituí a saúde aos doentes, ressuscitai os mortos, curai os leprosos, expulsai os demônios.* Dai gratuitamente o que gratuitamente *recebestes. (São Mateus, cap. X, v. 8).*

2. "Dai gratuitamente o que gratuitamente recebestes" disse Jesus aos seus discípulos; por esse preceito, prescreve não se fazer pagar por aquilo que nada pagou; ora, o que eles tinham recebido gratuitamente era a faculdade de curar os doentes e de expulsar os demônios, quer dizer, os maus Espíritos; esse dom lhes fora dado gratuitamente por Deus para o alívio daqueles que sofriam, e para ajudar a propagação da fé, e lhes disse para dele não fazerem um tráfico, nem um objeto de especulação, nem um meio de vida.

PRECES PAGAS

3. *Ele disse em seguida aos seus discípulos, na presença de* *todo o povo que o escutava: Guardai-vos dos escribas que ostentam, passeando com longas túnicas, que gostam de ser saudados nas praças públicas, de ocupar as primeiras cadeiras nas sinagogas e os primeiros lugares nas festas; que,* sob pretexto de longas preces, devoram as casas das viúvas. *Essas pessoas receberão, por isso, uma condenação mais rigorosa. (São Lucas, cap. XX, v. 45, 46, 47. – São Marcos, cap. XII, v. 38, 39, 40 – São Mateus, cap. XXIII, v. 14).*

4. Jesus disse também: Não façais pagar as vossas preces; não façais como os escribas que *"sob o pretexto de longas preces, devoram as casas das viúvas";* quer dizer, abarcam as fortunas. A prece é um ato de caridade, um impulso do coração; fazer-se pagar pela que se dirige a Deus por outrem, é transformar-se em intermediário assalariado; a prece, então, é uma fórmula cujo comprimento se proporciona à soma que ela rende. Ora, de duas uma: Deus mede ou não mede suas graças pelo número das palavras; se são necessárias muitas, por que dizê-las poucas, ou quase nada, por aquele que não pode pagar? É uma falta de caridade; se uma só basta, o excesso é inútil; por que, pois, fazê--las pagar? É uma prevaricação.

Deus não vende os benefícios que concede; por que, pois, aquele que não é mesmo seu distribuidor, que não pode garantir a sua obtenção, faria pagar um pedido, talvez, sem resultado? Deus não pode subordinar um ato de clemência, de bondade ou de justiça que se lhe solicita de sua misericórdia, a uma soma em dinheiro; de outro modo, disso resultaria que se a soma não fosse paga ou fosse insuficiente, a justiça, a bondade e a clemência de Deus seriam suspensas. A razão, o bom senso, a lógica, dizem que Deus, a perfeição absoluta, não pode delegar a criaturas imperfeitas o direito de pôr preço em sua justiça. A justiça de Deus é como o Sol, que está para todos, para o pobre como para o rico. Se se considera imoral traficar as graças de um soberano da Terra, seria lícito vender as do soberano do Universo?

As preces pagas têm um outro inconveniente: aquele que as compra se crê, o mais frequentemente, dispensado de orar, porque se considerou quite quando deu o seu dinheiro. Sabe-se que os Espíritos são tocados por meio do pensamento daquele que se interesse por eles; qual pode ser o fervor daquele que encarrega um terceiro de orar por ele, pagando; qual é o fervor desse terceiro quando delega seu mandato a um outro, este a um outro, e assim por diante? Não é reduzir a eficácia da prece ao valor de uma moeda corrente?

VENDILHÕES EXPULSOS DO TEMPLO

5. *Eles vieram em seguida a Jerusalém, e Jesus, tendo entrado no templo, começou por expulsar aqueles que aí vendiam e compravam; derrubou as mesas dos cambistas e os assentos dos que vendiam pombos; não permitiu que ninguém transportasse nenhum utensílio pelo templo. Ele os instruiu também, dizendo-lhes: Não está escrito: Minha casa será chamada casa de orações por todas as nações? E, todavia, fizestes dela um covil de ladrões. O que os príncipes dos sacerdotes, tendo ouvido, procuravam um meio de perdê-lo; porque eles o temiam, visto que todo o povo estava arrebatado em admiração por sua doutrina. (São Marcos, cap. XI, v. de 15 a 18; São Mateus, cap. XXI, v. 12, 13).*

6. Jesus expulsou os vendilhões do templo, condenando, assim, o tráfico das coisas santas *sob qualquer forma que seja.* Deus não vende nem sua bênção, nem seu perdão, nem a entrada no reino do céus; o homem, pois, não tem o direito de as fazer pagar.

MEDIUNIDADE GRATUITA

7. Os médiuns modernos – porque os apóstolos também

tinham mediunidade – igualmente receberam de Deus um dom gratuito: o de serem os intérpretes dos Espíritos para a instrução dos homens, para mostrar-lhes o caminho do bem e conduzi-los à fé, e não para vender-lhes palavras que não lhes pertencem, porque não são o produto de sua *concepção, nem de suas pesquisas, nem de seu trabalho pessoal.* Deus quer que a luz alcance a todos; não quer que o mais pobre dela seja deserdado e possa dizer: Eu não tenho fé, porque não pude pagá-la; não tive a consolação de receber os encorajamentos e os testemunhos de afeição daqueles por quem choro, porque sou pobre. Eis porque a mediunidade não é um privilégio, e se encontra por toda a parte; fazê-la pagar seria, pois, desviá-la da sua finalidade providencial.

8. Todo aquele que conhece as condições nas quais os bons Espíritos se comunicam, sua repulsa por tudo o que seja do interesse egoístico, e que sabe quão pouca coisa é preciso para afastá-los, não poderá jamais admitir que os Espíritos superiores estejam à disposição de qualquer um que os chamasse a tanto por sessão; o simples bom senso repele um tal pensamento. Não seria também uma profanação evocar, a preço de prata, os seres que respeitamos ou que nos são caros? Sem dúvida, pode-se, assim, ter manifestações, mas quem poderia garantir-lhes a sinceridade? Os Espíritos levianos, mentirosos, espertos, e toda a multidão de Espíritos inferiores, muito pouco escrupulosos, vêm sempre e estão sempre prontos para responder ao que se lhes pergunta, sem se importarem com a verdade. Aquele, pois, que quer comunicações sérias, deve primeiro pedi-las seriamente, depois esclarecer-se sobre a natureza das ligações do médium com os seres do mundo espiritual; ora, a primeira condição para conciliar-se a benevolência dos bons Espíritos é a humildade, o devotamento, a abnegação, o mais absoluto desinteresse *moral e material.*

9. Ao lado da questão moral, apresenta-se uma consideração efetiva, não menos importante, que se prende à própria natureza da faculdade. A mediunidade séria não pode ser, e não será jamais, uma profissão, não somente porque seria desacreditada moralmente e logo comparada aos ledores de sorte, mas porque um obstáculo material a isso se opõe; é uma faculdade essencialmente móvel, fugidia e variável, com a permanência da qual ninguém pode contar. Seria, pois, para o explorador, um recurso sempre incerto, que poderia lhe faltar no momento em que lhe seria mais necessário. Outra coisa, é um talento adquirido pelo estudo e pelo trabalho, e que, por isso mesmo, é uma propriedade da qual, naturalmente, é permitido tirar partido. Mas a mediunidade não é nem uma arte, nem um talento, por isso, ela não pode se tornar uma profissão; não existe senão pelo concurso dos Espíritos; se esses Espíritos faltarem, não há mais mediunidade; a aptidão pode subsistir, mas o exercício está anulado; assim, não há um só médium no mundo que possa garantir a obtenção de um fenômeno espírita em dado instante. Explorar a mediunidade é, pois, dispor de uma coisa da qual não se é realmente senhor; afirmar o contrário é enganar aquele que paga; há mais, não é de *si mesmo* que se dispõe, são dos Espíritos, das almas dos mortos, cujo concurso é posto à venda; esse pensamento repugna instintivamente. Foi esse tráfico, degenerado em abuso, explorado pelo charlatanismo, a ignorância, a credulidade e a superstição, que motivou a proibição de Moisés. O Espiritismo moderno, compreendendo o lado sério da coisa, pelo descrédito que lançou sobre essa exploração, elevou a mediunidade à categoria de missão. (Ver *O Livro dos Médiuns,* cap. XXVIII, *O Céu e o Inferno,* cap. XI).

10. A mediunidade é uma coisa santa que deve ser praticada santamente, religiosamente. Se há um gênero de mediunidade que requer essa condição de forma ainda mais absoluta, é a mediunidade curadora. O médico dá o fruto dos seus estudos, que fez ao preço de sacrifícios, frequentemente penosos; o magnetizador dá o seu próprio fluido, frequentemente mesmo a sua saúde: eles podem a isso pôr um preço; o médium curador transmite o fluido salutar dos bons Espíritos; ele não tem o direito de vendê-lo. Jesus e os apóstolos, conquanto pobres, não faziam pagar as curas que operavam.

Todo aquele, pois, que não tem do que viver, procure os recursos em outra parte do que na mediunidade; que não consagre a ela, se preciso for, senão o tempo de que possa dispor materialmente. Os Espíritos lhe terão em conta o devotamento e seus sacrifícios, ao passo que se afastam daqueles que esperam fazer deles um meio para subir.

CAPÍTULO 27

PEDI E OBTEREIS

QUALIDADES DA PRECE – EFICÁCIA DA PRECE – AÇÃO DA PRECE. TRANSMISSÃO DO PENSAMENTO – PRECES INTELIGÍVEIS – DA PRECE PELOS MORTOS E PELOS ESPÍRITOS SOFREDORES.

INSTRUÇÕES DOS ESPÍRITOS:
MANEIRA DE ORAR. – ALEGRIA DA PRECE.

QUALIDADES DA PRECE

1. *Quando orardes, não vos assemelheis aos hipócritas, que se comprazem em orar em pé nas sinagogas e nas esquinas das ruas para serem vistos pelos homens. Em verdade, digo-vos, eles receberam sua recompensa. Mas quando quiserdes orar, entrai no vosso quarto e, estando fechada a porta, orai ao vosso Pai em segredo; e vosso Pai, que vê o que se passa em segredo, recompensar-vos-á.*

Não afeteis orar muito em vossas preces como fazem os gentios, que pensam ser pela multidão de palavras que serão atendidos. Não vos torneis, pois, semelhantes a eles, porque vosso Pai sabe do que necessitais antes de o pedirdes. (São Mateus, cap. VI, v. 5 a 8).

2. *Quando vos apresentardes para orar, se tiverdes alguma coisa contra alguém, perdoai-lhe, a fim de que vosso Pai, que está nos céus, perdoe também os vossos pecados. Se vós não perdoais, vosso Pai que está nos céus, não vos perdoará também os vossos pecados. (São Marcos, cap. XI, v. 25, 26).*

3. *Ele contou também esta parábola a alguns que confiavam em si mesmos como sendo justos e desprezando os outros.*

Dois homens subiram ao templo a fim de orar; um era fariseu, e o outro, publicano. O fariseu, estando em pé, orava assim consigo mesmo: Meu Deus, eu vos rendo graças porque não sou como os outros homens, que são ladrões, injustos e adúlteros, nem mesmo como esse publicano. Jejuo duas vezes por semana e dou o dízimo de tudo o que possuo.

O publicano, ao contrário, mantendo-se distante, não ousava sequer erguer os olhos ao céu; mas batia no peito dizendo: Meu Deus, tende piedade de mim que sou um pecador.

Eu vos declaro que este retornou, entre os seus, justificado, e não o outro; porque todo aquele que se eleva será humilhado, e todo aquele que se humilha, será exaltado. (São Lucas, cap. XVIII, v. 9 a 14).

4. As qualidades da prece estão claramente definidas por Jesus; quando orardes, diz ele, não vos coloqueis em evidência, mas orai secretamente; não afeteis de muito orar, porque não é pela multiplicidade das palavras que sereis atendidos, mas pela sua sinceridade; antes de orar, se tendes alguma coisa contra alguém, perdoai-lhe, porque a prece não será agradável a Deus, se não parte de um coração purificado de todo sentimento contrário à caridade; orai, enfim, com humildade como o publicano, e não com orgulho como o fariseu; examinai os vossos defeitos e não as vossas qualidades, e se vos comparardes aos outros, procurai o que há de mal em vós. (Cap. X nº 7 e 8).

EFICÁCIA DA PRECE

5. *O que quer que seja que pedirdes na prece, crede que o obtereis e vos será concedido. (São Marcos, cap. XI, v. 24).*

6. Há pessoas que contestam a eficácia da prece e se baseiam no princípio de que, conhecendo Deus nossas necessidades, é supérfluo expô-las. Acrescentam ainda que tudo se encadeando no Universo por leis eternas, nossos desejos não podem mudar os decretos de Deus.

Sem nenhuma dúvida, há leis naturais e imutáveis que Deus não pode derrogar, segundo o capricho de cada um; mas daí a acreditar que todas as circunstâncias da vida estão submetidas à fatalidade, a distância é grande. Se assim fora, o homem não seria senão um instrumento passivo, sem livre-arbítrio e sem iniciativa. Nessa hipótese, não teria senão que curvar a cabeça sob o golpe de todos os acontecimentos, sem procurar evitá-los; não deveria procurar desviar o raio. Deus não lhe deu o discernimento e a inteligência para deles não se servir, a vontade para não querer, a atividade para permanecer inativo. Estando o homem livre para agir, num sentido ou noutro, seus atos têm, para ele e para os outros, consequências subordinadas àquilo que faz ou deixa de fazer. Pela sua iniciativa há, pois, acontecimentos que escapam forçosamente à fatalidade e que não destroem a harmonia das leis universais, como o avanço ou o retardo da agulha de um pêndulo não destrói a lei do movimento sobre a qual está estabelecido o mecanismo. Deus pode, pois, aceder a certos pedidos, sem derrogar a imutabilidade das leis que regem o conjunto, ficando seu acesso sempre subordinado à sua vontade.

7. Seria ilógico concluir desta máxima: "o que quer que seja que pedirdes pela prece vos será concedido", que basta pedir para obter, e seria injusto acusar a Providência porque não cede a todo pedido que lhe é feito, pois ela sabe, melhor do que nós, o que é para o nosso bem. O mesmo ocorre com um pai sábio que recusa ao filho as coisas contrárias aos interesses deste. O homem, geralmente, não vê senão o presente; ora, o sofrimento é útil à sua felicidade futura. Deus o deixará sofrer, como o cirurgião deixa o doente sofrer uma operação, que deve conduzi-lo à cura.

O que Deus concederá, se se dirige a ele com confiança, é a coragem, a paciência e a resignação. O que concederá, ainda, são os meios de sair por si mesmo da dificuldade, com a ajuda das ideias que são sugeridas pelos bons Espíritos, deixando-lhes, assim, o mérito. Assiste àqueles que ajudam a si mesmos, segundo esta máxima: "Ajuda-te, que o céu te ajudará", e não àqueles que tudo esperam de um socorro estranho, sem fazer uso das próprias faculdades; mas, geralmente, prefere-se ser socorrido por um milagre, sem nada fazer. (Cap. XXV, nº 1 e seguintes).

8. Tomemos um exemplo. Um homem está perdido num deserto e sofre sede horrível; sente-se desfalecer e se deixa cair no chão. Roga, então, a Deus, para o assistir e espera; mas, nenhum anjo vem lhe trazer o que beber. Entretanto, um bom Espírito lhe *sugere* o pensamento de levantar-se, seguir uma das veredas que se apresentam à sua frente; então, por um movimento maquinal, reúne suas forças, levanta-se e caminha ao acaso. Chega a uma elevação e descobre, ao longe, um riacho; diante disso, encoraja-se. Se tem fé, exclamará: "Obrigado, meu Deus, pelo pensamento que me inspirastes, e pela força que me destes". Se não tem fé, dirá: "Que pensamento bom *eu tive!* Que *chance eu tive,* tomando a vereda da direita, ao invés da esquerda; o acaso, algumas vezes, serve-nos verdadeiramente bem! Quanto me felicito pela *minha coragem* e por não ter me deixado abater!"

Mas, dir-se-á, por que o bom Espírito não lhe disse claramente: "Siga esta vereda e, ao fim dela, encontrarás o de que necessitas?" Por que não se mostrou a ele para o guiar e sustentar no seu desfalecimento? Dessa maneira, ficaria convencido da intervenção da Providência. Foi, primeiro, para ensinar-lhe que é preciso ajudar a si mesmo e fazer uso das suas próprias forças.

Além disso, pela incerteza, Deus coloca à prova a sua confiança e submissão à sua vontade. Esse homem estava na situação de uma criança que cai e que, percebendo alguém, grita e espera que a venha levantar; se não vê ninguém, esforça-se e se levanta por si mesma.

Se o anjo que acompanhou Tobias lhe tivesse dito: "Eu sou enviado por Deus para guiar-te em tua viagem e preservar-te de todo perigo", Tobias não teria tido mérito algum; confiante no seu acompanhante, não teria mesmo necessidade de pensar; por isso, o anjo não se fez reconhecer senão no regresso.

AÇÃO DA PRECE. TRANSMISSÃO DO PENSAMENTO

9. A prece é uma invocação; por ela, um ser se coloca em comunicação mental com outro ser ao qual se dirige. Ela pode ter, por objeto, um pedido, um agradecimento ou uma glorificação. Pode-se orar por si mesmo ou por outrem, pelos vivos ou pelos mortos. As preces dirigidas a Deus são ouvidas pelos Espíritos encarregados da execução das suas vontades; aquelas que são dirigidas aos bons Espíritos são levadas a Deus. Quando se ora a outros seres, senão a Deus, é apenas na qualidade de intermediários, intercessores, porque nada se pode fazer sem a vontade de Deus.

10. O Espiritismo faz compreender a ação da prece, explicando o modo de transmissão do pensamento, seja quando o ser chamado vem ao nosso apelo, seja quando nosso pensamento o alcança. Para inteirar-se do que se passa nessa circunstância, é preciso mentalizar todos os seres, encarnados e desencarnados, mergulhados no fluido universal que ocupa o espaço, como o somos, neste mundo, na atmosfera. Esse fluido recebe um impulso da vontade; é o veículo do pensamento, como o ar é o veículo do som, com a diferença de que as vibrações do ar são circunscritas, enquanto que as do fluido universal se estendem ao infinito. Portanto, quando o pensamento é dirigido a um ser qualquer, sobre a Terra ou no espaço, de encarnado a desencarnado, ou de desencarnado a encarnado, estabelece-se uma corrente fluídica de um para o outro, transmitindo o pensamento, como o ar transmite o som.

A energia da corrente está em razão do vigor do pensamento e da vontade. Por isso, a prece é ouvida pelos Espíritos, em qualquer lugar em que eles se encontrem; os Espíritos se comunicam entre si, transmitem-nos suas inspirações, os intercâmbios se estabelecem à distância entre os encarnados.

Esta explicação é, sobretudo, para aqueles que não compreendem a utilidade da prece puramente mística e não tem por objetivo materializar a prece, mas tornar seu efeito inteligível, mostrando que pode ter uma ação direta e efetiva. Ela, por isso, não fica menos subordinada à vontade de Deus, juiz supremo em todas as coisas, único que pode tornar sua ação efetiva.

11. Pela prece, o homem chama para si o concurso dos bons Espíritos, que vêm sustentá-lo nas suas boas resoluções e inspirar-lhe bons pensamentos; adquire, assim, a força moral necessária para vencer as dificuldades e reentrar no caminho reto se dele se afastou, assim como afastar de si os males que atrai por sua própria falta. Um homem, por exemplo, vê a sua saúde arruinada pelos excessos que cometeu e arrasta, até o fim de seus dias, uma vida de sofrimentos; ele tem o direito de lamentar-se, se não obtém a cura? Não, porque poderia encontrar na prece a força para resistir às tentações.

12. Se se dividissem os males da vida em duas partes, uma daquelas que o homem não pode evitar, outra das tribulações, cuja causa primeira é ele mesmo, pela sua incúria e seus excessos (cap. V, nº 4), ver-se-ia que esta suplanta muito em número sobre a primeira. É, pois, evidente, que o homem é o autor da maioria das suas aflições, e que delas se pouparia se agisse sempre com sabedoria e prudência.

Não é menos certo que essas misérias são o resultado das nossas infrações às leis de Deus, e que se observássemos pontualmente essas leis, seríamos perfeitamente felizes. Se não ultrapassarmos o limite do necessário na satisfação das nossas necessidades, não teremos as doenças que são consequências dos excessos, e as vicissitudes que essas doenças ocasionam. Se colocarmos limite à nossa ambição, não temeremos a ruína. Se não quisermos subir mais alto do que podemos, não temeremos cair. Se formos humildes, não sofreremos as decepções do orgulho humilhado. Se praticarmos a lei da caridade, não seremos nem maldizentes, nem invejosos, nem ciumentos e evitaremos as querelas e as dissensões. Se não fizermos mal a ninguém, não temeremos as vinganças, etc.

Admitamos que o homem nada pudesse sobre os outros males; que toda prece seja supérflua para deles se preservar, já não seria muito estar livre de todos aqueles que provêm de si mesmo? Ora, aqui a ação da prece se concebe facilmente, porque ela tem por efeito evocar a inspiração salutar dos bons Espíritos, de pedir-lhes a força para resistir aos maus pensamentos, cuja execução pode nos ser funesta. Nesse caso, *não é o mal que afastam, mas, a nós mesmos, do pensamento que pode causar o mal; eles não entravam em nada os decretos de Deus, nem suspendem o curso das leis da Natureza, mas nos impedem de infringir essas leis, dirigindo nosso livre-arbítrio;* mas o fazem com o nosso desconhecimento, de maneira oculta, para não acorrentar a nossa vontade. O homem se encontra, então, na posição daquele que solicita bons conselhos e os coloca em prática, mas que está sempre livre de segui-los ou não. Deus quer que seja assim para que tenha a responsabilidade dos seus atos, e deixa-lhe o mérito da escolha entre o bem e o mal. Isso, o homem sempre pode obter se pede com fervor, e é ao que pode, sobretudo, aplicar-se estas palavras: "Pedi e obtereis."

A eficácia da prece, mesmo reduzida a essa proporção, não teria um resultado imenso? Estava reservado ao Espiritismo provar-nos sua ação pela revelação dos intercâmbios que existem entre o mundo corporal e o mundo espiritual. Mas a isso não se limitam seus efeitos.

A prece é recomendada por todos os Espíritos; renunciar à prece é desconhecer a bondade de Deus, é renunciar, para si mesmo, à sua assistência, e para os outros ao bem que se lhes pode fazer.

13. Acedendo ao pedido que lhe é dirigido, Deus, frequentemente, tem em vista recompensar a intenção, o devotamento e a fé àquele que ora, eis porque a prece do homem de bem é mais meritória aos olhos de Deus e sempre mais eficaz, porque o homem vicioso e mau não pode orar com o fervor e a confiança que só é dado pelo sentimento da verdadeira piedade. Do coração do egoísta, daquele que ora nos lábios, não podem sair senão *palavras,* mas não os impulsos da caridade que dão à prece todo o seu poder. Isso é tão compreensível, que, por um movimento instintivo, a pessoa se recomenda de preferência às preces daqueles nos quais se percebe que a conduta deve ser agradável a Deus, porque são mais ouvidos.

14. Se a prece exerce uma espécie de ação magnética, poder-se-ia crer que seu efeito está subordinado à força fluídica, mas não é assim. Uma vez que os Espíritos exercem essa ação sobre os homens, eles suprem, quando isso seja necessário, a insuficiência daquele que ora, seja agindo diretamente *em seu nome,* seja dando-lhe momentaneamente uma força excepcional, quando é julgado digno desse favor ou que a coisa possa ser útil.

O homem que não se crê bastante bom para exercer uma influência salutar, não deve se abster de orar por outro, pelo pensamento de que não é digno de ser ouvido. A consciência da sua inferioridade é uma prova de humildade sempre agradável a Deus, que leva em conta a intenção caridosa que o anima. Seu fervor e sua confiança em Deus são um primeiro passo para o retorno ao bem, no qual os Espíritos são felizes por encorajá-lo. A prece que é recusada é a do *orgulhoso que tem fé em seu poder e em seus méritos, e crê poder se substituir à vontade do Eterno.*

15. O poder da prece está no pensamento; ela não se prende nem às palavras, nem ao lugar, nem ao momento em que é feita. Pode-se, pois, orar em toda parte, a qualquer hora, sozinho ou em comum. A influência do lugar ou do tempo se prende às circunstâncias que podem favorecer o recolhimento. *A prece em comum tem uma ação mais poderosa, quando todos aqueles que oram se associam de coração a um mesmo pensamento e têm o mesmo objetivo,* porque é como se todos gritassem em conjunto e em uníssono; mas o que importa estarem reunidos em grande número, se cada um age isoladamente e por sua própria conta! Cem pessoas reunidas podem orar como egoístas, enquanto que duas ou três, unidas em comum aspiração, orarão como verdadeiros irmãos em Deus, e sua prece terá mais força que a das outras cem. (Cap. XXVIII, nºs 4 e 5).

PRECES INTELIGÍVEIS

16. *Se não entendo o que significam as palavras, eu serei bárbaro para aquele com quem falo, e aquele que me fala será para mim bárbaro.* Se oro numa língua que não entendo, *meu coração ora, mas minha inteligência está sem fruto. – Se não louvais a Deus senão de coração, como um homem, entre aqueles que não entendem senão a sua própria língua, responderá* amém, *ao final da vossa* *ação de graças,* uma vez que ele não entende o que dizeis? *Não é que vossa ação não seja boa,* mas, *os outros, dela não estão edificados. (São Paulo, 1ª Epístola aos Coríntios, cap. XIV, v. 11, 14, 16 e 17).*

17. A prece não tem valor senão pelo pensamento ao qual se liga; ora, é impossível ligar um pensamento ao que não se compreende, porque o que não se compreende, não toca o coração. Para a imensa maioria, as preces numa língua incompreendida não são senão conjunto de palavras que nada dizem ao espírito. Para que a prece toque, é preciso que cada palavra revele uma ideia, e se não é compreendida, não pode revelar nenhuma ideia. Repetem-na como uma simples fórmula que tem, mais ou menos, virtude segundo o número de vezes que é repetida; muitos oram por dever, alguns mesmo por hábito; por isso, creem-se quites, quando disseram uma prece, um número determinado de vezes, nesta ou naquela ordem. Deus lê no fundo dos corações, vê o pensamento e a sinceridade, e é rebaixá-lo crê-lo mais sensível à forma do que ao fundo. (Cap. XXVIII, nº 2).

DA PRECE PELOS MORTOS E PELOS ESPÍRITOS SOFREDORES

18. A prece é reclamada pelos Espíritos sofredores; ela lhes é útil, porque, vendo que pensam neles, sentem-se menos abandonados, menos infelizes. Mas a prece tem sobre eles uma ação mais direta: reergue-lhes a coragem, excita-lhes o desejo de se elevarem pelo arrependimento e pela reparação e pode desviá-los do pensamento do mal. É nesse sentido, que ela não só pode aliviar, mas abreviar seus sofrimentos. (Vede: *O Céu e o Inferno,* 2ª parte: Exemplos).

19. Certas pessoas não admitem a prece pelos mortos, porque, na sua crença, não há para a alma senão duas alternativas: ser salva ou condenada às penas eternas, e, num e noutro caso, a prece é inútil. Sem discutir o valor dessa crença, admitamos por um instante a realidade das penas eternas e irremissíveis, e que as nossas preces sejam impotentes para lhes pôr um termo. Perguntamos se, nessa hipótese, é lógico, caridoso e cristão, rejeitar a prece pelos condenados? Essas preces, por impotentes que sejam para os livrar, não são, para eles, um sinal de piedade que pode dulcificar seu sofrimento? Sobre a Terra, quando um homem é condenado perpetuamente, no caso mesmo que ele não tenha nenhuma esperança de obter graça, é proibido a uma pessoa caridosa ir sustentar suas correntes para aliviar-lhe o peso? Quando alguém está atacado de um mal incurável, porque não oferece nenhuma esperança de cura, é preciso abandoná-lo sem nenhum alívio? Imaginai que, entre os condenados, pode se encontrar uma pessoa que vos foi cara, um amigo, talvez um pai, uma mãe ou um filho, e porque, segundo vós, não poderá esperar sua graça, recusaríeis um copo de água para estancar-lhe a sede? Um bálsamo para secar-lhes as feridas? Não faríeis por ele, o que faríeis por um prisioneiro? Não lhe daríeis um testemunho de amor, uma consolação? Não, isso não seria cristão. Uma crença que resseca o coração não pode se aliar com a de um Deus que coloca, em primeiro lugar entre os deveres, o amor ao próximo.

A não eternidade das penas não implica a negação de uma penalidade temporária, porque Deus, na sua justiça, não pode confundir o bem e o mal. Ora, negar, nesse caso, a eficácia da prece, seria negar a eficácia da consolação, do encorajamento e dos bons conselhos. Seria negar a força, que se haure na assistência moral, daqueles que nos querem bem.

20. Outros se fundamentam numa razão mais especiosa: a imutabilidade dos decretos divinos. Deus, dizem eles, não pode mudar as suas decisões a pedido de suas criaturas; sem isso, nada seria estável no mundo. O homem, pois, nada tem a pedir a Deus, não tem senão que se submeter e adorá-lo.

Há, nessa ideia, uma falsa aplicação da imutabilidade da lei divina, ou melhor, ignorância da lei no que concerne à penalidade futura. Essa lei é revelada pelos Espíritos do Senhor, hoje que o homem está maduro para compreender o que, na fé, está conforme ou contrário aos atributos divinos.

Segundo o dogma da eternidade absoluta das penas, ao culpado não se tem em conta seus remorsos e seu arrependimento; para ele, todo desejo de melhorar-se é supérfluo e está condenado a permanecer perpetuamente no mal. Se está condenado por um tempo determinado, a pena cessará quando esse tempo tiver expirado; mas quem diz que, então, terá mudado para melhores sentimentos? Quem diz que, a exemplo de muitos condenados na Terra, na sua saída da prisão, não será tão mau quanto antes? No primeiro caso, seria manter na dor do castigo um homem que retornou ao bem; no segundo, agraciar aquele que permaneceu culpado. A lei de Deus é mais previdente que essa; sempre justa, equitativa e misericordiosa, não fixa nenhuma duração à pena, qualquer que seja; ela se resume assim:

21. "O homem suporta sempre a consequência das suas faltas; não há uma só infração à lei de Deus que não tenha punição.

A severidade do castigo é proporcional à gravidade da falta.

A duração do castigo, para qualquer falta, *é indeterminada e está subordinada ao arrependimento do culpado e seu retorno ao bem.* A pena dura tanto quanto a obstinação no mal e seria perpétua se a obstinação fosse perpétua, de curta duração se o arrependimento chega logo.

Desde que o culpado clame por misericórdia, Deus o ouve

e lhe envia a esperança. Mas o simples remorso do mal não basta, pois é preciso a reparação. Por isso, o culpado é submetido a novas provas, nas quais pode sempre, por sua vontade, fazer o bem em reparação ao mal que fez.

O homem é, assim, constantemente, o árbitro de sua própria sorte, podendo abreviar seu suplício ou prolongá-lo indefinidamente. Sua felicidade ou sua infelicidade dependem da sua vontade de fazer o bem."

Tal é a lei; lei *imutável* e conforme a bondade e a justiça de Deus.

O Espírito culpado e infeliz pode, assim, sempre salvar-se a si mesmo: a lei de Deus lhe diz em que condições pode fazê-lo. Frequentemente, o que lhe falta é a vontade, a força, a coragem; se, por nossas preces, nós lhe inspiramos essa vontade, se o sustentamos e encorajamos; se, por nossos conselhos, nós lhe damos as luzes que lhe faltam, *ao invés de solicitar a Deus a derrogação da sua lei, tornamos-nos instrumentos para a execução da sua lei de amor e de caridade,* na qual ele nos permite, assim, participar, dando, nós mesmos, uma prova de caridade. (Vede, *O Céu e o Inferno,* 1ª parte, cap. IV, VII, VIII).

INSTRUÇÕES DOS ESPÍRITOS

MANEIRA DE ORAR

V. MONOD. BORDÉUS, 1862.

22. O primeiro dever de toda criatura humana, o primeiro ato que deve lhe assinalar o retorno à vida ativa de cada dia, é a prece. Quase todos vós orais, mas quão poucos sabem orar! Que importa ao Senhor as frases que ligais, maquinalmente, umas às outras, porque disso tendes hábito; é um dever que vos impondes e, como todo dever, pesa-vos.

A prece do cristão, do *Espírita,* de qualquer culto que seja, deve ser feita desde que o Espírito retomou o jugo da carne. Deve se elevar aos pés da majestade divina com humildade, com profundidade, num arrebatamento de gratidão por todos os benefícios concedidos até esse dia: pela noite que se escoou e durante a qual vos foi permitido, embora inconscientemente, retornar junto de vossos amigos, de vossos guias, para haurir, ao seu contato, mais força e perseverança. Ela deve se elevar humilde aos pés do Senhor, para recomendar-lhe vossa fraqueza, pedir seu apoio, sua indulgência, sua misericórdia. Deve ser profunda, porque é vossa alma quem deve se elevar até o Criador, que deve se transfigurar como Jesus no Tabor, e tornar-se alva e irradiante de esperança e de amor.

Vossa prece deve encerrar o pedido das graças de que tendes necessidade, mas uma necessidade real. Inútil, pois, pedir ao Senhor, abreviar as vossas provas, dar-vos as alegrias e a riqueza; pedi-lhe para conceder-vos os bens mais preciosos da paciência, da resignação e da fé. Não digais, como ocorre a muitos entre vós: "Não vale a pena orar, uma vez que Deus não me atende." Que pedis a Deus na maioria das vezes? Frequentemente, pensastes em pedir-lhe o vosso melhoramento moral? Oh! não, muito pouco; mas imaginais antes pedir-lhe *o sucesso nos vossos empreendimentos terrestres,* e exclamastes: "Deus não se ocupa conosco; se disso se ocupasse, não haveria tantas injustiças". Insensatos! Ingratos! Se descêsseis ao fundo da vossa consciência, encontraríeis, quase sempre, em vós mesmos, o ponto de partida dos males dos quais vos lamentais. Pedi, pois, antes de todas as coisas, o vosso progresso e vereis que torrente de graças e de consolações se derramará sobre vós. (Cap. V, nº 4).

Deveis orar sem cessar, sem para isso vos recolherdes em

vosso aposento, ou ajoelhar nas praças públicas. A prece diária é o cumprimento dos vossos deveres, dos vossos deveres sem exceção, de qualquer natureza que eles sejam. Não é um ato de amor ao vosso Senhor, assistir vossos irmãos numa necessidade qualquer, moral ou física? Não é fazer um ato de reconhecimento, elevar vosso pensamento até ele, quando uma alegria vos chega, um acidente é evitado, mesmo quando uma contrariedade só vos aflora, se dizeis pelo pensamento: *Sede bendito, meu Pai!* Não é um ato de contrição vos humilhar diante do juiz supremo, quando sentis que falhastes, não fosse senão por um pensamento fugidio, e dizer:-lhe *Perdoai-me, meu Deus, porque eu pequei (por orgulho, por egoísmo, ou por falta de caridade); dai-me a força de não mais falhar e a coragem de reparar?*

Isso é independente das preces regulares da manhã e da tarde, e dos dias consagrados; mas, como vedes, a prece pode ser de todos os instantes, sem ocasionar nenhuma interrupção aos vossos trabalhos; ao contrário, elas os santificam. E crede bem que um só desses pensamentos, partindo do coração, é mais ouvido por vosso Pai celestial que as longas preces ditadas pelo hábito, frequentemente, sem causa determinada, e às quais *a hora convencionada vos lembra maquinalmente.*

ALEGRIA DA PRECE

SANTO AGOSTINHO, PARIS, 1861.

23. Vinde, vós que quereis crer: os Espíritos celestes acorrem e vêm vos anunciar grandes coisas. Deus, meus filhos, abre seus tesouros para dar-vos todos os seus benefícios. Homens incrédulos! Se soubésseis quanto a fé faz bem ao coração e leva a alma ao arrependimento e à prece! A prece! Ah! Como são tocantes as palavras que saem da boca que ora! A prece é um orvalho divino que destrói o maior calor das paixões; filha primogênita da fé, ela nos conduz ao caminho que leva a Deus. No recolhimento e na solidão, estais com Deus; para vós, não há mais mistérios, eles se vos revelam. Apóstolos do pensamento, para vós é a vida; vossa alma se desliga da matéria e rola nesses mundos infinitos e etéreos que os pobres humanos desconhecem.

Marchai, marchai nos caminhos da prece e ouvireis a voz dos anjos. Que harmonia! Não mais os ruídos confusos e a entonação aguda da Terra; são as liras dos arcanjos, a voz doce e suave dos serafins, mais leves que as brisas da manhã, quando brincam nas folhagens dos vossos grandes bosques. Em que delícias caminhareis! Vossa linguagem não poderá definir essa felicidade, tanto entrará por todos os poros, tanto a fonte na qual bebe, orando, é viva e refrescante! Doces vozes, embriagadores perfumes que a alma ouve e saboreia quando se lança a essas esferas desconhecidas e habitadas pela prece! Sem mistura de desejos carnais, todas as aspirações são divinas. E vós também, orai com o Cristo, levando sua cruz do Gólgota ao Calvário; levai a vossa cruz e sentireis as doces emoções que passavam em sua alma, embora carregado de um madeiro infamante; ele ia morrer, mas para viver a vida celestial na morada de seu Pai.

CAPÍTULO 28

COLETÂNEA DE PRECES ESPÍRITAS

PREÂMBULO

1. Os Espíritos sempre disseram: "A forma não é nada, o pensamento é tudo. Orai, cada um, segundo as vossas convicções e o modo que mais vos toca; um bom pensamento vale mais que numerosas palavras estranhas ao coração."

Os Espíritos não prescrevem nenhuma fórmula absoluta de preces; quando as dão é para fixar as ideias e, sobretudo, para chamar a atenção sobre certos princípios da Doutrina Espírita. É também com o objetivo de ajudar as pessoas que têm dificuldades para expressar suas ideias, porque existem as que não creem ter realmente orado, se seus pensamentos não foram formulados.

A coletânea de preces contidas neste capítulo é uma escolha feita entre as que foram ditadas pelos Espíritos em diversas circunstâncias; eles ditaram outras e em outros termos, apropriadas a certas ideias ou a casos especiais, mas pouco importa a forma, se o pensamento fundamental é o mesmo. O objetivo da prece é elevar nossa alma a Deus; a diversidade das fórmulas não deve estabelecer nenhuma diferença entre aqueles que nele creem e ainda menos entre os adeptos do Espiritismo, porque Deus as aceita todas quando são sinceras.

Não é preciso, pois, considerar esta coletânea como um formulário absoluto, mas como uma variedade entre as instruções que dão os Espíritos. É uma aplicação dos princípios da moral evangélica, desenvolvidos neste livro, um complemento aos seus ditados sobre os deveres para com Deus e o próximo, onde são lembrados todos os princípios da Doutrina.

O Espiritismo reconhece como boas as preces de todos os cultos, quando são ditadas pelo coração, e não pelos lábios; não impõe nenhuma delas, nem censura nenhuma. Deus é muito grande, segundo ele, para rejeitar a voz que lhe implora ou que canta seus louvores, porque a faz de um modo antes que de outro. *Todo aquele que lançasse anátema contra as preces que não estão no seu formulário, provaria que desconhece a grandeza de Deus.* Crer que Deus se prende a uma fórmula é emprestar-lhe a pequenez e as paixões da humanidade.

Uma condição essencial da prece, segundo São Paulo (cap. XXVII, nº 16), é de ser inteligível, a fim de que possa falar ao nosso espírito; por isso, não basta que ela seja dita numa língua compreendida daquele que ora; há preces em linguagem vulgar que não dizem muito mais ao pensamento do que se fossem em linguagem estrangeira, e que, por isso mesmo, não vão ao coração; as raras ideias que elas encerram são, frequentemente, sufocadas pela superabundância de palavras e o misticismo da linguagem.

A principal qualidade da prece é ser clara, simples e concisa, sem fraseologia inútil, nem luxo de epítetos que não são senão enfeites de brilho falso. Cada palavra deve ter a sua importância, revelar uma ideia, movimentar uma fibra: numa palavra, *deve fazer refletir;* só com essa condição, a prece pode alcançar o seu objetivo, de outro modo, *não é senão ruído.* Vede também com que ar de distração e volubilidade elas são ditas na maioria das vezes; veem-se lábios que se movimentam, mas, pela expressão da fisionomia e mesmo o som da voz, reconhece-se um ato maquinal, puramente exterior, ao qual a alma permanece indiferente.

As preces reunidas nesta coletânea estão divididas em cinco categorias: preces gerais, preces para si mesmo, preces pelos vivos, preces pelos mortos e preces especiais para os doentes e os obsidiados.

Com a finalidade de chamar mais particularmente a atenção sobre o objeto de cada prece, e melhor fazer compreender a sua importância, elas são todas precedidas de uma instrução preliminar, espécie de exposição de motivos, sob o título de *prefácio.*

I - PRECES GERAIS

ORAÇÃO DOMINICAL

2. *PREFÁCIO.* Os Espíritos recomendaram colocar a *Oração Dominical* à frente desta coletânea, não somente como prece, mas como símbolo de todas as preces, é a que colocam em primeiro plano, seja porque ela veio do próprio Jesus (São Mateus, cap. VI, v. de 9 a 13), seja porque pode substituir a todas, segundo o pensamento que se lhes fixa; é o mais perfeito modelo de concisão, verdadeira obra-prima de sublimidade na sua simplicidade. Com efeito, sob a mais restrita forma, resume todos os deveres do homem para com Deus, para consigo mesmo e para com o próximo, encerra uma profissão de fé, um ato de adoração e de submissão, o pedido das coisas necessárias à vida, e o princípio da caridade. Dizê-la em intenção de alguém, é pedir para ele o que se pediria para si.

Entretanto, em razão mesmo da sua brevidade, o sentimento profundo encerrado em algumas palavras das quais ela se compõe, escapa à maioria; por isso é dita, geralmente, sem dirigir o pensamento sobre as aplicações de cada uma das suas partes; é dita como uma fórmula, cuja eficácia é proporcional ao número de vezes que é repetida; ora, é quase sempre um dos números cabalísticos *três, sete* ou *nove,* tirados da antiga crença supersticiosa da virtude dos números, e em uso nas operações da magia.

Para completar o vago que a concisão dessa prece deixa no pensamento, segundo o conselho e com a assistência dos bons Espíritos, foi juntado a cada proposição um comentário que lhes desenvolve o sentido e mostra suas aplicações. Segundo as circunstâncias e o tempo disponível, pode-se dizer, pois, a Oração dominical *simples* ou *desenvolvida.*

3. *PRECE. – I. Pai Nosso que estais nos céus, santificado seja o vosso nome!*

Cremos em vós, Senhor, porque tudo revela o vosso poder e a vossa bondade. A harmonia do Universo testemunha uma sabedoria, uma prudência e uma previdência que suplantam todas as faculdades humanas; o nome de um ser soberanamente grande e sábio está inscrito em todas as obras da Criação, desde o ramo de erva e no menor inseto, até os astros que se movem no espaço; por toda parte, vemos a prova de uma solicitude paternal; por isso, cego é aquele que não vos reconhece em vossas obras, orgulhoso aquele que não vos glorifica e ingrato aquele que não vos rende ações de graça.

II. Venha o vosso reino!

Senhor, destes aos homens leis cheias de sabedoria e que fariam a sua felicidade se as observassem. Com essas leis, fariam reinar entre eles a paz e a justiça; se ajudariam mutuamente, em lugar de se prejudicarem como o fazem; o forte sustentaria o fraco em lugar de esmagá-lo; evitariam os males que engendram os abusos e os excessos de todos os gêneros. Todas as misérias deste mundo vêm da violação de vossas leis, porque não há uma só infração que não tenha consequências fatais.

Destes ao animal o instinto que lhe traça o limite do necessário, e ele com isso maquinalmente se conforma; mas ao homem, além desse instinto, destes a inteligência e a razão; destes também a liberdade de observar ou infringir aquelas de vossas leis que lhe concernem pessoalmente, quer dizer, de escolher entre o bem e o mal, a fim de que tenha o mérito e a responsabilidade das suas ações.

Ninguém pode pretextar ignorância de vossas leis, porque em vossa previdência paternal, quisestes que elas fossem gravadas na consciência de cada um, sem distinção de culto nem de nações; aqueles que as violam é porque vos desconhecem.

Dia virá em que, segundo a vossa promessa, todos as praticarão; então, a incredulidade terá desaparecido; todos vos reconhecerão por soberano Senhor de todas as coisas, e o reino de vossas leis será o vosso reino na Terra.

Dignai-vos, Senhor, apressar o seu advento, dando aos homens a luz necessária para conduzi-los ao caminho da verdade.

III. Seja feita a vossa vontade, na Terra, como no céu!

Se a submissão é um dever do filho com relação ao pai, do inferior para com o superior, quanto não deve ser maior a da criatura com relação ao seu Criador. Fazer a vossa vontade, Senhor, é observar as vossas leis e submeter, sem murmurar, aos vossos decretos divinos; o homem a isso se submeterá, quando compreender que sois a fonte de toda a sabedoria, e que sem vós, ele nada pode; então, fará vossa vontade na Terra, como os eleitos no céu.

IV. Dai-nos o pão de cada dia.

Dai-nos o alimento para a manutenção das forças do corpo;

dai-nos também o alimento espiritual para o desenvolvimento do nosso Espírito.

O animal encontra seu alimento, mas o homem o deve à sua própria atividade e aos recursos da sua inteligência, porque o criastes livre.

Vós lhe dissestes: "Tirarás teu alimento da terra com o suor da tua fronte"; com isso, lhe fizestes do trabalho uma obrigação, a fim de que ele exercite a sua inteligência na procura dos meios de prover as suas necessidades e seu bem-estar, uns pelo trabalho material, outros pelo trabalho intelectual; sem o trabalho, permaneceria estacionário e não poderia aspirar à felicidade dos Espíritos superiores.

Secundais o homem de boa vontade que se confia a vós para o necessário, mas não aquele que se compraz na ociosidade e gostaria de tudo obter sem trabalho, nem aquele que procura o supérfluo. (Cap. XXV).

Quantos são os que sucumbem por suas próprias faltas, por sua incúria, sua imprevidência ou sua ambição, e por não quererem se contentar com o que lhes destes! Estes são os artífices de seu próprio infortúnio e não têm o direito de se lamentar, porque são punidos naquilo em que pecaram. Mas a estes mesmos, não abandonais, porque sois infinitamente misericordioso; vós lhes estendeis mão segura desde que, como o filho pródigo, retornem sinceramente a vós. (Cap. V, nº 4).

Antes de nos lamentarmos da nossa sorte, perguntemo-nos se ela não é obra nossa; a cada infelicidade que nos chegue, perguntemo-nos se não dependeu de nós evitá-la; mas digamos também que Deus nos deu a inteligência para tirar-nos do lamaçal, e que depende de nós dela fazer uso.

Uma vez que a lei do trabalho é a condição do homem na Terra, dai-nos a coragem e a força para cumpri-la; dai-nos também a prudência, a previdência e a moderação, a fim de não lhe perder o fruto.

Dai-nos, pois, Senhor, nosso pão de cada dia, quer dizer, os meios de adquirir, pelo trabalho, as coisas necessárias à vida, porque ninguém tem o direito de reclamar o supérfluo.

Se o trabalho nos é impossível, confiamos-nos à vossa divina providência.

Se está em vossos desígnios experimentar-nos pelas mais duras privações, malgrado os nossos esforços, nós as aceitaremos como uma justa expiação de faltas que tenhamos cometido nesta vida ou numa vida precedente, porque sois justo; sabemos que não há penas imerecidas e que não punis jamais sem causa.

Preservai-nos, ó meu Deus, de conceber a inveja contra aqueles que possuem o que não temos, nem mesmo contra aqueles que têm o supérfluo, quando nos falta o necessário. Perdoai-lhes, se olvidam a lei de caridade e de amor ao próximo, que lhes ensinastes. (Cap. XVI, nº 8).

Afastai também, do nosso espírito, o pensamento de negar a vossa justiça, vendo a prosperidade do mau e a infelicidade que oprime, por vezes, o homem de bem. Sabemos, agora, graças às novas luzes que vos aprouve dar-nos, que a vossa justiça se cumpre sempre e não falta a ninguém; que a prosperidade material do mau é efêmera como a sua existência corporal, e que terá terríveis reveses, ao passo que a alegria reservada àquele que sofre com resignação será eterna. (Cap. V, nºs 7, 9, 12, 18).

V. Perdoai as nossas dívidas como nós as perdoamos àqueles que nos devem. Perdoai as nossas ofensas como perdoamos àqueles que nos ofenderam.

Cada uma das nossas infrações às vossas leis, Senhor, é uma ofensa para convosco, e uma dívida contraída que nos será preciso, cedo ou tarde, pagar. Para elas, solicitamos o perdão de vossa infinita misericórdia, sob a promessa de fazer esforços para não contrair dívidas novas.

Fizestes uma lei expressa da caridade; mas a caridade não consiste somente em assistir o semelhante na necessidade; consiste também no esquecimento e no perdão das ofensas. Com que direito reclamaríamos a vossa indulgência, se nós mesmos faltamos com ela em relação àqueles dos quais temos do que nos queixar?

Dai-nos, ó meu Deus, a força para sufocar, em nossa alma, todo ressentimento, todo ódio e todo rancor; *fazei com que a morte não nos surpreenda com um desejo de vingança no coração.* Se vos apraz retirar-nos hoje mesmo deste mundo, fazei com que possamos nos apresentar, a vós, puros de toda animosidade, a exemplo do Cristo, cujas últimas palavras foram por seus algozes. (Cap. X).

As perseguições que os maus nos fazem suportar, fazem parte das nossas provas terrestres; devemos aceitá-las sem murmurar como todas as outras provas, e não maldizer aqueles que, por sua maldade, abrem-nos o caminho da felicidade eterna, porque dissestes pela boca de Jesus: "Bem-aventurados aqueles que sofrem pela justiça!" Bendigamos, pois, a mão que nos fere e nos humilha, porque as contusões do corpo fortalecem nossa alma, e seremos levantados da nossa humildade. (Cap. XII, nº 4).

Bendito seja o vosso nome, Senhor, por nos haverdes ensinado que a nossa sorte não está irremediavelmente fixada depois da morte; que encontraremos, em outras existências, os meios de resgatar e de reparar as nossas faltas passadas, de cumprir numa nova vida, o que não pudemos fazer nesta por nosso adiantamento. (Cap. IV; cap. V, nº5).

Assim se explicam, enfim, todas as anomalias aparentes da vida; é a luz lançada sobre nosso passado e nosso futuro, o sinal radioso da vossa soberana justiça e da vossa bondade infinita.

VI. Não nos abandoneis à tentação, mas livrai-nos do mal (1).

Dai-nos, Senhor, a força de resistir às sugestões dos maus Espíritos que tentarem desviar-nos do caminho do bem, em nos inspirando maus pensamentos.

Mas somos, nós mesmos, Espíritos imperfeitos, encarnados sobre esta Terra para expiar e nos melhorarmos. A causa primeira do mal está em nós, e os maus Espíritos não fazem senão aproveitar nossas tendências viciosas, nas quais nos mantêm, para tentar-nos.

Cada imperfeição é uma porta aberta à sua influência, ao passo que nada podem, e renunciam a toda tentativa, contra os seres perfeitos. Tudo o que poderíamos fazer para os afastar é inútil se não lhes opusermos uma vontade inabalável no bem e uma renúncia absoluta ao mal. É, pois, contra nós mesmos que é preciso dirigir os nossos esforços, e, então, os maus Espíritos se afastarão naturalmente, porque é o mal que os atrai, enquanto que o bem os repele. (Ver adiante, *Preces pelos obsidiados*).

Senhor, sustentai-nos em nossa fraqueza; inspirai-nos, pela voz dos nossos anjos guardiães e dos Bons Espíritos, a vontade de corrigir-nos em nossas imperfeições, a fim de fechar, aos Espíritos impuros, o acesso à nossa alma. (Ver adiante nº 11).

O mal não é vossa obra, Senhor, porque a fonte de todo bem não pode nada engendrar de mau; nós mesmos o criamos, infringindo as vossas leis e pelo mau uso que fazemos da liberdade que nos concedestes. Quando os homens observarem vossas leis,

---

(1) Certas traduções trazem: **Não nos induzais em tentação** (et ne nos inducas in tentationem); essa expressão daria a entender que a tentação vem de Deus; que ele compele voluntariamente os homens ao mal, pensamento blasfematório que assemelharia Deus a Satã, e não pode ter sido o de Jesus. Ela está, de resto, conforme a doutrina vulgar sobre o papel dos demônios. (Ver **O Céu e o Inferno,** cap. X, os Demônios).

o mal desaparecerá da Terra, como já desapareceu dos mundos mais avançados.

O mal não é uma necessidade fatal para ninguém e não parece irresistível senão àqueles que a ele se abandonam com satisfação. Se temos a vontade de fazê-lo, podemos ter também a de fazer o bem; por isso, ó meu Deus, pedimos a vossa assistência e a dos bons Espíritos para resistirmos à tentação.

VII. Assim seja.

Praza a vós, Senhor, que os nossos desejos se cumpram! Mas nos inclinamos diante da vossa sabedoria infinita. Sobre todas as coisas que não nos é dado compreender, que seja feito segundo a vossa santa vontade,e não segundo a nossa, porque não quereis senão o nosso bem e sabeis melhor do que nós o que nos é útil.

Nós vos dirigimos esta prece, meu Deus, por nós mesmos; nós vo-la dirigimos também por todas as almas sofredoras, encarnadas ou desencarnadas, por nossos amigos e nossos inimigos, por todos aqueles que reclamam a nossa assistência, e em particular por N...

Pedimos, para todos, a vossa misericórdia e a vossa bênção.

Nota: Pode-se formular aqui o que se agradece a Deus e o que se pede para si mesmo ou para outrem. (Ver adiante, as preces nºs 26 e 27).

REUNIÕES ESPÍRITAS

4. *Em qualquer lugar em que se encontrem duas ou três pessoas reunidas em meu nome, aí eu estarei no meio delas. (São Mateus, cap. XVIII, v. 20).*

5. PREFÁCIO. Estar reunidos em nome de Jesus não quer

dizer que basta estar reunidos materialmente, mas de o estar espiritualmente, pela comunhão de intenções e de pensamentos para o bem; então, Jesus se encontra no meio da assembleia, ele ou os Espíritos puros que o representam. O Espiritismo nos faz compreender como os Espíritos podem estar entre nós. Eles aí estão com o seu corpo fluídico ou espiritual e com a aparência que no-los faria conhecer se se tornassem visíveis. Quanto mais são elevados na hierarquia, maior é o seu poder de irradiação; é assim que possuem o dom da ubiquidade e podem se achar sobre vários pontos simultaneamente: basta-lhes para isso um raio do seu pensamento.

Por essas palavras, Jesus quis mostrar o efeito da união e da fraternidade; não é o maior ou o menor número que o atrai, uma vez que, em lugar de duas ou três pessoas, ele poderia ter dito dez ou vinte, mas o sentimento de caridade que as anime, umas em relação às outras; ora, para isso bastam duas. Mas se essas duas pessoas oram cada uma do seu lado, se bem que se dirijam a Jesus, não há entre elas comunhão de pensamentos, se, sobretudo, não estão movidas por um sentimento de benevolência mútua; se elas mesmas se veem mal, com ódio, inveja ou ciúme, as correntes fluídicas dos seus pensamentos se repelem, em lugar de se unirem por um comum impulso de simpatia, e então *elas não estão reunidas em nome de Jesus;* Jesus não é senão *o pretexto* da reunião, e não o verdadeiro motivo. (Cap. XXVII, nº 9).

Isso não implica que esteja surdo à voz de uma pessoa só; se ele nos disse: "Eu virei para todo aquele que me chamar", é porque exige, antes de tudo, o amor ao próximo, do qual se pode dar mais provas, quando se está acompanhado do que no isolamento, e porque todo sentimento pessoal o afasta; segue-se que se, numa assembleia numerosa, duas ou três pessoas somente se unam de coração pelo sentimento de uma verdadeira caridade, enquanto que as outras se isolam e se concentram nas ideias egoísticas ou mundanas, ele estará com as primeiras e não com as outras. Não é, pois, a simultaneidade das palavras, dos cânticos ou dos atos exteriores que constituem a reunião em nome de Jesus, mas a comunhão de pensamentos, conforme o espírito de caridade personificado em Jesus. (Cap. X, n°s 7, 8; cap. XXVII, n°s 2, 3 e 4).

Tal deve ser o caráter das reuniões espíritas sérias, daquelas em que se quer sinceramente o concurso dos bons Espíritos.

6. PRECE. (No início da reunião). Rogamos ao Senhor Deus Todo-Poderoso enviar-nos bons Espíritos para assistir-nos, afastar aqueles que poderiam nos induzir em erro, e nos conceder a luz necessária para distinguirmos a verdade da impostura.

Afastai também os Espíritos malévolos, encarnados ou desencarnados, que poderiam tentar lançar a desunião entre nós e nos desviar da caridade e do amor ao próximo. Se alguns procurarem se introduzir aqui, fazei com que não encontrem acesso no coração de nenhum de nós.

Bons Espíritos, que vos dignai vir nos instruir, tornai-nos dóceis aos vossos conselhos; afastai-nos de todo pensamento de egoísmo, de orgulho, de inveja e de ciúme; inspirai-nos a indulgência e a benevolência para com os nossos semelhantes, presentes ou ausentes, amigos ou inimigos; fazei, enfim, que nos sentimentos dos quais estaremos animados, reconheçamos a vossa salutar influência.

Dai aos médiuns, que encarregardes de nos transmitir os vossos ensinamentos, a consciência da santidade do mandato que lhes está confiado e da gravidade do ato que vão realizar, a fim de que nele empreguem o fervor e o recolhimento necessários.

Se, na assembleia, encontrarem-se pessoas que foram atraídas por outros sentimentos que não os do bem, abri seus olhos à luz e perdoai-lhes, como nós lhes perdoamos, se vieram com intenções malévolas.

Rogamos notadamente ao Espírito de N..., nosso guia espiritual, para assistir-nos e velar sobre nós.

7. (No final da reunião). – Agradecemos aos bons Espíritos que quiseram vir se comunicar conosco; nós lhes rogamos ajudar-nos a pôr em prática as instruções que nos deram e fazer com que, saindo daqui, cada um de nós se sinta fortalecido na prática do bem e do amor ao próximo.

Desejamos, igualmente, que essas instruções sejam proveitosas para os Espíritos sofredores, ignorantes ou viciosos que puderam assistir a esta reunião, e para os quais pedimos a misericórdia de Deus.

PELOS MÉDIUNS

8. *Nos últimos tempos, disse o Senhor, derramarei do meu Espírito sobre toda carne; vossos filhos e vossas filhas profetizarão, vossos jovens terão visões, e vossos velhos, sonhos. Naqueles dias, derramarei de meu Espírito sobre meus servos e sobre minhas servas, e eles profetizarão. (Atos, cap. II, v. 17 e 18).*

9. PREFÁCIO. O Senhor quis que a luz se fizesse para todos os homens e penetrasse por toda parte pela voz dos Espíritos, a fim de que cada um pudesse obter a prova da imortalidade; é com essa finalidade que os Espíritos se manifestam hoje sobre todos os pontos da Terra, e a mediunidade que se revela nas pessoas de todas as idades e de todas as condições, entre os homens e entre as mulheres, entre as crianças e entre os velhos, é um dos sinais do cumprimento dos tempos preditos.

Para conhecer as coisas do mundo visível e descobrir os

segredos da natureza material, Deus deu ao homem a visão do corpo, os sentidos e instrumentos especiais; com o telescópio, ele mergulha seus olhares nas profundezas do espaço; e com o microscópio, descobriu o mundo dos infinitamente pequenos. Para penetrar no mundo invisível lhe deu a mediunidade.

Os médiuns são os intérpretes encarregados de transmitir aos homens os ensinamentos dos Espíritos; ou melhor, *são os órgãos materiais pelos quais se exprimem os Espíritos para se tornarem inteligíveis aos homens.* Sua missão é santa, porque tem por finalidade abrir os horizontes da vida eterna.

Os Espíritos vêm instruir o homem sobre a sua destinação futura, a fim de conduzi-lo no caminho do bem e não para lhe poupar o trabalho material, que deve realizar neste mundo para seu adiantamento, nem para favorecer a sua ambição e sua cupidez. Eis do que os médiuns devem se compenetrar bem, para não fazerem mau uso de suas faculdades. Aquele que compreende a gravidade do mandato de que está investido, cumpre-o religiosamente; sua consciência lhe reprovaria, como um ato sacrílego, fazer um divertimento e uma distração, *para si ou para os outros,* de uma faculdade dada com objetivo tão sério, e que o coloca em intercâmbio com os seres do além-túmulo.

Como intérpretes do ensinamento dos Espíritos, os médiuns devem desempenhar um papel importante na transformação moral que se opera; os serviços que podem prestar, estão em razão da boa direção que deem à sua faculdade, porque os que estão num mau caminho são mais nocivos do que úteis à causa do Espiritismo; pelas más impressões que produzem, retardam mais de uma conversão. Por isso, lhes serão pedidas contas do uso que terão feito de uma faculdade, que lhes foi dada para o bem de seus semelhantes.

O médium que quer conservar a assistência dos bons Espíritos deve trabalhar pelo próprio adiantamento; o que quer ver crescer e desenvolver a sua faculdade deve, ele próprio, crescer moralmente e abster-se de tudo o que possa desviá-lo de seu objetivo providencial.

Se os bons Espíritos se servem, por vezes, de instrumentos imperfeitos, é para dar bons conselhos e diligenciar em conduzi-los ao bem; mas se encontram corações endurecidos e se seus avisos não são escutados, eles se retiram, e os maus têm, então, o campo livre. (Cap. XXIV, nºs 11 e 12).

A experiência prova que, entre aqueles que não sabem aproveitar os conselhos que recebem dos bons Espíritos, as comunicações, após terem brilhado durante certo tempo, degeneram, pouco a pouco, e acabam por cair no erro, na verbosidade ou no ridículo, sinal incontestável do afastamento dos bons Espíritos.

Obter a assistência dos bons Espíritos, afastar os Espíritos levianos e mentirosos, tal deve ser o objetivo dos esforços constantes de todos os médiuns sérios; sem isso, a mediunidade é uma faculdade estéril, que pode mesmo reverter em prejuízo daquele que a possui, porque pode degenerar em obsessão perigosa.

O médium que compreende seu dever, em lugar de se envaidecer de uma faculdade que não lhe pertence, uma vez que pode lhe ser tirada, atribui a Deus as coisas boas que obtém. Se suas comunicações merecem elogios, disso não se envaidece, porque sabe que elas são independentes do seu mérito pessoal e agradece a Deus por haver permitido que bons Espíritos viessem se manifestar por ele. Se dão lugar à crítica, não se ofende com isso, porque não são obra do seu próprio Espírito; diz a si mesmo que não foi um bom instrumento e que não possui todas as qualidades necessárias para opor-se à ingerência dos maus Espíritos; por isso, procura adquirir essas qualidades e pede, pela prece, a força que lhe falta.

10. PRECE. – Deus Todo-Poderoso, permiti aos bons Espíritos me assistirem na comunicação que solicito. Preservai-me da presunção de crer-me ao abrigo dos maus Espíritos; do orgulho que poderia me enganar sobre o valor do que obtenho; de todo sentimento contrário à caridade, com respeito aos outros médiuns. Se estou induzido ao erro, inspirai a alguém o pensamento de advertir-me, e a mim a humildade que me fará aceitar a crítica com reconhecimento e tomar para mim mesmo, e não para os outros, os conselhos que quererão me ditar os bons Espíritos.

Se estou tentado em abusar do que quer que seja ou de envaidecer-me da faculdade que vos aprouve me conceder, eu vos peço ma retirar, antes de permitir que seja desviada de seu fim providencial, que é o bem de todos, e meu próprio adiantamento moral.

II - PRECES PARA SI MESMO

AOS ANJOS GUARDIÃES E AOS ESPÍRITOS PROTETORES

11. PREFÁCIO. Todos temos um bom Espírito, que se ligou a nós desde o nosso nascimento e nos tomou sob a sua proteção. Cumpre, junto de nós, a missão de um pai junto ao filho: a de conduzir-nos no caminho do bem e do progresso através das provas da vida. Ele é feliz quando correspondemos à sua solicitude; sofre quando nos vê sucumbir.

Seu nome nos importa pouco, porque pode não ter nome conhecido na Terra; nós o evocamos, então, como nosso anjo guardião, nosso bom gênio; podemos mesmo invocá-lo sob o nome de um Espírito superior qualquer, pelo qual sentimos, mais particularmente, simpatia.

Além do nosso anjo guardião, que é sempre um Espírito superior, temos Espíritos protetores que, por serem menos elevados, não são menos bons e benevolentes; são parentes, ou amigos, ou, algumas vezes, pessoas que não conhecemos em nossa existência atual. Eles nos assistem com seus conselhos, e frequentemente, pela sua intervenção nos atos da nossa vida.

Os Espíritos simpáticos são aqueles que se ligam a nós por uma certa semelhança de gostos e tendências: podem ser bons ou maus, segundo a natureza das inclinações que os atraem para nós.

Os Espíritos sedutores se esforçam por desviar-nos do caminho do bem, sugerindo-nos maus pensamentos. Aproveitam de todas as nossas fraquezas como de tantas portas abertas que lhes dão acesso à nossa alma. Há os que se obstinam contra nós como sobre uma presa, mas *se afastam quando reconhecem não poderem lutar contra a nossa vontade.*

Deus nos deu um guia principal e superior em nosso anjo guardião, e guias secundários em nossos Espíritos protetores e familiares; mas é um erro crer que temos *forçosamente* um mau gênio colocado perto de nós para contrabalançar as boas influências. Os maus Espíritos vêm *voluntariamente* segundo encontrem acesso sobre a nossa fraqueza ou nossa negligência em seguir as inspirações dos bons Espíritos ; portanto, somos nós quem os atraímos. Disso resulta que ninguém está jamais privado da assistência dos bons Espíritos, e que depende de nós afastar os maus. Por suas imperfeições, o homem, sendo a causa primeira das misérias que suporta, é o mais frequentemente, seu próprio mau gênio. (Cap. V, nº 4).

A prece aos anjos guardiães e aos Espíritos protetores deve ter por finalidade solicitar sua intervenção junto de Deus, de pedir-lhes a força de resistir às más sugestões e a sua assistência nas necessidades da vida.

12. PRECE. – Espíritos sábios e benevolentes, mensageiros de Deus, cuja missão é assistir os homens e conduzi-los no bom caminho, sustentai-me nas provas desta vida; dai-me a força de suportá-las sem murmurar; desviai de mim os maus pensamentos, e fazei com que eu não dê acesso a nenhum dos maus Espíritos que tentarem me induzir ao mal. Esclarecei minha consciência sobre meus defeitos e elevai de sobre meus olhos, o véu do orgulho que poderia, me impedir de os perceber e confessá-los a mim mesmo.

Vós, sobretudo N..., meu anjo guardião, que velais mais particularmente por mim, e vós, todos Espíritos protetores que vos interessais por mim, fazei com que me torne digno da vossa benevolência. Conheceis as minhas necessidades, que elas sejam satisfeitas segundo a vontade de Deus.

13. (Outra). – Meu Deus, permiti aos bons Espíritos que me cercam, virem em minha ajuda quando estiver em dificuldade, e sustentar-me se vacilo. Fazei, Senhor, que eles me inspirem a fé, a esperança e a caridade; que sejam para mim um apoio, uma esperança e uma prova da vossa misericórdia; fazei, enfim, que eu encontre junto deles a força que me falta nas provas da vida, e, para resistir às sugestões do mal, a fé que salva e o amor que consola.

14. (Outra). – Espíritos bem-amados, anjos guardiães, vós a quem Deus, em sua infinita misericórdia, permite velar pelos homens, sede meus protetores nas provas da minha vida terrestre. Dai-me a força, a coragem e a resignação; inspirai-me tudo o que é bom e detende-me na inclinação do mal; que vossa doce influência penetre minha alma; fazei com que eu sinta que um amigo devotado está perto de mim, que vê meus sofrimentos e partilha minhas alegrias.

E vós, meu bom anjo, não me abandoneis; tenho necessidade de toda a vossa proteção para suportar com fé e amor as provas que aprouver a Deus me enviar.

PARA AFASTAR OS MAUS ESPÍRITOS

15. *Ai de vós, Escribas e Fariseus hipócritas, porque limpais o exterior do copo e do prato e estais por dentro cheios de rapina e de impurezas. Fariseus cegos, limpai primeiramente o interior do copo e do prato, a fim de que o exterior também esteja limpo. Ai de vós, Escribas e Fariseus hipócritas! porque sois semelhantes a sepulcros caiados, que por fora parecem belos aos olhos dos homens, mas que, por dentro, estão cheios de toda sorte de podridão. Assim, por fora, pareceis justos aos olhos dos homens, mas, por dentro, estais cheios de hipocrisia e de iniquidades. (São Mateus, cap. XXIII, v. 25 a 28).*

16. PREFÁCIO. Os maus Espíritos não vão senão onde acham com o que satisfazerem a sua perversidade; para afastá-los, não basta lhes pedir nem mesmo ordenar: é preciso despojar de si o que os atrai. Os maus Espíritos farejam as chagas da alma como as moscas farejam as chagas do corpo; do mesmo modo que limpais o corpo para evitar a bicheira, limpai também a alma de suas impurezas para evitar os maus Espíritos. Como vivemos num mundo onde pululam os maus Espíritos, as boas qualidades do coração não nos colocam ao abrigo de suas tentativas, mas dão a força de resistir-lhes.

17. PRECE. Em nome de Deus Todo-Poderoso, que os maus Espíritos se afastem de mim, e que os bons me sirvam de proteção contra eles!

Espíritos malfazejos, que inspirais, aos homens, maus pensamentos; Espíritos trapaceiros e mentirosos, que os enganais; Espíritos zombeteiros, que vos divertis com a sua credulidade, eu vos repilo com todas as forças de minha alma e fecho o ouvido às vossas sugestões; mas peço, para vós, a misericórdia de Deus.

Bons Espíritos, que vos dignais me assistir, dai-me a força de resistir à influência dos maus Espíritos, e as luzes necessárias para não ser vítima de seus embustes. Preservai-me do orgulho e da presunção; afastai do meu coração o ciúme, o ódio, a malevolência e todo sentimento contrário à caridade, que são tantas outras portas abertas ao Espírito do mal.

PARA PEDIR A CORRIGENDA DE UM DEFEITO

18. PREFÁCIO. Nossos maus instintos são o resultado da imperfeição do nosso próprio Espírito, e não do nosso corpo; de outra forma, o homem escaparia de toda espécie de responsabilidade. Nosso adiantamento depende de nós, porque todo homem que tem o gozo de suas faculdades, para todas as coisas, tem a liberdade de fazer ou não fazer; não lhe falta, para fazer o bem, senão a vontade. (Cap. XV, nº 10; cap. XIX, nº 12).

19. PRECE. Vós me destes, ó meu Deus, a inteligência necessária para distinguir o que é bem do que é mal; ora, do momento em que eu reconheço que uma coisa é má, sou culpado por não me esforçar em resistir a ela.

Preservai-me do orgulho, que poderia me impedir de aperceber-me dos meus defeitos e dos maus Espíritos, que poderiam me excitar a neles perseverar.

Entre minhas imperfeições, reconheço que sou particularmente inclinado à... e se não resisto a esse arrastamento é pelo hábito que contraí de a ele ceder.

Não me criastes culpado, porque sois justo, mas com uma aptidão igual para o bem e para o mal; se sigo o mau caminho, é por efeito do meu livre-arbítrio. Mas, pela mesma razão que tenho a liberdade de fazer o mal, tenho a de fazer o bem; por conseguinte, tenho a de mudar de caminho.

Meus defeitos atuais são um resto das imperfeições que conservei das minhas precedentes existências; é o meu pecado original, do qual posso me desembaraçar com minha vontade e com a assistência dos bons Espíritos.

Bons Espíritos que me protegeis, e sobretudo vós, meu anjo guardião, dai-me a força de resistir às más sugestões e de sair vitorioso da luta.

Os defeitos são as barreiras que nos separam de Deus, e cada defeito superado será um passo dado na senda do progresso, que dele me há de aproximar.

O Senhor, em sua infinita misericórdia, houve por bem conceder-me a existência atual, para que sirva ao meu adiantamento; bons Espíritos, ajudai-me a aproveitá-la, a fim de que não se torne perdida para mim, e que, quando a Deus aprouver ma retirar, eu dela saia melhor do que entrei. (Cap. V, nº 5; cap. XVII, nº 3).

PARA PEDIR A FORÇA DE RESISTIR A UMA TENTAÇÃO

20. PREFÁCIO. Todo mau pensamento pode ter duas fontes: a própria imperfeição da nossa alma ou uma funesta influência que age sobre ela; neste último caso, é sempre o indício de uma fraqueza que nos torna propensos a receber essa influência e, por conseguinte, de uma alma imperfeita; de tal sorte que, aquele que faliu, não poderia invocar, para se desculpar, a influência de um Espírito estranho, uma vez que *esse Espírito não o teria solicitado ao mal se o considerasse inacessível à sedução.*

Quando um mau pensamento surge em nós, podemos, pois, supor um Espírito malévolo solicitando-nos ao mal, e ao qual estamos inteiramente livres para ceder ou resistir, como se se tratasse das solicitações de uma pessoa viva. Devemos, ao mesmo tempo, imaginar o nosso anjo guardião ou Espírito protetor que, de sua parte, combate em nós a má influência e espera com ansiedade a *decisão que vamos tomar.* Nossa hesitação em fazer o mal é a voz do bom Espírito que se faz ouvir pela consciência.

Reconhece-se que um pensamento é mau, quando ele se afasta da caridade, que é a base de toda a verdadeira moral; quando tem, por princípio, o orgulho, a vaidade ou o egoísmo; quando sua realização pode causar um prejuízo qualquer a outrem; quando, enfim, solicita-nos fazer aos outros o que não gostaríamos que nos fosse feito. (Cap. XXVIII, nº 15; cap. XV, nº 10).

21. PRECE. Deus Todo-Poderoso, não me deixeis sucumbir à tentação em que deva falir. Espíritos benevolentes, que me protegeis, desviai de mim esse mau pensamento e dai-me a força de resistir à sugestão do mal. Se eu sucumbir, terei merecido a expiação de minha falta nesta vida e em outra, porque sou livre para escolher.

AÇÃO DE GRAÇAS PELA VITÓRIA OBTIDA SOBRE UMA TENTAÇÃO

22. PREFÁCIO. Aquele que resistiu a uma tentação, deve-o à assistência dos bons Espíritos, dos quais escutou a voz. Deve agradecer a Deus e ao seu anjo guardião.

23. PRECE. Meu Deus, eu vos agradeço por me terdes permitido sair vitorioso da luta que venho de sustentar contra o mal; fazei com que essa vitória me dê a força de resistir a novas tentações.

E vós, meu anjo guardião, eu vos agradeço pela assistência que me destes. Possa minha submissão aos vossos conselhos merecer de novo a vossa proteção.

PARA PEDIR UM CONSELHO

24. PREFÁCIO. Quando estamos indecisos em fazer, ou não fazer uma coisa, devemos, antes de tudo, colocar-nos as seguintes questões:

1º – A coisa que hesito em fazer pode causar um prejuízo qualquer a outrem?

2º – Ela pode ser útil a alguém?

3º – Se alguém a fizesse a mim, eu ficaria satisfeito?

Se a coisa não interessa senão a si, é permitido balancear a soma das vantagens e dos inconvenientes pessoais que podem dela resultar.

Se ela interessa a outrem, e fazendo o bem a um possa fazer o mal a outro, é preciso, igualmente, pesar a soma do bem e do mal, para se abster ou agir.

Enfim, mesmo para as melhores coisas, é preciso ainda considerar a oportunidade e as circunstâncias acessórias, porque uma coisa boa em si mesma pode ter maus resultados em mãos inábeis, se não é conduzida com prudência e circunspecção. Antes de empreendê-la, convém consultar as forças e os meios de execução.

Em todos os casos, pode-se sempre reclamar a assistência dos Espíritos protetores, lembrando-se desta sábia máxima: *Na dúvida, abstém-te.* (Cap. XXVIII, nº 38).

25. PRECE. Em nome de Deus Todo-Poderoso, bons Espíritos que me protegeis, inspirai-me a melhor resolução a tomar na incerteza em que estou. Dirigi meu pensamento para o bem, e desviai a influência daqueles que tentarem me desencaminhar.

NAS AFLIÇÕES DA VIDA

26. PREFÁCIO. Podemos pedir a Deus favores terrestres, e ele pode no-los conceder, quando têm uma finalidade útil e séria; mas, como julgamos a utilidade das coisas pelo nosso ponto de vista, e nossa visão é limitada ao presente, nem sempre vemos o lado mau daquilo que desejamos. Deus, que vê melhor do que nós, e não quer senão o nosso bem, pode, pois, recusar-nos, como um pai recusa a seu filho, o que poderia prejudicá-lo. Se o que pedimos não nos é concedido, nisso não devemos conceber nenhum desencorajamento; é preciso pensar, ao contrário, que a privação do que desejamos, nos é imposta como prova ou expiação, e que a nossa recompensa será proporcional à resignação com a qual a tivermos suportado. (Cap. XXVII, nº 6, cap. II, nº 5, 6 e 7).

27. PRECE. Deus Todo-Poderoso, que vedes as nossas misérias, dignai-vos escutar favoravelmente os votos que vos dirijo neste momento. Se o meu pedido for inconveniente, perdoai-mo; se for justo e útil aos vossos olhos, que os bons Espíritos, que executam vossas vontades, venham em minha ajuda para o seu cumprimento.

O que quer que me advenha, meu Deus, que a vossa vontade seja feita. Se meus desejos não são atendidos, é porque entra nos vossos desígnios experimentar-me, e eu me submeto sem murmurar. Fazei com que eu não conceba nisso nenhum desencorajamento, e que nem minha fé, nem minha resignação, sejam abaladas.

(Formular o pedido).

AÇÃO DE GRAÇAS POR UM FAVOR OBTIDO

28. PREFÁCIO. Não é preciso considerar, apenas como acontecimentos felizes, as coisas de grande importância; as menores em aparência são, frequentemente, as que influem mais sobre o nosso destino. O homem esquece facilmente o bem e se lembra antes daquilo que o aflige. Se registrássemos, dia a dia, os benefícios dos quais somos objeto, sem os ter pedido, ficaríamos frequentemente espantados de os ter recebido tantos, que se apagaram da nossa memória, humilhados com a nossa ingratidão.

Cada noite, elevando nossa alma a Deus, devemos lembrar-nos dos favores que ele nos concedeu, durante o dia, e agradecê-los. É, sobretudo, no próprio momento em que experimentamos os efeitos da sua bondade e da sua proteção que, por um movimento espontâneo, devemos lhe testemunhar a nossa gratidão; basta, para isso, um pensamento que lhe atribua o benefício, sem que seja necessário se desviar do trabalho.

Os benefícios de Deus não consistem somente nas coisas materiais; é preciso igualmente agradecer-lhe as boas ideias, as inspirações felizes que nos são sugeridas. Enquanto o orgulhoso acha nelas um mérito, o incrédulo as atribui ao acaso, aquele que tem fé rende graças a Deus e aos bons Espíritos. Por isso, as longas frases são inúteis: *"Obrigado, meu Deus, pelo bom pensamento que me inspirou,"* diz mais do que muitas palavras. O impulso espontâneo que nos faz atribuir a Deus o que nos chega de bem, testemunha um hábito de reconhecimento e de humildade que nos atrai a simpatia dos bons Espíritos. (Cap. XXVII, nºs 7 e 8).

29. PRECE. Deus infinitamente bom, que o vosso nome seja bendito pelos benefícios que me concedestes; deles seria indigno se os atribuísse ao acaso dos acontecimentos ou ao meu próprio mérito.

Bons Espíritos, que fostes executores das vontades de Deus, e vós sobretudo, meu anjo guardião, eu vos agradeço. Desviai de mim o pensamento de nele conceber o orgulho, e deles fazer um uso que não fosse para o bem. Eu vos agradeço notadamente por...

ATO DE SUBMISSÃO E DE RESIGNAÇÃO

30. PREFÁCIO. Quando um motivo de aflição nos atinge, se lhe procuramos a causa, acharemos, frequentemente, que é a consequência de nossa imprudência, de nossa imprevidência ou de uma ação anterior; nesse caso, não devemos atribuí-lo senão a nós mesmos. Se a causa de uma infelicidade é independente de toda participação que seja nossa, é ela uma prova para esta vida ou a expiação de uma existência passada, e, neste último caso, a natureza da expiação pode nos fazer conhecer a natureza da falta, porque somos sempre punidos naquilo em que pecamos. (Cap. V, nºs 4, 6 e seguintes).

No que nos aflige, não vemos, em geral, senão o mal presente, e não as consequências ulteriores favoráveis que isso pode ter. O bem, frequentemente, é a consequência de um mal passageiro como a cura de uma doença é o resultado dos meios dolorosos que se empregam para obtê-la. Em todos os casos, devemos nos submeter à vontade de Deus, suportar com coragem as tribulações da vida, se quisermos que nos sejam tidas em conta, e que estas palavras do Cristo nos sejam aplicadas: Bem-aventurados aqueles que sofrem. (Cap. V, nº 18).

31. PRECE. Meu Deus, sois soberanamente justo; todo sofrimento neste mundo deve ter, pois, sua causa e sua utilidade. Aceito o motivo de aflição, que venho de experimentar, como uma expiação das minhas faltas passadas e uma prova para o futuro.

Bons Espíritos que me protegeis, dai-me a força de suportá-lo sem lamentação; fazei com que seja para mim uma advertência salutar; que aumente a minha experiência; que combata em mim o orgulho, a ambição, a tola vaidade e o egoísmo, e que ele contribua, assim, para o meu adiantamento.

32. (Outra). Eu sinto, meu Deus, a necessidade de vos rogar dar-me a força para suportar as provas que vos aprouve me enviar. Permiti que a luz se faça bastante viva em meu espírito, para que eu aprecie toda a extensão de um amor que me aflige por querer me salvar. Eu me submeto com resignação, ó meu Deus; mas, ai de mim! A criatura é tão fraca que, se vós não me sustentais, temo sucumbir. Não me abandoneis, Senhor, porque, sem vós, não sou nada.

33. (Outra). Elevei meu olhar para ti, ó Eterno, e me senti fortalecido. Tu és a minha força, não me abandones; ó Deus! Estou esmagado sob o peso das minhas iniquidades! Ajuda-me; tu conheces a fraqueza de minha carne e não desvias teu olhar de sobre mim!

Estou devorado por uma sede ardente; fazei jorrar a fonte de água viva, e me dessedentarei. Que a minha boca não se abra senão para cantar teus louvores e não para murmurar nas aflições da minha vida. Sou fraco, Senhor, mas o teu amor me sustentará.

Ó Eterno, só tu és grande, só tu és o fim e o objetivo da minha vida! Teu nome seja bendito se me feres, porque és o Senhor, e eu, o servidor infiel; curvarei minha fronte sem me lamentar, porque tu és grande, só tu és a meta.

NUM PERIGO IMINENTE

34. PREFÁCIO. Pelos perigos que corremos, Deus nos

lembra a nossa fraqueza e a fragilidade da nossa existência. Ele nos mostra que a nossa vida está em suas mãos e que a sustenta por um fio, que pode se partir no momento em que nós menos esperamos. Sob esse aspecto, não há privilégio para ninguém, porque o grande e o pequeno estão submetidos às mesmas alternativas.

Se se examinar a natureza e as consequências do perigo, ver-se-á que, o mais frequentemente, essas consequências, se houvessem ocorrido, teriam sido a punição de uma falta cometida ou *de um dever negligenciado.*

35. PRECE. Deus Todo-Poderoso e, vós, meu anjo guardião, socorrei-me! Se devo sucumbir, que a vontade de Deus seja feita. Se eu for salvo, que o resto da minha vida repare o mal que pude fazer e do qual me arrependo.

AÇÃO DE GRAÇAS DEPOIS DE TER ESCAPADO DE UM PERIGO

36. PREFÁCIO. Pelos perigos que corremos, Deus nos mostra que podemos, de um momento para outro, ser chamados a prestar contas do emprego que fizemos da vida; ele nos adverte, assim, para nos concentrarmos e nos emendarmos.

37. PRECE. Meu Deus e, vós, meu anjo guardião, eu vos agradeço pelo socorro que me enviastes no perigo que me ameaçou. Que esse perigo seja, para mim, uma advertência e que ele me esclareça sobre as faltas que puderam mo atrair. Compreendo, Senhor, que a minha vida está em vossas mãos e que podeis ma retirar quando vos aprouver. Inspirai-me, pelos bons Espíritos que me assistem, o pensamento de empregar utilmente o tempo que me concedeis ainda neste mundo.

Meu anjo guardião, sustentai-me na resolução que tomo de

reparar os meus erros e de fazer todo o bem que estiver em meu poder a fim de chegar menos carregado de imperfeições no mundo dos Espíritos quando aprouver a Deus chamar-me.

NO MOMENTO DE DORMIR

38. PREFÁCIO. O sono é o repouso do corpo, mas o Espírito não tem necessidade de repouso. Enquanto os sentidos estão entorpecidos, a alma se liberta, em parte, da matéria e goza das suas faculdades de Espírito. O sono foi dado ao homem para a reparação das forças orgânicas e para a reparação das forças morais. Enquanto o corpo recupera os elementos que perdeu pela atividade da vigília, o Espírito vai se retemperar entre os outros Espíritos; ele haure no que vê, no que ouve, e nos conselhos que lhe são dados, ideias que reencontra ao despertar em estado de intuição; é o retorno temporário do exilado à sua verdadeira pátria; é o prisioneiro momentaneamente libertado.

Mas ocorre, como para o prisioneiro perverso, que o Espírito nem sempre aproveita esse momento de liberdade para o seu adiantamento; se ele tem maus instintos, em lugar de procurar a companhia dos bons Espíritos, procura a dos seus iguais e vai visitar os lugares onde pode dar livre curso às suas tendências.

Aquele que está compenetrado desta verdade, eleve o seu pensamento no momento em que sentir a aproximação do sono; faça apelo aos conselhos dos bons Espíritos e daqueles cuja memória lhe é cara, a fim de que venham se reunir a ele, no curto intervalo que lhe é concedido, e ao despertar se sentirá mais forte contra o mal, mais corajoso contra a adversidade.

39. PRECE. Minha alma vai se encontrar por um instante com os outros Espíritos. Que aqueles que são bons venham me ajudar com os seus conselhos. Meu anjo guardião, fazei com que, ao despertar, eu conserve deles uma impressão durável e salutar.

NA PREVISÃO DA MORTE PRÓXIMA

40. PREFÁCIO. A fé no futuro, a elevação de pensamento, durante a vida, com vistas à destinação futura, ajudam o pronto desligamento do Espírito, em se enfraquecendo os laços que o retêm no corpo e, frequentemente, a vida corporal ainda não se extinguiu, e a alma, impaciente, já empreendeu seu voo para a imensidade. No homem, ao contrário, que concentra todos os seus pensamentos nas coisas materiais, esses laços são mais tenazes, *a separação é mais penosa e dolorosa,* e o despertar no além-túmulo é cheio de perturbação e ansiedade.

41. PRECE. Meu Deus, eu creio em vós e na vossa bondade infinita; por isso, não posso crer que destes ao homem a inteligência para vos conhecer e a aspiração do futuro, a fim de mergulhá-lo no nada.

Creio que meu corpo não é senão o envoltório perecível da minha alma, e que, quando tiver cessado de viver, despertarei no mundo dos Espíritos.

Deus Todo-Poderoso, sinto se partirem os laços que unem minha alma ao meu corpo e logo vou ter de prestar contas do emprego da vida que deixo.

Vou suportar as consequências do bem e do mal que fiz; lá não há mais ilusão, nem mais subterfúgio possível; todo o meu passado vai se desenrolar diante de mim e serei julgado segundo as minhas obras.

Não levarei nada dos bens da Terra; honrarias, riquezas, satisfação da vaidade e do orgulho, tudo o que se prende ao corpo, enfim, vai ficar neste mundo; a menor parcela não me seguirá e nada, de tudo isso, me será o menor socorro no mundo dos Espíritos. Não levarei comigo senão o que se prende à minha alma, quer dizer, as boas e as más qualidades, que serão pesadas na balança de uma rigorosa justiça, e serei julgado com tanto mais severidade quanto minha posição na Terra me tenha dado mais ocasião de fazer o bem que não fiz. (Cap. XVI, nº 9).

Deus de misericórdia, que meu arrependimento chegue até vós. Dignai-vos estender sobre mim a vossa indulgência.

Se vos apraz prolongar a minha existência, que o resto seja empregado em reparar, tanto quanto estiver em mim, o mal que pude fazer. Se minha hora soou para sempre, carrego o pensamento consolador de que me será permitido remir-me por novas provas, a fim de merecer, um dia, a felicidade dos eleitos.

Se não me é dado gozar imediatamente dessa felicidade sem mácula, que não cabe senão ao justo por excelência, sei que a esperança não me está interditada para sempre, e que, com o trabalho, atingirei o objetivo, mais cedo ou mais tarde, segundo os meus esforços.

Sei que os bons Espíritos e meu anjo guardião estão perto de mim, para me receberem; dentro em pouco, os verei como eles me veem. Sei que encontrarei aqueles que amei sobre a Terra se o tiver merecido, e que aqueles que aqui deixo virão me reencontrar para estarmos, um dia, reunidos para sempre e que, até lá, poderei vir visitá-los.

Sei também que vou reencontrar aqueles a quem ofendi; possam eles perdoar-me pelo que têm a me censurar: meu orgulho, minha dureza, minhas injustiças, e não me cobrir de vergonha pela sua presença!

Perdoo aos que me fizeram ou quiseram mal na Terra; não carrego nenhum ódio contra eles e peço a Deus que os perdoe.

Senhor, dai-me a força de deixar, sem pesar, as alegrias grosseiras deste mundo, que não são nada perto das alegrias puras do mundo em que vou entrar. Nele, para o justo, não há mais tormentos, sofrimentos, misérias; só o culpado sofre, mas lhe resta a esperança.

Bons Espíritos e, vós, meu anjo guardião, não me deixeis falhar neste momento supremo: fazei luzir aos meus olhos a luz divina, a fim de reanimar a minha fé, se ela vier a abalar-se.

Nota. – Ver adiante, parágrafo V: Preces pelos doentes e pelos obsidiados.

III - PRECES PELOS OUTROS

POR ALGUÉM QUE ESTEJA EM AFLIÇÃO

42. PREFÁCIO (*): Se é do interesse do aflito que sua prova siga o seu curso, ela não será abreviada pelo nosso pedido; mas seria ato de impiedade desencorajar-se porque o pedido não foi atendido; aliás, na falta de cessação da prova, pode-se esperar obter qualquer outra consolação que modere a sua amargura. O que é verdadeiramente útil para aquele que sofre é a coragem e a resignação, sem as quais o que suporta é sem proveito para ele, porque será obrigado a recomeçar a prova. É, pois, para essa finalidade que é preciso, sobretudo, dirigir seus esforços, seja em apelando aos bons Espíritos em sua ajuda, seja em reerguendo por si mesmo o moral do aflito por conselhos e encorajamentos, seja, enfim, em o assistindo materialmente, se for possível. A prece, neste caso, pode, por outro lado, ter um efeito direto, dirigindo sobre a pessoa uma corrente fluídica para fortalecer seu moral. (Cap. V, nºs 5 e 27; cap. XXVII, nºs 6 e 10).

43. PRECE. Meu Deus, cuja bondade é infinita, dignai-vos abrandar a amargura da posição de N..., se isso for da vossa vontade.

(*) No original, falta a palavra **prefácio.** (N. do T.).

Bons Espíritos, em nome de Deus Todo-Poderoso, eu vos suplico assisti-lo em suas aflições. Se, no seu interesse, elas não podem lhe ser poupadas, fazei-o compreender que são necessárias ao seu adiantamento. Dai-lhe a confiança em Deus e no futuro, que as tornará menos amargas. Dai-lhe também a força de não sucumbir ao desespero, que lhe faria perder seu fruto e tornaria sua posição futura ainda mais penosa. Conduzi meu pensamento até ele, e que ajude a sustentar a sua coragem.

AÇÃO DE GRAÇAS POR UM BENEFÍCIO CONCEDIDO A OUTREM

44. PREFÁCIO. Aquele que não está dominado pelo egoísmo se rejubila com o bem que chega a seu próximo, mesmo quando não o tenha solicitado pela prece.

45. PRECE. Meu Deus, sede bendito pela felicidade que chegou para N...

Bons Espíritos, fazei com que ele veja nela um efeito da bondade de Deus. Se o bem que lhe chega é uma prova, inspirai-lhe o pensamento de fazer dele bom uso e de não se envaidecer, a fim de que esse bem não resulte em seu prejuízo para o futuro.

Vós, meu bom gênio, que me protegeis e desejais a minha felicidade, afastai do meu pensamento todo sentimento de inveja e de ciúme.

POR NOSSOS INIMIGOS E PELOS QUE NOS QUEREM MAL

46. PREFÁCIO. Jesus disse: *Amai mesmo os vossos inimigos.*

Esta máxima é o sublime da caridade cristã; mas, com ela, Jesus não quer dizer que devemos ter para com os nossos inimigos a ternura que temos para com os nossos amigos; ele nos disse, com essas palavras, para esquecer suas ofensas, perdoar o mal que nos fazem, pagar o mal com o bem. Além do mérito que isso resulta aos olhos de Deus, mostra, aos olhos dos homens, a verdadeira superioridade. (Cap. XII, nºs 3 e 4).

47. PRECE. Meu Deus, perdoo a N... o mal que me fez e o que quis me fazer, como desejo que me perdoeis, e que ele também me perdoe as injustiças que eu possa ter cometido. Se o colocastes no meu caminho como uma prova, que seja feita a vossa vontade.

Desviai de mim, meu Deus, a ideia de maldizê-lo, e todo desejo malévolo contra ele. Fazei com que eu não experimente nenhuma alegria com as infelicidades que poderiam lhe chegar, nem nenhuma inquietação com os bens que poderiam lhe ser concedidos a fim de não enlamear minha alma com pensamentos indignos de um cristão.

Possa a vossa bondade, Senhor, em se estendendo sobre ele, conduzi-lo aos melhores sentimentos para comigo.

Bons Espíritos, inspirai-me o esquecimento do mal e a lembrança do bem. Que nem o ódio, nem o rancor, nem o desejo de lhe retribuir o mal com o mal entrem em meu coração, porque o ódio e a vingança não pertencem senão aos maus Espíritos, encarnados e desencarnados. Que eu esteja pronto, ao contrário, em estender-lhe mão fraterna, a retribuir-lhe o mal com o bem e vir em sua ajuda se isso estiver em meu poder.

Desejo, para provar a sinceridade de minhas palavras, que me seja oferecida ocasião de lhe ser útil; mas, sobretudo, meu Deus, preservai-me de fazê-lo por orgulho ou ostentação, em o oprimindo por uma generosidade humilhante, o que me faria perder o fruto da minha ação, porque, então, eu mereceria que estas palavras do Cristo me fossem aplicadas: Já recebestes vossa recompensa. (Cap. XIII, nºs 1 e seguintes).

AÇÃO DE GRAÇAS PELO BEM CONCEDIDO AOS NOSSOS INIMIGOS

48. PREFÁCIO. Não desejar o mal aos inimigos é não ser caridoso senão pela metade; a verdadeira caridade quer que lhes desejemos o bem e que estejamos felizes com o bem que lhes chega. (Cap. XII, nºs 7 e 8).

49. PRECE. Meu Deus, em vossa justiça, entendestes dever alegrar o coração de N... Eu vo-lo agradeço por ele, malgrado o mal que me fez ou que procura me fazer. Se dele se aproveitasse para me humilhar, eu o aceitaria como uma prova para a minha caridade.

Bons Espíritos, que me protegeis, não permitais que eu conceba nisso nenhum pesar; desviai de mim a inveja e o ciúme que rebaixam; inspirai-me, ao contrário, a generosidade que eleva. A humilhação está no mal, e não no bem, e sabemos que, cedo ou tarde, justiça será feita a cada um segundo as suas obras.

PELOS INIMIGOS DO ESPIRITISMO

50. *Bem-aventurados os que estão famintos de justiça, porque serão saciados.*

Bem-aventurados os que sofrem perseguição pela justiça, porque deles é o reino dos céus.

Felizes sereis quando os homens vos carregarem de maldições, e vos perseguirem e disserem falsamente toda espécie de mal contra vós por causa de mim. Rejubilai-vos então, porque uma grande recompensa vos está reservada nos céus, porque foi, assim, que perseguiram os profetas que foram antes de vós. (São Mateus, cap. V, v. 6, 10, 11 e 12).

Não temais aqueles que matam o corpo e que não podem matar a alma; mas temei antes aquele que pode perder a alma e o corpo no inferno. (São Mateus, cap. X, v. 28).

51. PREFÁCIO. De todas as liberdades, a mais inviolável é a de pensar, que compreende também a liberdade de consciência. Lançar o anátema sobre aqueles que não pensam como nós é reclamar essa liberdade para si e recusá-la aos outros, é violar o primeiro mandamento de Jesus: a caridade e o amor ao próximo. Persegui-los pela sua crença, é atentar contra o direito mais sagrado que todo homem tem de crer no que lhe convém e adorar a Deus como o entende. Constrangê-lo a atos exteriores, semelhantes aos nossos, é mostrar que se prende mais à forma do que ao fundo, às aparências mais do que à convicção. A abjuração forçada jamais deu a fé: ela não pode fazer senão hipócritas; é um abuso da força material que não prova a verdade; *a verdade está segura de si mesma; convence e não persegue, porque disso não tem necessidade.*

O Espiritismo é uma opinião, uma crença; fosse mesmo uma religião, por que não se teria a liberdade de se dizer espírita como se tem a de se dizer católico, judeu ou protestante, partidário desta ou daquela doutrina filosófica, deste ou daquele sistema econômico? Essa crença é falsa ou é verdadeira; se é falsa, cairá por si mesma, porque o erro não pode prevalecer contra a verdade, quando a luz se faz nas inteligências; se é verdadeira, a perseguição não a tornará falsa.

A perseguição é o batismo de toda ideia nova, grande e justa; ela cresce com a grandeza e a importância da ideia. A animosidade e a cólera dos inimigos da ideia está em razão do medo que ela lhes inspira. Foi por essa razão que o Cristianismo foi perseguido outrora, e o Espiritismo o é hoje, com a diferença, todavia, de que o Cristianismo o foi pelos Pagãos, ao passo que o Espiritismo o é pelos Cristãos. O tempo das perseguições sangrentas passou, é verdade, mas, se não se mata mais o corpo, tortura-se a alma; é atacada até em seus sentimentos mais íntimos, em suas afeições mais caras; dividem-se as famílias, excita-se a mãe contra a filha, a mulher contra o marido; ataca-se mesmo o corpo em suas necessidades materiais, tirando-lhes seu ganha-pão para tomá-lo pela fome. (Cap. XXIII, nºs 9 e seguintes).

Espíritas, não vos aflijais com os golpes que vos dão, porque eles provam que estais na verdade; não fora isso, vos deixariam tranquilos, e não vos feririam. É uma prova para a vossa fé, porque será pela vossa coragem, pela vossa resignação, pela vossa perseverança, que Deus vos reconhecerá entre seus fiéis servidores, dos quais faz hoje a enumeração para dar a cada um a parte que lhe toca, segundo as suas obras.

A exemplo dos primeiros Cristãos, sede, pois, orgulhosos em carregar a vossa cruz. Crede na palavra do Cristo, que disse: "Bem-aventurados aqueles que sofrem perseguição pela justiça, porque é deles o reino dos céus. Não temais aqueles que matam o corpo, mas não podem matar a alma." Ele disse também: "Amai os vossos inimigos, fazei o bem àqueles que vos fazem mal e orai por aqueles que vos perseguem". Mostrai que sois seus verdadeiros discípulos, e que a vossa doutrina é boa em fazendo o que ele disse e o que ele mesmo fez.

A perseguição não terá senão uma época; esperai, pois, pacientemente, o levantar da aurora, porque já a estrela da manhã se mostra no horizonte. (Cap. XXIV, nºs 13 e seguintes).

52. PRECE. Senhor, vós nos dissestes, pela boca de Jesus, o vosso Messias: "Bem-aventurados aqueles que sofrem perseguição pela justiça; perdoai aos vossos inimigos; orai por aqueles que vos perseguem"; e ele mesmo nos mostrou o caminho, orando por seus algozes.

A seu exemplo, meu Deus, imploramos a vossa misericórdia para aqueles que desconhecem os vossos divinos preceitos, os únicos que podem assegurar a paz neste mundo e no outro. Como Cristo, nós vos dizemos: "Perdoai-lhes, meu Pai, porque eles não sabem o que fazem."

Dai-nos a força de suportar com paciência e resignação, como provas para a nossa fé e a nossa humildade, suas zombarias, suas injúrias, suas calúnias e suas perseguições; desviai-nos de todo pensamento de represálias, porque a hora da vossa justiça soará para todos, e nós a esperamos, submetendo-nos à vossa santa vontade.

POR UMA CRIANÇA QUE ACABA DE NASCER

53. PREFÁCIO. Os Espíritos não chegam à perfeição senão depois de terem passado pelas provas da vida corporal; os que são errantes esperam que Deus lhes permita retomar uma existência que deve lhes fornecer um meio de adiantamento, seja pela expiação de suas faltas passadas por meio das vicissitudes às quais são submetidos, seja cumprindo uma missão útil à Humanidade. Seu adiantamento e sua felicidade futura serão proporcionais à maneira pela qual terão empregado o tempo que devem passar na Terra. O encargo de guiar seus primeiros passos e de os dirigir para o bem está confiado aos seus pais, que responderão, diante de Deus, pela maneira com que terão cumprido o seu mandato. Foi para facilitar-lhes a execução, que Deus fez do amor paternal e do amor filial uma lei da Natureza, lei que jamais é violada impunemente.

54. PRECE. (Para os pais). Espírito, que está encarnando no corpo do nosso filho, seja bem-vindo entre nós. Deus Todo-Poderoso, que o enviastes, sede bendito.

É um depósito que nos está confiado e do qual deveremos prestar contas um dia. Se ele pertence à nova geração de bons Espíritos que devem povoar a Terra, obrigado, meu Deus, por esse favor! Se é uma alma imperfeita, nosso dever é ajudá-la a progredir no caminho do bem pelos nossos conselhos e pelos nossos bons exemplos; se cair no mal por nossa causa, por isso responderemos diante de vós, porque não teremos cumprido a nossa missão para com ele.

Senhor, sustentai-nos na nossa tarefa e dai-nos a força e a vontade de cumpri-la. Se esta criança deve ser um motivo de provas para nós, que seja feita a vossa vontade!

Bons Espíritos que viestes presidir ao seu nascimento e que deveis acompanhá-lo durante a vida, não o abandoneis. Afastai dele os maus Espíritos que tentarem induzi-lo ao mal; dai-lhe a força para resistir às suas sugestões e a coragem de suportar, com paciência e resignação, as provas que o esperam na Terra. (Cap. XIV, nº 9).

55. *(Outra).* Meu Deus, me confiastes a sorte de um de vossos Espíritos; fazei, Senhor, com que eu seja digno da tarefa que me foi imposta; concedei-me a vossa proteção; aclarai a minha inteligência a fim de que eu possa discernir cedo as tendências daquele que devo preparar para entrar na vossa paz.

56. *(Outra).* Deus de bondade, uma vez que te aprouve permitir ao Espírito desta criança vir de novo suportar as provas terrenas, destinadas a fazê-lo progredir, concede-lhe a luz, a fim de que aprenda a te conhecer, a te amar e a te adorar. Faze, pela tua onipotência, que esta alma se regenere no manancial das tuas divinas instruções; que, sob a égide de seu anjo guardião, a sua inteligência cresça, desenvolva-se e o faça aspirar a aproximar-se, cada vez mais, de ti; que a ciência do Espiritismo seja a brilhante luz que o clareie, através dos escolhos da vida; que ele saiba, enfim, apreciar toda a extensão de teu amor, que nos experimenta para nos purificar.

Senhor, lança um olhar paternal sobre a família à qual confiaste esta alma; possa ela compreender a importância da sua missão e fazer germinar, nesta criança, as boas sementes, até o dia em que poderá, por suas próprias aspirações, elevar-se sozinha para ti.

Digna-te, meu Deus, atender esta humilde prece em nome e pelos méritos d'Aquele que disse: "Deixai vir a mim as criancinhas, porque o reino dos céus é para aqueles que se lhes assemelham."

POR UM AGONIZANTE

57. PREFÁCIO. A agonia é o prelúdio da separação da alma e do corpo; pode-se dizer que, nesse momento, o homem não tem mais que um pé neste mundo, e que já tem um no outro. Essa passagem é algumas vezes penosa para aqueles que se prendem à matéria e viveram mais para os bens deste mundo do que para os do outro, ou cuja consciência está agitada pelos desgostos e pelos remorsos; para aqueles, ao contrário, cujos pensamentos estão elevados ao Infinito e estão desprendidos da matéria, os laços são menos difíceis de romper, e os últimos momentos não têm nada de doloroso; a alma, então, não se prende ao corpo senão por um fio, enquanto que, na outra posição, a ele se prende por profundas raízes; em todos os casos, a prece exerce uma ação poderosa sobre o trabalho da separação. (Ver adiante: Preces pelos doentes. *O Céu e o Inferno,* 2ª parte, cap. I, *A passagem*).

58. PRECE. Deus poderoso e misericordioso, eis uma alma que deixa o seu envoltório terrestre para retornar ao mundo dos Espíritos, a sua verdadeira pátria; possa nele entrar em paz, e a vossa misericórdia estender-se sobre ela.

Bons Espíritos, que a acompanhastes na Terra, não a abandoneis nesse momento supremo; dai-lhe a força de suportar os últimos sofrimentos que deve experimentar neste mundo para o seu adiantamento futuro; inspirai-a para que ela consagre ao arrependimento das suas faltas os últimos clarões de inteligência que lhe restam ou que possam, momentaneamente, retornar-lhe.

Dirigi meu pensamento a fim de que a sua ação torne menos penoso o trabalho da separação, e que ela leve consigo, no momento de deixar a Terra, as consolações da esperança.

IV - PRECES POR AQUELES QUE NÃO ESTÃO MAIS NA TERRA

POR ALGUÉM QUE ACABA DE MORRER

59. PREFÁCIO. As preces pelos Espíritos que acabam de deixar a Terra não têm somente a finalidade de lhes dar um testemunho de simpatia, mas têm ainda por efeito ajudar o seu desligamento e, com isso, abreviar a perturbação que segue sempre a separação e tornar o despertar mais calmo. Mas aí ainda, como em outra circunstância, a eficácia está na sinceridade do pensamento, e não na abundância de palavras ditas com mais ou menos pompa, e nas quais frequentemente, o coração não toma parte.

As preces que partem do coração ressoam em torno do Espírito, cujas ideias são ainda confusas, como as vozes amigas que vêm nos tirar do sono. (Cap. XXVII, nº 10).

60. PRECE. Deus Todo-Poderoso, que a vossa misericórdia se estenda sobre a alma de N... que vindes de chamar para vós. Possam as provas que ele (ou ela) suportou na Terra lhe serem contadas, e as nossas preces abrandar e abreviar as penas que pode ainda experimentar como Espírito!

Bons Espíritos, que viestes recebê-lo e, vós, sobretudo, seu anjo guardião, assisti-o para ajudá-lo a despojar-se da matéria; dai-lhe a luz e a consciência de si mesmo, a fim de tirá-lo da perturbação que acompanha a passagem da vida corporal para a vida espiritual. Inspirai-lhe o arrependimento das faltas que pôde cometer, e o desejo que lhe seja permitido repará-las para apressar o seu adiantamento para a vida eterna feliz.

N..., vindes de reentrar no mundo dos Espíritos e, entretanto, estais aqui presente entre nós; vede-nos e nos ouvis, porque não há de menos entre nós e vós senão o corpo perecível, que vindes de deixar e que logo será reduzido a pó.

Deixastes o grosseiro envoltório sujeito às vicissitudes e à morte e não conservastes senão o envoltório etéreo, imperecível e inacessível aos sofrimentos. Se não viveis mais pelo corpo, viveis da vida dos Espíritos, e essa vida é isenta das misérias que afligem a Humanidade.

Não tendes mais o véu que oculta, aos nossos olhos, os esplendores da vida futura; podeis, de hoje em diante, contemplar novas maravilhas, ao passo que nós estamos ainda mergulhados nas trevas.

Ides percorrer o espaço e visitar os mundos em inteira liberdade, ao passo que nós rastejamos penosamente sobre a Terra, onde nos retém nosso corpo material, semelhante, para nós, a um pesado fardo.

O horizonte do infinito vai se desenrolar diante de vós, e, em presença de tanta grandeza, compreendereis a vaidade dos nossos desejos terrestres, das nossas ambições mundanas e das alegrias fúteis das quais os homens fazem as suas delícias.

A morte não é, entre os homens, senão uma separação material de alguns instantes. Do lugar de exílio, onde nos retém ainda a vontade de Deus, assim como os deveres que temos a cumprir neste mundo, nós vos seguiremos pelo pensamento até o momento em que nos será permitido nos reunirmos a vós, como estais reunido com aqueles que vos precederam.

Se não podemos ir perto de vós, podeis vir perto de nós. Vinde, pois, entre aqueles que vos amam e que amastes; sustentai-os nas provas da vida; velai sobre aqueles que vos são caros; protegei-os segundo o vosso poder e abrandai seus pesares pelo pensamento de que estais mais feliz agora e a consoladora certeza de estarem um dia reunidos a vós num mundo melhor.

No mundo em que estais, todos os ressentimentos terrestres devem se extinguir. Para vossa felicidade futura, de hoje em diante, que possais a eles ser inacessível. Perdoai, pois, àqueles que procederam mal para convosco, como vos perdoam os que podeis ter procedido mal para com eles.

Nota. Podem-se ajuntar a esta prece, que se aplica a todos, algumas palavras especiais, segundo as circunstâncias particulares de família ou de relações e a posição do falecido. Se se trata de uma criança, o Espiritismo nos ensina que não é um Espírito de criação recente, mas que já viveu e pode estar muito avançado. Se a sua última existência foi curta, é que ela não era senão um complemento de prova ou devia ser uma prova para os pais. (Cap. V, nº 21).

61. *(Outra).* (1) Senhor Todo-Poderoso, que a vossa misericórdia se estenda sobre os nossos irmãos que acabam de deixar a

---

(1) Esta prece foi ditada a um médium de Bordéus, no momento em que passava diante de suas janelas, o enterro de um desconhecido.

Terra. Que a vossa luz brilhe aos seus olhos. Afastai-os das trevas; abri seus olhos e seus ouvidos. Que os vossos bons Espíritos os envolvam e lhes façam ouvir palavras de paz e de esperança.

Senhor, por indignos que sejamos, ousamos implorar a vossa misericordiosa indulgência em favor daquele dos nossos irmãos, que vem de ser chamado do exílio; fazei com que seu retorno seja o do filho pródigo. Olvidai, meu Deus, as faltas que ele pôde cometer para vos lembrar do bem que pôde fazer. A vossa justiça é imutável, nós o sabemos, mas o vosso amor é imenso; nós vos suplicamos abrandar a vossa justiça por essa fonte de bondade que provém de vós.

Que a luz se faça para vós, meu irmão, que vindes de deixar a Terra. Que os bons Espíritos do Senhor desçam até vós, envolva-vos e vos ajudem a sacudir as vossas cadeias terrestres. Compreendei e vede a grandeza de nosso Senhor; submetei-vos, sem murmurar, à sua justiça, mas não desespereis jamais da sua misericórdia. Irmão! Que um sério retorno no vosso passado vos abra as portas do futuro em vos fazendo compreender as faltas que deixastes atrás de vós, e o trabalho que vos resta fazer para repará-las. Que Deus vos perdoe, e que os bons Espíritos vos sustentem e vos encorajem. Vossos irmãos, na Terra, orarão por vós, e vos pedem orar por eles.

PELAS PESSOAS A QUEM TIVEMOS AFEIÇÃO

62. PREFÁCIO. Como é horrível a ideia do nada. Quanto se deve lamentar aqueles que creem que a voz do amigo que chora seu amigo se perde no vazio e não encontra nenhum eco para lhe responder. Jamais conheceram as puras e santas afeições, aqueles que pensam que tudo morre com o corpo; que o gênio que iluminou o mundo com a sua vasta inteligência é um jogo da matéria que se extingue para sempre, como um sopro;

que do ser mais querido, de um pai, de uma mãe ou de um filho adorado, não resta senão um pouco de pó que o tempo dissipa para sempre.

Como um homem de coração pode permanecer frio a esse pensamento? Como a ideia de um aniquilamento absoluto não lhe gela de pavor e não lhe faz ao menos desejar que não seja assim? Se até esse dia sua razão não bastou para tirar as suas dúvidas, eis que o Espiritismo vem dissipar toda a incerteza sobre o futuro, pelas provas materiais que dá da sobrevivência da alma e da existência dos seres de além-túmulo. Por isso, por toda parte, essas provas são acolhidas com alegria; a confiança renasce, porque o homem sabe, de hoje em diante, que a vida terrestre não é senão uma curta passagem que conduz a uma vida melhor; que seus trabalhos deste mundo não estão perdidos para ele e que as suas mais santas afeições não estão esfaceladas sem esperança. (Cap. IV, nº 18; cap. V, nº 21).

63. PRECE. Dignai-vos, meu Deus, acolher favoravelmente a prece que vos dirijo pelo Espírito de N...; fazei-lhe entrever as vossas divinas claridades e tornai-lhe fácil o caminho da felicidade eterna. Permiti que os bons Espíritos levem a ele as minhas palavras e o meu pensamento.

Tu, que me eras caro neste mundo, ouve minha voz que te chama para te dar um novo testemunho da minha afeição. Deus permitiu que fosses libertado primeiro; eu não poderia me lamentar com isso sem egoísmo, porque seria estar aflito por não ter mais para ti as penas e os sofrimentos da vida. Espero, pois, com resignação, o momento da nossa união no mundo mais feliz, no qual me precedeste.

Eu sei que a nossa separação não é senão momentânea, e que, tão longa que me possa parecer, a sua duração se apaga diante da eternidade da felicidade que Deus promete aos seus eleitos. Que a sua bondade me preserve de nada fazer que possa retardar esse instante desejado, e que me poupe assim a dor de não te reencontrar ao sair do meu cativeiro terreno.

Oh! como é doce e consoladora a certeza de que não há entre nós senão um véu material que te oculta à minha visão! Que tu possas estar aqui, ao meu lado, ver-me e ouvir-me como antigamente, e melhor ainda do que antigamente; que não me olvideis mais, e que eu mesmo não te olvide; que os nossos pensamentos não cessem de se confundir, e que o teu me siga e me sustente sempre.

Que a paz do Senhor seja contigo.

PELAS ALMAS SOFREDORAS QUE PEDEM PRECES

64. PREFÁCIO. Para compreender o alívio que a prece pode proporcionar aos Espíritos sofredores, é preciso se informar quanto ao seu modo de ação que está atrás explicado. (Cap. XXVII, nºs 9, 18 e seguintes). Aquele que está compenetrado dessa verdade ora com mais fervor, pela certeza de não orar em vão.

65. PRECE. Deus clemente e misericordioso, que a vossa bondade se estenda sobre todos os Espíritos que se recomendam às nossas preces, notadamente sobre a alma de N...

Bons Espíritos, para os quais o bem é a única ocupação, intercedei comigo pelo seu alívio. Fazei brilhar, aos seus olhos, um raio de esperança, e que a divina luz os esclareça sobre as imperfeições que os afastam da morada dos felizes. Abri seu coração ao arrependimento e ao desejo de depurar-se para apressar o seu adiantamento. Fazei-os compreender que, pelos seus esforços, eles podem abreviar o tempo das suas provas.

Que Deus, em sua bondade, dê-lhes a força de perseverar em suas boas resoluções!

Possam estas palavras benevolentes abrandar as suas penas, em lhes mostrando que há, na Terra, seres que sabem deles se compadecer e que desejam a sua felicidade.

66. (Outra). Nós vos pedimos, Senhor, derramar, sobre todos aqueles que sofrem, seja no espaço como Espíritos errantes, seja entre nós como Espíritos encarnados, as graças do vosso amor e da vossa misericórdia. Apiedai-vos das nossas fraquezas. Falíveis nos fizestes, mas nos destes a força de resistir ao mal e vencê-lo. Que a vossa misericórdia se estenda sobre todos aqueles que não puderam resistir aos seus maus pendores, e estão ainda arrastados para um mau caminho. Que vossos bons Espíritos os envolvam; que a vossa luz brilhe aos seus olhos, e que, atraídos pelo seu calor vivificante, eles venham se prosternar aos vossos pés, humildes, arrependidos e submissos.

Nós vos pedimos igualmente, Pai de misericórdia, por aqueles dos nossos irmãos que não tiveram a força de suportar as suas provas terrestres. Vós nos destes um fardo a carregar, Senhor, e não devemos depô-lo senão aos vossos pés; mas a nossa fraqueza é grande e a coragem nos falta, às vezes, no caminho. Tende piedade destes servidores indolentes que abandonaram a obra antes da hora; que a vossa justiça os poupe e permita aos vossos bons Espíritos trazer-lhes o alívio, as consolações e a esperança do futuro. O caminho do perdão é fortificante para a alma; mostrai-o, Senhor, aos culpados que desesperam, e sustentados por essa esperança, eles haurirão forças na grandeza mesma de suas faltas e de seus sofrimentos, para resgatar o seu passado e preparar-se para conquistar o futuro.

POR UM INIMIGO MORTO

67. PREFÁCIO. A caridade para com os nossos inimigos deve segui-los além do túmulo. É preciso pensar que o mal que nos fizeram foi para nós uma prova que pôde ser útil ao nosso adiantamento, se soubemos dela aproveitar-nos. Ela pôde nos ser ainda mais proveitosa que as aflições puramente materiais, naquilo que nos permitiu juntar à coragem e à resignação, a caridade e o esquecimento das ofensas. (Cap. X, nº 6; cap. XII, nºs 5 e 6).

68. PRECE. Senhor, vos aprouve chamar, antes de mim, a alma de N... Eu o perdoo do mal que me fez, e suas más intenções a meu respeito; possa ele disso arrepender-se, agora que não tem mais as ilusões deste mundo.

Que a vossa misericórdia, meu Deus, estenda-se sobre ele, e afastai de mim o pensamento de alegrar-me com a sua morte. Se eu procedi mal para com ele, que me perdoe, como olvido aqueles que assim procederam para comigo.

POR UM CRIMINOSO

69. PREFÁCIO. Se a eficácia das preces fosse proporcional ao seu comprimento, as mais longas deveriam ser reservadas para os mais culpados, porque eles têm mais necessidade do que aqueles que viveram santamente. Recusá-las aos criminosos é faltar com a caridade e desconhecer a misericórdia de Deus; crê-las inúteis porque um homem teria cometido esta ou aquela falta, é prejulgar a justiça do Altíssimo. (Cap. XI, nº 14).

70. PRECE. Senhor, Deus de misericórdia, não repilais esse criminoso que acaba de deixar a Terra; a justiça dos homens pôde atingi-lo, entretanto, não o isentou da vossa justiça, se seu coração não foi tocado pelo remorso.

Erguei a venda que lhe oculta a gravidade das suas faltas; possa o seu arrependimento encontrar graça diante de vós e aliviar os sofrimentos da sua alma! Possam também as nossas preces e a intercessão dos bons Espíritos levar-lhe a esperança e a consolação; inspirai-lhe o desejo de reparar as suas más ações numa nova existência e dar-lhe a força de não sucumbir nas novas lutas que empreenderá.

Senhor, tende piedade dele!

POR UM SUICIDA

71. PREFÁCIO. O homem não tem jamais o direito de dispor da própria vida, porque só a Deus cabe tirá-lo do cativeiro terrestre quando o julga oportuno. Todavia, a justiça divina pode abrandar os seus rigores em favor das circunstâncias, mas reserva toda a sua severidade para aquele que quis se subtrair às provas da vida. O suicida é como o prisioneiro que se evade da prisão, antes de expirar a sua pena, e que, quando é recapturado, é mantido mais severamente. Assim ocorre com o suicida, que crê escapar às misérias presentes e mergulha em infelicidades maiores. (Cap. V, nºs 14 e seguintes).

72. PRECE. Sabemos, ó meu Deus, a sorte reservada àqueles que violam as vossas leis, abreviando voluntariamente os seus dias; mas sabemos também que a vossa misericórdia é infinita: dignai-vos estendê-la sobre a alma de N... Possam as nossas preces e a vossa comiseração abrandar a amargura dos sofrimentos que ele experimenta por não ter tido a coragem de esperar o fim das suas provas!

Bons Espíritos, cuja missão é assistir os infelizes, tomai-o sob a vossa proteção; inspirai-lhe o arrependimento de sua falta, e que a vossa assistência lhe dê a força de suportar com mais resignação as novas provas que terá de sofrer para repará-la. Afastai dele os maus Espíritos que poderiam, de novo, levá-lo ao mal e prolongar os seus sofrimentos, fazendo-o perder o fruto das suas futuras provas.

Vós, cuja infelicidade é o objeto das nossas preces, que a nossa comiseração possa vos abrandar a amargura, fazer nascer em vós a esperança de um futuro melhor! Esse futuro está nas vossas mãos; confiai-vos à bondade de Deus, cujo seio está aberto a todos os arrependidos, e não permanece fechado senão para os corações endurecidos.

PELOS ESPÍRITOS ARREPENDIDOS

73. PREFÁCIO. Seria injusto situar, na categoria dos maus Espíritos os Espíritos, sofredores e arrependidos que pedem preces; estes puderam ser maus, mas não o são mais do momento em que reconhecem as suas faltas e as lamentam: eles não são senão infelizes; alguns mesmo começam a gozar de uma felicidade relativa.

74. PRECE. Deus de misericórdia, que aceitais o arrependimento sincero do pecador, encarnado ou desencarnado, eis um Espírito que se comprazia no mal, mas que reconhece seus erros e entra no bom caminho; dignai, ó Deus, recebê-lo como um filho pródigo e perdoai-lhe.

Bons Espíritos, cuja voz ele desconheceu, ele quer vos escutar de hoje em diante; permiti-lhe entrever a felicidade dos eleitos do Senhor, a fim de que persista no desejo de se purificar para alcançá-lo; sustentai-o em suas boas resoluções e dai-lhe a força de resistir aos seus maus instintos.

Espírito de N..., nós vos felicitamos pela vossa mudança e agradecemos aos bons Espíritos que vos ajudaram.

Se vos comprazíeis outrora em fazer o mal, foi porque não compreendíeis o quanto é doce a alegria de fazer o bem; vós vos sentíeis também muito baixo para esperar atingi-lo. Mas desde o instante em que colocastes o pé no bom caminho, uma luz se fez para vós; começastes a provar uma felicidade desconhecida, e a esperança entrou no vosso coração. É que Deus escuta sempre a prece do pecador arrependido e não repele nenhum daqueles que vão a ele.

Para entrar completamente em graça junto dele, aplicai-vos de hoje em diante, não somente a não mais fazer o mal, mas a fazer o bem e, sobretudo, a reparar o mal que fizestes; então, tereis satisfeito a justiça de Deus; cada boa ação apagará uma das vossas faltas passadas.

O primeiro passo está dado; agora, quanto mais avançares, tanto mais o caminho vos parecerá fácil e agradável. Perseverai, pois, e, um dia, tereis a glória de ser contado entre os bons Espíritos e os Espíritos felizes.

PELOS ESPÍRITOS ENDURECIDOS

75. PREFÁCIO. Os maus Espíritos são aqueles que o arrependimento ainda não tocou; que se comprazem no mal, e nele não concebem nenhum remorso; que são insensíveis às censuras, repelem a prece e, frequentemente, blasfemam contra o nome de Deus. São essas almas endurecidas que, depois da morte, vingam-se, nos homens, dos sofrimentos que experimentam e perseguem com o seu ódio aqueles a quem odiaram durante a vida, seja pela obsessão, seja por uma falsa influência qualquer. (Cap. X, nº 6; cap. XII, nºs 5 e 6).

Entre os Espíritos perversos, há duas categorias bem distintas: aqueles que são francamente maus e os que são hipócritas. Os primeiros são infinitamente mais fáceis de conduzir ao bem do que os segundos; são, o mais frequentemente, de natureza bruta e grosseira, como são vistos entre os homens, que fazem o mal mais por instinto do que por cálculo e não procuram se fazer passar por melhores do que são; mas há neles um germe latente que é preciso fazer eclodir, o que é conseguido, quase sempre, com a perseverança, a firmeza unida à benevolência, pelos conselhos, pelo raciocínio e pela prece. Na mediunidade, a dificuldade que eles têm em escrever o nome de Deus é indício de um temor instintivo, de uma voz íntima da consciência que lhes diz que são indignos; aquele com quem ocorre isso, está no limiar da conversão e pode-se esperar tudo dele: basta encontrar o ponto vulnerável do coração.

Os Espíritos hipócritas são quase sempre muito inteligentes, mas não têm no coração nenhuma fibra sensível; nada os toca; simulam todos os bons sentimentos para captar confiança e ficam felizes quando encontram tolos que os aceitam como santos Espíritos, e que eles podem governar à sua vontade. O nome de Deus, longe de inspirar-lhes o menor temor, serve-lhes de máscara para cobrir as suas torpezas. No mundo invisível, como no mundo visível, os hipócritas são os seres mais perigosos porque agem na sombra e deles não se desconfia. Eles têm as aparências da fé, mas não a fé sincera.

76. PRECE. Senhor, dignai-vos lançar um olhar de bondade sobre os Espíritos imperfeitos que estão ainda nas trevas da ignorância e vos desconhecem, notadamente sobre o de N...

Bons Espíritos, ajudai-nos a fazê-lo compreender que, induzindo os homens ao mal, obsidiando-os e atormentando-os, prolonga seus próprios sofrimentos; fazei com que o exemplo de felicidade de que gozais, seja um encorajamento para ele.

Espíritos que vos comprazeis ainda no mal, vindes de ouvir a prece que fizemos por vós; ela deve vos provar que desejamos vos fazer o bem, embora façais o mal.

Sois infelizes, porque é impossível ser feliz fazendo o mal; por que, pois, permanecer em pena quando depende de vós dela sair? Olhai os bons Espíritos que vos cercam; vede quanto são felizes, e se não vos seria mais agradável gozar da mesma felicidade!

Direis que isso vos é impossível; mas nada é impossível àquele que quer, porque Deus vos deu, como a todas as suas criaturas, a liberdade de escolher entre o bem e o mal; quer dizer, entre a felicidade e a infelicidade, e ninguém está condenado a fazer o mal. Se tendes a vontade de fazê-lo, podeis ter a de fazer o bem e de ser feliz.

Voltai vossos olhares para Deus; elevai-vos um só instante até ele pelo pensamento, e um raio de sua divina luz virá vos esclarecer. Dizei conosco estas simples palavras: *Meu Deus, eu me arrependo, perdoai-me.* Experimentai o arrependimento e fazei o bem em lugar de fazer o mal e vereis que logo a sua misericórdia se estenderá sobre vós, e que um bem-estar desconhecido virá substituir as angústias que sentis.

Uma vez que houverdes dado um passo no bom caminho, o resto do percurso vos parecerá fácil. Compreendereis, então, quanto tempo perdestes, por vossa falta, de felicidade; mas um futuro radioso e cheio de esperança se abrirá diante de vós e vos fará esquecer vosso miserável passado, cheio de perturbação e de torturas morais que seriam, para vós, o inferno se devessem durar eternamente. Dia virá em que essas torturas serão tais que, a todo preço, querereis fazê-las cessar; quanto mais esperardes, porém, mais isso vos será difícil.

Não creiais que permanecereis sempre no estado em que estais; não, isso é impossível; tendes diante de vós duas perspectivas: uma é a de sofrer muito mais do que sofreis agora, a outra de ser feliz como os bons Espíritos que estão ao vosso redor; a primeira é inevitável se persistis em vossa obstinação, e um simples esforço da vossa vontade basta para tirar-vos da má situação em que estais. Apressai-vos, pois, porque cada dia de atraso é um dia perdido para a vossa felicidade.

Bons Espíritos, fazei com que estas palavras encontrem acesso nessa alma ainda atrasada, a fim de que a ajudem a se aproximar de Deus. Nós vos pedimos em nome de Jesus Cristo, que teve um tão grande poder sobre os maus Espíritos.

V - PRECES PELOS DOENTES E PELOS OBSIDIADOS

PELOS DOENTES

77. PREFÁCIO. As doenças fazem parte das provas e das vicissitudes da vida terrestre; elas são inerentes à imperfeição da nossa natureza material e à inferioridade do mundo que habitamos. As paixões e os excessos de todos os gêneros semeiam em nós germes malsãos, frequentemente hereditários. Nos mundos mais avançados, física ou moralmente, o organismo humano, mais depurado e menos material, não está sujeito às mesmas enfermidades, e o corpo não é minado surdamente pela devastação das paixões (cap. III, nº 9). É preciso, pois, resignar-se em suportar as consequências do meio onde nos coloca a nossa inferioridade, até que tenhamos mérito de trocá-lo. Isso não deve nos impedir, à espera do mérito, de fazer o que depende de nós para melhorar a nossa posição atual; mas se, malgrado os nossos esforços, a isso não pudemos chegar, o Espiritismo nos ensina a suportar com resignação nossos males passageiros.

Se Deus não tivesse querido que os sofrimentos corporais fossem dissipados ou abrandados em certos casos, não teria colocado os meios curativos à nossa disposição. Sua previdente solicitude a esse respeito, de acordo nisso com o instinto de conservação, indica que é do nosso dever procurá-los e aplicá-los.

Ao lado da medicação ordinária, elaborada pela Ciência, o Magnetismo nos fez conhecer o poder da ação fluídica; depois, o Espiritismo veio nos revelar uma outra força na *mediunidade curadora* e a influência da prece. (Ver no cap. XXVI, a notícia sobre a mediunidade de cura).

78. PRECE. (Para o doente pronunciar *). Senhor, sois todo justiça; a doença que vos aprouve me enviar, devo-a merecer, pois não fazeis sofrer jamais sem causa. Eu me entrego, para a minha cura, à vossa infinita misericórdia; se apraz-me me restituir a saúde, que o vosso santo nome seja bendito; se, ao contrário, devo ainda sofrer, que ele seja bendito da mesma forma; eu me submeto sem murmurar aos vossos divinos decretos, porque tudo o que fazeis não pode ter por finalidade senão o bem das vossas criaturas.

Fazei, ó meu Deus, que esta doença seja para mim uma advertência salutar e me leve a meditar sobre eu mesmo; aceito-a como uma expiação do passado, e como uma prova para a minha fé e a minha submissão à vossa santa vontade. (Ver a prece nº 40).

79. PRECE. (Pelo doente). Meu Deus, vossos desígnios são impenetráveis, e em vossa sabedoria acreditastes dever afligir N... pela doença. Lançai, eu vos suplico, um olhar de compaixão sobre os seus sofrimentos e dignai-vos pôr-lhes um fim.

Bons Espíritos, ministros do Todo-Poderoso, secundai, eu vos peço, meu desejo de aliviá-lo; dirigi meu pensamento, a fim de que ele vá derramar um bálsamo salutar sobre o seu corpo e consolação em sua alma.

Inspirai-lhe a paciência e a submissão à vontade de Deus; dai-lhe a força de suportar as suas dores com resignação cristã a fim de que não perca o fruto das suas provas. (Ver prece nº 57).

(*) No original, **par le malade.** (N. do T.).

80. PRECE. (Para ser pronunciada pelo médium curador *). Meu Deus, se dignais servir-vos de mim, indigno que sou, eu posso curar esse sofrimento, se tal é a vossa vontade, porque tenho fé em vós; mas sem vós eu não posso nada. Permiti aos bons Espíritos me penetrarem com seu fluido salutar a fim de que o transmita a este doente, e afastai de mim todo pensamento de orgulho e de egoísmo, que poderia alterar-lhe a pureza.

PELOS OBSIDIADOS

81. PREFÁCIO. A obsessão é a ação persistente que um mau Espírito exerce sobre um indivíduo. Apresenta caracteres muito diferentes, desde a simples influência moral, sem sinais exteriores sensíveis, até a perturbação completa do organismo e das faculdades mentais. Ela oblitera todas as faculdades medianímicas; na mediunidade escrevente, traduz-se pela obstinação de um Espírito em se manifestar, com exclusão de todos os outros.

Os maus Espíritos pululam ao redor da Terra, em consequência da inferioridade moral dos seus habitantes. Sua ação malfazeja faz parte dos flagelos dos quais a Humanidade é o alvo neste mundo. A obsessão, como as doenças e todas as tribulações da vida, deve, pois, ser considerada como uma prova ou uma expiação, e aceita como tal.

Da mesma forma que as doenças são o resultado de imperfeições físicas que tornam o corpo acessível às influências perniciosas exteriores, a obsessão é sempre o resultado de uma imperfeição moral que o expõe a um mau Espírito. A uma causa física se opõe uma força física: a uma causa moral é preciso opor uma força moral. Para se preservar das doenças, fortifica-se o corpo;

(*) **Par le médium guérisseur,** no original. (N. do T.).

para garantir-se da obsessão, é preciso fortalecer a alma; daí, para o obsidiado, a necessidade de trabalhar pela sua própria melhoria, o que basta, o mais frequentemente, para livrá-lo do obsessor sem o socorro de pessoas estranhas. Esse socorro se torna necessário quando a obsessão degenera em subjugação e em possessão, porque, então, o paciente perde, por vezes, a sua vontade e o seu livre-arbítrio.

A obsessão é quase sempre o resultado de uma vingança exercida por um Espírito, e que, o mais frequentemente, tem sua origem nas relações que o obsidiado teve com ele numa precedente existência. (Ver cap. X, nº 6; cap. XII, nºs 5 e 6).

Nos casos de obsessão grave, o obsidiado está como envolvido e impregnado de um fluido pernicioso que neutraliza a ação dos fluidos salutares e os repele. É desse fluido que é preciso desembaraçá-lo; ora, um mau fluido não pode ser repelido por um mau fluido. Por uma ação idêntica à do médium curador nos casos de doenças, é preciso expulsar o fluido mau com a ajuda de um fluido melhor, que produza, de alguma sorte, o efeito de um reativo. Essa é a ação mecânica, mas que não basta; é preciso também, e sobretudo, *agir sobre o ser inteligente* com o qual é preciso ter o direito de falar com autoridade, e essa autoridade não é dada senão pela superioridade moral; quanto mais esta é grande, maior é a autoridade.

Ainda não é tudo; para assegurar a libertação, é preciso levar o Espírito perverso a renunciar aos seus maus desígnios; é preciso fazer nascer nele o arrependimento e o desejo do bem, com a ajuda de instruções habilmente dirigidas nas evocações particulares feitas com vistas à sua educação moral; então, pode-se ter a dupla satisfação de livrar um encarnado e converter um Espírito imperfeito.

A tarefa se torna mais fácil, quando o obsidiado, compreendendo a sua situação, traz seu concurso de vontade e de prece;

não ocorre assim quando este, seduzido pelo Espírito enganador, ilude-se sobre as qualidades daquele que o domina e se compraz no erro em que este último o mergulha; porque, então, longe de secundar, ele repele toda assistência. É o caso da fascinação, sempre infinitamente mais rebelde do que a subjugação mais violenta. (*O Livro dos Médiuns,* cap. XXIII).

Em todos os casos de obsessão, a prece é o mais poderoso auxiliar para agir contra o Espírito obsessor.

82. PRECE. (Para ser pronunciada pelo obsidiado *). Meu Deus, permiti aos bons Espíritos livrar-me do Espírito malfazejo que está ligado a mim. Se é uma vingança, que exerce por injustiças que eu terei feito outrora para com ele, vós o permitis, meu Deus, para minha punição, e eu suporto a consequência da minha falta. Possa o meu arrependimento merecer vosso perdão e minha libertação! Mas, qualquer que seja seu motivo, peço para ele a vossa misericórdia; dignai-vos facilitar-lhe o caminho do progresso, que o desviará do pensamento de fazer o mal. Possa eu, de minha parte, retribuindo o mal com o bem, conduzi-lo a melhores sentimentos.

Mas eu sei também, ó meu Deus, que são as minhas imperfeições que me tornam acessível às influências dos Espíritos imperfeitos. Dai-me a luz necessária para reconhecê-las; combatei, sobretudo, em mim, o orgulho que me cega sobre meus defeitos.

Qual não deve ser a minha indignidade, uma vez que um ser malfazejo pode me senhorear!

Fazei, ó meu Deus, que esse revés para a minha vaidade me sirva de lição para o futuro; que ele me fortaleça na resolução que tomo de me depurar pela prática do bem, da caridade e da humildade, a fim de opor, de hoje em diante, uma barreira às más influências.

(*) No original, **par l'obsédé.** (N. do T.).

Senhor, dai-me a força de suportar esta prova com paciência e resignação; eu compreendo que, como todas as outras provas, ela deve ajudar o meu adiantamento se não perder-lhe o fruto com meus murmúrios, uma vez que me fornece ocasião de mostrar a minha submissão e de exercer uma caridade para com um irmão infeliz, perdoando-lhe o mal que me fez. (Cap. XII, nºs 5 e 6; cap. XXVIII, nºs 15 e seguintes, 46 e 47).

83. PRECE. (Para o obsidiado). Deus Todo-Poderoso, dignai-vos dar-me o poder de libertar N... do Espírito que o obsidia; se entra em vossos desígnios pôr termo a essa prova, concedei-me a graça de falar a esse Espírito com autoridade.

Bons Espíritos que me assistis, e vós, seu anjo guardião, prestai-me vosso concurso; ajudai-me a desembaraçá-lo do fluido impuro com o qual está envolvido.

Em nome de Deus Todo-Poderoso, eu abjuro o Espírito malfazejo, que o atormenta, a retirar-se.

84. PRECE. (Para o Espírito obsessor). Deus infinitamente bom, imploro a vossa misericórdia para o Espírito que obsidia N...; fazei-o entrever as divinas claridades a fim de que ele veja o falso caminho em que está empenhado. Bons Espíritos, ajudai-me a fazê-lo compreender que tem tudo a perder fazendo o mal, e tudo a ganhar fazendo o bem.

Espírito que vos comprazeis em atormentar N..., escutai-me porque eu vos falo em nome de Deus.

Se quiserdes refletir, compreendereis que o mal não pode se impor ao bem, e que não podeis ser mais forte do que Deus e os bons Espíritos.

Eles poderiam preservar N... de todo golpe da vossa parte; se não o fizeram, foi porque ele (ou ela) tinha uma prova a suportar. Mas quando essa prova tiver acabado, vos tirarão toda ação sobre ele; o mal que lhe tendes feito, em lugar de prejudicá-lo, servirá para o seu adiantamento, e com isso não será senão mais feliz; assim, vossa maldade terá sido uma pura perda para vós e reverterá contra vós.

Deus, que é todo-poderoso, e os Espíritos superiores, seus servidores, que são mais poderosos do que vós, poderão, pois, pôr fim a essa obsessão quando o quiserem, e vossa tenacidade se quebrará diante dessa suprema autoridade. Mas, pelo fato mesmo de que Deus é bom, ele quer vos deixar o mérito de cessá-la de vossa própria vontade. É uma moratória que vos é concedida; se não a aproveitais, sofrereis as suas deploráveis consequências; grandes castigos e cruéis sofrimentos vos esperam; sereis forçado a implorar a piedade e as preces da vossa vítima, que já vos perdoa e ora por vós, o que é um grande mérito aos olhos de Deus, e apressará a sua libertação.

Refleti, pois, enquanto é tempo ainda, porque a justiça de Deus se abaterá sobre vós como sobre todos os Espíritos rebeldes. Pensai que o mal que fazeis, neste momento, terá forçosamente um fim, enquanto que, se persistis no vosso endurecimento, vossos sofrimentos irão aumentando sem cessar.

Quando estáveis sobre a Terra, não teríeis achado estúpido sacrificar um grande bem por pequena satisfação de um momento? Ocorre o mesmo agora que sois Espírito. Que ganhais com o que fazeis? O triste prazer de atormentar alguém, o que não vos impede de ser infeliz, o que quer que possais dizer, vos tornará mais infeliz ainda.

Ao lado disso, vede o que perdeis; olhai os bons Espíritos que vos cercam e vede se sua sorte não é preferível à vossa. A felicidade que eles gozam será vosso quinhão quando o quiserdes. O que é preciso para isso? Implorar a Deus e fazer o bem, em lugar de fazer o mal. Eu sei que não podeis vos transformar de repente; mas Deus não pede o impossível; o que ele quer é a boa vontade. Experimentai, pois, e nós vos ajudaremos. Fazei com que logo possamos dizer por vós a prece pelos Espíritos arrependidos (nº 73), e não mais vos situar entre os maus Espíritos, até que possais estar entre os bons.

(Ver também, nº 75, a prece pelos Espíritos endurecidos).

Nota: A cura das obsessões graves requer muita paciência, perseverança e devotamento; ela exige também tato e habilidade para conduzir ao bem Espíritos, frequentemente, muito perversos, endurecidos e astuciosos, porque há rebeldes em último grau; na maioria dos casos, é preciso se guiar segundo as circunstâncias; mas, qualquer que seja o caráter do Espírito, é um fato certo que não se obtém nada pela violência ou pela ameaça; toda influência está na ascendência moral. Uma outra verdade, igualmente constatada pela experiência, assim como pela lógica, é *a completa ineficácia de exorcismos, fórmulas, palavras sacramentais, amuletos, talismãs, práticas exteriores ou sinais materiais quaisquer.*

A obsessão muito prolongada pode ocasionar desordens patológicas e requer, por vezes, um tratamento simultâneo ou consecutivo, seja magnético, seja médico, para restabelecer o organismo. A causa estando destruída, resta combater os efeitos. (Ver *O Livro dos Médiuns* cap. XXIII; Da obsessão. – *Revista Espírita,* fevereiro e março de 1864; abril 1865: exemplos de curas de obsessões).

NOTA EXPLICATIVA

"Hoje, creem e sua fé é inabalável, porque assentada na evidência e na demonstração e porque satisfaz à razão. [...]. Tal é a fé dos espíritas, e a prova de sua força é que se esforçam por se tornarem melhores, domarem suas inclinações más e porem em prática as máximas do Cristo, olhando todos os homens como irmãos, sem acepção de raças, de castas, nem de seitas, perdoando aos seus inimigos, retribuindo o mal com o bem, a exemplo do divino modelo." (KARDEC, Allan. Revista Espírita de 1868.1ª.ed. Rio de Janeiro: FEB, 2005. p. 28, janeiro de 1868.)"

A investigação rigorosamente racional e científica de fatos que revelavam a comunicação dos homens com os Espíritos, realizada por Allan Kardec, resultou na estruturação da Doutrina Espírita, sistematizada sob os aspectos científico, filosófico e religioso.

A partir de 1854 até seu falecimento, em 1869, seu trabalho foi constituído de cinco obras básicas: "O Livro dos Espíritos" (1857), "O Livro dos Médiuns" (1861), "O Evangelho segundo o Espiritismo" (1864), "O Céu e o Inferno" (1865), "A Gênese" (1868), além da obra "O Que é o Espiritismo" (1859), de uma série de opúsculos e 136 edições da "Revista Espírita" (de janeiro de 1858 a abril de 1869). Após sua morte, foi editado o livro "Obras Póstumas" (1890).

O estudo meticuloso e isento dessas obras permite-nos extrair conclusões básicas: a) todos os seres humanos são Espíritos imortais criados por Deus em igualdade de condições, sujeitos às mesmas leis naturais de progresso que levam todos, gradativamente, à perfeição; b) o progresso ocorre através de sucessivas experiências, em inúmeras reencarnações, vivenciando necessariamente todos os segmentos sociais, única forma de o Espírito acumular o aprendizado necessário ao seu desenvolvimento; c) no período entre as reencarnações, o Espírito permanece no Mundo Espiritual, podendo comunicar-se com os homens; d) o progresso obedece às leis morais ensinadas e vivenciadas por Jesus, nosso guia e modelo, referência para todos os homens que desejam se desenvolver de forma consciente e voluntária.

Em diversos pontos de sua obra, o Codificador se refere aos Espíritos encarnados em tribos incultas e selvagens, então existentes em algumas regiões do Planeta, e que, em contato com outros polos de civilização, vinham sofrendo inúmeras transformações, muitas com evidente benefício para os seus membros, decorrentes do progresso geral ao qual estão sujeitas todas as etnias, independentemente da coloração de sua pele.

Na época de Allan Kardec, as ideias frenológicas de Gall, e as da fisiognomonia de Lavater, eram aceitas por eminentes homens de Ciência, assim como provocou enorme agitação nos meios de comunicação e junto à intelectualidade e à população em geral, a publicação, em 1859 – dois anos depois do lançamento de O Livro dos Espíritos – do livro sobre a Evolução das Espécies, de Charles Darwin, com as naturais incorreções e incompreensões que toda ciência nova apresenta. Ademais, a crença de que os traços da fisionomia revelam o caráter da pessoa é muito antiga, pretendendo-se haver aparentes relações entre o físico e o aspecto moral.

O Codificador não concordava com diversos aspectos apresentados por essas, assim chamadas, ciências. Desse modo, procurou avaliar as conclusões desses eminentes pesquisadores à luz da revelação dos Espíritos, trazendo ao debate o elemento espiritual como fator decisivo no equacionamento das questões da diversidade e desigualdade humanas.

Allan Kardec encontrou, nos princípios da Doutrina Espírita, explicações que apontam para leis sábias e supremas, razão pela qual afirmou que o Espiritismo permite "resolver os milhares de problemas históricos, arqueológicos, antropológicos, teológicos, psicológicos, morais, sociais, etc." (Revista Espírita, 1862, p. 401). De fato, as leis universais do amor, da caridade, da imortalidade da alma, da reencarnação, da evolução, constituem novos parâmetros para a compreensão do desenvolvimento dos grupos humanos nas diversas regiões do Orbe.

Essa compreensão das Leis Divinas permite a Allan Kardec afirmar que:

> *"O corpo deriva do corpo, mas o Espírito não procede do Espírito. Entre os descendentes das raças apenas há consanguinidade." (O Livro dos Espíritos, item 207, p. 176).*
>
> *"[...] o Espiritismo, restituindo ao Espírito o seu verdadeiro papel na Criação, constatando a superioridade da inteligência sobre a matéria, faz com que desapareçam, naturalmente, todas as distinções estabelecidas entre os homens, conforme as vantagens*

corporais e mundanas, sobre as quais só o orgulho fundou as castas e os estúpidos preconceitos de cor."(Revista Espírita, 1861, p. 432.)

"Os privilégios de raças têm sua origem na abstração que os homens geralmente fazem do princípio espiritual, para considerar apenas o ser material exterior. Da força ou da fraqueza constitucional de uns, de uma diferença de cor em outros, do nascimento na opulência ou na miséria, da filiação consanguínea nobre ou plebeia, concluíram por uma superioridade ou uma inferioridade natural. Foi sobre este dado que estabeleceram suas leis sociais e os privilégios de raças. Deste ponto de vista circunscrito, são consequentes consigo mesmos, porquanto, não considerando senão a vida material, certas classes parecem pertencer, e realmente pertencem, a raças diferentes. Mas se se tomar seu ponto de vista do ser espiritual, do ser essencial e progressivo, numa palavra, do Espírito preexistente e sobrevivente a tudo, cujo corpo não passa de um invólucro temporário, variando, como a roupa, de forma e de cor; se, além disso, do estudo dos seres espirituais ressalta a prova de que esses seres são de natureza e de origem idênticas, que seu destino é o mesmo, que todos partem do mesmo ponto e tendem para o mesmo objetivo; que a vida corporal não passa de um incidente, uma das fases da vida do Espírito, necessária ao seu adiantamento intelectual e moral; que em vista desse avanço o Espírito pode sucessivamente revestir envoltórios diversos, nascer em posições diferentes, chega-se à consequência capital da igualdade de natureza e, a partir daí, à igualdade dos direitos sociais de todas as criaturas humanas e à abolição dos privilégios de raças. Eis o que ensina o Espiritismo. Vós que negais a existência do Espírito para considerar apenas o homem corporal, a perpetuidade do ser inteligente para só encarar a vida presente, repudiais o único princípio sobre o qual é fundada, com razão, a igualdade de direitos que reclamais para vós mesmos e para os vossos semelhantes." (Revista Espírita, 1867, p. 231.)

"Com a reencarnação, desaparecem os preconceitos de raças e de castas, pois o mesmo Espírito pode tornar a nascer rico ou pobre, capitalista ou proletário, chefe ou subordinado, livre ou escravo, homem ou mulher. De todos os argumentos invocados contra a injustiça da servidão e da escravidão, contra a sujeição da mulher

à lei do mais forte, nenhum há que prime, em lógica, ao fato material da reencarnação. Se, pois, a reencarnação funda numa lei da Natureza o princípio da fraternidade universal, também funda na mesma lei o da igualdade dos direitos sociais e, por conseguinte, o da liberdade. (A Gênese, cap. I, item 36, p. 42-43. Vide também Revista Espírita, 1867, p.373).

Na época, Allan Kardec sabia apenas o que vários autores contavam a respeito dos selvagens africanos, sempre reduzidos ao embrutecimento quase total, quando não escravizados impiedosamente.

É baseado nesses informes "científicos" da época que o Codificador repete, com outras palavras, o que os pesquisadores europeus descreviam quando de volta das viagens que faziam à África negra. Todavia, é peremptório ao abordar a questão do preconceito racial:

> *"Nós trabalhamos para dar a fé aos que em nada creem; para espalhar uma crença que os torna melhores uns para os outros, que lhes ensina a perdoar aos inimigos, a se olharem como irmãos, sem distinção de raça, casta, seita, cor, opinião política ou religiosa; numa palavra, uma crença que faz nascer o verdadeiro sentimento de caridade, de fraternidade e deveres sociais." (KARDEC, Allan. Revista Espírita de 1863 - 1ª.ed. Rio de Janeiro: FEB, 2005. - janeiro de 1863.)*

> *"O homem de bem é bom, humano e benevolente para com todos, sem distinção de raças, nem de crenças, porque em todos os homens vê irmãos seus." (O Evangelho segundo o Espiritismo, Cap. XVII, item 3, p. 348)*

É importante compreender também, que os textos publicados por Allan Kardec na Revista Espírita tinham por finalidade submeter à avaliação geral as comunicações recebidas dos Espíritos, bem como aferir a correspondência desses ensinos com teorias e sistemas de pensamento vigentes à época. Em Nota ao Capítulo XI, item 43, do livro A Gênese, o Codificador explica essa metodologia:

> *"Quando, na Revista Espírita de janeiro de 1862, publicamos um artigo sobre a "interpretação da doutrina dos anjos decaídos", apresentamos essa teoria como simples hipótese, sem outra autoridade afora a de uma opinião pessoal controversível, porque nos faltavam, então, elementos bastantes para uma afirmação peremptória. Expusemo-la a título de ensaio, tendo em vista*

provocar o exame da questão, decidido, porém, a abandoná-la ou modificá-la, se fosse preciso. Presentemente, essa teoria já passou pela prova do controle universal. Não só foi bem aceita pela maioria dos espíritas, como a mais racional e a mais concorde com a soberana justiça de Deus, mas também foi confirmada pela generalidade das instruções que os Espíritos deram sobre o assunto. O mesmo se verificou com a que concerne à origem da raça adâmica." (A Gênese, Cap. XI, item 43, Nota, p. 292.)

Por fim, urge reconhecer que o escopo principal da Doutrina Espírita reside no aperfeiçoamento moral do ser humano, motivo pelo qual as indagações e perquirições científicas e/ou filosóficas ocupam posição secundária, conquanto importantes, haja vista o seu caráter provisório decorrente do progresso e do aperfeiçoamento geral. Nesse sentido, é justa a advertência do Codificador:

> *"É verdade que esta e outras questões se afastam do ponto de vista moral, que é a meta essencial do Espiritismo. Eis por que seria um equívoco fazê-las objeto de preocupações constantes. Sabemos, aliás, no que respeita ao princípio das coisas, que os Espíritos, por não saberem tudo, só dizem o que sabem ou o que pensam saber. Mas como há pessoas que poderiam tirar da divergência desses sistemas uma indução contra a unidade do Espiritismo, precisamente porque são formulados pelos Espíritos, é útil poder comparar as razões pró e contra, no interesse da própria doutrina, e apoiar no assentimento da maioria o julgamento que se pode fazer do valor de certas comunicações." (Revista Espírita, 1862, p. 38.)*

Feitas essas considerações, é licito concluir que na Doutrina Espírita vigora o mais absoluto respeito à diversidade humana, cabendo ao Espírita o dever de cooperar para o progresso da Humanidade, exercendo a caridade no seu sentido mais abrangente ("benevolência para com todos, indulgência para as imperfeições dos outros e perdão das ofensas"), tal como a entendia Jesus, nosso Guia e Modelo, sem preconceitos de nenhuma espécie: de cor, etnia, sexo, crença ou condição econômica, social ou moral.

A Editora